"一带一路"智库的国际化实践

蓝迪国际智库报告

2017 上册

PRACTICE OF BRI THINK TANK
INTERNATIONALIZATION
RDI ANNUAL REPORT 2017 I

荣誉主编　王伟光
主　　编　赵白鸽　蔡　昉
副主编　王　镭　王灵桂　智宇琛　李铭夫

中国社会科学出版社

图书在版编目（CIP）数据

"一带一路"智库的国际化实践：蓝迪国际智库报告．2017／王伟光主编．
—北京：中国社会科学出版社，2018.4
ISBN 978 - 7 - 5203 - 2092 - 4

Ⅰ.①一⋯　Ⅱ.①王⋯　Ⅲ.①咨询机构—研究报告—
中国—2017　Ⅳ.①C932.82

中国版本图书馆 CIP 数据核字（2018）第 033692 号

出 版 人	赵剑英
责任编辑	王　茵
责任校对	胡新芳
责任印制	王　超

出　　　版	中国社会科学出版社
社　　　址	北京鼓楼西大街甲 158 号
邮　　　编	100720
网　　　址	http://www.csspw.cn
发 行 部	010 - 84083685
门 市 部	010 - 84029450
经　　　销	新华书店及其他书店

印　　　刷	北京君升印刷有限公司
装　　　订	廊坊市广阳区广增装订厂
版　　　次	2018 年 4 月第 1 版
印　　　次	2018 年 4 月第 1 次印刷

开　　　本	710×1000　1/16
印　　　张	38.75
字　　　数	519 千字
定　　　价	99.00 元（全二册）

序

2013 年，中国国家主席习近平在出访中亚和东南亚国家期间，先后提出共建"丝绸之路经济带"和"21 世纪海上丝绸之路"的重大合作倡议，赋予了古老丝绸之路新的意义。

"一带一路"倡议对优化全球治理体系和促进世界经济发展具有重大意义。在目前的全球化格局中，以牺牲他国利益的发展模式，导致了众多经济、社会、生态、民族、宗教等问题。"一带一路"倡议坚持创新驱动，打造富有活力的增长模式；坚持协同联动，打造开放共赢的合作模式；坚持与时俱进，打造公正合理的治理模式；坚持公平包容，打造平衡普惠的发展模式。"一带一路"倡议将更有利于释放经济全球化的正面效应，更有利于各国正确选择融入经济全球化的路径和节奏，更有利于让每一个人都能共享经济全球化的好处，也将更有利于促进新型全球化的发展。

为更好地服务"一带一路"倡议的实施，根据中央新型智库建设要求，在中联部，外交部，国家发改委，财政部，商务部等中央有关部委的支持下，中国社会科学院蓝迪国际智库项目于 2015 年 4 月启动，旨在推动"一带一路"倡议的国际合作与研究。蓝迪国际智库运行三年以来，以问题导向、需求导向和项目导向为原则，在智库研究、国际合作以及促进"一带一路"建设等方面开展了大量工作。目前已经建立了完善的智库网络、国际网络和企业网络，具备了进一步支撑"一带一路"国际智库建设的优势和基础。

蓝迪国际智库建立了完善的智库网络，汇聚国内外企业、智库、行业协会等各领域专家学者的力量，聚焦国际人道与发展领域的国际热点和中央关切的议题，充分发挥咨政建言、理论创新、舆论引导、社会服务、公共外交等重要功能，组织开展高层交往、智库研讨、能力建设和专题研究，围绕"一带一路"建设、国际人道主义事务、国际多双边合作等重大课题，在深入调研的基础上形成高质量报告，向中央及地方决策层报送，将相关报告及政策建议有效转化为有关部委和地方政府的政策措施，对中国企业"走出去"起到重大指导作用。

蓝迪国际智库建立了完善的国际网络，形成统筹国内外政党、政府、议会、智库、企业、行业协会、金融机构、社会组织、媒体和国际多双边机构等各方战略合作伙伴及支持机构的服务体系，以国际战略委员会、重点国家共同主席制度和国际分支网络为组织支撑，以多、双边高层交往为重要纽带，在重大国际场合发出"中国声音"，为开展国际合作搭建重要平台。

蓝迪国际智库建立了完善的企业网络，整合包括能源、制造、农林牧渔、信息、服务、文化、物流、基建、医药、房地产、金融、园区、矿业、商会、培训等众多行业骨干企业或机构团队。通过建立法律服务、政策研究、技术标准、信息服务、金融支持、文化与品牌、能力建设七大专业服务组，积极组织政府、企业和行业资源，带领企业抱团"出海"，为企业实质性参与"一带一路"建设方面提供了大量系统性的服务和支持。

蓝迪国际智库着力打造高端智库影响力。2016 年 8 月欧洲对外关系委员会发布《分析中国：中国兴起百家智库》研究报告，将蓝迪国际智库作为中国新型智库建设中的范例，称"蓝迪国际智库已拥有系统的对话交流及合作机制"。2016 年 12 月底，国内"一带一路百人论坛"通过系统性公开信息分析，将蓝迪国际智库评选为 2016 年度"一带一路"优秀智库。2017 年 2 月，蓝迪国际智库加入中联部牵头的"一带一路"智库合作联盟，并成为联盟的理事单位。

蓝迪国际智库在过去三年的工作中已形成了系统的跨国和跨界平台，为"一带一路"倡议的实施提供了专业化、建设性和前瞻性的政策建议，目前正在向全球化和国际化迈进。

我衷心期望，蓝迪国际智库能与各国智库一起，共同开展"一带一路"建设等重大领域的联合研究，共同传播合作理念，相互借鉴，不断创新，为促进世界经济发展贡献我们的智慧和力量！

中国社会科学院院长　党组书记

王伟光

2017 年 12 月 28 日

目　　录

（上册）

第一章　智库网络为政经商界提供智力支持 ………………（1）

第一节　蓝迪国际智库的研究成果………………………（1）

一　全球视野下的"一带一路"研究………………………（1）

二　研究目标、原则和工作模式………………………（3）

三　主要研究内容………………………………………（4）

四　研究成果评价………………………………………（7）

第二节　新型全球化与全球治理研究………………………（8）

一　国际气候治理格局…………………………………（9）

二　国家应急管理休系…………………………………（10）

三　减灾与国际人道主义工作…………………………（11）

四　G20与全球经济金融治理…………………………（13）

五　"一带一路"对外传播话语体系……………………（15）

六　"一带一路"规划先行理念…………………………（16）

七　中国佛教国际化……………………………………（17）

第三节　中国与大国关系研究………………………………（18）

一　中美关系研究………………………………………（18）

二　中俄关系研究………………………………………（22）

三 中欧关系研究 ………………………………………… （23）

第四节 "一带一路"沿线各国发展情况研究 ………………… （27）

一 中巴经济走廊发展研究 ………………………………… （27）

二 伊朗问题研究 ………………………………………… （30）

三 印尼问题研究 ………………………………………… （31）

四 斯里兰卡问题研究 …………………………………… （32）

五 "一带一路"相关国家法律制度研究 ………………… （33）

第五节 中国企业的创新与国际化研究 …………………… （33）

一 发布"一带一路"建设重点关注企业名录 …………… （33）

二 促进中小企业深度融入"一带一路" ………………… （34）

三 促进中国建筑业"走出去" …………………………… （35）

四 中国企业的标准化建设 ……………………………… （36）

第二章 国际网络为国际合作提供重要平台 ………………… （37）

第一节 发出中国声音，讲好中国故事 …………………… （37）

一 推动人道事业的发展 ………………………………… （37）

二 智库建设助力"一带一路" …………………………… （46）

第二节 搭建国际合作平台，推动产业对接 ……………… （50）

一 巴基斯坦 ……………………………………………… （50）

二 印度尼西亚、斯里兰卡 ……………………………… （67）

三 哈萨克斯坦 …………………………………………… （79）

四 伊朗 …………………………………………………… （82）

五 阿曼 …………………………………………………… （87）

六 柬埔寨、缅甸 ………………………………………… （88）

七 欧洲 …………………………………………………… （90）

八 美国 …………………………………………………… （101）

第三节　促进地方政府及中国企业开展国际合作 ················ （102）

一　促进地方政府的国际合作 ························· （102）

二　促进中国企业"走出去" ························· （110）

第四节　2017：加强高层对话，深化国际合作 ············· （117）

一　扩展重点合作国别 ····························· （117）

二　加强高层资源对接 ····························· （119）

三　拓展产业合作领域 ····························· （120）

第三章　企业网络带来丰硕合作成果 ···················· （123）

第一节　行业商会及研究院 ························· （123）

一　中国对外承包工程商会 ························· （123）

二　中国五矿化工进出口商会 ······················· （126）

三　中国电子信息产业发展研究院 ···················· （128）

四　中国标准化研究院 ····························· （131）

五　清华房地产总裁商会 ··························· （134）

第二节　能源 ··································· （135）

一　泰豪集团有限公司 ····························· （135）

二　振发控股集团有限公司 ························· （139）

三　远景能源（江苏）有限公司 ····················· （142）

四　江西江联国际工程有限公司 ····················· （144）

五　晶科能源控股有限公司 ························· （146）

第三节　新技术和新材料 ··························· （148）

一　至玥腾风科技投资集团有限公司 ·················· （148）

二　启迪控股股份有限公司 ························· （150）

三　中电科技国际贸易有限公司 ····················· （153）

四　卓达房地产集团有限公司 ······················· （155）

　　五　广联达科技股份有限公司 …………………………………（157）

　　六　盈创建筑科技（上海）有限公司 …………………………（159）

第四节　基础设施建设 ……………………………………………（162）

　　一　中国交通建设股份有限公司 ………………………………（162）

　　二　中国化学工程集团公司 ……………………………………（164）

　　三　中铁十七局集团有限公司 …………………………………（166）

第五节　法律服务 …………………………………………………（168）

　　一　德恒律师事务所 ……………………………………………（168）

　　二　国浩律师事务所 ……………………………………………（172）

第六节　金融支持和园区建设 ……………………………………（175）

　　一　中国开发性金融促进会 ……………………………………（175）

　　二　苏州工业园区 ………………………………………………（177）

附录1　蓝迪国际智库2015—2017年大事记 …………………（182）

附录2　中国社会科学院蓝迪国际智库项目绩效评价报告 ………（195）

第一节　蓝迪项目基本情况 ………………………………………（195）

第二节　绩效评价情况 ……………………………………………（197）

第三节　主要问题 …………………………………………………（201）

第四节　相关建议 …………………………………………………（201）

第一章　智库网络为政经商界
提供智力支持

　　蓝迪国际智库建立了完善的智库网络，汇聚国内外企业、智库、行业协会等各领域专家学者的力量，聚焦国际人道与发展领域的国际热点和中央关切的议题，充分发挥咨政建言、理论创新、舆论引导、社会服务、公共外交等重要功能，组织开展高层交往、智库研讨、能力建设和专题研究，围绕"一带一路"建设、国际人道主义事务、国际多双边合作等重大课题，在深入调研的基础上形成高质量报告，向中央及地方决策层报送，将相关报告及政策建议有效转化为政策措施，对中国企业"走出去"起到重大支撑作用。智库网络相关报告获中央领导、相关部委的认可和支持，其研究质量和政策转化率获得智库同行和社会各界的广泛好评。

◇◇第一节　蓝迪国际智库的研究成果

一　全球视野下的"一带一路"研究

随着新的科技发展和全球化进程的推进，原有国际秩序的弊端日益显现，世界的多极化与现实矛盾交织，世界出现了越来越多的难以解决的复杂问题，去全球化声浪高涨，世界正进入一个新的不确定和动荡周期。全球范围的公共治理出现巨大真空，一定程度的冲突和失序成为常态，全世界都在渴望更为公正、和平和包容的国际秩序。在这种情况下，当前世界的挑战变成了一个治理问题。各国都在思考新的国际局势下新的价值体系、方针政策和可持续发展模式，调整传统发展和合作模式，并积极寻找新的国际磋商机制和规则框架，只有创新才能使世界走出困境，迎来新的发展。

新型全球化的概念在这一背景下应运而生。新型全球化是指开放、包容、普惠、共享的全球化过程。开放是指多种合作机制共存共赢，而非满足既得利益者的私利；包容是指各国从本国国情和实际出发，尊重各自的选择；普惠是指共同筑就命运、责任和利益共同体，共享全球化带来的利益；共享是指坚持以全人类的整体利益为中心，实现全球的共同发展。

随着综合国力的迅速提升，中国在新时期的治国方略和外交战略也必须与时俱进，不仅要做国际事务和国际体系的参与者，更要成为更加公正合理的新秩序的领导者。中国提出的"一带一路"倡议正是在当前世界秩序失序和发展不平衡的背景下探索新型全球化方案的重要纲领和行动计划。这一倡议，致力于打造一个更加开放、包容、均衡、普惠的合作架构，对优化全球治理体系、促进世界经济增长以及构建人类命运共同体都有重大意义，更可能成为推动经济全球化深入发展和机制改革的一面旗帜。"一带一路"作为新型全球化的新长征，努力促进沿线各民族共同复兴，让中国与世界梦想融通，致力于全球和平与发展。

智库在设置全球议程、建设话语体系、研究国际问题、启发对外政策和推动国际合作方面都发挥着重要作用。《关于加强中国特色新型智库建设的意见》提出，要加强中国特色新型智库对外传播能力和话语体系建设，提升我国智库的国际竞争力和国际影响力。成立三年来，蓝迪国际智库坚持通过一系列具有全球视野和真知灼见的政策研究报告，勇于思考与实践，有力推动了"一带一路"倡议的实施，推动了中国与重点国家的合作，促进了中国在全球治理中的作用。

历史告诉我们，人类社会充斥着变化、冲突与挑战。智库作为连接思想与行动的桥梁，应努力在变化中摸索新的国际规则，在冲突中寻求新的平衡方案，在挑战中探索新的发展模式，为新型全球化和世界发展贡献智慧，为中国参与新时期全球治理建言献策。

二　研究目标、原则和工作模式

蓝迪国际智库在政策研究中秉承以下目标和原则。

需求导向：聚焦国际人道与发展领域和有关"一带一路"的国际热点和中央关切的议题，响应企业"走出去"过程中的需求，有针对性地选择研究课题。

综合发展：准确把握我国发展的战略重点，推动创新、协调、绿色、开放、共享的发展理念，着眼政治经济发展的同时，注重社会、文化领域全面、协调、可持续发展，致力于国家软实力的综合提升。

平台运作：蓝迪国际智库在研究中积极调动中国社会科学院内外专家资源，充分发挥政府、政党、议会、企业、智库、行业协会、媒体等各领域专家的优势，产生内容翔实而多元的研究报告。报告作者是来自中国社会科学院、北京大学战略传播学院、国家安全生产研究所、《瞭望》周刊、中国港湾、陕西西咸经济开发区等机构活跃在调研一线的专家，报告因以问题导向，并提出切实可行的政策建议，使政策转化率不断提高。

多元合作：蓝迪国际智库在政策建议中强调多层次、多领域国际合作的重要性，国际局势分析与国别、地域研究并重，双边合作与多边合作并举，在服务于国家的高层交往的同时积极推动地方合作。

蓝迪国际智库已摸索出一套比较成熟的工作模式：

按需选题：聚焦国际人道与发展领域的国际热点和中央关切的议题，响应推动全球治理与企业"走出去"过程中的需求。

专家研讨：召开小型研讨会，就研究课题进行深入研讨，确定研究报告的初步框架，通过政府—企业—社会联动以及国际国内联动，综合各领域专家优势，形成报告的初步框架并确定撰稿人团队。

实地调研：撰稿人均有丰富的实践经验，并在深入调研课题所聚焦国别的基础上完成报告。

报告撰写：专家团队均在相关研究领域有较高的造诣、较强的研究功底和专业优势，经过多轮次修改、整合，形成报告。报告由蓝迪秘书处进行专业、细致的修改，使研究内容与政策需求紧密对接，同时使研究报告有更大的适用性。

专报渠道：蓝迪国际智库利用全国人大、中国社会科学院、智库联盟网络等途径建立信息专报渠道，向中央及地方决策层建言献策。

跟踪评估：密切联系相关部委和地方政府，了解相关报告对相关政策措施的贡献，并进行全面的政策建议效果评估。

三　主要研究内容

蓝迪国际智库从成立伊始，就将全球化视野下的"一带一路"研究作为主体主线，秉承问题导向、需求导向和结果导向的原则，将学术研究与公共外交实践紧密结合，整合国内外政经商界及智库界领袖要员，不断推陈出新，形成了系统化、多层次的丰富研究成果。

（一）全球治理、国际话语权、公共关系、地区合作

随着全球化进程的深入，全球治理体系发挥着越来越重要的作用，也面临着多重挑战。"一带一路"建设是对当前全球治理体系的补充完善和改革创新，其重要意义在于，该倡议充分总结中国在全球化过程中的发展经验，并形成"共商、共建、共享"的重要原则，通过"政策沟通、设施联通、贸易畅通、资金融通、民心相通"的目标，为全球经济发展注入正能量，并促进公平和可持续发展。同时，"一带一路"建设也必然受到全球化过程的影响，唯有相辅相成，方能相得益彰。有鉴于此，蓝迪国际智库将全球治理体系中的重大问题作为重要研究内容，在后 2015 议程和 2030 可持续发展目标、全球贸易和投资、全球金融治理、气候变化、人道主义、和平与安全等重点议题上发出中国声音，提出中国方案，并积极就"一带一路"对外传播体系建设建言献策，为推进"一带一路"倡议、提升国家软实力、提升中国的国际话语权做出了重大贡献。

（二）"一带一路"与新型大国关系

中国与美国、欧洲各国、俄罗斯等大国关系是全球国际关系的重要内容和"风向标"，对"一带一路"建设具有重大影响。近年来美国尽管遇到了诸多问题，但其政治、军事、经济、科技等实力依然领先全球，中美新型大国关系的建设和发展吸引了全世界的目光，也在诸多领域影响着"一带一路"的进程。"一带一路"通过欧亚大陆的"互联互通"连接着欧洲与中国，中欧合作不仅在双边层面展开，也带动着广大发展中国家，具有全球影响力。俄罗斯是欧亚大陆连接枢纽，是中亚、中东等地区性格局和全球国际关系的重要力量，中俄关系也是"一带一路"建设的重要基石。近年来，蓝迪国际智库积极加强与美、欧、俄各界的沟通联系，不断完善智库网络，以重大专题方式形成大量关于全球大国关系研究的重量级报告，为中央决策提供了很好的智库建议。

中美关系作为当前世界最为重要的双边关系，是蓝迪国际智库的研

究重点。智库专家学者经过多年深耕，多次走访美国，完成关于美国话语体系、地方合作、对伊朗政策、特朗普当选及执政情况分析等多篇引人入胜的优秀研究报告。

蓝迪国际智库还在多次欧洲调研的基础上，选择葡萄牙作为未来合作切入点，通过与葡萄牙前总理、联合国秘书长古特雷斯的深入交流和细致调研，完成关于中葡关系的重要政策建议。

俄罗斯作为中国的重要邻国，其战略合作意义及各领域丰富的政策经验均引起各方的高度重视。蓝迪国际智库积极探索中国与俄罗斯在"一带一盟"框架下的合作机遇，并通过对俄罗斯紧急情况部的调研，借鉴国际经验，促进了应急管理等领域的政策制定。

（三）"一带一路"旗舰项目——中巴经济走廊

中巴经济走廊是"一带一路"的旗舰项目，在建设全局中举足轻重。蓝迪国际智库依托长期构建的高层网络和"丝绸之路经济带"新疆·克拉玛依论坛等重要合作平台，对中巴经济走廊建设进行了深入系统的研究，不仅全面阐述了中巴经济走廊的战略意义，也对该走廊的建设发展模式及与我国新疆维吾尔自治区的对接合作进行了深入研究。

更为重要的是，蓝迪国际智库多次组织对中国经济走廊旗舰项目——瓜达尔港进行实地调研和对接合作，掌握了大量一手资料和信息，并在此基础上提出了诸多重要政策建议。蓝迪国际智库已经成为国内领先的中巴经济走廊研究智库，已经并正在发挥着咨政建言的积极作用。

（四）"一带一路"节点地区、国家发展情况

蓝迪国际智库在研究中从中巴经济走廊切入，扩大区域合作，连接中蒙俄、新亚欧大陆桥、中国—中亚—西亚、中国—中南半岛、中巴、孟中印缅六大经济走廊，在实地调研基础上完成了关于巴基斯坦、伊朗、俄罗斯、印度尼西亚等"一带一路"节点国家的研究。

经过不懈努力，蓝迪国际智库已经建立了覆盖"一带一路"沿线东

南亚、南亚、中亚、欧洲、非洲所有地区的系统研究网络，其中与哈萨克斯坦、巴基斯坦、印度尼西亚、伊朗、斯里兰卡等区域重要节点国家建立了双边委员会及共同主席等合作机制。蓝迪国际智库在沿线地区研究方面不仅开展理论研究，同时将中国企业"走出去"实践与国际经贸合作研究紧密结合，通过高层互访、国际研讨会、国际智库网络等多种平台和机制，切实解决"一带一路"建设中所遇到的实际问题，对重大共性问题进行深入研究，并提出政策建议。

这种创新的工作方式，不仅能够及时、深入了解各方面情况和意见，也能够起到上下贯通、疏通往来的重要作用。在此模式下，蓝迪国际智库形成了紧密结合国内外企业实际的系列研究报告，成为评估"一带一路"建设发展成就、促进解决重大疑难问题的重要成果。

（五）"一带一路"与产业发展

企业是促进新兴产业发展，推动"一带一路"实践的重要抓手。蓝迪国际智库通过组织相关机构进行产业发展分析，特别关注代表第四次工业革命方向的新兴产业发展，争取实行产业升级改造，并带动"一带一路"沿线国家的跨越式发展。

四　研究成果评价

蓝迪国际智库高度关注国家发展战略，特别是"一带一路"倡议执行中的成功案例和存在的问题，高度关注对国际关系、对外投资、发展合作、应急管理、人道发展等诸多领域产生重大影响，深化了有关部门对新型大国关系及"一带一路"节点国家和重点项目的风险和机遇的认识，对提升国际合作能力、挖掘经济发展潜力、引导企业产业转型升级、推动民心相通和人文交流、提升专业性和规避相关风险，起到重大作用。

欧洲对外关系委员会 2016 年 8 月发布的《分析中国：中国兴起百家

智库》研究报告指出："蓝迪国际智库为企业对外投资提供了咨询以及国际交流的机会，并且蓝迪也与多国开启了合作。其中欧洲的研究机构也相继加入合作中，主要包括来自中东欧的 16+1 国家。目前蓝迪国际智库已拥有系统的对话交流及合作机制。"

2016 年 12 月底，"一带一路百人论坛"通过系统性的公开信息分析，评选出 2016 年度较具代表性和影响力的"一带一路"优秀智库，蓝迪国际智库名列其中。

2017 年 2 月 24 日，在中共中央对外联络部当代世界研究中心与中国人民大学重阳金融研究院联合主办的"一带一路"智库合作联盟理事会第三次会议上，蓝迪国际智库被吸纳为联盟理事单位。会议还确定蓝迪国际智库作为"民心相通"中巴经济走廊国际智库合作网络的牵头单位。

推进"一带一路"实践，助力中国参与国际事务，是蓝迪的使命。蓝迪国际智库在世界舞台上更加鲜明地展现中国思想，提出中国主张，发出中国声音，做出更多独创性和更重要、更高质量的思想贡献。"问渠那得清如许，为有源头活水来。"蓝迪国际智库丰富翔实的报告，来源于智库和相关专家学者在一线的辛勤研究和富有前瞻性的国际化实践。未来，蓝迪国际智库将继续秉承"需求导向、项目导向、结果导向"的原则，努力开拓创新，用高质量的研究成果，继续为"一带一路"倡议、中国软实力的提升和全球发展建言献策。

◇◇ 第二节　新型全球化与全球治理研究

遵循创新、协调、绿色、开放、共享五大发展新理念，蓝迪国际智库发挥国际国内资源优势，积极参与发展领域的国家软实力建设，把人道与发展两个重大议题紧密结合，在"一带一路"与新型全球化，以及气

候变化应对、应急体系建设、综合减灾、人道事务等全球治理议题方面
建言献策，积极促进我国可持续发展，并努力在国际舞台贡献中国思想
和中国方案。

一　国际气候治理格局

积极应对气候变化，加快推进绿色低碳发展，是实现可持续发展、
推进生态文明建设的内在要求，是加快转变经济发展方式、调整经济结
构、推进新的产业革命的重大机遇，也是我国作为负责任大国的国际义
务。2015年底在巴黎召开的联合国气候变化框架公约缔约方会议是全球
应对气候变化进程中一次十分重要的会议。在巴黎气候大会召开前，蓝
迪国际智库形成了有关研究报告。

2015年11月30—12月11日，第21届联合国气候变化框架公约缔
约方会议在法国巴黎举行。会议旨在使全球升温控制在2℃以下，并针对
气候失常达成一项有目标、有约束力，适合所有国家的协议。巴黎气候
大会是国际气候谈判的重要转折点，将影响未来15年甚至更长时间的全
球气候治理格局，重新定位各主要国家在国际气候大局中的地位和角色，
并对我国外交和国内发展产生深远影响。在这重要的转型时期，重新审
视国际气候治理格局演变，分析我国面临的国际国内形势，合理定位我
国在巴黎气候大会上的原则与立场，非常必要。

蓝迪国际智库《国际气候治理格局演变和我国的战略选择》报告认
为，巴黎会议所产生的气候协议将不仅是各主要力量的博弈，更是未来
世界格局变化的展现。与美、欧等发达经济体相比，中国仍是发展中国
家，但又有别于其他新兴经济体和低收入国家。这个"二重性"特征，
表明中国在国际气候谈判中受到来自发达国家和发展中国家的双重压力。

报告建议，高举气候道义旗帜，能引领我国实施"一带一路"倡议，

拓展发展空间，更可打破"跨太平洋伙伴关系协定"的壁垒，将低碳纳入双边、多边投资等协议。

中国定位的"二重性"特征，客观上表明我国已从国际规则接受者转向国际规则制定者。在即将形成的巴黎气候协议中，我方宜高举气候道义旗帜，树立生态文明的良好形象，明确要求摒弃工业文明的弊端，拓展战略发展和市场空间。落实"国家自主贡献目标"，将低碳作为经济增长的新引擎，引领全球低碳转型。

《国际气候治理格局演变和我国的战略选择》引起中央高层的关注并得到气候变化应对领域高层专家的充分肯定。中国气候变化事务特别代表、全国政协人口资源环境委员会副主任解振华同志表示，报告中有很多好建议值得学习借鉴，中国在气候变化谈判的变局中地位特殊，需要兼顾国内国际、发达发展中国家，立足当前又着眼长远、措施科学而现实，既要巩固发展中国家战略依托，又要加强与发达国家沟通，兼顾两大阵营各个集团的不同诉求。

二　国家应急管理体系

应急管理是社会建设的重要内容，是维护社会稳定和人民群众利益的重要保障，是蓝迪国际智库关注的重要领域之一。党的十八届三中全会提出创新社会治理体制，其中包括健全重大决策社会稳定风险评估机制、健全公共安全体系等内容，进一步凸显应急管理体系建设的重要性。

2015年8月12日，中国天津港发生特大火灾爆炸事故。这折射出我国各种灾害频发，目前也正处于事故灾难高发期的现状。蓝迪国际智库本着"他山之石，可以攻玉"的思想，在实地调研的基础上，结合相关资料，撰写了《俄罗斯联邦紧急情况部调研报告》，旨在为健全我国应急管理体制、完善运作机制提供借鉴和参考。

俄罗斯紧急情况部的成立和运作具有组织完善、任务明晰、运转高效、协调有力的特点，并在多年实践中形成了一些行之有效的经验和做法：一是建立起综合应急救援体制；二是应急响应与指挥体系高度集中；三是应急救援队伍和装备专业化程度高；四是得到功能强大的信息系统支持；五是致力于加强国际和双边合作机制；六是相关法律体系较为完备。

俄罗斯作为我国全面战略协作伙伴和灾害应急领域经验丰富大国，是我国相关领域学习借鉴的重要对象和渠道之一。鉴于此，蓝迪国际智库建议：（1）全面树立综合应急管理理念，树立大应急管理观，加强统筹协调，打破条块分割，实现跨领域跨部门联动，做好顶层设计；（2）适应新时期形势发展需要，针对现存不足和问题，加大资源投入，加强能力建设，补齐相关短板，健全我国综合应急管理体制；（3）改变以往重大事故经常被动反应、临时处置状况，以应对巨灾和重大突发事件为核心，加强系统调研和缜密论证，逐步建立起统一指挥、协同应对机制，并在实践中不断完善改进；（4）积极落实应急管理领域"互联网＋"战略，做好总体规划，促进信息共享，提高资源利用效率，整合国内相关"金"字号工程，提升应急处置信息化水平；（5）俄罗斯在应急管理方面经验丰富、成效显著，具有重要参考借鉴意义，且俄方一贯致力于推动加强该领域国际合作，对华态度积极，建议与俄方紧急情况部开展机制化定期交流与合作。

三　减灾与国际人道主义工作

伴随着全球气候变化以及中国经济快速发展和城市化进程不断加快，中国的资源、环境和生态压力加剧，各类灾害防范应对形势更加严峻复杂。以人为本，实行综合减灾，成为实现可持续发展的重要保障。

2015 年 3 月 14—18 日，第三届联合国世界减灾大会在日本宫城县仙台市举行。大会重点围绕综合减灾、可持续发展、国际合作、能力建设及防灾减灾的资源动员体系进行讨论，形成《仙台框架》。蓝迪国际智库在会后形成了《关于第三届世界减灾大会的情况报告及对中国减灾战略的建议》。

在该报告中，蓝迪国际智库梳理了目前减灾方面面临的主要问题和解决方法：（1）在气候变化、快速城镇化、土地管理不力和工业部门发展等因素的影响下，如何准确预测和评估灾害风险；（2）减轻灾害风险框架在实践中如何具体实现有效的多层级的综合性减灾治理；（3）目前国际合作多停留在国际救援和资源技术知识的转移方面，缺少相互学习和经验共享的机制，缺少切实的机制推动减灾与减贫、气候变化应对和可持续发展的整合。

蓝迪国际智库结合本次世界减灾大会重要讨论和成果文件，针对今后中国的减灾战略，建议：制定一部综合的《减灾法》；加大对减轻灾害风险工作的投入并优化投入结构；加强城市和农村防灾减灾的能力建设，尤其是社区恢复能力；加强社会动员，采用多利益相关者和包容性方法；推动救灾工作的规范化和标准化，提高行业管理和综合风险防范能力；在"一带一路"倡议框架下加强防灾减灾救灾领域的国际合作。

《关于第三届世界减灾大会的情况报告及对中国减灾战略的建议》受到国家有关部委办的高度重视。2015 年 4 月 29 日，民政部部长李立国批示，对所提建议视情况纳入今后有关工作安排中。可以以减灾办名义，将"报告与建议"印送减灾委成员单位，并可在有关载体上摘登。国家减灾委员会办公室 5 月 20 日向国家减灾委各成员单位转发了该建议。民政部办公厅 5 月 21 日《民政信息参考》（第 34 期）摘发了该建议的相关内容。

2016 年 5 月 23—24 日，联合国首届世界人道主义峰会在土耳其伊斯坦布尔召开。此次峰会规模大、层级高、代表性广泛，直面当前人道事业面临的严峻挑战并取得一系列重要共识。蓝迪国际智库出席会议，并形成《共迎全球人道事业的挑战，全面提升中国国家软实力》报告。

报告指出，当前，全球人道事业面临的主要挑战包括：对人道主义援助总需求与总供给的不匹配、冲突和自然灾害引发的人道危机加剧、人道事务领导体系存在争议、资源配置不合理等。面对这些挑战，人道事业的未来取决于政府的积极参与及公私合营（PPP）模式的有效应用。

中国政府高度重视人道事业。近年来，中国在应对自然灾害中发挥重大作用，并且进一步面向世界实行开放与融合，不断丰富人道事务理念和内容，做出了巨大贡献。同时，我国参与世界人道事业尚存在国际参与度有待提高、总体投入不足、救援手段和能力有待提高等现实问题。

参与国际人道事业是提升中国软实力的重要手段，当前中国参与世界人道事业恰逢其时。报告对中国进一步参与全球人道事业提出思考与建议：（1）深度把握人道与发展的关系，丰富"一带一路"倡议内涵。宜针对沿线国家面临的人道危机提供物质支持和能力建设，提升安全系数，促进国际合作。（2）加强人道宣传，总结传播好中国特色的人道事务经验。引导民众参与和支持人道救援工作。在人道主义行动中贯彻"亲诚惠容"外交理念，引导"一带一路"建设的舆论环境。（3）增强在国际人道组织的领导力，支持中国红十字会现任领导积极参与红十字会与红新月会国际联合会领导层选举。（4）积极参与人道领域多双边国际合作，在"一带一路"沿线国家或地区共同开展人道事务，促进发展合作。（5）加强人道领域管理、外交与救援人才培养，强化能力建设。

四 G20 与全球经济金融治理

2016 年二十国集团（G20）领导人第十一次峰会上，中国作为 G20

轮值主席国将重新启动国际金融架构工作组，在 G20 层面继续推进完善国际金融架构。在 G20 峰会举办期间，蓝迪国际智库平台专家探讨了全球经济金融治理面临的问题与对策，提出以下观点。

第一，"一带一路"建设是完善全球治理、促进经济增长的重要载体。"一带一路"建设正在提供完善全球治理的新动力，正在形成经济增长的新活力，正在展现全球发展的新前景。这一前景将是对"创新、协调、绿色、开放、共享"发展理念的全面实践，将实现政治、经济、文化、社会、生态环境"五位一体"的可持续发展。建设"一带一路"有利于培育新的增长点以提振区域和全球经济，发挥不同国家的比较优势，促进资源整合和双赢合作。

第二，"一带一路"是全球经济增长的强劲动力。目前全球经济低迷，传统刺激经济的手段（包括货币、汇率、油价等）难以带动全球经济走出困境，局部短期的刺激对于全球经济近乎失效，发达国家和发展中国家都急需找到新的发展动力来刺激经济。"一带一路"倡议有可能为全球基础建设以及经济增长带来新的增长点和强劲的动力。

第三，中资企业海外投资要"风物长宜放眼量"。中国企业"走出去"是中国走向全球化战略关键的一环，在进行海外投资时，除了经济因素外，还将遭遇来自政治、法律、文化等方面的挑战。对于企业该如何规避这些风险，蓝迪国际智库提出了应对措施：守政治规则，遵法律条文，融多元文化，开拓国际化人力资源。

第四，推动人民币国际化，稳定中国金融市场。G20 会议中一项重要议题是保持全球金融体系稳定。中国作为全球最重要的经济体之一，如何确保自身金融市场稳定，为国际金融秩序做出贡献，是全球关注的问题。

第五，以科技创新应对金融危机。科技创新和文化创意是最容易帮助提升国家软实力的两大利器。随着中国科技企业在"一带一路"沿线国家的发展，必然对中国整体软实力的提升带来巨大的正面效果，也会为中国的整体国际声誉提升做出贡献。

第六，科技创新助推工业制造升级。除了基础建设、金融服务外，目前值得关注的一点就是全球视野下的"工业4.0"、"中国制造2025"和智能制造，这是一个向实体制造回归的趋势，尤其在"一带一路"沿线国家中具有很大的工业制造升级空间，可以开拓、激发很广阔的市场需求。在工业制造升级过程中，科技创新起着重要的推动作用。

第七，"一带一路"国际联盟对全球经济金融治理意义重大。应对全球性的金融危机，宏观政策调控、财政与金融政策双管齐下等技术性的解决方案，能在短期取得明显效果。但从解决问题根源的角度，中国的"一带一路"战略是个标本兼治的方案。从这个角度看，成立"一带一路"国际联盟意义重大，将搭建从共识到行动的链接平台，进行全方位的调动，有助于我们直面问题，凝心聚力地解决问题。

五　"一带一路"对外传播话语体系

"一带一路"的战略构想是根据国际形势和中国发展阶段而制订的长远而重大的发展规划。随着这一宏伟战略的逐步推进，"一带一路"话语体系建设和舆论风险控制的重要性日渐凸显。

蓝迪国际智库《"一带一路"对外传播话语体系构建与战略研究报告》指出，"一带一路"倡议提出后，中国官方的诸多战略阐述已经进入国际舆论的话语场，并逐渐获得沿线国家的认同。但是，这一战略面临的话语风险和舆论困境仍不容忽视。一方面，"一带一路"提出以来，中国在世界格局中的角色定位、"一带一路"引发的地缘政治的变动及经济意义等引发了西方主流媒体和智库的高度关注，这些新生话语风险与传统话语风险结合，给这一战略的国际传播带来了双重挑战；另一方面，中国国内尚未形成协调一致的战略传播布局，对外传播缺乏统一理念和有效部署，削弱了对外传播的有效性。

鉴于此，为了促进"一带一路"战略的稳步推进，消除或控制可能的话语风险，报告建议：首先，要积极认识中国对外传播的话语体系的方向性变革。中国迫切需要回归新中国的外交传统并在历史文化资源中汲取营养。其次，要善于运用国际化的多边语言开展对外传播，遵循联合国宪章精神，在对外传播中把中国外交精神与国际主流价值观念相结合。最后，还要着力构建"多重复合"的战略传播格局，从机构设置、官方外交、文化外交、公共外交、民间外交、大众传媒、智库学者、企业传播等方面出发，构建全方位、多主体、多层次、多领域的传播体系，力求战略传播正效应的最大化。

六 "一带一路"规划先行理念

"一带一路"倡议提出三年多以来，取得了举世瞩目的成就。但是，当前"一带一路"建设仍面临很多潜在的问题和挑战，突出表现在：各类项目纷繁复杂，质量也参差不齐，部分项目实施效果差，面临"合同泡汤"、项目延迟的风险，有的交叉重叠甚至出现"撞车"现象；基础设施建设项目明显增多，投资力度不断加大，但在标准导入、产能合作、服务配套等关键领域落地项目少，没有达到预期效果。

在推进"一带一路"建设的过程中，中国不仅要致力于推动硬件基础设施建设，实现经济发展，更要立足于发挥自身的软实力，最大限度地凝聚人心、达成共识，为开展区域合作奠定坚实民意基础和社会基础。中国最大的软实力是中国经验和中国模式，中国经验的关键一招就是"规划先行"。通过规划将"软""硬"两种实力结合起来，形成一个紧密联系的整体，才能真正开启连续、均衡和有节奏的建设之路。

鉴于此，蓝迪国际智库形成了《倡导规划先行，深化智力合作——"一带一路"规划先行理念的探索与实践》，系统阐述了"规划先行"对于"一带一路"建设的重大意义，并以中国与古巴联合编制"古巴工业中长期发展规划建议"项目作为实践案例，阐述了规划合作对推动两国务实合作的重要作用，并提出以"规划先行"深化"一带一路"智力合作的若干建议：（1）在"一带一路"推进过程中，要更加注重软实力建设，通过规划合作重构话语体系、抢占战略先机。（2）推进"一带一路"建设既要强调企业的主体地位和政府的引导作用，也要发挥好智库等第三方平台的支撑服务作用。（3）要分区域、分产业规划"一带一路"沿线布局，在"碎片化"的区域形成内在逻辑和发展战略的统一。（4）以规划为先导形成系统化的智力合作机制和平台。

七　中国佛教国际化

"一带一路"是习近平总书记在中国经济新常态和国际经济新形势下提出并大力推动的"促进全球和平合作和共同发展的中国方案"，这一方案倡导文明的交流与互鉴。

佛教传入中国近两千年来，长期演化、与中华文化充分融合。中国化后的佛教有其特色，有其对世界文明的特殊贡献。作为中华传统文化的重要组成部分，中国佛教有助于推动民间外交，极大地推进"一带一路"沿线各国的文化交流，并促进民心相通。

在目前国际形势下，中国佛教文化传播力量式微，造成在世界佛教界的失语与失位。因此推动中国佛教的国际化传播，复兴中国佛教的国际地位，有助于扩大中国的外交影响，对实施"一带一路"倡议具有重大意义。鉴于此，蓝迪国际智库形成《关于加快中国佛教国际化的建议》，系统分析了中国佛教的历史与现状、面临的挑战、责任与使命以及在国际化方面存在的问题，并提出加快中国佛教国际化的建议：一是支持中国佛教的科学传播和发展；二是引领中国佛教的国际化传播，实施"五个走出去"工程；三是构建中国佛教在国际层面交流合作的长效机制；四是推动以佛教外交为核心的宗教外交；五是加快宗教人才特别是综合性人才的培养。

◇◇ 第三节　中国与大国关系研究

在与大国的外交关系上，中国积极探索新型大国关系之路。中美两国正在构建新型大国关系，于两国、于世界都意义重大。中俄围绕推进全面战略协作伙伴关系取得了积极进展，为大国深化互信与合作树立了典范。新型大国关系之所以走得通，核心在于坚持互利共赢的新理念，关键在于中国保持和平发展的势头。蓝迪国际智库紧扣中美、中俄、中欧等重点国家和地区的外交关系开展研究工作。

一　中美关系研究

（一）中美地方关系研究

蓝迪国际智库从中美地方合作的角度开展了深入的研究工作。中美关系包括竞争与合作两个方面，一方面两国的结构性矛盾有加深的趋势，另一方面双边合作也在不断扩大。中美地方多层次合作，是深化中美伙伴关系的重要基础之一。在中美两国领导人共同推动下，中美地方合作平稳发展，取得了许多成就，对中美关系的稳定一直发挥着积极作用。但地方合作在中美关系发展中的作用并未得到完全发挥，目前合作方式和成效也存在不足和不均衡的情况。中美地方合作有潜力成为维持中美关系战略性稳定的重要力量，成为我国与美国等发达经济体在"一带一路"倡议上进行合作的窗口和示范。

蓝迪国际智库认真分析了辽宁省人大与犹他州议会的合作案例，自2006 年双方建立友好关系以来，持续开展了多年的交流合作。犹他州以此为契机，以点带面，广泛深入我国各地方市场。目前犹他州成为近年来美国经济发展最快、最健康的州之一。从这个典型案例出发，蓝迪国际智库形成了《中美合作研究报告》，对中美地方合作研究内容进行了深入探讨。

报告认为，中美地方交流为构建新型大国关系提供了具体平台。中美地方间交流，为讲好"中国故事"提供了抓手。对一名议员讲好了"中国故事"，等于是对其所代表的选民群体进行了高效的宣传。中国地方政府可支配资源和政策执行力远大于美地方同级政府，是推动中美合作的重要力量。辽宁省人大是目前我国唯一与美国地方议会签订正式交流与合作协议的地方人大。自2006 年以来，犹他州对中国出口的总量近10 年增幅达1038%、近5 年增幅达164%。中美地方交流合作带动了科技、文化等各方面交流的深入。"一带一路"对亚太市场的客观把握，实质上为美国与亚太地区合作提供了"搭便车"的通道。

美国地方势力在美国对华交往中具有相当影响力。美国会通过"财权"和"对外通商权"对各州对外合作施加影响，对外问题特别是中国事务，已成为议员寻求支持的重要议题。美地方势力已成为影响美外交的重要力量，主要包括地方政府，各地方的意见领袖和精英，跨国企业、商会、行业协会、工会等利益团体及各类外交事务委员会与基金会等。这些力量互相博弈和合作，从而促成政府决策。

报告认为，中美地方合作机制有待完善。目前，我方对美国地方议会重视力度不够，缺乏对等合作沟通机制。美地方在华合作机构发展速度快于中国地方驻美机构。中美地方交流合作尚未形成全国统筹机制，难以实现合作成果共享。中美地方合作区域发展不平衡。交流合作缺乏落地机制，缺乏对彼此地方政治生态的深入了解。有鉴于此，蓝迪国际智库建议：（1）加强人大与美国地方议会对等交流的持久机制建设，讲好"中国故事"，实现中美地方区域合作的互联互通。（2）贯彻"共商、共建、共享"原则，考虑成立大区域综合协调平台，打破条块分割，强化综合统筹。（3）加强中美省州长论坛对话机制与中美战略与经济对话的衔接，推动"一带一路"体系下中美地方合作交流的战略互信。（4）建立和发展机制化的中美地方交往平台。（5）建立中美地方合作大数据平台，通过信息融合促进双方资源共享。（6）注意地域平衡，多层次多领域地开展深入交流合作。（7）发挥智库交流对中美地方合作的作用。（8）利用自媒体时代传播契机，引导民众支持中美地方交流合作。

（二）美国对外战略传播体系研究

自第一次世界大战以来，特别是在第二次世界大战之后，美国形成了当今世界最庞大、最高效且覆盖面最为广泛的对外传播体系。

2010年3月，由奥巴马总统向美国参众两院提交了一份题为《国家战略传播构架》的专题报告。以此为标志，美国政府主导的国家对外宣传体制进入了一个成熟的、更加具有整合运作能力的发展阶段。

蓝迪国际智库基于对大量文献的研读和调研，形成了《"一带一路"对外传播话语体系构建与战略研究报告（一）（二）》，对美国的对外传播体系做出如下概括。

第一，美国战略传播是在美国总统领导下由美国国家安全委员会（NSC）主导的，直接服务于国家总体战略目标和军事战略目标的对外宣传体系。

第二，就战略目标而言，美国对外战略传播以作为美国核心利益的"普世价值"为主要诉求点，并以全球性的战略传播活动支持其全球合法性和政策目标。因此，美国对外传播的根本目标是：（1）增进美国的信誉和合法性；（2）贬损对手的信誉和合法性，诋毁其意识形态和政策；（3）说服特定受众采取特定行动来支持美国或国际的目标；（4）引致对手采取或放弃采取特定的行动。

第三，美国对外传播系统由公众外交、公共事务、国际广播和信息/心理运作四个部分构成。在战术层面，美国的对外传播活动一般被区分为公开、不公开与介于两者之间的行动，三者间的无缝对接是美国对外传播活动实现其"意识形态之穿透力"的最重要战术手段。

蓝迪国际智库建议：（1）在我国已经形成的宣传格局基础上，应借鉴美国的有益实践，以我国当前及未来国家利益为中心，在战略和相应的战术层面建立起整合化的对外传播体系；（2）为此，在中央层面，必须对现有的外宣运行机制进行适当的甚至大幅度的调整和整合，以确保所有涉外部门之间无缝对接和有效联动；（3）国家的外宣目标应尽快摆脱历史惯性，超越塑造国家形象这一起步阶段的任务，而将更多的资源和手段调向影响全球和各对象国的政治、经济和安全议程。

（三）特朗普当选后的美国政治分析

蓝迪国际智库从2015年上半年起在美国进行了若干次调研，特别在2016年美国大选前、中、后的详尽访谈和调研中，对美国大选结果做出了正确的判断，对特朗普本人，以及其所在的政党共和党的主要政策趋势，特别对其金主Koch家族均作了详尽分析，认定美国对中国人权方面的政治压力将大幅减弱，但美国势必将矛头转向对中国涉及贸易和供给能力方面的制度优势。如果美国无法在贸易和供给能力方面与中国达成一致，美国与中国直接对抗的可能性势必增强。

鉴于此，蓝迪国际智库形成《特朗普当选美国总统的背景和影响及我国的对策建议》报告，针对特朗普政府内政与外交政策以及特朗普总统的个人风格，就对美政策提出以下主要建议：（1）全面加强对美情报工作和双方人员交流，以便及时、全面、深入地了解美国国内政治变化的实时动态。（2）在涉及中国主权和重大安全方面的争议问题上保持沉稳和坚定。（3）在"供给侧"（产能）方面进行深入研究，以便厘清美方与我方可能存在的合作面和冲突面，进而制定出因势利导、趋利避害的对美政策。（4）在双边贸易方面，针对美方提出的"公平贸易"吁求，我方可提出"自由且公平"（free and fair）的国际贸易方针。（5）强化与俄罗斯的关系，不可让美俄关系的改善成为我国外部环境的负面因素。（6）在周边关系方面，特别是南海岛礁争议方面，积极扩大目前趋于对我国有利的局势。

（四）特朗普就任美国总统半年来的执政情况分析

特朗普于2017年1月20日就任美国总统，其内政与外交的重点方向与其施政特色日趋明显。基于早期观察分析和近期动态，蓝迪国际智库形成《特朗普就任美国总统半年来的执政情况及我方的对策建议》报告，对特朗普政府的执政团队，美国近期基本经济指标，共和党、国会、媒体、民意及特朗普的个人前景，以及特朗普政府的主要政策方向进行研究分析，并提出我国的主要对策建议，强调应加强对美国政府、国会及其他主要政治势力的全面实时监控，以确保在美国政府发生重大政治变动时避免被动。

在中美合作方面，美国在经贸和能源方面的政策方向和举措已经大体确定，全方位"释放"能源方面的供给能力已是其不可逆的政策。报告建议：充分发挥我国在能源购买方面的主动权和基建方面的能力优势，对美提出"经贸—能源—基建"一体化联动合作机制，为中美政治关系的长期稳定和持续发展奠定坚实的基石。

二　中俄关系研究

2015年9月13—15日，蓝迪国际智库代表团访问俄罗斯，就新型全球治理体系、国际政治经济格局、中俄双边关系、"一带一盟"对接等问题进行调研与探讨，形成《"一带一盟"与中俄关系新动向及对策建议》。

报告认为：全球治理体系正在经历严重危机和深刻变革。俄罗斯是具有全球视野的世界大国，对构建新型全球治理体系有着深入思考，期待与中国加强战略协作，并将此视为走出西方制裁困境、优化地缘安全环境以及巩固自身世界大国地位的重要途径。在构建新型全球治理体系方面，俄关注的重点是注入新的价值理念，在防止核武器扩散、遏制"伊斯兰国"扩张、解决朝核和东北亚安全机制等全球热点问题上加强中俄战略协作，并提倡俄中智库加强共同研究。

作为参与全球治理的具体实践，在推动"一带一盟"对接方面，俄希望强化欧亚经济委员会作用，制定"一带一盟"合作备忘录，研究"中国—欧亚经济联盟自贸区"前景。同时，我们也应积极化解俄国内消极疑虑、传统思维等影响"一带一盟"对接的因素。

鉴于此，蓝迪国际智库建议：在政治领域，要深入研究新型全球治理体系，发挥中俄应有的作用和机制，构建以合作共赢为核心的新型国际关系；在经济领域，要在"一带一盟"对接中推动双边与多边合作，明确对接关系，实现企业主导对接；在外交领域，要继续践行和倡导合作共赢理念，加快构建全方位、多层次、宽领域的外交新格局，实现中俄全面战略协作伙伴关系永续发展。

三　中欧关系研究

（一）中葡关系研究

2016年10月26—27日，蓝迪国际智库代表团出访葡萄牙。访问期间，代表团拜会了联合国秘书长、葡萄牙前总理安东尼奥·古特雷斯，与葡萄牙外交部及外交智库研讨国际形势，并与葡语国家国际合作组织及葡萄牙工商业界探讨"一带一路"倡议，相关调研成果形成《关于推动中国与葡萄牙开展多双边合作的有关建议》。报告指出：

一是应重视古特雷斯当选对我国多边外交的作用。古特雷斯非常重视中国作用，希望借鉴学习中国经验，并希望尽快访问中国。建议我国积极促成古特雷斯尽快访华，开展沟通交流，为加强我国与联合国在实现全球可持续发展目标等方面的合作及开展多边外交创造条件。

二是应加强和拓展中葡合作。葡各界认为，"一带一路"倡议意义重大，为古特雷斯当选提供了新的合作空间；中葡合作具备良好基础，同时能辐射葡语国家；澳门有条件成为重要合作支点。建议我国加大对葡方关注的港口、电力、新能源、新材料、海洋经济、汽车制造等重点项目的支持力度。

三是中葡应开展面向更广领域的多边合作。双方可共同开展面向欧洲国家的多边合作；葡希望发挥其影响力，支持中国与葡语国家开展产业对接和产能合作，并希望在亚投行等国际多边资金机制中发挥作用。建议支持面向葡语国家的多方合作项目，进一步发挥澳门在中葡合作中的作用。

四是加强中葡国际智库交流合作。古特雷斯及葡各界均重视蓝迪国际智库作用，并提供工作支持。建议支持蓝迪智库与葡智库机构加强交流合作，为推动中国、葡萄牙及葡语国家和地区的双多边合作提供智力支持。

（二）中德关系研究

2017年9月7日，蓝迪国际智库出席"2017中国南京中德企业座谈会"，并与德国前总理格哈特·施罗德（Gerhard Schroeder）共同探讨中德两国在新型全球化和中国"一带一路"倡议框架下的合作机遇与挑战，形成相关研究报告。

报告认为，德国作为欧盟最重要的成员，欧洲最大的经济体，中德双边政治和经济合作关系对于两国乃至全球都具有极为重要的意义。"中国制造2025"战略与德国的"工业4.0"战略内涵接近，非常适合对接，有利于发挥两国的各自优势。对于德国企业而言，中国不仅是重要的市场，也是重要的创新中心。除了大型跨国企业以外，两国的中小企业对于技术发展和经济增长具有创新力和推动力，在两国合作中将面临大量机会。

当前世界正面临新一轮全球化向何处去的问题，发达国家和发展中国家都面临同样的问题。在德国引领全球工业化的进程中，其在全球标准制定、应对气候变化、可持续发展以及应对各种安全调整方面发挥重要作用，是中国重要的合作伙伴。建议德国与中国一道参与和推进"南—北—南"的合作发展模式，与沿线发展中国家一起，共同为推进新型全球化和"一带一路"建设而努力。

（三）中法关系研究

2017年3月22日，蓝迪国际智库出席中国（南京）中法产业合作交流会期间，与法国前总理，参议院外交、军事、国防委员会主席，法国展望与创新基金会主席让－皮埃尔·拉法兰（Jean-Pierre Raffarin），共同探讨中法两国在"一带一路"框架下的务实合作，形成相关研究报告。

报告认为，"一带一路"倡议绝非一家之言，而是一个全球性的项目，能够为全世界创造一个和平与发展的环境，并作为新型全球化的一个重要载体。参与"一带一路"倡议的国家，不局限于中国或者其他发展中国家，而是包括了全球一切愿意参与新型全球化、共同促进经济发展的各个国家。鉴于21世纪的信息迅猛发展以及行业互通跨境，报告建议中法之间的合作应当建立畅通的平台，服务两国各领域的企业、智库、政府机构等组织。中法合作示范区将作为中国与法国"一带一路"建设的重要落地项目，并作为法国企业在中国的聚集网络阵地，不仅将为法国企业创造良好的环境，同时也将促成法国企业与中国更好合作，共享成果。

（四）中国与"16+1"中东欧国家关系研究

针对"一带一路"建设背景下中国发展与"16+1"中东欧国家关系，蓝迪国际智库进行深入研究。

2012年中国会同中东欧16国启动了"16+1合作"框架，借助这一框架，中东欧国家"向东看"的外交政策日益强化，寻求从中国获得更多发展机遇的愿望较为迫切。无论是中欧国家、波罗的海国家还是巴尔干国家，大都提出了加强与中国合作的举措，双方高层互动频繁，合作举措频出。从2012年华沙"二十点合作倡议"、2013年《布加勒斯特纲要》、2014年《贝尔格莱德纲要》、2015年《苏州纲要》和《中国—中东欧国家中期合作规划》再到2016年的《里加纲要》，"16+1合作"框架不断推出推动"16+1合作"的举措。

自2013年到2014年，中国不断丰富"一带一路"合作倡议的内涵之后，中东欧16国在"16+1合作"框架下积极参与"一带一路"倡议。中东欧16国全部纳入"一带一路"框架，其价值是全方位的，它不仅仅是一个合作市场，已经或即将成为欧盟成员国的中东欧16国在勾连欧亚市场、推动中欧合作上将发挥一定的作用。快速发展的中国和中东欧合作，可成为"一带一路"的积极推动力量。

蓝迪国际智库认为："一带一路"倡议无疑给了"16+1合作"广泛的平台和发展空间，使其有较大的扩展空间在政策对话、经贸促进、民心相同方面发挥潜力。建议：（1）今后仍应推出"拳头"产品，深挖地方合作、第三方合作的潜力；（2）为保持生命力，应吸引更多的利益攸关方加入进来；（3）进一步开放观察员制度，吸引包括欧盟及其成员国、国际金融机构和国际组织加入进来，释放更大的能量；（4）积极利用"16+1合作"撬动"一带一路"倡议的潜力，积极推动"一带一路"倡议建设，这才能放大自身的影响力。主动塑造"一带一路"倡议的性质和内涵，从而形成自身特色，成为引领次区域合作的一种新模式，比如解决"一带一路"建设中的安全风险问题、冲突问题等，主动做好顶层设计，为"一带一路"发展加码，从而显示出自身的生命力。

◇◇第四节　"一带一路"沿线各国发展情况研究

一　中巴经济走廊发展研究

中巴经济走廊北起新疆喀什，南至巴基斯坦境内的印度洋出海口瓜达尔港。随着"一带一路"宏伟战略务实推进，中巴经济走廊因战略价值和示范效应而越发重要。中巴经济走廊不仅是"一带一路"建设的最早启动项目，更是"一带一路"的旗舰项目，它的成功将成为沿线国家的示范。

2015 年，蓝迪国际智库把中巴经济走廊作为"一带一路"建设的典型示范项目开展工作，完成了一系列研究报告，分别从中巴经济走廊建设的战略考量、系统设定、合作模式与切入点、平台建设等方面提出了政策建议，并且推动建立起平台与合作模式。

2015 年 3 月 5 日，蓝迪国际智库形成《中巴经济走廊研究报告（一）》。报告认为，中巴经济走廊面临的问题及风险也不容忽视。一是作为多国战略计划的交会点，中巴经济走廊可能引发多国角力和博弈；二是巴军法管制与民主交替的政局波动影响执行效率和政策连续；三是巴安全形势堪忧，使走廊建设蒙上阴影；四是经贸环境欠佳增加建设难度和成本；五是文明冲突持续带来社会动荡。鉴于此，为推动中巴经济走廊全面持续发展，早日取得"一带一路"建设的战略突破和关键支撑，建议：一是以高层政治承诺为引领，强化领导力与执行力；二是健全共商共建体系，加强沟通、协调与合作；三是有效动员整合各类资源，综合提升发展能力；四是加强人文合作，化解文明冲突，布局长远发展；五是促进经济社会均衡发展，实行共享共赢战略，携手打造中巴命运共同体。

2015 年 5 月 28 日，蓝迪国际智库形成《中巴经济走廊研究报告（二）》，就中巴经济走廊建设的系统操作提出建议。报告认为：（1）建设中巴经济走廊，应以跨越发展的思路推进战略合作。坦诚分享改革发展经验，输送先进技术和管理理念，加强人力资源的本土化建设，加快交通、能源特别是信息产业等关键性的基础设施建设。（2）建设中巴经济走廊，应以全面发展的理念开展和谐共建。促进形成有利于中巴经济走廊建设的政治格局，全面扩展中巴经济走廊的经济效益，多头并举、积极推进社会与社区建设，深入研究伊斯兰文化，积极促进文明对话，并以生态文明建设引导可持续发展。（3）建设中巴经济走廊，应以协同发展的模式实现成果共享。通过善治实现政府与市场、社会、民众的良好合作，通过 4P 模式（Public-Private-People-Partnership，公共—私营—民众—伙伴关系；比传统公私合营 PPP 模式增加"民众"要素）实现多元利益主体的成果共享，积极应对巴大规模私有化带来的重大机遇，通过"去中心化"促进中巴地方政府合作，建设智库合作平台，创新对话协商机制。

2015 年 6 月，蓝迪国际智库代表团赴巴基斯坦访问，形成《中巴经济走廊研究报告（三）》。报告认为，应本着顶层设计出战略、执行层面想办法、智库网络搭平台的思路，推动务实合作，探讨中央、地方、企业的合作模式，完善不同角色、不同激励政策参与中巴经济走廊建设的机制。建议：（1）支持中巴经济走廊（克拉玛依）国际论坛，将其打造成服务走廊建设的国际交流平台；（2）从国家层面推动建设中巴信息走廊；（3）支持克拉玛依市与瓜达尔地区的对接合作，树立地方参与中巴经济走廊建设的范例。

2015 年 8 月 11—12 日，在新疆举行中巴经济走廊（新疆·克拉玛依）论坛（2015），搭建了服务中巴经济走廊建设的可持续发展平台，促进政府、市场、社会各方深度合作，务实推动中巴经济走廊和"一带一路"建设。根据论坛相关成果，蓝迪国际智库形成《中巴经济走廊研究报告（四）》，报告建议：支持新疆·克拉玛依论坛的可持续发展，加快中巴信息走廊的建设，进一步引导和促进企业参与，将人力资源开发和能力建设作为"一带一路"倡议的重要抓手。

2016 年 12 月 31 日，蓝迪国际智库对巴基斯坦瓜达尔港展开深入调研考察，形成了《中巴经济走廊研究报告（五）：瓜达尔港的历史、现状和未来》。报告认为，当前瓜达尔港发展面临诸多挑战：亟须建立安全、良好的投资环境，形成该地区的中长期规划，建立安全保障制度以及现代化企业治理结构和人才队伍。报告建议：（1）建立瓜达尔港经济特区，输出深圳特区模式；（2）通过立法解决地区安全问题，以保障自由区的安全与发展；（3）形成投资、基础设施建设、智力运营等综合的软硬件结合模式；（4）开展应用型人才培养，开创人文交流合作新模式；（5）加强对瓜达尔港的研究和规划工作。

2017 年 9 月 11 日，根据巴基斯坦政局动向，蓝迪国际智库再次赴巴考察，形成了《中巴经济走廊研究报告（六）：巴基斯坦当前局势及其对中巴经济走廊的影响》。报告认为，总体上判断巴基斯坦当前经济局势基本向好，未来政局发展不会对瓜达尔港和中巴经济走廊建设造成严重负面冲击，但是我们也要对相关负面因素全面评估，积极维护巴基斯坦政局平稳发展，预防不利因素的恶化造成阻碍。鉴于此，报告提出六点政策建议：（1）积极协助巴基斯坦建立稳定的政治、经济和社会基础；（2）必要的情况下继续给予巴基斯坦贷款支持；（3）继续对巴基斯坦进行战略性融资；（4）继续加强对巴基斯坦战略精英的培训；（5）加强中巴双方的文化和思想交流；（6）重视青年在巴基斯坦政治和文化方面的作用。

二 伊朗问题研究

2016 年 1 月，蓝迪国际智库形成报告《美国对伊朗政策的重大调整及我方的对策建议》。报告指出：伊朗地处亚欧大陆中心地带，亦是当今世界最重要的能源供应国之一，其在世界地缘政治版图上占据着独特而重要的地位。冷战后，特别是在美国对阿富汗和伊拉克的两场战争之后，以伊朗为中心的"阿富汗—伊朗—伊拉克"走廊（简称"阿伊伊走廊"）正在形成和逐步巩固。把握这一走廊的未来走向，将事关我国"一带一路"倡议的实施，并将有利于我国的长远发展利益。

伊朗所处的西亚地区，长期以来处于错综复杂的矛盾之中。域外大国的干涉，域内的国家矛盾、民族矛盾（乃至族群和部落矛盾）、教派矛盾、各国内部的阶级矛盾交错发展，使得这一地区呈现出独特的复杂性和问题的难解性。因此，与这一地区任何国家的政治关系，都将涉及其周边多个国家和域外大国的关系。

美国无疑是西亚地区最大的域外影响者。1979 年伊朗革命之后，伊朗长期是美国在西亚地区的首要敌对国（美国定义的"邪恶轴心国"之一），而颠覆伊朗国家政权也长期是美国对伊朗政策的核心之一。在复杂且恶劣的外部环境中，伊朗领导集团不仅捍卫了自身的政治主权和领土完整，而且通过复杂的国际博弈，获取了更大的战略发展空间，并成为今日西亚地区最具发展潜力的国家。

在长期对伊朗实施严酷的遏制政策但并未奏效的情况下，美国在奥巴马总统第一任期末期开始调整对伊朗政策，并于第二任期的第一年（2013 年）开始实施新政策，即由全面对抗转向一定程度的"再接触"，从而以对伊朗的和解来化解其在整个西亚地区的战略僵局，进而将更多的战略资源投向亚太地区以应对中国日益扩大的地区影响，实现其对亚太的"转向"。

美国对伊政策的重大转向，对中国而言既是重大挑战，也是重大机遇。积极而稳健的对伊政策应成为我国对外政策的重要组成部分。面向"阿伊伊走廊"的政策规划，应纳入我国"一带一路"倡议的中长期目标。

三　印尼问题研究

2016 年 12 月，蓝迪国际智库形成报告《打造中国—印尼互联互通发展轴，领军 21 世纪海上丝绸之路建设》。报告指出：中印两国均坚定大国复兴之路，其共同特点是和平发展、改革开放，转型升级，地区抱负、全球贡献，"一带一路"建设与印尼的"全球海上支点"国家战略天然对接。从双边交往看，双方彼此看好，形成趋利避害的共识。但鉴于以往教训，两国应恪守万隆会议及新万隆会议精神，政府在交往中也能够照顾彼此关切和"痛点"，防范和处理危机的能力意识增强。从外部环境看，双方形成战略稳定，有可能带动中美良性互动新局面。2017 年的国际形势总体比 2016 年趋于缓和，中印尼形成战略稳定，中越纠纷相对消停，中菲仲裁案之后中菲关系全面好转，中马关系加深加厚，加之澜沧江、湄公河合作的展开，中国与东南亚各国关系全面好转。从佐科现政权看，佐科是公认的极有抱负的平民总统，将发展中国印尼战略伙伴关系作为其国家发展战略的主要支柱，但也受多重制约，因而会采取务实、谨慎、开放、平衡的对华合作政策。

建议应积极稳妥、循序渐进打造中国—印尼互联互通发展轴，领军21 世纪海上丝绸之路建设。一是近期内以海上互联互通为主轴，辅之以其他方面的合作；二是提出泛南海经济合作主张；三是倡议中国—印度—印尼改革三国合作；四是倡议共同打造"一带一路"粮食大通道建设；五是倡议以新万隆精神塑造新的地区秩序；六是主动邀请印尼加入金砖国家合作；七是倡议由中国印尼发起，美日印等国参与的印太经济合作。

四　斯里兰卡问题研究

2017 年 5 月，蓝迪国际智库访问了斯里兰卡，分别受到斯里兰卡总统和总理的接见，考察了包括科伦坡港在内的中斯企业，组织了数十个各类斯里兰卡企业的座谈会。根据调研和座谈的情况，形成了《深化中国—斯里兰卡"21 世纪海上丝绸之路"的战略合作研究报告》。

报告指出：斯里兰卡为我国世代友好的战略合作伙伴。该国地处印度洋东西航道要冲，是中国对外战略中的"关键性小国"。随着"一带一路"宏伟战略扎实推进，斯里兰卡因其在"海上丝绸之路"中战略价值和示范效应而越发重要。

2017 年为中斯正式建交 60 周年，两国高层往来更加密切，经贸合作日益深化，互联互通逐步升级，中资企业积极参与斯经济社会建设，一大批重点项目取得积极进展。与此同时，与斯里兰卡开展项目合作面临的问题不容忽视。一是崛起的印度历来视南亚小国为掌中禁脔，对中斯关系的发展不断施加干扰，而斯里兰卡因自身在政治安全、贸易投资、社会文化等领域与印度有着难以摆脱的千丝万缕联系，因而希望努力在中印之间维持平衡外交；二是斯里兰卡正处在政治转型时期，党派矛盾、社会矛盾与民族矛盾叠加，更兼中印两国因国情不同而形成营商模式差异，增加了我在斯项目推进的成本，甚至项目执行过程中出现的矛盾有可能从经济层面上升到政治层面。

有鉴于此，为推动中国—斯里兰卡"21 世纪海上丝绸之路"的全面持续发展，早日取得战略突破和关键支撑，建议：一是立足斯里兰卡国家现状，高举经济合作发展的大旗，并适时调整经济合作方式及领域；二是加强两国文化教育交流，培养真正知华、爱华的斯里兰卡人，特别关注文化交流问题，实行民心相通的工程；三是带动中小微企业进入斯里兰卡，帮助斯里兰卡顺利实现经济转型；四是加强中斯两国智库间和社会组织间的密切合作，形成工作框架，搭建工作平台，实行有效的合作。

五　"一带一路"相关国家法律制度研究

蓝迪国际智库围绕"一带一路"沿线重点国家或地区的发展现状、政治制度、法律体系以及外商投资细则和实践案例，尤其对企业对外投资过程中所关注的税收制度、外汇管理、劳动就业、知识产权和环境保护等内容进行了重点研究。同时，通过解剖案例，对国际电力项目等基础设施的承包建设等相关法律进行了深入研究，形成《蓝迪国际智库"一带一路"相关国家投资法律制度概述》。

该报告是蓝迪国际智库法律服务组的律师团队经过深入细致的调研、分析和整理，形成的深度研究资料。报告内容翔实，信息完备，专业性强，覆盖领域广泛。对"一带一路"国家的相关法律和政策信息的深入研究内容将为中国企业走出海外提供重要的信息，从而为加快企业国际化进程、推动"一带一路"战略的落实提供有力的支持。

◇◇第五节　中国企业的创新与国际化研究

一　发布"一带一路"建设重点关注企业名录

2015—2017 年，蓝迪国际智库每年正式发布《建设"一带一路"重点关注企业名录》，全名录共分 15 个大类，覆盖了能源、制造、信息、文化、贸易、农业、金融、医药、矿业、纺织、培训、基础设施建设以及产业园区和行业协会等领域的重点骨干企业和机构。截至 2017 年 11 月，该名录包含 319 家企业与机构，包括国有、民营、混合所有制及上市企业等。

该名录根据企业积极参与蓝迪国际智库在推进"一带一路"建设过程中所做的工作和进展，以及企业自身的规模、发展方向和业务内容等信息，进行充分考察和筛选后列出。同时，该名录出版英文版，成为国际交往合作中的重要信息内容之一，有利于"一带一路"沿线国家深入了解我国企业服务内容和需求，从而加快产业对接，推动"一带一路"宏伟蓝图的落实。

二 促进中小企业深度融入"一带一路"

2017 年 9 月 1 日，全国人大常委会第 29 次会议通过了《中小企业促进法》。新法在融资促进、财税支持、创业创新扶持、市场开拓、公共服务、权益保障、监督检查等方面建立和完善了制度规范，这不仅有利于中小企业的可持续健康发展，也为中小企业更多以市场化、法治化方式积极参与"一带一路"建设提供了法律保障。

在此背景下，蓝迪国际智库形成《中小企业深度融入"一带一路"建设的问题及对策》。报告认为，中小企业是经济社会发展的重要力量，也是"一带一路"沿线各国经贸合作的"主力军"。然而，由于中小企业自身能量较小、风险抵御能力较弱，普遍面临融资困难，跨国经营人才缺乏，自主创新能力不足，法律体系不完善，企业重竞争、轻合作，投资风险大，文化整合困难等问题。

报告系统分析了中小企业在"走出去"过程中面临的资金、人才、创新、品牌、机制、保障等方面的困难和问题，并提出促进中小企业深度融入"一带一路"建设的几点建议：要以市场化为导向，通过法治化引领，构建多层次的金融扶持体系，实施多样化的国际化人才支撑，打造创业创新生态体系，完善涉外专业服务体系，推进企业集群协调发展，建立风险评估、预警机制，多措并举促进中小企业深度融入"一带一路"建设。

三　促进中国建筑业"走出去"

根据《国务院办公厅关于促进建筑业持续健康发展的意见》最新精神，结合当前"一带一路"倡议，中国建筑"走出去"进而打造"中国建造"品牌，具有迫切需求。3D打印建筑技术是我国具有完全自主知识产权的创新技术，它的广泛应用，将有效支撑"中国建造"品牌战略发展。鉴于此，蓝迪国际智库形成《关于3D打印建筑技术列入国家战略建设的建议》报告。

报告认为，3D打印技术被评为"全球未来改变世界的十大技术之首"。该技术在建筑领域的创新性研究与成果应用已成为各国国家战略必争高地。加快3D打印建筑技术列入国家战略建设具有重大现实意义。研究报告强调：一是要加强科研队伍建设培养以保持该技术国际竞争力。建议国家有关部门加强3D打印建筑技术的科研队伍建设和培养，使我国在3D打印建筑领域保持技术优势，以应对未来不断加剧的国际竞争。同时，应大力推动产、学、研结合，加强科研单位与相关企业的深入合作。相关企业也应借助"一带一路"东风，把3D打印建筑技术产品推向国际市场，推动中国建筑"走出去"进而打造"中国建造"品牌；二是要加快标准制修订政策扶持以推动该技术产业化发展。我国已实现了全球首批可居住和办公用建筑物的3D打印，亟须国家有关部门关注3D打印建筑技术转化成国家标准的诉求，适度考虑给予该技术领域标准制修订快速立项、审批扶持政策的出台，推动该技术标准化、产业化、市场化应用；三是要设立专项基金扶持政策以推进该技术市场化进程。根据"国办发19号文"要求，结合我国3D打印建筑技术率先被别国应用的现实情况，切实从供给侧改革发力，从金融工具支撑实体产业发展角度入手，构建符合此技术支撑的国内外3D打印建筑项目，通过设立专项基金，推动此技术的全面应用推广。

四 中国企业的标准化建设

蓝迪国际智库在中国企业的质量标准体系建设方面开展了深入研究，形成相关报告。报告认为，中国正大踏步走向世界，却因缺乏标准和认证认可的经验而付出了巨大代价，标准化是我国迎接世界挑战的关键环节。我国企业的标准化水平距离"一带一路"互联互通还有很大差距，在"走出去"与国际标准化对接的过程中还有大量困惑和问题。鉴于此，报告提出以下建议：第一，建立全球质量技术基础（GQI）；第二，建立国际企业与质量技术合作机制；第三，建立新企业新产品目录，探究逐步参与国际标准制定的路径；第四，畅通各国、各地区标准化研究和信息化查询应用途径，提升中国标准化研究院和国家标准馆的服务口径和效果；第五，在标准能力建设方面，促进各相关企业标准人才的培养，促进中国标准的世界认同。

第二章　国际网络为国际合作
提供重要平台

　　蓝迪国际智库建立了完善的国际网络，形成统筹国内外政党、政府、议会、智库、企业、行业协会、金融机构、社会组织、媒体和国际多双边机构等各方战略合作伙伴及支持机构的平台，以国际战略委员会、重点国家共同主席制度和国际分支网络为组织支撑，以多、双边高层交往为重要纽带，在重大国际场合发出"中国声音"，为地方政府和中国企业开展国际合作搭建重要平台。

◇◇第一节　发出中国声音，讲好中国故事

一　推动人道事业的发展

（一）第二届亚太地区人道与发展智库会议

　　蓝迪国际智库自成立伊始，就将人道与发展作为其主要研究方向。面对越来越多的自然灾害和各种冲突，人道与发展逐渐成为国际社会重点关注的议题。为了积极推动红十字国际联合会和各国红会就人道与发展问题展开深入广泛的讨论和更好地发挥国际红十字运动的力量，世界

人道峰会于 2016 年在土耳其伊斯坦布尔召开。面对这些国际合作的新动向，如何加强地区合作以及中国在其中发挥的作用，成为迫切需要回答的问题。

此前，第二届亚太地区人道与发展智库会议于 2015 年 5 月 18 日至 19 日在中国江西井冈山举行。蓝迪国际智库建议从以下三个方面促进中国在亚太地区人道与发展工作中的作用和贡献。

第二届亚太地区人道与发展智库会议现场

第一是积极推动亚太地区国家的多边合作机制。亚太地区国家的多边合作要从以下三个方面入手：一是参与全球治理结构的讨论；二是发展多边经济合作；三是"一带一路"倡议在亚太地区的有效实施。

第二是加强各国政府、议会、企业间的联盟和互助，共同总结和分享人道与发展的经验。通过红会与智库的合作，推动各国政府部门、议会和企业间的多边、多层级的合作，包括信息共享与交流、资源分享和案例研究，尤其是气候变化和灾害信息共享、应急救援、减贫和可持续发展的经验交流和相关案例研究，在土耳其人道峰会上，把亚太地区好的国家经验和做法整体推出，也是亚太地区为全球人道与发展做出的重要贡献。

第三是促进人道与发展方面的人力资源开发，这不仅仅包括人员培训，也是全方位的人力资源的开发与整合，从而为多边合作和"一带一路"倡议执行提供保证。在灾害风险管理与减贫、可持续发展和气候变化越来越密不可分的背景下，人道与发展议题越来越需要跨学科的多样化人才，包括自然科学与社会科学、基础研究与应用研究的合作，而且在跨学科的碰撞中，针对实际问题可能会产生更有创造力和有效性的解决方案。因此，在与其他发展中国家特别是"一带一路"周边国家的互动中，在培训相关专业人才的同时，推动政府部门、智库以及民间力量间人力资源的整合。同时，鼓励青年人参与并为他们提供机会与空间，扩大网络参与和新媒体的运用，促进更加细致的研究和产生创新性的解决办法。

（二）共同应对人道主义援助面临的挑战国际研讨班

2015 年 10 月 21—23 日，由中国国家行政学院应急管理培训中心、中国社会科学院蓝迪国际智库、红十字会与红新月会国际联合会、红十字国际委员会、英国海外发展研究所共同主办，中国应急管理学会承办的"共同应对人道主义援助面临的挑战"国际研讨班在京举办。

蓝迪国际智库认为，当前国际和地区形势正经历着前所未有的复杂变化，人道危机与冲突明显增加，国际人道与发展事务成为新型国际治理体系和国际政治安全议程中的关键议题。面对未来十年国际安全与冲突局势带来的挑战，国际人道力量在多极化进程中发生力量的重组和转移。多元基础上的共识，以及共赢基础上的合作，这使各国的相互需要明显增加，由此带来国家间的互动呈现异常活跃和复杂的态势。人道主义运动具有跨越政治、种族、宗教和意识形态的独特地位和特征。近年

"共同应对人道主义援助面临的挑战"国际研讨班参会代表合影

来，中国在人道事务领域积累了丰富的经验和良好的声誉，在人道与发展事务中积极承担责任，成功经验备受关注。蓝迪国际智库将致力于加强人道与发展领域高层交流、人力资源培训与储备、智库建设与交流、重点领域专业研究，推进国际社会的战略互信与务实合作。

（三）联合国世界人道主义峰会

应联合国世界人道主义峰会组委会、红十字会与红新月会国际联合会邀请，蓝迪国际智库于 2016 年 5 月 23 日至 24 日出席在土耳其伊斯坦布尔召开的世界人道主义峰会。本次大会是全球首次人道主义峰会。包括联合国秘书长潘基文、土耳其总统埃尔多安、德国总理默克尔等 65 位国家元首和政府首脑在内的约 5200 人参加峰会。峰会强调共担责任，重点讨论改革人道救援体系，分享有效的做法和经验，并就五大责任进行深入讨论：（1）预防和终止危机；（2）遵守战争规则；（3）不放弃任何人；（4）改变工作方式，以满足需求；（5）为人道主义领域投资。

蓝迪国际智库主办了"共同应对人道主义的挑战——包容性领导力在人道行动中的角色"边会，参加"政治引领以预防和终止冲突""人

道事务资金投入""自然灾害与气候变化——分类管理风险与危机"等高
级别领导人圆桌会议讨论,参与"全球人道创新联盟""商务链接"等
特别环节的对话。

在蓝迪国际智库主办的"共同应对人道主义的挑战——包容性领导
力在人道行动中的角色"边会中,来自中国、菲律宾、英国、德国、红
十字国际委员会、红十字会与红新月会国际联合会的高层代表展开专题
讨论,旨在明确国际组织、政府、非政府组织和私营机构在共同面对人
道主义挑战过程中的角色与责任。蓝迪国际智库认为,中国国家主席习
近平提出"一带一路"合作倡议,将对中国乃至世界的人道主义事业带
来深远的影响。中国在探索中认识到,只有解决发展的问题,才能从根
本上预防人道危机的产生,并在促进世界发展中做出不懈努力。"一带一
路"合作倡议通过国际合作,促进中国与世界进一步开放和融合,努力
带动区域、全球共同发展,推动人道主义事业进程。在此次世界人道主
义峰会的讨论中,蓝迪国际智库积极宣传中国在人道主义领域的理念、
经验与成就,阐述"一带一路"建设在可持续发展中的重大作用,努力
服务国家参与和实践"共同发展"的历史进程。

(四)联合国可持续发展目标国际高端研讨会

2016年12月18日,蓝迪国际智库出席联合国可持续发展目标国际
高端研讨会。当前国际秩序正处于调整和重组期,因此全球治理结构的
创新至关重要,可持续发展目标在这一过程中扮演了重要角色。回顾
"千年发展目标"的实施过程,中国做出了巨大的贡献,值得深入研究和
总结推广经验,进而推动"可持续发展目标"的实现。

蓝迪国际智库认为,中国的"一带一路"倡议作为全球化的重要载
体,在经济、社会、文化、生态方面对可持续发展目标将起到极大的促
进作用。可持续发展目标的实践需要更加切实可行的评价体系,各项相
关指标的制定需要更广泛的参与。可持续发展目标需要发达国家与发展

中国家的合作和共同参与，对目标进行全面评估。中国自身的发展经验，对全球治理和可持续发展目标的实现有重要借鉴意义。

（五）全球人道主义峰会后行动·中国德宏国际研讨会

2016 年 9 月 22—24 日，蓝迪国际智库、中国社会科学院亚太与全球战略研究院以及红十字会与红新月国际联合会共同主办"世界人道主义峰会后行动·中国德宏国际研讨会"。此次会议是 2016 年 5 月 23 日联合国世界人道主义峰会召开以来，全球范围内第一个讨论落实峰会后续行动的国际高级别研讨会。

世界人道主义峰会后行动·中国德宏国际研讨会参会代表合影

研讨会围绕"人道与发展的形势与未来""预防和终止冲突""发展以需求为导向的工作模式""人道与发展的内在联系""人道领域的资源整合"等主题进行了深入探讨。为应对全球人道主义面临的巨大挑战，有效落实世界人道峰会提出的五大核心责任，本次研讨会凝聚各方共识，提出了"丝路国际人道计划"十大行动倡议，该倡议得到各国红十字与红新月组织的积极响应。

一是丝路国际急救走廊项目。配合丝路经济走廊建设，在铁路、公路沿线布设急救站点，配备医疗设备、救护车、远程信息化系统，对当地医务人员进行培训，形成沿线应急救护、公共卫生服务供给带。

二是海外"博爱家园"项目。在中国"博爱家园"项目实践基础上，依托丝路沿线国家当地人力资源和基层网络，在社区层面开展综合减灾与发展项目。

三是丝路"博爱论坛"项目。面向亚太、中亚、非洲、东盟等区域，建立机制化的人道主义高层沟通对话平台，定期探讨丝路建设发展过程中的人道与发展问题，凝聚共识，协调行动。

四是丝路人道主义能力建设项目。加强沿线国家公共安全、应急救援、医疗卫生等方面能力建设，主要开展防灾减灾、突发事件处置、急救医学、灾害医学、儿科医学、公共卫生、传染病防治等方面培训。

五是丝路人道主义智库项目。加强与沿线国家合作，建立自然灾害、环境地质灾害、公共卫生灾害等分析预警系统；开展沿线国家政治、经济、宗教、文化、民族等对人道和发展问题影响的专项课题研究。

六是丝路应急管理平台项目。加强沿线国家社区、城市、国家及地区抗灾能力，综合运用北斗卫星定位、互联网、大数据、云计算等新技术，促进现代化应急管理技术应用，加强救灾装备设备配置，提高综合应急管理和处置能力。

七是丝路人道主义大学项目。为沿线国家人道主义事业高层管理人才提供系统的知识和技能培训，系统学习国际人道主义理论，并与中国各省有关人道主义组织联合开展经验交流和现场调研。

八是丝路人道主义金融支持项目。提升"丝路国际人道计划"筹资能力，设计和提供多样化的金融工具，提高人道主义项目的透明度，促进项目增效及减少间接费用，广泛吸引社会资金投入人道主义事业。

九是制订"预防和终止冲突"行动计划。本次会议倡议成立一个跨国的高级别调查小组，对全球范围内的冲突进行系统调研，分析冲突的种类、根源及表现形式，研究预防和终止冲突领域的机制创新，形成以国别和区域合作推动冲突预防和解决的行动方案。

十是制订和实施"青年动员"计划。发挥各国青年作用，充分利用社交媒体等多种方式，动员各国青年热爱和维护和平，抵制和制止战乱，加强对国际人道主义理念和价值观的理解，积极投身国际人道主义事业。

（六）全球人道主义峰会后行动·中国大连国际论坛

2017 年 7 月 15 日，蓝迪国际智库、中国社会科学院亚太与全球战略研究院、红十字会与红新月会国际联合会主办了"世界人道主义峰会后行动·中国大连国际论坛"。

世界人道主义峰会后行动·中国大连国际论坛参会代表合影

本次论坛对人道与发展，通过"一带一路"增强人道恢复力及社会保护，地区化对人道主义原则的驱动，增加地区人道主义投资，增强地方能力建设、责任心及领导力等问题进行深入研讨。

会议形成了以下六点共识：（1）响应联合国可持续发展目标和"一带一路"倡议，推动民心相通建设，应对冲突、灾难、难民潮等全球性问题和挑战。（2）建立绿色、健康、智慧、和平、以人为本的丝绸之路，与国际人道主义事业特别是与十亿人恢复力联盟项目结合，争取将其纳入"一带一路"倡议和相关节点国家的合作规划中。（3）积极应对新技术带来的机遇和挑战，充分利用新技术，建立基于信息化的志愿者网络平台和社区平台，形成新型组织形式。（4）加强国家备灾能力建设，提升灾害应对恢复力，为"一带一路"沿线国家和地区提供从国家、城镇救援到社区的第一应急响应能力建设的技术、装备、培训、演练和规范指南标准及能力测试的示范与能力建设支撑，建立重、特大灾害关键基础设施保护和城市恢复力提升的技术与管理支撑体系。（5）充分整合包括资金、人力、技术、产品等一系列资源，形成以政府为主导，企业参与的现代化筹资体系。（6）能力建设和人力资源培训（特别是治理能力和专业化能力建设）应成为新时期应对世界需求和挑战的重中之重。

会议还形成以下五点行动计划：（1）形成本次论坛的报告，将上述共识传递到各国，特别是联合国可持续发展目标和"一带一路"的节点国家，将人道与和平列为重中之重。（2）争取在中国政府的"一带一路"中将人道与发展作为重要内容，争取更多政府支持。（3）组织相关企业，积极发展可推动人道主义事业建设的新技术，如即时通信、GPS定位、人工智能、大数据等。（4）创立人道主义领域的企业合作联盟，通过培训和实践，增加企业的社会责任感。（5）充分发挥高校和研究机构的力量，形成智库网络，形成与灾害、冲突有关的应对和预防的相关研究。2017 年 11 月 6 日至 8 日，红十字会与红新月会国际联合会第 21届全体大会上，中国红十字会会长陈竺当选为联合会副主席。蓝迪国际智库在推动人道事业发展，参与国际人道事务中发挥了积极作用。

二　智库建设助力"一带一路"

（一）二十国集团民间社会（C20）会议

2016年7月5—6日在青岛举行的二十国集团民间社会（C20）会议邀请了二十国集团成员、联合国、非盟、东盟等55个国家和地区非政府组织的代表约200人参加。蓝迪国际智库代表应邀参加并在全体大会主旨演讲环节就"一带一路"建设与新型智库国际服务机制的战略理念、系统设计与操作案例进行了全面阐述，展现了中国民间社会的新理念和新发展，引起现场观众热烈反响。

2016年二十国集团民间社会会议期间，中联部部长宋涛会见会议代表

C20 会议于 7 月 6 日通过成果文件《2016 年二十国集团民间社会会议公报》。该报告提交给 9 月在杭州举行的 2016 年二十国集团首脑会议（G20）及出席会议的二十国领导人。经参会的中国、埃及、巴基斯坦、柬埔寨、南非、印尼等国重要嘉宾讨论达成共识，C20 大会公报加入了两个重要观点和建议。

一是将"一带一路"建设写入大会公报。大会公报中强调："我们高度关注中国经济的长期趋势，希望中国经济成功发展，并通过推进'一带一路'建设，在打造世界经济增长新引擎，实现世界经济稳定复苏和可持续发展继续发挥引领作用。"二是形成制度保障，推动可持续国际合作。大会公报强调："呼吁 G20 峰会高度重视和发挥好民间社会在促进世界经济发展、全球经济治理及夯实国际关系民意基础等方面的作用并为此提供政策、资金和制度保障。"

（二）二十国集团智库（T20）会议

2016 年 7 月 29 日，蓝迪国际智库代表出席 2016 年二十国集团智库（T20）会议，并发表重要演讲，阐述蓝迪国际智库对建设新型全球关系的新动力、新活力、新前景的思考与行动。

蓝迪国际智库认为，当前完善全球治理的重要性日益凸显，中国在全球化进程中发挥着日益重要的作用，正在为完善全球政治经济新秩序做出积极贡献。同时，新的全球经济增长点备受关注，我们应该致力于构建创新、活力、联动、包容的世界经济，通过创新驱动发展和结构性改革，为各国增长注入动力，使世界经济焕发活力。"一带一路"倡议是各国应对全球挑战、实现共同发展的一个重要战略构想。

在"一带一路"框架下，随着各国合作深化，智库的积极独特作用日益突出。智库已成为国家公共外交的重要主体，智库间合作已成为影响世界政治、经济、文化和社会进步的重要因素。通过积极探索智库交流合作的新模式、新途径、新机制，可以更好地为全面推动"一带一路"

2016 年二十国集团智库会议智库代表合影

建设和国家间友好关系发展提供智力支持。

（三）中国智库国际影响力论坛

2017 年 1 月 9 日，蓝迪国际智库出席"中国智库国际影响力论坛 2017"，指出："一带一路"的伟大意义在于，在今天的全球所面临的政治、经济的大变革、大动荡的格局中，中国作为一个负责任的大国，果断引领全球资本全方位地走向和平发展的道路。"一带一路"将成为全球人类发展史上的一个划时代的创举。

目前全球局势有三个重大变化：冲突、失序、发展。同时，世界出现了三个重大趋势：一是国际秩序将进入一个较长的崩溃和重组期。全球层面的公共治理或出现巨大的真空，一定程度的冲突和失序成为常态。二是更公正的国际秩序将产生。这一国际秩序将更加符合对等和互利的原则，更加尊重多元化的全球公共领域，更加统筹大多数国家的可持续发展。三是作为第二大经济体、最大的发展中国家，中国在国际社会中将继续发挥重大作用，并为全球提供值得学习和借鉴的宝贵财富。

蓝迪国际智库认为，19 世纪由英国引领的第一次工业革命，举起的旗帜是自由竞争、自由市场；二战后，美国在全球范围内树立了人权、民主自由的旗帜，建立了现有的全球治理秩序；而今天我们应高举和平与发展的旗帜，让每个国家每个人都拥有平等发展的机会，并由此形成全球的一个平衡的发展过程。

增强国际影响力，必须有强大的经济基础，同时要高度关注人心相通。中国将来在"一带一路"建设当中有两个要点：一是密切人文交流，因为没有人和人之间的合作，只有经济的合作是没有基础的；二是着力抓好产业园区的建设，通过整个"集团式"的"走出去"的方式，扩展和发展我们在海外所有的产业领域。

（四）"一带一路"智库建设研讨会

2017 年 10 月 9—10 日，由中联部"一带一路"国际智库合作联盟、工业和信息化部中国电子信息产业发展研究院、中国社会科学院亚太与全球战略研究院和蓝迪国际智库共同举办的"一带一路"智库建设研讨会暨中国社会科学院蓝迪国际智库项目总结会在日照召开。

本次会议首先对蓝迪国际智库成立以来的实践经验做了一个全面的总结，探索中国智库建设的新机制、新途径；其次是要进一步研究"一带一路"建设中所面临的新问题和新挑战，积极参与全球治理机制建设，发现新的经济增长点。

参会的评审专家一致认为蓝迪国际智库一是要建立可持续的发展机制，以可持续发展的方式，逐步成为跨界的平台、服务的平台、国际化的平台和市场化的平台；二是要以需求、项目、结果为导向，继续服务企业落实项目；三是蓝迪国际智库项目不仅仅会与发展中国家，也会与

"一带一路" 智库建设研讨会暨中国社会科学院蓝迪国际智库项目总结会现场

发达国家建立真正的平台联盟，吸取发达国家的先进管理经验、行业标准以及它们的政商资源；四是蓝迪国际智库项目将在现有基础上不断地拓展智库联盟网络，向成为更加国际化和市场化的权威平台目标迈进。

◇◇ 第二节　搭建国际合作平台，推动产业对接

一　巴基斯坦

（一）"一带一路"中巴经济走廊战略研讨会

"一带一路"中巴经济走廊战略研讨会于 2015 年 4 月 14—17 日在海南海口举行。会议建立了中国—巴基斯坦智库合作框架，形成了第一批

机构合作联盟，制订了蓝迪国际智库平台 2015 年中巴经济走廊行动计划，搭建了地方省份和企业参与中巴经济走廊建设的务实合作平台。

"一带一路"中巴经济走廊战略研讨会参会代表合影

根据中巴经济走廊建设发展需求，蓝迪国际智库专家委员会成立了中国—巴基斯坦小组。该专家小组共由 20 名专业人士组成，其专业范围涉及经济、金融、能源、贸易、信息、通信、社会等诸领域。蓝迪专家委员会主席赵白鸽与巴基斯坦参议员、国防委员会主席、巴基斯坦中国研究所主席穆沙希德·侯赛因·萨义德担任共同主席。中巴双方共同建设秘书处，协调推进双方的智库合作。

此外，会议围绕"一带一路"倡议下的中巴合作展望、瓜达尔港及附属设施建设、水利电力与能源开发、经济园区建设、中资企业本土化及中巴智库合作计划进行了深入研讨。

其间，一大批服务"一带一路"建设与发展的机构达成了合作共识。在中国社会科学院亚太与全球战略研究院、中国社会科学院蓝迪国际智库、中国（海南）改革发展研究院的共同推动下，商务部五矿化工商会、清华大学国际传播研究中心、清华房地产总裁协会等中方机构，巴基斯坦中国研究所、卡拉奇能源研究所、鲁巴集团等巴方机构及埃森哲公司等深入参与中巴经济走廊建设合作。

经过讨论，各方共同商量制定了蓝迪国际智库平台2015年中巴经济走廊行动计划：

一是加强高层倡导。共同搭建沟通平台，推动落实高层政治承诺，增进相关各方政治互信，强化战略领导力与执行力，提升彼此的政策影响能力。包括组织访问团实地考察对接巴基斯坦经济社会发展需求，形成合作项目。

二是开展资源动员。践行"共商、共建、共享"原则，积极筹集资金、人才等资源，争取政策支持，发挥政府资金的杠杆效应，发挥政府、市场、社会对共同建设"一带一路"的三元支撑作用。

三是推进能力建设。培养中巴双方各领域的优秀精英，加强组织能力建设，提升治理和管理经验。包括8月举办中巴经济走廊发展能力建设培训班，抓紧建设"一带一路"公共信息服务平台等。

四是推进项目落地。蓝迪国际智库平台坚持需求导向、项目导向和结果导向，提供资政服务，推动中巴企业项目对接落地，开展人文交流和民生项目，促进经济社会均衡发展，携手打造中巴命运共同体。比如中国宋庆龄基金会与巴基斯坦红新月会达成协议，合作开展民生交流项目。

另外，此次会议围绕中国江西省参与中巴经济走廊建设召开了专题会议，搭建了企业合作的畅通平台和机制。会议将江西省的优势产业与巴基斯坦需求进行对接，帮助双方建立常态化的沟通机制和省级交流平台，形成了江西省融入中巴经济走廊建设的项目清单和企业清单，为下一步企业走入巴基斯坦提供了沟通合作渠道与平台。

需要指出的是，企业有效参与和后续跟进是此次会议的一大特色。根据中巴智库合作平台的行动计划，中巴双方企业共同参与海尔—鲁巴经济园区、瓜达尔经济特区等巴基斯坦产业园区或经济园区的建设规划，对区域产业发展做出科学、合理、可操作的产业发展规划。中巴智库合作平台特别注重引导企业履行社会责任，以绿色人文为导向，以区域协同发展为主线，以"互联网＋物联网、云计算、大数据"为平台，形成新型发展模式和方案。

中巴智库合作平台强调，要借助中巴友好年这一契机，进一步开展青年交流、文化宣传等人文交流活动和民生项目，努力让中巴经济走廊的发展成果惠及中巴两国人民。

（二）张春贤接见蓝迪国际智库代表团

2015 年 5 月 31 日，中共中央政治局委员、新疆维吾尔自治区原党委书记张春贤同志在乌鲁木齐接见了蓝迪代表团。代表团就新疆特别是克拉玛依参与中巴经济走廊建设的有关思考和建议向自治区领导同志们做了汇报。

代表团向新疆维吾尔自治区党委和政府建议：第一，根据巴基斯坦的需要，在瓜达尔港和新疆克拉玛依市建立友好城市的基础上，利用中国的资源来帮助瓜达尔港进行规划、设计和建设；第二，通过友好城市间的合作，实行产业对接，促进全面发展；第三，新疆各地区在中巴经济走廊建设中要进行合理的产业布局，防止"一窝蜂"现象；第四，加快"一带一路"特别是中巴信息走廊建设，搭建"互联网＋"公共服务平台；第五，加强人力资源培训，多层次开展巴基斯坦人才本土化建设，为中巴合作积累人力资本；第六，创新对话协商机制，建立永久性的中

中共中央政治局委员、新疆维吾尔自治区原党委书记张春贤（右）

巴经济走廊论坛，并邀请巴基斯坦高层领导、有关部委机构负责人、智库、企业人士和青年精英共同参与；第七，建立中巴社会组织间的合作，以促进公民参与的新型社区建设。

张春贤书记表示，蓝迪国际智库提出的建议符合国家战略，符合中巴经济发展状况。蓝迪代表团到巴基斯坦的出访其实担负的是国家使命，一定程度上也是落实国家战略的一个先行考察。代表团提出的建议针对性、操作性比较强，是好的设想，符合国家战略大局，新疆维吾尔自治区党委、政府、人大都会给予大力支持。

（三）蓝迪国际智库会见巴基斯坦前总理纳瓦兹·谢里夫

2015年5月31—6月4日，蓝迪代表团赴巴基斯坦访问，会见巴基斯坦前总理纳瓦兹·谢里夫。

谢里夫总理表示，中巴友谊比山高、比海深、比蜜甜，中巴经济走

蓝迪代表团会见巴基斯坦前总理纳瓦兹·谢里夫

廊建设就是真实写照。目前，巴国内各党派已达成共识，普遍热烈欢迎和支持中巴经济走廊建设，下一步将尽快推动项目对接落实。中巴双方智库以共同主席制的方式开展交流与合作，是落实两国元首战略决策与合作共识的具体行动，是"共商、共建、共享"原则的具体体现。他建议，在多领域促进全面发展，特别是关注直接惠及民生和社区的渔业、畜牧业、农业等产业合作；创新对话协商机制，建立中巴国际智库交流合作平台，打造中巴经济走廊国际论坛；创新协同发展模式，开展省市级合作对接，实现成果共享；加快中巴信息走廊建设，搭建中巴经济走廊"互联网＋"公共服务平台；加强人力资源建设和能力培训，多层次开展巴基斯坦人才本土化建设；增进相互了解，开展中巴新闻媒体和人文交流合作，夯实中巴合作民意基础。

蓝迪国际智库代表团到访巴基斯坦参议院、规划发展与改革部、财政部、红新月会和巴中学会，并与巴参议院成员进行了广泛接触，就深入推进中巴经济走廊建设的有关具体问题，与巴方进行了深入交谈。

蓝迪国际智库认为，中巴经济走廊建设事关地区乃至全球的持续发展，各方应坚持习近平主席提出的"共商、共建、共享"三个重大原则，以跨越发展的理念开展共同合作，以全面发展的思路推进和谐共建，以协同发展的模式实现成果共享。这些建议受到巴基斯坦各方普遍赞赏和欢迎。

巴基斯坦规划发展与改革部原部长阿赫桑·伊克巴尔（Ahsan Iqbal）会见代表团一行时指出，中巴两国双边关系友好，经济社会合作的空间非常巨大，中巴经济走廊的提出恰逢其时。他认为，中国提出建设"一带一路"的倡议与巴基斯坦提出的"2025 计划"是互相契合的。当然，中巴经济走廊不仅仅是经济领域，还应包括社会和文化领域。在这一过程中，中巴双方应该相互学习，特别是在战略规划、计划实施、重大问题处理上分享经验，如城市化问题、工业化问题、移民问题、人口控制等方面的经验。

巴基斯坦原财政部长伊沙克·达尔（Ishaq Dar）会见代表团一行时表示，中巴经济走廊建设显然会给巴方带来巨大综合利益。巴基斯坦可以发挥沟通整个地区的桥梁作用，促进中亚、南亚地区的经贸人文合作。达尔提到，在中巴经济走廊项目合作中，中巴双方应该为双方企业进行培训，帮助企业按照国际标准开展项目的研究、建设与发展，特别是强化企业社会责任，使中巴经济走廊更早更好地惠及沿线人民。

到访巴基斯坦红新月会时，代表团看望慰问了因遭遇恐怖主义袭击而致残的志愿者，对红十字与红新月运动的志愿者表达了崇高敬意。当今世界人道与发展事务的联系日益紧密，志愿者不仅仅是服务的提供者，更是发展的参与者。巴基斯坦红新月会会长萨义德·伊拉希（Saeed Ela-hi）对中国红十字会多年以来对巴基斯坦和周边国家地区人道与发展事务的高度关注与支持表示赞赏。他表示希望学习中国红十字会在应急救援、应急救护、人道救助、国际合作等领域的成功经验和模式，让中巴两国人民更多地受益。萨义德·伊拉希会长建议，由于人道与发展事务日益紧密的联系，应将人道事务作为建设"一带一路"的总体框架中的重要内容，加强国际和地区间交流合作。他期待中国能够在专业人员培训、救援装备援助和减灾合作服务等方面对包括巴方在内的"一带一路"沿线国家提供帮助。

在巴中学会访问时，代表团一行与巴基斯坦政府、议会、智库和企业代表就"一带一路"和中巴经济走廊的建设问题进行了广泛讨论，就企业关注的土地政策、税收政策、安全保障和透明性等问题交换了看法。与会代表一致认为，中巴两国应该继续在全天候战略伙伴关系框架下，在中巴信息走廊建设、人力资源建设及友好城市对接等方面加强合作，推动"一带一路"落到实处。

围绕中巴联合智库合作推进中巴经济走廊建设等有关话题，赵白鸽博士与穆沙希德·侯赛因·萨义德共同接受了巴基斯坦国家电视台（PTV）的采访。他们认为，中巴经济走廊建设的目标是要通过跨越发展的理念、协同发展的模式，走向全面可持续发展。资源动员对于这个过程而言至关重要。现代社会中，资源的概念不再局限于财政资源，而应包括人力、智力、文化、知识、技术、产品等。中巴经济走廊不仅是经济合作，社会、文化、生态建设也都是全面发展的基本内容和必然要求。应将政府、市场、社会特别是民众等综合因素统筹规划，调动各方面的积极性。其中，特别要注意利用现代信息技术和平台，打造中巴信息走廊，借助"互联网＋"为中巴经济走廊建设插上翅膀。穆沙希德·侯赛因·萨义德参议员在接受采访时强调指出，中巴两国之间的传统友谊深入民心，中巴经济走廊建设的成功不仅将对巴基斯坦，而且会对整个地区乃至全世界产生重大积极影响。

（四）中巴经济走廊（新疆·克拉玛依）论坛

2015 年 8 月 12 日，为期两天的中巴经济走廊（新疆·克拉玛依）论坛落下帷幕。在"共商中巴合作，共建繁荣走廊，共享和谐发展"的主题指导下，出席论坛的 300 多位代表展开了充分深入的交流与对接，在闭幕式上共同见证签署了 20 项合作备忘录，总价值约 103.5 亿元人民币。

中巴经济走廊新疆·克拉玛依论坛（2015）签约仪式

清单内容包括中巴双方在能源、电力、工业园区等基础设施建设项目上，积极服务中巴双方的经济发展；也包括教育、培训、医疗、农业、民生、文化等领域的合作，让发展成果切实惠及人民群众；还包括中巴经济走廊（新疆·克拉玛依）论坛的联合规划与建设协议，努力搭建可持续的对话协商平台。论坛上，中国喀什地区与巴基斯坦吉尔吉特—巴尔蒂斯坦地区宣布正式建立友好地区关系。

这些合作项目的达成，进一步深化了中巴双方在政治、经济、社会、文化、生态等领域的交流合作，促进了政策沟通、设施联通、贸易畅通、资金融通和民心相通，为加快建设中巴经济走廊和"一带一路"产生了积极推动和示范效应。

闭幕式上还审议通过了成果文件《新疆克拉玛依宣言》（以下简称《宣言》）。

《宣言》强调了"共商中巴合作，共建繁荣走廊，共享和谐发展"这一主题，重申了和平合作、开放包容、互学互鉴、互利共赢的古丝绸之路精神，赞赏"丝绸之路经济带"和"21世纪海上丝绸之路"为古丝路精神在新时期的传承和发展，为沿线国家最终打造政治互信、经济融合、文化包容的利益、责任和命运共同体制定了宏伟蓝图和美好愿景。

《宣言》认为，中巴经济走廊是落实中国国家主席习近平2015年4月访问巴基斯坦期间两国领导人达成广泛共识的重要组成部分，是"一带一路"倡议的旗舰项目，其成功将对沿线国家产生重要的引领和示范效应。强调通过"共商、共建、共享"原则致力于中巴经济走廊建设，双方通过政策沟通、设施联通、贸易畅通、资金融通、民心相通，促进中巴两国乃至整个区域的共同发展。

《宣言》承诺双方在深化政策沟通、开展积极合作、加强能力建设、推动科技创新、夯实人文交流、拓展对话平台等领域采取具体行动。

该论坛由中国新疆维吾尔自治区人民政府、中国社会科学院主办，中国新疆克拉玛依市人民政府、中国社会科学院亚太与全球战略研究院和蓝迪国际智库共同承办。

蓝迪国际智库在本次论坛搭建交流平台、促成项目合作等方面做出了积极努力，并期望继续为推进中巴经济走廊乃至"一带一路"建设做出应有贡献。

（五）中国巴基斯坦企业家国际研修班

2015年10月13日上午，由蓝迪国际智库、清华房地产总裁商会、巴基斯坦中国研究院、国际绿色经济协会等单位联合主办的"一带一路"中巴经济走廊——中巴企业家国际研修班开学典礼在北京清华紫光国际交流中心隆重举行。

此次企业家国际研修班是通过促进企业项目合作来落实中巴经济走

廊建设的务实平台，是将政策、产业、法律、标准、信息、投融资、案例分享、实地调研等融为一体的全方位对接，采取"政府—市场—社会—智库"相结合的服务模式。本次培训为期 7 天，共有来自中国、巴基斯坦以及阿联酋、哈萨克斯坦的 100 多名企业界代表参加，涵盖新能源、电力、法律、金融、咨询、信息技术、钢铁、建材、建筑、家电、化工、环保、旅游、房地产等广泛领域。培训期间，蓝迪国际智库平台组织了包括亚洲基础设施投资银行、中国出口信用保险公司在内的专家团队为学员们提供政策、产业、法律、标准、信息、投融资及典型案例等方面的综合指导。各方围绕产业合作、法律与标准、信息产业、投融资、案例分享等五大分议题展开讨论和互动，并组织实地调研与考察，开展全方位对接。

全国人大常委会委员、农村与农业委员会委员，中国社会科学院副院长，蓝迪国际智库领导小组副组长蔡昉在致辞中表示，中巴经济走廊是连接"丝绸之路经济带"和"21 世纪海上丝绸之路"的纽带，是"一带一路"的重要组成部分，也是"一带一路"倡议的旗舰项目，其成功将对沿线国家产生重要的引领和示范效应，将惠及整个地区、造福沿线民众。中巴两国高层往来更加密切，经贸合作日益深化，互联互通逐步升级，中资企业希望积极参与巴经济社会建设。作为对外经济合作的市场载体和"一带一路"建设的实施主体，中国企业面临大规模"走出去"的历史性机遇。企业要发扬丝路精神，把自身发展主动融入国际潮流中，以经贸合作带动人文和科技交流，为我国开放型经济发展注入新动力。他表示，本次国际研修班提供了一个良好契机，希望通过培训搭建合作的桥梁，让两国企业家更全面客观认知彼此需求，提升合作能力，更积极主动地参与到经济走廊建设中去。

全国人大常委会委员、农村与农业委员会委员，中国社会科学院副院长，
蓝迪国际智库领导小组副组长蔡昉致辞

巴基斯坦参议员、参议院财经委员会主席萨利姆·曼迪瓦拉（Saleem Mandviwala）在讲话中表示，巴基斯坦人民十分清楚中巴经济走廊对两国的战略意义。巴方张开双臂欢迎中国投资。习主席已经给中巴两国人民展示了美好愿景，现在关键是行动和落实，实现愿景。萨利姆·曼迪瓦拉介绍，在蓝迪国际智库平台上，中巴两国智库、企业家及相关各界共同努力，2015 年先后在海口、克拉玛依、北京等地开展了一系列对接合作。本次中巴企业家研修班就是落实论坛达成的重要成果之一，搭建双方企业间直接沟通平台，促成实质性项目对接，同时也为新疆克拉玛依论坛（2016）做准备。这一系列行动是两国"共商、共建、共享"关系的真实写照。

巴基斯坦驻华大使哈立德·马苏德进一步介绍了巴基斯坦政治、经济、社会、文化、生态等方面的情况，希望通过进一步的企业间合作对接，务实推进中巴经济走廊建设。他表示，在中巴两国历代领导人不懈努力下，两国邦交坚如磐石，如今中巴经济走廊项目作为全球经济和区域发展的最新案例将进一步推进两国关系。习近平主席提出富有远见的"丝绸之路经济带"和"21世纪海上丝绸之路"建设，将带来一轮区域互联和区域一体化经济的新纪元。巴基斯坦具有得天独厚的地理优势，是本地区进行跨区域贸易和服务的理想场所。巴基斯坦的消费者数量庞大，有1.9亿人口且以青年人居多，自然资源非常丰富。哈立德大使表示，坚信本次研修班及年底两国企业界的进一步对接，不仅会拉近两国企业界的关系，也会为两国更多的商业及经济合作铺平道路。

新疆维吾尔自治区克拉玛依市委书记陈新发在致辞中表示，新疆作为向西开放的重要门户是丝绸之路经济带核心区，在开展中巴合作中具有独特的地缘、经济、人文和社会等优势，在中巴走廊建设中具有十分重要的地位和作用。中巴经济走廊建设将为新疆、巴基斯坦发展提供不竭动力。克拉玛依市有着良好的区位优势、产业基础和人才储备，在工业化、城镇化、信息化方面也积累了丰富的经验。在承接和促进中巴经济走廊建设方面，克拉玛依有着独特的优势和巨大的潜力。作为新疆克拉玛依论坛的主办机构之一，克拉玛依市努力为2016年新疆克拉玛依论坛做好筹备工作，为中巴双方企业的经贸交流、能力建设等活动搭建平台、创造更多便利条件。

与会代表认为，这次企业家国际研修班体现了新型智库与决策需求、市场需求和社会需求相适应的服务体系。在中巴两国相关部门积极推动下，中巴双方众多优质企业和社会机构广泛参与，蓝迪国际智库平台充分整合信息、资金、人力、授权、项目、公共关系等资源，建立跨国界、跨区域、跨部门、跨领域的专业化团队和机制，最大限度地推动成果转化、效果提升和价值实现。

（六）蓝迪国际智库出访巴基斯坦

2015 年 11 月 6 日，蓝迪国际智库平台成员杭州东部软件园有限公司宋晓春董事长率领蓝迪代表团访问巴基斯坦。访巴期间，中方重点了解了中巴信息走廊的建设情况，探讨了如何充分利用中巴两国信息技术的优势、合作打造巴基斯坦信息园区及信息城中的各类具体问题，与巴基斯坦信息与电信部会面并签署一系列合作项目。双方在前期合作项目基础上，继续深化合作领域，务实推进中巴信息走廊的建设工作，充分发挥信息走廊对"一带一路"整体建设的强大支撑作用。

2015 年 12 月 16 日，由德恒律师事务所主任、首席全球合伙人王丽博士率领的蓝迪代表团抵达巴基斯坦首都伊斯兰堡，开始对巴基斯坦进行为期四天的访问。该代表团是由蓝迪平台的法律、标准、信息团队以及各类企业组成的一个综合团队，围绕中巴经济走廊建设的政策、法律、标准、信息、高新技术、产能合作、房地产、农业、投融资、培训等方面的问题，与巴基斯坦各有关方面会面并进行实地调研。

2015 年 12 月，蓝迪代表团访问巴基斯坦卡拉奇并与信德省政府签署多项备忘录。2016 年 4 月 14 日，蓝迪代表团前往巴基斯坦进行考察访问，进一步落实推动中巴双方的产业对接。

2017 年 8 月 8 日至 10 日，中国社会科学院院长王伟光率领蓝迪国际智库代表团再次出访巴基斯坦，深入调研巴基斯坦政局动向，并考察中巴经济走廊卓越中心、巴基斯坦海尔工业园、拉合尔管理技术大学等机构，为与巴基斯坦的进一步合作做出了新的部署。

（七）"一带一路"中巴信息走廊推动建设情况汇报会

2016 年 2 月 16 日，蓝迪平台机构工业和信息化部软件与集成电路促进中心（CSIP）在北京召开关于"一带一路"中巴信息走廊推动建设情况汇报会。

经过近一年的调研和推动，CSIP 在"一带一路"中巴信息走廊推动建设方面取得了积极进展。具体工作包括：一是积极联合国内外著名智库、专家学者和研究机构，开展中巴信息走廊总体规划的研究编制工作；二是积极推动和支撑中巴两国信息产业主管部门签署合作框架协议；三是联合国内外优秀教育培训机构发起成立国际信息丝绸之路产业研究院，为"一带一路"沿线国家培养紧缺的信息技术人才和高端管理人才；四是推动建立中巴对等信息产业园区，依托新疆软件园、乌鲁木齐云计算基地等建设中巴信息走廊核心园区。同时，在巴基斯坦布局建设信息技术产业园区，与新疆中巴信息走廊产业核心园区实现互联互通。

（八）"丝绸之路经济带"新疆·克拉玛依论坛（2016）

2016年8月9日至11日，"丝绸之路经济带"新疆·克拉玛依论坛（2016）顺利召开。本届论坛以"共商、共建、共享——区域合作与产业发展"为主题，实行了需求导向、项目导向、结果导向的原则，通过基础设施建设、能源合作、信息产业、经济园区、制造业、人居环境与城市发展、文化产业等七个领域的务实交流和研讨，促进了行业对接和产业发展，促成了28项双边国际合作项目协议或意向备忘录的签署，总金额达625亿元人民币。

"丝绸之路经济带"新疆·克拉玛依论坛（2016）签约仪式

此次论坛深化了中国与巴基斯坦、伊朗、哈萨克斯坦等"一带一路"重要国家的交流合作，促进了政策沟通、设施联通、贸易畅通、资金融通、民心相通，进而促进了南亚、西亚和中亚等"一带一路"重点地区的区域合作和共同发展。

中国社会科学院院长、蓝迪国际智库领导小组组长王伟光率领代表团出访巴基斯坦

（九）中巴经济走廊瓜达尔港国际合作会议

2016 年 12 月 13 日，由巴基斯坦海军政策研究中心、巴基斯坦计划发展与改革部、巴中学会联合主办的中巴经济走廊瓜达尔港国际合作会议在巴基斯坦瓜达尔港举行。蓝迪国际智库代表团出席会议。

瓜达尔港具有重要的战略地位，在中巴经济走廊中意义重大。对于瓜达尔港的建设，蓝迪国际智库提出建议：第一，要加强战略层面的合

巴基斯坦海军参谋长会见赵白鸽博士及中国驻巴基斯坦原大使馆孙卫东大使

作；第二，要提供政策支持以鼓励投资瓜达尔港；第三，需要加强安保，确保投资和人身安全；第四，特别要为高科技产业提供政策支持；第五，要加强能力建设。这些都将促进瓜达尔港和中巴经济走廊的跨越式发展。

中国驻巴基斯坦原大使孙卫东指出，"一带一路"的建设尤其是中巴经济走廊的建设不是一家的独奏，而是双方合作共鸣。当前，瓜达尔港建设进展良好，已进入了全面合作发展的高潮。中国对瓜达尔港的人民始终抱有美好的感情，通过兴建小学、开展培训等，努力为瓜达尔的发展打下坚实的基础，瓜达尔的发展正由蓝图转为现实。中国政府也将继续推动中巴经济走廊的建设，加快瓜达尔港的发展，为两国的互利合作构造更美好的未来。

巴基斯坦海军参谋长穆罕默德·扎考拉上将对参会的中国嘉宾表示了热烈欢迎。他指出，瓜达尔港对中巴经济走廊的建设意义重大，也是巴海军防卫的重点地区。巴方对此高度重视，巴海军组织了 Task Force 88 以整合各种力量对瓜达尔地区进行全面保卫，确保中方对瓜达尔地区的投资安全。他相信瓜达尔港在巴方海军的护卫下，一定能成为巴基斯坦未来重要的新兴城市，巴海军也将在此过程中持续发挥积极作用。

俾路支省首席部长泽赫里就该省基本情况进行了详细介绍。他表示，俾路支省是巴基斯坦面积最大省份，拥有超过 700 万的人口。俾路支省西邻伊朗，北靠阿富汗，南临阿拉伯海，是东亚通往西亚的必经之路，也是中亚各国和阿富汗进行转口贸易的潜在贸易通道，同时还是中东、中亚通往远东的潜在能源通道，地理位置十分重要。瓜达尔港的建设给俾路支省带来了重要发展机遇，他欢迎中方企业积极投资俾路支省及瓜达尔港的建设，加快当地经济和民生发展，俾路支省政府将在这一过程中尽力为中方企业提供支持。

蓝迪企业代表团深入考察了瓜达尔港建设现状，并积极参与会议期间的交流对接，为企业的国际化发展获取了第一手的宝贵信息。此次参会为企业创造了重要的合作机遇，从而为推动瓜达尔港乃至中巴经济走廊合作项目的落地打下了良好的基础。

二　印度尼西亚、斯里兰卡

（一）蓝迪国际智库出访印度尼西亚

2015 年 11 月 11—13 日，蓝迪代表团访问印度尼西亚并会见印尼国会第一委员会副主席丹多维·叶海亚（Tantowi Yahya）。

叶海亚副主席表示，印尼是东盟最大的经济体，农业、工业、服务业均在国民经济中发挥重要作用。中国和印尼隔海相望，两国友好关系源远流长，走过了很不平凡的历程。特别是习近平主席 2013 年访问印度尼西亚提出"海上丝绸之路"建设构想以来，双方不断加强中印尼全面战略伙伴关系，努力共同建设更为紧密的中国—东盟命运共同体，朝着实现共同发展、共同繁荣的方向不断迈进。双方共同回忆，1955 年，两国同其他亚非国家在万隆会议上共同倡导了以和平共处、求同存异为核心的万隆精神，为推动建设新型国际关系做出了不可磨灭的历史贡献。

双方表示，希望通过与蓝迪国际智库平台合作，共同组建具有政府、市场、智库背景的专家小组，进一步发挥各自优势，推动中国与印尼双方的企业在电力、高铁、有色金属、造船、建材等产能领域以及铁路、公路、港口、码头、水坝、机场、桥梁等基础设施和互联互通建设领域进行深度合作，抓紧开展智库交流、项目对接和能力建设，争取尽快取得"早期收获"，共同推进和服务于中国建设"21 世纪海上丝绸之路"宏伟倡议和印尼"全球海洋支点"发展规划。

11 月 12 日下午，代表团访问印尼战略和国际事务研究中心，中心负责人优素福·瓦南迪（Jusuf Wanandi）会见代表团一行。该中心成立于 1971 年，是一个集中于国内政策导向研究和国际问题的非营利独立机构。该研究所的工作目标是通过政策导向的研究、对话和公共讨论促进政策制定，被认为是印度尼西亚最好的智库之一。双方表示，将加强智库交流与合作，共同统筹政府、市场和社会资源，服务中印尼企业间的务实交流与项目合作。

当天，代表团分别与中资在印尼企业代表进行了深入交流。中铁十七局集团、华为集团、中国土木工程集团、中国联合工程公司、三一集团、海螺水泥公司等在亚太地区或印尼的负责人分别就中资企业在印尼的发展前景、合作机遇、经验教训、困难需求等发表看法。中资企业代表对蓝迪国际智库平台在服务"一带一路"建设中取得的成绩表示祝贺，对蓝迪国际智库为企业参与"一带一路"建设提供政策、产业、法律、标准、信息、投融资、公共关系等专业的全方位服务模式表示感谢，表示将积极参与到蓝迪国际智库平台的合作中来。

蓝迪国际智库专家委员会主席赵白鸽博士与印度尼西亚
前总统梅加瓦蒂和印尼驻华大使苏更合影

11月12日晚，中国驻印尼大使谢锋会见蓝迪代表团，就印尼国情、中印尼产能合作、企业对接、智库交流、案例分析等进行了深入交流。谢锋表示，蓝迪国际智库平台采取"政府—市场—社会—智库"相结合的服务模式，是对"一带一路"建设的积极推动和务实实践。他表示愿意协助蓝迪国际智库平台开展政策沟通、市场对接和智库交流等有关工作，共同服务中印尼间的务实合作。

（二）蓝迪国际智库会见印尼国会友好小组代表团

2016年5月19日，蓝迪国际智库会见萨勒赫·维约诺博士率领的印度尼西亚国会友好小组代表团。印尼是"一带一路"沿线重要国家，又是"21世纪海上丝绸之路"的枢纽，中印（尼）合作前景广阔，两国在政治、经济、文化领域的合作具有重要意义。两国的交流合作应该在议会之间、企业之间、智库之间等多个层面进行。

此次印尼国会友好小组代表团带来了内政、工业、农业、林业、海洋、金融、贸易、卫生、劳工等领域的务实合作需求，蓝迪国际智库以市场需求和企业需求为导向，在上述领域安排了相关企业进行对接。此前蓝迪国际智库多次出访印尼，与印尼议会、企业、智库建立了友好关系。蓝迪国际智库中国—印度尼西亚国际合作委员会的成立，使双边合作机制化，推动了两国企业、智库的合作，同时也加强了文化交流和民心相通工作，进一步促进双边关系发展。

印尼国会友好小组组长萨勒赫·维约诺博士表示，"21世纪海上丝绸之路"倡议与印尼的"海上高速公路"计划高度契合，实现两国发展战略对接必将推动双边关系发展进入新阶段。印尼将在加强海上互联互通方面发挥枢纽作用。

友好小组副组长希蒂·赫迪雅蒂·苏哈托女士（印尼前总统苏哈托之女）表示，两国合作有利于带动地区发展和可持续发展。双方在基础设施、能源、文化等领域有着巨大的合作空间。中国在相关产业技术、资金上具有优势，印尼愿意与中国进行产能合作，并欢迎中国企业赴印尼投资建设。

友好小组成员安德利阿斯·艾迪·苏赛约表示，印尼是东南亚能源生产与消费大国，中国和印尼在能源领域存在着诸多共同利益，能源合作是两国经贸合作新的增长点。他介绍了印尼在能源领域的具体合作需求，并表示希望能加强和蓝迪国际智库平台的合作。

（三）"一带一路"中国—印度尼西亚合作发展国际研讨会

2016 年 11 月 15 日，"一带一路"中国—印度尼西亚合作发展国际研讨会在海南省海口市举行。会议由中国社会科学院亚太与全球战略研究院、蓝迪国际智库、中国（海南）改革发展研究院主办。来自中国和印度尼西亚的政府、智库和企业代表，以及来自斯里兰卡、缅甸等国的特邀观察员，以"聚焦产业合作，共建中国—东盟命运共同体"为主题，围绕基础设施建设、园区建设、制造业合作三个主题进行交流研讨和项目对接，共同推动中国与"21 世纪海上丝绸之路"沿线重点国家的务实合作。

"一带一路"中国—印度尼西亚合作发展国际研讨会现场

本次讨论会达成了四点共识：

一是应加强技术转让和本地化生产。印尼方明确提出，在中国对印尼出口贸易及投资合作中，科技因素成为其关注重点，期待中国对印尼进行技术转让；期待中国企业增加对印尼的科研投入和人力资源培训，更多使用当地原料和员工，实现本地化生产制造，提升产业对接和产能合作水平。

二是重视软件建设和服务能力提升。印尼方希望中国企业开展经贸合作时，注重优化商业模式，支持当地供应链建设，带动印尼企业共同发展；同时重视产品质量和企业形象，开展精细化管理，善尽企业社会责任，提高服务能力和管理水平。

三是关注印尼政府发展规划和管理能力提升。印尼方代表详细介绍了其复兴海洋文化、保护和经营海洋资源、发展海上交通基础设施、进行海上外交、提升海上防御能力等五个方面的重点规划情况。同时还介绍了其在增加行业竞争力、增加社会购买力、促进投资、增加出口、提升物流行业效率等六大战略领域改革和能力建设情况。

四是应加强民心沟通，增进相互了解。与会各方均高度赞同蓝迪国际智库在增进双方了解方面发挥的重要作用，希望以蓝迪国际智库为平台，继续推动双边政府部门、议会、企业、智库及民间交往，促进各界相互交流、增加共识，为推动双方合作发展提供有力支持。

本次讨论会形成了五点建议：

第一，海洋产业开发。包括港口码头及相关基础设施建设、船舶制造、渔业、海产品开发、旅游等；寻找上述领域企业合作伙伴，形成信息共享、利益分享的可持续发展机制和模式。

第二，房地产及建材。印尼方希望中资企业利用自身技术优势，积极承接其保障房及政府公共建筑；同时希望中资企业投资当地建材研发和生产制造，以"中国建材城"模式整建制发展。

第三，能源合作。印尼方希望将其在地能、水能、太阳能、风能等方面的优势资源与中方技术、资金等优势相结合，积极开展新能源合作；

同时共同开展海上油气资源开发。

第四，军工技术和产品。印尼方希望中方能够提供技术先进、质量可靠、服务优质的技术和产品；同时希望中国企业帮助其提高运营维护能力，降低运维成本。

第五，人力资源培训和教育。印尼方希望中方能够更多地提供知识、技术、职业技能、商业管理、市场资讯等方面的培训和教育服务，帮助其提升人力资源水平。

通过此次专题讨论会，与会各方认识到基础设施建设是双方合作的重点领域，双方企业应积极开展交流合作，以蓝迪国际智库为平台，积极开展新技术、新材料、新工艺工法等方面的合作，争取金融支持，将基础设施建设与产业发展和社会民生紧密结合，实现两国资源的有效对接，积极推动两国贸易与投资的增长，创造更好的社会和经济效益。

（四）中国—印度尼西亚项目投资研讨会

2017年3月20日下午，中国—印度尼西亚项目投资研讨会在北京举行。会议由中国社会科学院亚太与全球战略研究院、蓝迪国际智库主办，泰豪科技股份有限公司承办。来自蓝迪国际智库平台成员机构和企业负责人，以及来自印度尼西亚驻华大使馆、印度尼西亚政府、印度尼西亚各协会商会，以及印度尼西亚知名企业的专家和企业家共计100余位嘉宾参加会议，共同探讨"一带一路"框架下中国—印尼两国的务实对接和项目合作。

印度尼西亚作为东南亚地区最大的经济体、二十国集团中唯一的东盟国家，是中国在"一带一路"上的重要合作伙伴，也是"21世纪海上丝绸之路"的重要枢纽。中国、印度尼西业双方互信程度高，合作基础好，印尼很多政界和商界领袖也是蓝迪国际智库的重要合作伙伴。本次中国—印度尼西亚项目投资研讨会的召开不仅得到了印尼方的高度重视，而且将通过务实的项目需求与合作探讨，切实服务中国"一带一路"建设和印度尼西亚"21世纪海上支点"建设。

印度尼西亚驻华大使苏更·拉哈尔佐（Soegeng Rahardjo）在演讲中指出，他担任印度尼西亚驻中国大使期间，发现两国在产能合作、公路、铁路、港口、石油天然气管道、电力和住宅建设等领域具有巨大的合作空间。在"一带一路"建设的合作框架下，蓝迪国际智库平台在填补这些合作空间方面，提供了巨大的智力及项目支持，同时中国与印度尼西亚的一系列合作，尤其是"21世纪海上丝绸之路"的重点建设，将为亚太地区及东南亚地区的经济发展提供动力。中国和印度尼西亚将以文化互通、价值认同、国际视野为基础，建立健全的合作管理机制，推动双边合作乃至全球范围的合作。

本次研讨会为中国—印度尼西亚专家委员会的筹建，以及蓝迪国际（印度尼西亚）的成立打造了良好基础。同时本次研讨会也启动与对接了港湾建设、智慧城市、国际合作办学等领域的国际合作项目，推动两国务实合作，从而为2017年5月份在印度尼西亚美娜多召开的中国—印度尼西亚国际合作研讨会议，以及7月份在大连海事大学召开的"海上丝绸之路"国际研讨会奠定基础，并持久服务两国的经济合作及"一带一路"的建设需求。

（五）"一带一路"中印尼国际合作研讨会

2017年5月23—25日，蓝迪国际智库代表团出访印度尼西亚，并与印尼合作方共同举办"一带一路"中印尼国际合作研讨会。

在佐科总统出席北京"一带一路"峰会刚刚结束不到十天就举办此次研讨会，旨在落实北京峰会的倡议与战略，并在三个方面体现会议特色：一是加深两国交流与合作，二是集中实现一些重要产业合作，三是进一步探讨两国政府、智库、企业间的合作模式。

与会代表围绕相关领域进行交流研讨和项目对接，共同推进两国的务实合作。蓝迪国际智库认为：我们需要更多地思考绿色发展与可持续性发展问题。在与印尼的合作过程中，中国企业特别关注政策与法律上的支持，包括土地、税收与劳工问题，非常需要很好的信息沟通，需要印尼方面提供必要的便利与相关信息。

（六）蓝迪国际智库出访斯里兰卡

2017 年 5 月 26 日上午，蓝迪代表团一行拜会了斯里兰卡总理拉尼尔·维克勒马辛哈，双方就当前经贸合作与需求进行了交流。拉尼尔总理表示，斯里兰卡具有得天独厚的位置，在中国提出的"21 世纪海上丝绸之路"战略中具有重要地位。中斯共建海上丝绸之路，将共同提升两国在印度洋地区国际贸易和投资体系中的地位。目前，斯里兰卡科伦坡港口城与汉班托塔工业区等项目的进展，是两国合作取得实质性突破的最佳案例。代表团表示，中斯两国的合作应坚持可持续发展的原则，两国合作不仅是在项目层面，也应加强人与人之间的民心相通。蓝迪国际智库会发挥平台优势，推动两国在新能源、新建筑、新材料、文化与旅游等方面的对接与合作。

随后，蓝迪代表团和来自中国河北承德的农业项目考察团进行了交流，承德市政府代表介绍了承德农业企业发展现状，并表达了希望在斯里兰卡开展合作的意愿。河北森源食品、百绿丰科技、味来食品、硒缘科技等企业分别介绍了本企业的产品和服务，以及与斯里兰卡当地产业的结合点，并期待能在斯发展现代农业合作模式。

中午，代表团一行对中国港湾在斯里兰卡最大的基建项目——科伦坡港进行考察，并和中国港湾当地员工进行了深入交流。科伦坡项目代表林（Lim）先生介绍，中国港湾目前计划在科伦坡开展 116 公顷的商业开发，并进行了较为完善的规划，包括商业区、生活区、旅游观光区等都进行了有机综合考虑，中国港湾还和斯里兰卡公司联合成立了城市运营管理公司，以国际化视角开展港控运营。科伦坡港在"21 世纪海上丝绸之路"中具有非常重要的地位，是中斯两国经贸合作的重要项目，也

斯里兰卡总理会见赵白鸽博士

是推动斯方产业升级，打造金融、旅游、商业平台的重要合作样板。

在斯里兰卡访问期间，由总统办公室、战略企业管理部门 SEMA 安排了一场别具特色的当地企业座谈会。斯里兰卡 PELWATTE、DSI、Dtriangle、SIDDHALEPA、UCLL 和 TJ Associate 等本土企业家与会，介绍了公司产品和业务，其中很多企业已经多次前往中国并开展了持续的合作对接。他们对蓝迪代表团的到访表示了极大的兴趣，深入了解了蓝迪的发展机制、合作模式。

5 月 27 日上午，斯里兰卡总统西里塞纳在总统办公室会见了蓝迪国际智库代表团一行。在斯里兰卡访问期间，代表团深入了解了斯里兰卡的产业特征、发展需求，并和斯里兰卡的本土企业、到访中国企业进行了深入交流，对中斯经贸合作充满了信心。希望未来能在太阳能、农业、可持续发展领域进一步密切产业合作，推动项目务实落地。

西里塞纳总统表示，中斯关系历史悠久，在"一带一路"的新形势下发展更加强劲。他早在 1978 年就曾经作为青年代表到访中国，对中国充满热爱。斯方感谢中国政府和人民多年来对斯里兰卡发展提供的帮助。他愿进一步推动中斯有关经贸协定和项目合作，欢迎中国企业加大对斯投资。

斯里兰卡总统会见赵白鸽博士

（七）海上丝绸之路互联互通国际研讨会

2017 年 7 月 17—19 日，中国社会科学院亚太与全球战略研究院、蓝迪国际智库、大连海事大学和中联部"一带一路"智库合作联盟共同举办了海上丝绸之路互联互通国际研讨会。来自中国、印度尼西亚、斯里兰卡等国的政府、智库和企业代表，围绕港口规划及临港园区建设、高新技术产业与可持续发展、农业及其他重点产业领域合作进行交流研讨和项目对接，提出了一系列合作举措，签署了多项合作协议。

海上丝绸之路互联互通国际研讨会签约仪式

本次研讨会深化了中国与印度尼西亚、斯里兰卡等"21世纪海上丝绸之路"沿线节点国家的交流合作，促进了行业对接和产业发展，促成了多项双边国际合作项目协议或意向备忘录，为"21世纪海上丝绸之路"建设提供了可持续的对话与合作平台。

会议达成四点共识：一是"21世纪海上丝绸之路"建设必须坚持走包容性增长和发展之路，实现发展权利的平等、发展机会的平等、合作规则的平等和成果分配的平等；二是推动绿色和可持续发展是推动"21世纪海上丝绸之路"建设的重要内容，应推动先进产能"走出去"，加强技术和能力转让及本地化生产；三是平台机制在推进"21世纪海上丝绸之路"过程中具有重要作用，是"一带一路"的重要力量；四是应重视软件建设、服务能力提升、加强发展规划和管理能力，设计综合性的解决方案。研讨会期间，与会各方在人力资源培训和教育、新能源技术开发、智能装备研发、基础设施建设、食品原材料深加工、保健品及绿色产品贸易、商贸、农业领域标准制定、人道主义和灾害救援等重点合作领域形成了多个合作协议。

三　哈萨克斯坦

（一）蓝迪国际智库出访哈萨克斯坦

2015年9月16—18日，蓝迪国际智库出访哈萨克斯坦。代表团出席了由哈萨克斯坦总统战略研究所、中国驻哈萨克斯坦大使馆共同主办的哈中专家论坛。此次论坛围绕"哈中关系的优先方向""丝绸之路经济带与光明大道计划对接方案的实施前景""国际和地区安全中的迫切问题"等议题展开讨论。

蓝迪国际智库指出，中国提出建设"一带一路"的倡议与联合国宪章所强调的和平、平等、合作、协调等宗旨及原则高度契合，哈方提出的"光明之路"计划和中方倡议的"丝绸之路经济带"建设高度契合，互补性强，双方应加强合作，共同打造政治互信、经济融合、文化包容的利益共同体、命运共同体和责任共同体。双方要加强政策沟通，共享共同的价值观与平等、公平、公正的规则；促进设施联通，重视信息时代"互联网＋"背景下的基础设施互联互通；保障贸易畅通，进一步消除相互间贸易壁垒；推进资金融通，补充和完善现有货币体系与金融治理体系；实现民心相通，加强社区与民众层面的衔接。

对于如何推进"光明之路"计划和"丝绸之路经济带"建设的对接，

蓝迪国际智库建议：首先要对欧亚地区的形势做出正确评价。目前，欧亚地区形势正处于总体可控、较为稳定的阶段，当前各方应抓住机遇，转变思想观念，加强战略互信和沟通协作，尽早把高层政治互信与承诺落实到位，及时化解实际困难和问题，务实推进具体项目，进而推动地区政治经济社会的转型升级发展。

9月17日，代表团访问了哈萨克斯坦经济发展和贸易部经济研究所。马汉诺夫所长及宏观经济研究部、企业实业研究部负责人等会见了代表团一行。双方在深入交流沟通的基础上，达成诸多合作共识。双方都强调在"共商、共建、共享"的原则下，坚持需求导向、结果导向，统筹联络中国、哈萨克斯坦两国的政治、市场、社会资源，共同服务"光明之路"计划和"丝绸之路经济带"建设的对接。

9月17日，中国驻哈萨克斯坦大使张汉晖正式会见蓝迪代表团。张汉晖大使对蓝迪国际智库在促进"一带一路"建设中取得的成绩表示赞赏，对欧亚地区政治、经济和社会发展形势进行了深入分析与交流。蓝迪国际智库将继续在国家有关部委和前方使领馆的指导和支持下，积极发挥政治、市场、社会联动和国际国内资源双轮驱动的机制优势，扎实服务"一带一路"倡议与沿线国家发展和区域合作规划的对接。

9月18日，代表团访问哈萨克斯坦首任总统基金会及其下属的世界经济与政治研究所。世界经济与政治研究所所长苏尔坦·阿基姆别科夫会见代表团一行。双方就全球治理、地区政治经济安全形势、"丝绸之路经济带"与"光明之路"计划对接、下一步合作框架等事宜进行了务实讨论。蓝迪国际智库将与哈首任总统基金会密切合作，通过统筹中哈双方各领域资源，积极服务"丝绸之路经济带"与"光明之路"计划对接与项目实施。

（二）"一带一路"中国—哈萨克斯坦合作发展国际研讨会

"一带一路"中国—哈萨克斯坦合作发展国际研讨会于2016年4月6

日在江苏省江阴市召开。会议由中国社会科学院俄罗斯东欧中亚研究所、中国社会科学院亚太与全球战略研究院、中国社会科学院蓝迪国际智库、哈萨克斯坦经济研究所主办，中国江苏省江阴市人民政府、中国德恒律师事务所承办。此次会议是继中巴经济走廊战略研讨会、中国伊朗合作发展国际研讨会之后，蓝迪国际智库平台又一次中国与"一带一路"沿线国家合作对接的重要会议。

"一带一路"中国—哈萨克斯坦合作发展国际研讨会参会代表

此次会议取得三项重要成果，一是中哈双方达成共识，即在共商、共建、共享的理念指导下，打造中哈命运共同体、责任共同体和利益共同体；二是拓展了企业合作，此次中哈研讨会促进了这些企业通过蓝迪国际智库平台参与"一带一路"建设；三是促成了项目对接。截至目前，蓝迪国际智库平台已经有242个重大项目，其中包括10个关于哈萨克斯坦的项目，内容涵盖环保、建筑、文化、制造、能源、矿产、交通运输与物流等。中哈合作发展国际研讨会三天的讨论又促成了13个项目的产生，包括工业园区建设、农业合作、材料制造、房地产开发、冷凝保暖技术应用、矿产与冶炼、水利和环境、投融资、医药、语言与文化、与工业园相关的园区建设等诸多领域。

四　伊朗

（一）"一带一路"中国伊朗合作发展国际研讨会

2015 年 12 月 22 日上午，"一带一路"中国伊朗合作发展国际研讨会在海南省海口市召开。会议由中国社会科学院亚太与全球战略研究院、蓝迪国际智库、中国（海南）改革发展研究院、国浩律师事务所和清华房地产总裁商会共同主办。

"一带一路"中国伊朗合作发展国际研讨会现场

　　会议达成了多项共识："一带一路"是古丝路精神在新时期的传承和发展，为沿线国家最终打造政治互信、经济融合、文化包容的利益、责任和命运共同体制定了宏伟蓝图和美好愿景，将推动全球治理结构与全球深化要求相匹配，促进新兴国家主动积极作为，推动全球治理结构调整；将创造全球经济增长新动力，培育新增长点提振全球经济，促进沿线国家基础设施更新，实现持续增长。

　　双方希望在法律框架下，在标准引领下，充分发挥政府的引导和服务功能，充分发挥市场的调节和资源配置作用，充分调动企业在"一带一路"建设中的主体作用。同时蓝迪国际智库平台在促进"一带一路"建设中有着积极作用和良好声誉，积极组织政府、企业、行业和社会资源，为双方企业参与"一带一路"建设提供服务和支持。

　　双方提倡包括经济、社会、文化、金融、贸易、科技及生态环境等综合、全面、可持续发展的概念，希望借助蓝迪国际智库平台扩大在基础设施建设、能源、矿产、科技、医药、通信、电力、工程机械等领域的合作，实现两国优势产业、优质资源、优良市场对接，促进西亚乃至全球的和平发展与人民福祉。

　　本次会议形成了多项成果：一是进一步总结"一带一路"中国伊朗合作发展国际研讨会的理念和成果，共同开展高层倡导和媒介宣传，共同研究起草关于中国伊朗合作发展政策的研究报告，以推动中伊的全面合作。二是筹建中国社会科学院蓝迪国际智库专家委员会中国—伊朗小组。三是双方尽快提供本国需求、企业清单和项目清单，以促进项目对接和务实合作。四是为促进中伊双方的合作、交流和经验共享，共同开展多层次的能力建设项目。五是积极筹划组织 2016 年 5 月的蓝迪国际智库对伊朗的访问，开展高层倡导、实地调研、企业对接、项目洽谈和社会交流。六是积极组织中伊双方政府、智库、企业代表出席 2016 年 8 月的"一带一路"新疆·克拉玛依论坛（2016），以推动中伊双方务实对接和项目合作。

（二）蓝迪国际智库拜访伊朗驻华使馆

2016年2月23日上午，蓝迪国际智库与伊朗伊斯兰共和国驻华大使阿里·艾斯卡·哈吉等在伊朗驻华使馆举行正式会晤。

蓝迪国际智库拜访伊朗驻华使馆

哈吉大使表示，在古代丝绸之路上，伊朗曾扮演了非常重要的角色，是沟通中国与西方的桥梁。伊朗大力欢迎习近平主席的"一带一路"倡议，希望伊朗能够在这一过程当中发挥更加重要的独特作用。习近平主席访问伊朗期间签署了一系列"一带一路"框架下的合作备忘录，为两国未来的发展描绘了蓝图。蓝迪国际智库积极推动务实对接，及时有效地组织了中国伊朗合作发展国际研讨会等沟通交流合作平台，为中伊双方实际、高效的项目探讨与对接打下了很好的基础。他表示，蓝迪国际智库是伊朗政府及相关各界非常信任的合作平台与伙伴。伊朗政府及相关各界愿意通过蓝迪国际智库平台促进中伊双方的务实合作。此外，哈吉大使就伊朗的国家体制、市场机制、政策环境、法律理念等进行了介绍。

双方就筹建蓝迪国际智库中国伊朗国际合作委员会、推进"一带一路"框架下的机制化合作等事宜进行了深入细致的讨论。双方认为，建立整合各方机构资源的多元化平台，将有助于推进"一带一路"框架下的务实合作。双方对中国伊朗国际合作委员会的工作目标、运作机制、组成结构、建议人员、认定程序等进行了讨论，并指定了有关联络人。双方明确将尽快形成各自的国际合作委员会建议名单，加快推进机制建设，积极准备蓝迪企业平台成员赴伊朗调研对接的有关事宜。

（三）蓝迪国际智库出访伊朗

2016年5月27—30日，蓝迪国际智库代表团出访伊朗，推动蓝迪国际智库平台特别是企业成员与伊朗相关方面在"一带一路"框架下实现务实对接和项目合作。本次出访伊朗旨在促进平台成员对伊朗的全方位了解和沟通，促进企业项目合作，探讨成立蓝迪国际智库中国伊朗国际合作委员会，并为新疆·克拉玛依论坛（2016）打造良好基础。

5月28日，代表团访问伊朗道路与城乡发展部，工业、矿业与贸易部，投资、经济与技术支持组织等政府部门，集中反映企业需求，详细了解合作环境和政策，直接促进项目对接。

5月29日上午，代表团访问伊朗外交部，并会见副部长拉辛波尔（Rahimpour）先生。中国驻伊朗大使庞森先生陪同。29日下午，代表团部分企业家参观考察了伊朗工业园及坐落在该园区的伊朗最大汽车制造企业SAIPA集团。该集团高度重视代表团的来访，总经理、副总经理及各部门负责人均出席座谈会，并通过集团宣传片和英文PPT展示的方式详细介绍了集团的发展历程、生产经营状况及未来发展和投资机会。

蓝迪代表团出访伊朗

5月30日上午，代表团参加在德黑兰举办的中国伊朗企业合作研讨会，该研讨会由伊朗—中国商会和蓝迪国际智库共同主办，中国驻伊朗大使馆大使庞森先生，伊朗—中国商会主席阿斯加罗阿迪（Asgaroladi）先生，伊朗投资、经济和技术支持组织（OIETAI）局长阿克巴里（Akbari）博士，伊朗贸易促进组织局长阿巴萨格霍利（Reza Abbasgholi）先生出席会议。

蓝迪代表团企业成员与伊朗国内100余家优秀企业共同探讨"一带一路"框架下的务实合作和项目对接。中伊双方进行了企业与企业之间（B2B）的深入对接，就能源、经济园区、钢铁、化工、医药、电子等领域的合作展开探讨，并对相关的投资、土地、税收政策以及项目需求等问题进行深入讨论，促成了多项务实的合作意向，将为中伊双方进一步合作增添新的动力。

五 阿曼

（一）蓝迪国际智库出访阿曼

2017 年 8 月 11 日，蓝迪国际智库代表团访问阿曼苏丹国，并考察了中国水产有限公司阿曼代表处。代表处负责人梁勇介绍了中水产响应国家"一带一路"发展战略要求，发展当地渔业经济、解决当地民生、调整项目结构、转型发展模式等方面的情况。蓝迪代表团一行先后参观了中水产渔业合资公司、生产基地、加工物流基地等。

蓝迪国际智库认为，中水产是最早"走出去"的央企之一，也是海外合作的重要典范，完全有能力为"一带一路"建设做出新的成绩。特别是"海上丝绸之路"国家，都是南亚、西亚、中东沿岸国家，渔业经济占据这些国家国民经济的重要位置，是这些国家重大的民生经济工程。中水产在融入当地经济、解决当地民生方面做出很多成绩，积累的很多经验值得借鉴和推广。

（二）蓝迪国际智库会见阿曼巴哈万集团代表团

作为出访阿曼的后续行动，2017 年 10 月 18 日，蓝迪国际智库赵白鸽博士在北京与阿曼苏丹国巴哈万集团主席巴哈万女士一行举行了会晤，中国石油和化学工业联合会、中国水产总公司、顺鑫控股集团及振发新能源等蓝迪国际平台机构及企业代表陪同参加会见。

赵白鸽博士指出，中国是阿曼重要的经济伙伴，目前中阿两国关系进展十分显著并步入了一个发展的黄金期，阿曼的资源丰富，中国有较强的人力和金融资源，中国与阿曼经济的互补性较强，我们应该抓住机遇进一步促进中阿全方位、宽领域、多层次的经贸合作。

巴哈万主席表示，此次来访的一个重要目的就是希望就阿曼国内目前的几个重点优先发展行业与蓝迪国际智库平台企业进行深入交流，探

参会代表合影

讨合作共赢，期待能与蓝迪国际智库平台企业的各行业优秀代表建立紧密联系，为中阿两国的具体项目合作做出新的贡献，巴哈万集团与中国水产总公司、振发新能源集团进行了讨论和项目对接。

六　柬埔寨、缅甸

（一）蓝迪国际智库会见柬埔寨副总理迪班上将

2015年12月10日下午，蓝迪国际智库代表团出访柬埔寨，并拜会了柬埔寨副总理兼国防部长迪班上将（Tea Banh）。迪班上将，在柬人民党内享有极高声誉，分管国公省事务。蓝迪代表团向迪班副总理详细介绍了中国在建设"一带一路"方面的进展，以及蓝迪国际智库在促进"一带一路"建设中发挥的作用。蓝迪国际智库愿意通过加强与柬方政府、企业、智库及社会组织的交流与合作，共同推动"一带一路"和柬埔寨的建设与对接。

蓝迪国际智库拜会柬埔寨副总理兼国防部长迪班上将

迪班副总理对蓝迪国际智库在促进中柬交流与合作中的务实态度和行动给予高度赞赏。他表示，柬埔寨经济发展潜力大，投资环境良好，欢迎中资企业在基础设施建设、制造业、房地产业、航空航天、农林牧渔业等各领域进行投资，愿意借助蓝迪国际智库平台提供大力协调支持，保护中资企业在柬埔寨的投资。他表示，蓝迪国际智库的机制模式非常先进、工作成效显著，愿意推动蓝迪国际智库开展与柬埔寨在政治、经济、社会、文化等各领域的交流合作，推动柬埔寨融入中方提出的"一带一路"建设中实现互利共赢，推动两国合作更上一个新台阶。

（二）蓝迪国际智库拜访缅甸驻华使馆

2017年2月17日上午，蓝迪国际智库拜会了缅甸驻华大使帝林翁先生。缅甸驻华大使帝林翁先生对蓝迪代表团的到访表示欢迎，希望进一步加强与蓝迪国际智库的交流。他介绍了缅甸国内的相关情况，希望更多的蓝迪平台企业家到缅甸实地考察，充分与缅方政府部门进行沟通，特别是选择好缅方的合作伙伴，在注重经济效益的同时兼顾社会公众利益。他强调，蓝迪平台的企业家有着全球化的视野，缅甸作为近邻，有文化、自然资源、地域的特殊优势，一定能成为中国企业家发展事业的重要舞台，缅甸使馆愿为赴缅的蓝迪企业家提供各方面的支持。

随后，缅甸驻华商务参赞杜丹凯达介绍了缅甸新的经济政策。其称农业和渔业是缅甸的支柱产业，主要出口物包括豆类、米、鱼类以及林业产品等相关产品；并表示缅甸的天然气和水资源较为丰富，水力发电是国家的主要电力来源。杜丹凯达参赞表示下一步重点发展的领域包括制造业、基建、农业、物流及旅游业等五个方向，希望中方企业积极参与这些领域的建设，促进中缅双方经贸合作迈上新的台阶。

七　欧洲

（一）中国—中东欧国家合作国际学术研讨会

2016年5月3日，"一带一路"倡议与中国—中东欧国家合作国际学术研讨会在中国社会科学院欧洲研究所举行。会议由中国社会科学院"中国—中东欧国家智库交流与合作网络"、中国社会科学院欧洲研究所主办，蓝迪国际智库、商务部国际商务官员研修学院协办。

会议认为，"16＋1合作"是推动中欧合作的重要创新，为中国及中东欧国家提供了一个重要机遇和共享平台。"16＋1合作"与"一带一路"建设相辅相成，将有助于推进区域经济一体化建设。本次研讨会是

2016 丝绸之路经济带与中国—中东欧国家合作对接治理能力研修班的系列活动之一。在商务部的大力支持下，该研修班不仅进行了务实的项目需求对接，也开展了具有深远意义的人文交流活动，为中国与中东欧国家在基础设施建设、制造、旅游、文化、信息技术、服务业等各个领域的合作打下良好的基础。

研讨会的参会代表们围绕"'一带一路'倡议与'16＋1合作'对接""增强对双方法律标准和规则的认识""经贸和投资促进和项目对接"以及"智库、非政府组织、城市行为体在推进'一带一路'倡议中的作用"四个主题展开了深入探讨。

（二）蓝迪国际智库出访俄罗斯

蓝迪国际智库代表团于 2015 年 9 月 12—15 日访问俄罗斯，并会见普京特使米哈伊尔·什维德科伊。

代表团向米哈伊尔·什维德科伊特使介绍了中国关于建设"一带一路"的倡议和以蓝迪国际智库为代表的中国智库在促进"一带一路"建设中发挥的作用。代表团强调，中国与周边国家或地区有一个具有广泛基础的共识，即应优先发展互联互通。具体来讲，可视不同情况逐步实现"五通"。一是"政策沟通"，通过领导人、部门、地方等各层次进行政策对话。二是"设施联通"，既有传统的公路、铁路、航空、航运、管道等的连通，也有电力、电信、邮政、边防、海关和质检、规划等新领域的连通。三是"贸易畅通"，重点促进贸易和投资便利化。四是"货币流通"，包括推广本币结算和货币互换。五是"民心相通"，促进不同文明和宗教之间的交流对话，推进教育、文化交流，发展旅游。其中，最重要的就是"民心相通"。蓝迪国际智库希望加强与俄罗斯政府、企业、智库及社会组织的交流与合作，共同推动"一带一路"和欧亚经济联盟的建设与对接。

米哈伊尔·什维德科伊特使表示，"一带一路"建设不仅是经济方面

蓝迪国际智库会见普京特使米哈伊尔·什维德科伊

的合作，更有社会、历史、人文和生态领域的交流对话，人民与人民之间的交流对于深化中俄全面战略协作伙伴关系非常重要。特使表示，愿意推动蓝迪国际智库开展与俄罗斯政治、经济、社会、文化、生态等各领域的交流与合作，也愿意为相关合作搭建和促成多边对话平台。

莫斯科时间 2015 年 9 月 14 日上午，蓝迪代表团访问俄罗斯科学院世界经济与国际关系研究所，会见世界经济与国际关系研究所所长、俄罗斯著名国际问题专家邓金（Alexander Dynkin）。双方探讨了全球治理体系的变革与趋势、世界经济新的增长点、全球经济和政治一体化、"一带一路"与欧亚经济联盟的对接、新型大国关系等共同关心的话题，深入讨论了智库在促进新形势下国际交流与合作的价值、工作模式与切入点。

莫斯科时间 2015 年 9 月 14 日下午，蓝迪代表团访问俄罗斯国际事务委员会，会见俄罗斯国际事务委员会主席、俄联邦前外交部长（1998—2004 年）、俄罗斯科学院通讯院士伊戈里·谢尔盖维护奇·伊万诺夫。双方就国际政治、经济、社会等领域的广泛议题和具体案例展开了深入对话与研究。伊万诺夫表示，冷战形成的政治经济格局正在发生重大变化，世界格局正经历着复杂的调整过程。俄中两国领导人都认为两国关系将对世界格局演变产生深刻的影响，两国应当结为战略伙伴。

莫斯科当地时间 2015 年 9 月 15 日，蓝迪代表团访问欧亚经济委员会和俄罗斯外交部，深入研讨"丝绸之路经济带"与欧亚经济联盟建设对接等事宜。在今年 5 月 8 日中俄签署有关"一带一盟"对接协议之前，欧亚经济联盟各国都与中国签署过促进经贸合作的协议，并在双边经贸层面取得了很多成果。欧亚经济联盟是一个开放的平台，正在与"一带一路"沿线以及美洲一些国家商谈建立自贸区。欧亚经济委员会与蓝迪国际智库代表团都明确表达了进一步加强合作的愿望，希望能深入开展务实交流，从各自的角度促进"一带一盟"的顺利对接。

莫斯科当地时间 2015 年 9 月 15 日，丝绸之路国际文化论坛部长圆桌会议在俄罗斯莫斯科总统宾馆会议厅召开，蓝迪代表团出席会议。与会嘉宾建议，政府机构应采取措施确保民间力量参与文化交流项目的机制化发展；充分利用先进的互联网技术，搭建一个传统文化共享的平台，开展线上线下资源数字化的整合与合作；将传统文化和人民生活结合起来，以传统的手工业技能、表演艺术、民间美术等重要内容作为主要内容，发展人民喜爱的传统文化项目，探索文化发展的新模式；以传统手工技艺、民族舞蹈、民族绘画等作为主题，轮流在沿线国家举办非物质文化遗产展览，交流文化保护技术和经验，弘扬和传播传统文化。

（三）立陶宛—中国商务论坛

2015 年 11 月 23 日，蓝迪国际智库代表团应邀出席立陶宛—中国商务论坛。立陶宛总理布特克维丘斯（Algirdas Butkevicius）出席会议并与代表团举行双边对话会。

布特克维丘斯总理介绍，立陶宛视中国为其在亚洲的主要经济合作伙伴，双方在经济、贸易和投资领域开展合作非常重要。中国和中东欧国家目前正大力合作建设基础设施网络，以实现双方在物资、人员和信息方面的互联互通，进而将相互间的合作提升到一个更高的水平。他表示，立陶宛地理位置得天独厚，处在欧亚交通走廊和波罗的海南北交通命脉的十字路口，拥有较强的海陆空综合运输能力和过境运输的传统，在欧亚物流链中的优势地位相当明显。立陶宛赞赏中国通过实施"一带一路"倡议来密切欧亚联系的努力，热切希望能够作为"一带一路"的西大门与欧亚交通网和物流网紧密地连接在一起。

布特克维丘斯总理对蓝迪国际智库表示出浓厚的兴趣。他认为，蓝迪国际智库的需求导向、项目导向、结果导向等原则，完全符合"一带一路"建设和国际合作的务实精神。立方愿意与以蓝迪国际智库为代表的中方平台合作，共同促进中立双方在工程、商贸、文化、投资等各领域的交流、对接与合作。

此次蓝迪代表团有50余名代表，涉及交通、旅游、农业、畜牧业、信息产业、投融资、高科技产业、教育、文化等广泛领域。会上，两国企业共同签署了十余项合作备忘录及协议，合作领域包括物流、教育、能源及自由贸易等。此外，当地政府在促进贸易合作方面推出了多重保障措施。

（四）2016 丝绸之路经济带与中国—中东欧国家合作对接治理能力研修班

为促进中国与中东欧国家交流对接合作，2016 丝绸之路经济带与中国—中东欧国家合作对接治理能力研修班于 2016 年 4 月 14 日在上海开幕。此次研修班由中华人民共和国商务部主办，商务部国际商务官员研修学院承办，蓝迪国际智库、上海国际问题研究院、清华房地产总裁商会协办。蓝迪国际智库平台成员积极统筹各方资源，对此次研修班进行了议程设计、学员邀请、师资安排、企业匹配、项目对接等工作。

2016 丝绸之路经济带与中国—中东欧国家合作对接治理能力研修班学员合影

蓝迪国际智库在会议上指出，中国—中东欧合作有着巨大空间，中国与中东欧友好交往历史悠久，发展理念契合，市场广阔。"16 + 1 合作"是推动中欧合作的重要创新，为中国及中东欧国家提供了一个重要机遇和共享平台。"16 + 1 合作"与"一带一路"建设相辅相成，将有助于推进区域经济一体化建设。"一带一路"下的中国—中东欧合作，是深化产能、交通、基建、金融等领域合作的崭新平台，是中欧双方经济战略深度融汇的有益尝试，是构建全球和区域治理新结构的重要实践，也是中欧和平、增长、改革、文明伙伴关系建设的新引擎。针对"16 + 1

合作"与"一带一路"建设充分对接，蓝迪国际智库积极借助自身资源和优势，组织开展对中东欧国家的政策和法律研究，探索建设蓝迪国际智库中国—中东欧国家协调机制，梳理完善项目库，为企业合作和项目落地提供帮助和服务。

蓝迪平台企业成员在"企业需求合作和项目对接"环节的讨论中达成几点共识：一是支持并积极融入国家开展"16＋1合作"战略；二是对中东欧16国分别进行充分的调研和沟通，根据具体国情开展项目对接与合作；三是注重市场导向和结果导向，同时抓住机遇促成合作；四是充分借用欧盟等地区间已有的平台和机制；五是沟通信息，促进对接，梳理项目库，开展高质量的交流与行动。

中国—中东欧国家"16＋1合作"机制于2012年在波兰华沙建立，涉及经贸、投资、基础设施、金融、旅游、教育、农业、人文和地方合作等诸多领域。2015年，国务院总理李克强与中东欧16国领导人聚首苏州太湖之畔，就加强互联互通、贸易投资、金融、农业、人文交流等领域合作进行顶层设计，为未来5年合作规划新蓝图。会议发表了《中国—中东欧国家合作中期规划》和《中国—中东欧国家合作苏州纲要》两份重要文件，取得丰硕成果，成为"16＋1合作"进程中一个新里程碑，为中欧关系整体发展注入新能量。

（五）蓝迪国际智库出访葡萄牙

继葡萄牙总统和总理双双访华之后，2016年10月26日，蓝迪国际智库代表团访问葡萄牙，会见联合国候任秘书长、葡萄牙前总理安东尼奥·古特雷斯。

安东尼奥·古特雷斯先生在葡萄牙外交部办公室会见了蓝迪代表团。这也是在古特雷斯于10月6日被联合国安理会任命为下一任秘书长之后首次会见中国访问代表团。

联合国候任秘书长古特雷斯会见蓝迪国际智库代表团

古特雷斯表示，G20 杭州峰会非常成功，中国将在全球经济发展中发挥关键作用。中国在联合国中的作用大大增加，欢迎并感谢中国支持联合国的各项事业，希望中国继续在国际事务中发挥影响力，并表示希望很快到访中国。在谈及继任后的工作时，古特雷斯表示，工作重点将放在维护和促进全球和平，促进难民、气候变化等问题的解决及实现全球可持续发展目标等方面。

蓝迪专家委员会主席赵白鸽表示，中国正在推进预防和惩治腐败、精准扶贫以及"一带一路"倡议三项重大举措，均与优化全球治理、促进经济增长及可持续发展目标息息相关；中国在全球公共产品提供方面具有重大价值，尤其是中国的发展经验及科技创新成果和能力意义重大。

古特雷斯非常关心蓝迪国际智库的发展，希望蓝迪国际智库继续在促进国际合作与发展等方面发挥重要作用，继续发挥新型智库平台作用，为中国参与全球治理、促进经济发展以及支持联合国各项事业做出积极贡献。

（六）蓝迪国际智库出访意大利

2016 年 10 月 28—31 日，蓝迪国际智库代表团访问意大利，会见意大利前总理恩里科·莱塔（Enrico Letta）。

意大利前总理莱塔会见蓝迪国际智库代表团

恩里科·莱塔指出，推进"一带一路"建设需要一个践行"共商、共建、共享"理念的国际化平台。"一带一路"建设是沿线各国开放合作的宏大愿景，需各国携手努力，朝着互利互惠、共同安全的目标相向而行。通过国际平台的有效应用，可加强发展战略对接，共同推动包容性发展；应努力把握重点方向、重点地区和重点国家，服务"一带一路"建设重点项目、重大工程的推进落实；应努力实现需求导向、项目导向和结果导向，引导促进有针对性的政策措施；应努力实现统筹协调，把有限的资源整合好、利用好，持续形成"一带一路"建设的强大合力。

意大利前总理恩里科·莱塔对中国的发展表示钦佩，对中国的未来充满信心。他认为，中国近几十年的发展取得了巨大的成就，令世人瞩目。他一直认为中国是欧洲的重要合作伙伴。莱塔表示，以意大利为代表的欧洲国家在"一带一路"合作中会发挥独特作用。欧洲国家积极响应和参与"一带一路"合作倡议，说明它们高度重视中国市场和合作机遇。

莱塔对蓝迪国际智库的有关工作表示充分赞赏和肯定。他表示，"一带一路"建设为欧洲带来新的机遇。蓝迪国际智库平台正在发挥连接东方和西方的重要功能，其本人愿意积极参与蓝迪国际平台的有关事务，积极推动这样的国际化平台建设与发展。莱塔认为，通过高效务实的国际平台，参与各方将收获有效信息，对接所需资源，实现平台运作和合作发展。

出访期间，蓝迪国际智库通过图片和考察经验，向意方介绍了中国江西丫山的发展经验，生动阐述了中国精准扶贫、创新驱动发展中的实践。蓝迪国际智库认为，中国开展精准扶贫的宗旨就是"不落下每一个人"，方法就是加强当地的能力建设，目标就是实现可持续发展。中国一直重视创新驱动发展、环境友好型发展、资源集约型发展，许多方面可以与欧洲等发达国家和地区进行深入合作。

（七）中国（南京）中法产业合作交流会

2017 年 3 月 23 日，2017 中国（南京）中法产业合作交流会在江苏省南京市隆重开幕，蓝迪国际智库出席会议。会议期间蓝迪国际智库会见法国前总理，参议院外交、军事、国防委员会主席，法国展望与创新基金会主席让 - 皮埃尔·拉法兰（Jean-Pierre Raffarin），双方达成了重要的合作共识，为下一步蓝迪国际智库与法国共同推动两国务实合作打下了良好的基础。

2017 中国（南京）中法产业合作交流会举行了包括中法产业合作备忘录、中法产业发展基金、标致雪铁龙、中法新能源联合应用开发中心等 22 个项目在内的签约仪式，这是继 2 月份南京江北新区赴法国开展投

江苏省委书记、省人大常委会主任李强会见法国前总理让－皮埃尔·拉法兰

资推介以来，中法产业交流合作的又一次盛会。本次会议进一步加大了南京江北新区打造"长江经济带对外开放合作重要平台"、建设"江苏未来创新的策源地、引领区和重要增长极"的宣传推介力度，为中法产业广泛开展合作注入了新的动力。

（八）中国南京中德企业座谈会

2017年9月7日，蓝迪国际智库举办"2017中国南京中德企业座谈会"，并会见了德国前总理格哈特·施罗德，共同探讨中德两国在新型全球化和中国"一带一路"倡议框架下的合作机遇与挑战。

在蓝迪国际智库的推动下，施罗德先生和连云港市就加快连云港参与"一带一路"，促进企业"走出去"和"引进来"等方面进行了深入交流，连云港市委书记杨省世率团参加会晤。连云港地理区位独特，港口优势明显，在医药、石化和先进制造方面具有一定的优势，和德国在

连云港市委书记杨省世会见德国前总理格哈特·施罗德

很多方面具有产业契合特征。施罗德先生对连云港表达了浓厚的兴趣，向杨书记仔细询问了连云港的发展需求和合作思路，并就连云港的发展提出了务实建议和未来合作规划。

通过此次南京考察和会晤，蓝迪国际智库进一步密切了和德国的联系，开启了蓝迪中德合作的新篇章，为未来中德企业的合作搭建了重要的平台，并为地方政府深入参与"一带一路"和国际化树立了良好典范。

八 美国

2017 年 6 月 8 日，蓝迪国际智库与中关村管委会共同主办的"蓝迪国际—美国加州企业团交流会"在中关村国家自主创新示范区会议中心正式举行。来自加州湾区的政府及企业代表、蓝迪国际智库及平台成员企业代表以及中关村管委会及企业代表近百人济济一堂，共商合作。此次交流活动以加州政府企业和中方企业的合作为切入点，旨在推动中美两国在"一带一路"框架下的务实合作，为中美两国政府及企业的"一带一路"产业合作提供一个新的对话与交流平台。

参会代表认识到：（1）美国加州湾区委员会成立于1945年，有着悠久的历史，集聚了275家会员企业资源，性质、目的和规模与蓝迪国际相似，双方的合作很有意义和价值。（2）双方合作可以更多地加强国与国之间的交流，后续将对接加州湾区方面与国内省份进行有针对性的大型交流活动，匹配双方资源，互利共赢。（3）关于"一带一路"框架下的新型全球化合作，应按照市场和企业的实际需求，秉承"需求导向、项目导向、结果导向"的原则开展工作。

◇◇第三节　促进地方政府及中国企业开展国际合作

一　促进地方政府的国际合作

（一）助力克拉玛依市建设"丝绸之路经济带"

为切实落实国家主席习近平2015年4月访问巴基斯坦期间签订的69项协议和意向书中新疆克拉玛依市和巴基斯坦俾路支省瓜达尔区签订的友好城市协议这一重要成果，抢抓中巴经济走廊建设的有利时机，突出新疆在建设"丝绸之路经济带"中的核心地位，为中巴经济走廊的建设提供服务，蓝迪国际智库联合克拉玛依市委市政府，大力打造蓝迪品牌项目——"丝绸之路经济带"新疆·克拉玛依论坛。新疆·克拉玛依论坛先后在 2015 年及 2016 年成功举办过两届，均取得了丰硕的成果和显著的国际影响力。

在国家"一带一路"倡议中，明确了新疆作为"丝绸之路经济带"核心区的战略定位，这既是新疆的重大历史机遇，也是克拉玛依加快发展应充分利用的政策优势。结合"一带一路"建设，克拉玛依在实施"走出去"的战略中要重点抓住"中巴经济走廊"这一平台和载体，因为它是推进"一带一路"的"试点区"和"示范区"。

2015 年 8 月 11—12 日，首届新疆·克拉玛依论坛在新疆克拉玛依市成功召开。来自中巴两国政府、企业、智库、社会组织、媒体机构等 300 多位参会代表围绕"共商中巴合作，共建繁荣走廊，共享和谐发展"主题展开讨论，畅谈中巴经济走廊建设远景，共商城市合作发展新方向。2015 年首届新疆·克拉玛依论坛的闭幕式上，与会各方代表共同见证了 20 项合作备忘录的签署，总价值约 103.5 亿元人民币。

2016 年，为抢抓国家"一带一路"建设的历史机遇，充分发挥新疆建设"丝绸之路经济带"核心区的重要功能，进一步扩大合作成果，经自治区报请国家有关部门同意，将第二届新疆·克拉玛依论坛升级为"丝绸之路经济带"新疆·克拉玛依论坛（2016）。2016 年的第二届新疆·克拉玛依论坛扩大了合作领域，取得了丰硕成果，共签约项目 28 个，总金额达到 625.791 亿元人民币。

（二）助力江西省开展省际与国际合作融合

省际合作与国际合作的融合是创新推动"一带一路"建设的突破口。为进一步促进多角度、多层面的国际合作，发挥各省优势推动"一带一路"建设，支持地方融入"一带一路"战略。

2016 年 3 月 10 日上午，在蓝迪国际智库的协调和推动下，中共中央委员会委员、江西省委副书记、省人民政府省长鹿心社在北京饭店会见巴基斯坦驻华大使马苏德·哈立德。鹿心社省长首先感谢马苏德·哈立德大使在推动中国与巴基斯坦友好合作关系发展方面所作的努力和贡献。他表示，中巴两国自1951年建交以来，在两国历代领导人的关心和培育下，在两国各界人士的共同努力下，中巴两国建立了全天候的友谊，开展了全方位的合作。鹿心社省长指出，2015年江西省与巴基斯坦进出口贸易增长幅度巨大，已驶入了"快车道"，形势十分喜人。他希望并建议双方未来能在现有合作和成果的基础上，继续加强并扩大在基础设施领域、工业领域、卫生领域等方面的合作，扩大人文交流，提升合作水平。

中共中央委员会委员、江西省委副书记、省人民政府省长鹿心社会见
巴基斯坦驻华大使马苏德·哈立德

鹿心社省长介绍，近年来江西省与巴基斯坦经济贸易发展迅速。2015年，江西省对巴基斯坦进出口贸易累计3.1亿美元，增长66.4%。

其中出口 2.96 亿美元，增长 68.4%；进口 1.062 亿美元，增长 24.7%。截至 2015 年底，江西省累计批准巴基斯坦来赣投资企业 23 家，实际进资 1.75 亿美元；江西省对巴基斯坦开展对外承包工程实现营业额 6071 万美元，目前江西洪都航空工业集团有限责任公司、泰豪科技股份有限公司等江西企业在巴基斯坦共有 6 个在建项目。

马苏德·哈立德大使表示，巴基斯坦高度关注和积极响应"一带一路"倡议。建设中巴经济走廊已成为双方共识，是中国"伟大复兴的中国梦"和巴基斯坦"亚洲之虎梦"的战略契合点。两国高层往来更加密切，经贸合作日益深化，互联互通逐步升级，巴基斯坦对中资企业积极参与巴经济社会建设充满期待，也对蓝迪国际智库平台推动企业国际化的系统性服务充满信心。

2016 年 3 月 15 日上午，中共中央委员、江西省委副书记、省人民政府省长鹿心社在新疆饭店会见伊朗驻华大使阿里·阿斯加尔·哈吉。

参会代表合影

　　鹿心社省长表示，中国和伊朗自 1971 年建交以来，双方相互理解、相互信任，患难与共，各领域友好合作关系不断发展。伊朗和中国都是古丝绸之路上的重要国家，在促进东西方文明交流和人类进步方面发挥了重要作用。近年来，中国与伊朗在政治、经贸、人文等领域的友好合作关系平稳发展。中国连续 6 年保持了伊朗第一大贸易伙伴国地位。2015 年，江西省对伊朗进出口总额 3.97 亿美元，其中出口 2.42 亿美元，进口 1.5 亿美元。江西省对伊朗投资和经济合作情况发展良好，具有巨大的发展空间和潜力。

　　鹿心社省长希望在未来继续加强并扩大双方在基础设施领域的合作，进一步拓展双方在矿产勘测、开采、冶炼领域的合作，充分利用各自资源和优势，进一步扩大双方产能合作，探索中医药产业合作，开启地方交流合作，夯实两国友好合作与友谊的基础，深化人文交流与合作，让丝绸之路精神薪火相传。

　　阿里·阿斯加尔·哈吉大使表示，伊朗与江西有很好的合作前景和广阔的机遇。伊朗与中国友谊历史悠久。2016 年 1 月习近平主席访问伊朗期间，宣布建立中国—伊朗全面战略伙伴关系，双方签订 17 个谅解备忘录，在"一带一路"背景下积极推动产能合作。伊朗作为三大洲的交会之地、古丝绸之路的重要沿线国家，是欧亚地区南北、东西两轴上的交通枢纽，扮演着中国与中亚、欧洲之间物流中心的角色。伊朗当前迎来重要发展机遇，也积极欢迎与江西省的合作。在投资领域，贸易便利化的新规定、7 个自由贸易区、13 个经济特区的建成，将推动江西企业在伊朗的发展。伊朗希望借助蓝迪国际智库平台，与江西省展开全面合作，增进了解，促进友好城市之间的交流，探索发展机遇。

　　此次促成江西省与巴基斯坦、伊朗两国使馆的会谈是蓝迪国际智库推动中国地方政府与"一带一路"沿线国家政府深入对接的范例，也是蓝迪国际智库凝聚国内外资源，推动"一带一路"建设的重要举措，将对中国地方政府务实参与"一带一路"建设起到示范和引领作用。

（三）助力湖南省融入"一带一路"建设

2016 年 3 月 22 日，湖南省直中心组大课堂 2016 年度第一场讲座在省委礼堂举行。针对湖南如何融入"一带一路"的问题，蓝迪国际智库分析了湖南省在区位交通、产业互补、合作历史、科教人文方面的优势，提出了湖南省对接"一带一路"战略的行动建议，包括装备产能"出海"、对外贸易提升、引资引技升级、基础设施联通、合作平台构筑、人文交流拓展六个方面。

（四）助力连云港开展中德合作

2017 年 3 月 24 日，蓝迪国际智库赴连云港调研，分别会见连云港市委书记杨省世、市长项雪龙，并与连云港市重要政府机构代表、企业代表进行座谈，探讨连云港在"一带一路"框架下的规划与发展。

在座谈会上，杨省世书记代表市委市政府对蓝迪国际智库的到来表示热烈欢迎和衷心感谢。他介绍了连云港市产业发展的有关情况，表示将充分发挥自身的区位优势、港口优势、生态优势，聚焦打造全国沿海新型临港产业基地这一目标，重点加强与蓝迪国际智库平台的联系合作，培育壮大新能源、新材料、高端装备制造等支柱性产业，不断调高调轻调优调绿产业结构，努力构建"连云港版"的现代产业新体系。

项雪龙市长就连云港"一带一路"建设情况进行了详细介绍，表示连云港将在国家战略规划引领下，积极抢抓新一轮发展机遇，充分利用蓝迪国际智库搭建的优质平台和智力支持，发挥连云港独特战略区位等条件和优势，做大做强产业支撑，加快推动"连云港论坛"等重要平台建设，深入推进"一带一路"交会点、核心区、先导区建设，在"一带一路"建设中发挥更大的作用。

在详细了解了江苏连云港的基本情况特别是产业发展情况后，赵白鸽博士指出，连云港在国家"一带一路"倡议中处于重要位置，潜力巨大。在产业发展方面，连云港拥有新医药、新材料、新能源、高端装备制造、港口和石化等优势产业，已经形成了自己的特色。连云港市要进一步拓展国际合作，与德国等具有产业技术优势的发达国家进行有效对接。同时，在发展重点产业的同时，可以加大海洋经济研究，加强技术储备，扩大合作伙伴范围。蓝迪国际智库会充分发挥平台力量，在产业规划与研究、国际合作与对接等方面对连云港的发展提供支持和帮助。

（五）深入湘西花垣县十八洞村开展精准扶贫调研

2016年4月10日上午，在山清水秀的湘西花垣县十八洞村，蓝迪国际智库平台专家、企业家一行十余人沿着习近平总书记走过的道路，深入开展精准扶贫调研对接，进行实地考察，研究帮助花垣县产业转型升级、服务精准扶贫的具体举措。

当今世界人道与发展事务的联系日益紧密，中国在人道与发展领域正积累丰富的经验和良好的声誉。习主席2013年到湖南花垣县等地视察并提出"精准扶贫"要求，既是对反贫困的宣誓，更是对公平发展的宣誓。习主席对国际发展提出共建"一带一路"倡议，对国内发展提出"各地区精准扶贫"，所倡导的理念相同，那就是坚持"共商、共建、共享"发展原则，打造利益共同体、责任共同体和命运共同体。

蓝迪国际智库认为，发展是硬道理，在"一带一路"沿线的发展中国家或地区如此，在国内欠发达地区也是如此。发展应以市场为导向、以企业为主体，引领人民广泛参与，广泛动员国内外、省内外资源，以不同的模式解决不同的发展需求。

通过与十八洞村第一支书施金通等基层干部和73岁的小学退休教师杨东仕等村民的深入交流，蓝迪国际智库详细了解了村民们两年多来生活生产的具体数据，观察村民精神面貌发生的改变，并且侧重从产业转型、城乡发展、生态保护、社会文化等领域进行思考与梳理，研究推进

蓝迪代表团深入湘西花垣县十八洞村开展精准扶贫调研

产业转型发展的具体措施。

4月10日下午，蓝迪平台成员代表马不停蹄来到花垣县委进行座谈。花垣县委书记罗明及有关县领导，花垣县扶贫开发办、发展和改革局、农业局、民宗局、旅游文化广电新闻出版局、民政局、农业科技生态示范园区管委会等有关部门及乡镇负责人，湘西黄牛、野生蔬菜、特色水果、中药材、乳鸽、茶叶、湘西黑猪、竹鼠等花垣本土特色产品的生产企业代表，共同参会探讨精准扶贫。

在仔细研究了花垣县企业现实需求、"十三五"期间发展规划和重点项目清单基础上，蓝迪国际智库平台专家考察了十八洞村、猕猴桃产业园、景观花卉产业园等，详细对接了解花垣县发展需求，提出总体建议和具体的18个项目意向。

这18个项目包括四个方面。一是产业转型方面：（1）帮助花垣县制订旅游文化产业发展总体规划，支持开展文化旅游综合开发；（2）帮助十八洞村开展旅游文化项目设计、规划、投融资与运营；（3）协助完善旅游文化设施，建设原生态健康养生度假客栈；（4）开展金桂园等特色香草园项目；（5）协助发展生态经济林产业，建设观赏或经济苗木基地；（6）支持特色农产品、手工艺品、非遗产品通过电商平台扩大销售；（7）组织花垣县政府干部、企业家到产业转型成功案例点学习。二是城乡发展方面：（1）协助推动道路基础设施建设项目，拉动旅游等相关产业；（2）建设劳务人员基地，提供国内国际务工岗位，开展劳务技能培训；（3）通过企业后勤联盟定期采购特色农产品。三是生态保护方面：（1）推荐引入光伏能源项目；（2）推荐建筑垃圾、生活垃圾的资源循环处理项目。四是社会文化方面：（1）开展扶贫支教，向花垣县提供师资和志愿者；（2）对十八洞村籍新录取大学生（2016—2020年），提供大学期间的全部学费资助；（3）组织十八洞村青少年参加文化交流营；（4）捐建十八洞村村民文化活动室，捐赠图书1万册及电脑、投影设备；（5）协助编制十八洞村宣传画册，组织主题采风和展览，组织知名媒体平台宣传十八洞村；（6）协助花垣县梳理民族服装、服饰、音乐等非物质文化资源，并进行保护性开发。

二 促进中国企业"走出去"

（一）重点信息技术企业"一带一路"信息走廊建设

2015年9月11日，工业和信息化部软件与集成电路促进中心（CSIP）与蓝迪国际智库在北京共同召开了重点信息技术企业"一带一路"信息走廊建设闭门研讨会。包括阿里、腾讯、百度、华为、中国移动、中国电信、中电科等在内的22家重点信息企业和园区的代表参加，共商中巴信息走廊建设。

信息走廊建设不仅仅是基础设施的建设，更是一种信息经济。信息走廊的建设还将在空间上做扩展，覆盖整个"一带一路"，并吸引西方发达国家的参与。蓝迪国际智库呼吁，应进一步加强中巴信息走廊建设的顶层设计，希望有关部门推动中巴信息走廊列入国家"十三五"规划，进一步探讨和企业的合作模式，包括引入 PPP 模式、设立做实相关行业联盟等，积极推动信息走廊的建设和发展。

（二）助力中铁十七局深化中巴务实合作

2016 年 2 月 19 日，蓝迪国际智库中国巴基斯坦国际合作委员会的专家到访中铁十七局，巴基斯坦参议员、参议院投资委员会前主席、财政部前副部长萨利姆·曼迪瓦拉代表巴方认真考察了这个基础设施建设的骨干企业，旨在加深中巴两国企业相互理解和项目对接交流。

萨利姆先生就巴基斯坦的"一带一路"政策进行解读，并详细介绍了有关合作发展情况；国家发改委体改司原巡视员张丽娜从国家发改委层面阐释了政府对企业"走出去"的支持政策；清华房地产总裁商会执行会长金波就商会与中铁十七局的合作模式进行交流和探讨。

（三）助力河南企业深入参与"一带一路"建设

2016 年 3 月 14 日上午，蓝迪国际智库会见河南省副省长徐济超及在京参加"两会"的河南企业家一行，就河南省重点企业的"一带一路"建设问题展开会谈。

徐济超副省长对蓝迪国际智库在促进"一带一路"建设过程中的务实态度和行动给予高度评价。他表示，蓝迪国际智库在"一带一路"建设中发挥了重要的先导作用。河南省经济发展态势良好，重点企业实力雄厚，在基础设施建设、制造业、房地产业、生物制药、食品等各领域有一定的优势，希望在座的各企业家借助蓝迪国际智库平台，积极深入参与"一带一路"建设，加快企业的国际化进程。

中信重工董事长任沁新表示，企业在矿业装备和水泥装备制造方面有着多年的积累，是中国最大的重型机械制造企业之一。当前企业在伊朗、哈萨克斯坦、吉尔吉斯斯坦、俄罗斯等"一带一路"沿线国家都有布局，下一步将继续在沿线其他国家开展重点合作。

双汇集团董事长万隆介绍，双汇集团是世界第三大肉类加工食品企业，2013年，通过并购美国最大的猪肉加工企业——史密斯菲尔德公司，加强了企业结构互补，产生了良好的协同效应，在国际并购方面走出了一条有中国特色和行业特色的道路。

全国最大的速冻食品三全集团董事长陈泽民表示，希望能积极参与"一带一路"建设，从之前的企业直接销售产品到国外，转变成在国外投资建厂，并与生产国企业合作打通销售渠道，加快企业的国际化进程。

河南省最大的房地产商建业住宅集团董事会主席胡葆森介绍了建业的发展情况。他表示，建业专注于河南地区的房地产开发，具有领先的地方区域优势。他提出了当前国内去库存的问题，并对"一带一路"的房地产和基础设施建设提出了建议。

仲景宛西制药股份有限公司董事长孙耀志介绍了企业情况，他表示，仲景公司在中成药方面有多个剂型、上百个品种，是国内最大的浓缩丸生产基地，并希望能将企业中药产品积极推向"一带一路"沿线国家。

国内最大的血液制品生产企业华兰生物工程股份有限公司董事长安康表示，企业对"一带一路"建设有着积极意愿，并将以血液制品、疫苗等为主要产品，以伊朗、阿联酋等国作为重点国家开展国际化进程。

在座企业家们纷纷表示，希望能借助蓝迪平台，进一步打通信息渠道，深入了解投资国的政策法律标准等信息，从而更好更快地参与"一带一路"的建设。

此次会谈具有重要意义。河南的企业实力强，国际化步伐快，与"一带一路"产业切合度高，蓝迪国际智库将积极支持参会的企业乃至河南其他的重点企业，带领更多河南重点企业在"一带一路"国家开展项目建设，为促进河南企业"走出去"和国际化提供系统性的服务和支持。

（四）促成江苏阳光集团与埃塞俄比亚签订毛纺织染项目合作协议

2016年3月17日下午，埃塞俄比亚总理特别顾问雅克比·欧可贝先生及夫人一行到访阳光集团，双方进行了亲切友好的会谈，并共同签署了阳光（埃塞俄比亚）毛纺织染项目的框架备忘录协议。无锡市委常委、江阴市委书记陈金虎，江阴市委常委、副市长计军等领导出席签约仪式。

根据双方达成的项目合作协议，阳光集团将在埃塞俄比亚的阿达玛市投资建立以毛纺产业为主的产业园区，预计投资总额9.8亿美元，其中一期投资3.2亿美元，建立从毛条染色、纺纱、织造、后整理以及成品服装的完整生产链。一期投资完成后，将形成5万纱锭、1000万米精纺面料、100万套高档西服的生产能力。双方希望这次合作能建成一个绿色环保、标志性的、值得骄傲的项目。

阳光集团于2015年10月正式加入蓝迪国际智库平台后，积极响应国家"一带一路"建设倡议，在蓝迪国际智库的系统性支持和服务下，立足企业转型升级发展的需要，谋划与海外国家开展产能合作。此次签约，是蓝迪国际智库平台成员企业中民营企业在海外投资建设的一个典范，也是海外园区合作的一个重要示范，标志着蓝迪国际智库平台在非洲迈出了重要一步。

（五）助力碧水源与巴基斯坦签署合作备忘录

2016年7月26日上午，蓝迪国际智库平台企业北京碧水源科技股份有限公司在巴基斯坦驻华大使馆与巴基斯坦旁遮普省签订谅解备忘录。根据备忘录，碧水源将通过自主研发的膜技术，提升旁遮普省的水处理技术、供水工程建设、市政基础设施建设。此外，双方还将开展相关领域的投融资合作，旁遮普省将为碧水源在巴基斯坦的投资和业务发展提供相关支持。

在签约仪式上，碧水源董事长文剑平向旁遮普省首席部长穆罕默德·夏巴兹·谢里夫详细介绍了碧水源作为世界最大的膜技术企业之一，在国际领先的膜技术研发、应用方面的成绩，表达了通过双方合作为旁遮普省乃至巴基斯坦提升水务环境、保障水安全的良好意愿。

穆罕默德·夏巴兹·谢里夫对碧水源的膜技术高度认可，赞赏碧水源是一家有实力的中国高科技环保企业，非常欢迎碧水源将最好的技术带到旁遮普省的水务领域，解决当地水资源匮乏问题。

碧水源在海外布局方面，一直在不断地进行探索与尝试。其中，与澳大利亚新南威尔士大学已开展了十余年的国际科研合作，下一步有望加入中澳火炬园区计划，成立世界高水平的水领域研究中心。除了重视与发达国家的研发投资合作外，碧水源也在蓝迪国际智库平台的支持下紧盯国家"一带一路"倡议，积极地与沿线的巴基斯坦、印度以及中东地区的发展中国家加强合作。

（六）调研中国化学工程集团公司，深化双方合作

2016年8月24日上午，蓝迪国际智库一行赴中国化学工程集团公司考察，与集团公司总经理、股份公司董事长陆红星，集团公司党委常委、股份公司副总经理刘家强等集团领导会晤。

蓝迪国际智库就中国化学工程集团公司的产业布局、技术储备、"互联网＋"战略、国际标准和国际认证等问题进行全面了解。作为中国最大的工业工程公司，在石化和化工领域，中国化学工程可以在国家"一带一路"倡议实施过程中发挥更加重要的作用。蓝迪国际智库可以充分利用现有平台优势，为中国化学工程在区域和国别战略、特定国别准入、技术专利支持和能力建设等方面给予协助。

陆红星董事长对蓝迪国际智库平台代表团的来访表示热烈欢迎。他介绍了中国化学工程集团公司的历史沿革、基本情况、业务领域以及主要业绩，同时就中国化学工程海外业务的发展战略，以及在巴基斯坦、俄罗斯、印度尼西亚、哈萨克斯坦、中东地区和非洲等区域的业务开展

情况向蓝迪国际智库进行了详细介绍。他表示，蓝迪国际智库平台为中国企业"走出去"搭建了高端平台并提供了有力的支持，希望中国化学工程集团公司可以深度参与蓝迪国际智库平台的活动，发挥高层先导优势，在国家"一带一路"倡议引领下，推动中国化学工程的国际化和海外业务的发展。

通过本次考察，蓝迪国际智库平台对中国化学工程集团公司的产业布局、发展战略有了更加深刻的理解，中国化学工程集团公司也对蓝迪国际智库的服务体系和平台企业合作模式有了更深入的认识。志同而道合，双方经过此次深入的沟通交流，在加深相互了解的同时，也为以后各层面的合作奠定了良好的基础。

（七）调研启迪控股股份有限公司，深化双方合作

2016 年 9 月 2 日，蓝迪国际智库赴启迪控股股份有限公司进行调研，探讨全球经济治理新形势下中国科技创新企业的机遇和挑战，并与启迪控股股份有限公司董事长王济武就在东欧、中亚、非洲、北欧、俄罗斯、德国、加拿大、澳大利亚、英国和美国等不同地区和国家中国科技创新企业的机遇和挑战进行了广泛和深入的讨论。从启迪所经历的具体案例，到与不同政治经济体制的沟通；从宏观经济发展趋势，到美国产业资本和金融资本的不同特性；从启迪在国际上的声誉和品牌优势，到启迪与国际交流过程中的各种插曲和解决方案；等等。

王济武董事长介绍了启迪自 2011 年开始的企业治理体系升级、企业文化升级和企业战略升级对启迪快速发展的作用，其中着重介绍了启迪"有效监管，充分授权，阳光激励"的企业治理原则。启迪自 2012 年底建立新的企业治理系统以来，开启了一年至少一倍的高质快速发展历程。他表示，启迪和清华科技园有着深厚的国际化基因，启迪的"一带一路"倡议方面战略建立在国际化战略的基础上，协助发展中国家及发达国家创新生态建设和产业升级，同时带动中国产业"走出去"。启迪通过两个

抓手来实现"一带一路"倡议，一个抓手是"一带一路"的整体布局，一个抓手是用中国的方法将欧美的品牌、发展中国家的市场和中国的产品融合起来。

通过本次调研，蓝迪国际智库平台对启迪控股的科技服务内容、产业发展战略、国际化布局有了更深刻的认识，启迪控股也对蓝迪国际智库的服务体系有了更深入的了解。双方均希望通过更深入的合作参与"一带一路"建设，帮助中国科技企业"走出去"。

（八）调研浙能集团，深化双方合作

2017年2月16日，蓝迪国际智库会见浙能集团公司董事长童亚辉、总工程师朱松强，双方围绕"一带一路"蓝迪国际智库能源项目、蓝迪国际基金等方面合作与交流进行了座谈与探讨。

座谈会上，童亚辉董事长首先对蓝迪国际智库的到访表示热烈欢迎，并介绍了浙能集团的基本情况、发展历程和目前所面临的发展瓶颈，重点就集团公司的"四业"发展战略和开拓国际市场等方面进行了详细的介绍。他同时表示，集团发展国际化业务刚刚起步，迫切需要像蓝迪国际智库这样的海外政策经验、投资项目信息共享和交流的平台，也真诚希望能通过与蓝迪国际智库开展进一步的合作，为集团公司"海外创业"牵线搭桥，实现共赢。

蓝迪国际智库对集团提出的"四业"发展战略给予了高度的评价，希望借助浙能集团的管理优势、资金优势和技术优势，进一步深化双方的融合与合作，共同为"一带一路"建设发挥作用。

（九）调研科大讯飞，深化双方合作

2017年3月17日上午，蓝迪国际智库赴科大讯飞北京体验中心实地调研，会见科大讯飞联合创始人江涛先生等集团领导。会上，蓝迪国际智库就科大讯飞的技术储备、发展战略等内容进行全面了解。作为中国人工智能领域的领军者，科大讯飞可以在推进"一带一路"智能化上发挥重要作用。蓝迪国际智库可以充分利用现有平台优势，为科大讯飞在海外发展、技术专利支持和能力建设等方面给予协助。希望加强蓝迪国际智库与科大讯飞的合作，推动双方共同发展，共建"一带一路"。

江涛先生对蓝迪国际智库的到访表示欢迎。他介绍，科大讯飞股份有限公司是 1999 年由刘庆峰先生等带队组建的高科技企业，经过近 20 年的发展，成为中国领先的人工智能企业，拥有语音识别、语音转写、语义分析等方面的高科技产品，在教育、医疗、翻译等方面都具有广阔的应用。郭栋处长就国家质量体系 NQI 等和科大讯飞当前的发展提出了很多建议，提出了信息技术和质量控制的重要关系，并将进一步密切和科大讯飞在质量控制体系方面的联络协作。

◇◇ 第四节　2017：加强高层对话，深化国际合作

2017 年，蓝迪国际智库依托国际网络资源，继续加强高层资源对接，深化国际产业合作，开启了"一带一路"智库国际化的新进程。蓝迪国际智库 2017 年的国际化实践具有三大特征：扩展重点合作国别、加强高层资源对接、拓展产业合作领域。

一　扩展重点合作国别

（一）从陆上国家到海上国家

2017 年，蓝迪国际智库重点合作国别由原来的巴基斯坦、哈萨克斯坦、伊朗等"丝绸之路经济带"国家，扩展到"21 世纪海上丝绸之路"沿线国家。海洋是各国经贸文化交流的天然纽带，共建"21 世纪海上丝绸之路"，是全球政治、贸易格局不断变化形势下，中国连接世界的新型

贸易之路，其核心价值是通道价值和战略安全。"21世纪海上丝绸之路"在传承古代海上丝绸之路和平友好、互利共赢价值理念的基础上，注入了新的时代内涵，以"共商、共建、共享"为原则，为沿线国家最终打造政治互信、经济融合、文化包容的利益、责任和命运共同体制定了宏伟蓝图和美好愿景。

经过深入研究，蓝迪国际智库选择了印尼和斯里兰卡作为2017年重点合作的"21世纪海上丝绸之路"沿线国家。印尼和斯里兰卡是"21世纪海上丝绸之路"的必经之地和重要节点，地理位置十分重要。同时，两国的基础设施仍不够完善，对于加强互联互通具有迫切需求。

通过前期的高层互访和对接，蓝迪国际智库与印尼、斯里兰卡两国建立了长效的合作机制。在印尼投资协调委员会、北苏拉威西省、印尼驻华使馆等部门和机构的支持下，蓝迪印尼分支网络正式成立；在斯里兰卡总统办公室、斯里兰卡战略企业管理局等部门的支持下，蓝迪斯里兰卡分支网络正式成立。各国分支网络的成立，为智库合作、产业对接、项目落地提供了一个重要交流平台。

在此工作基础上，2017年7月召开的"海上丝绸之路互联互通国际研讨会"汇集了中国、印度尼西亚、斯里兰卡三国的各界代表，深化了各国的交流合作，促进了行业对接和产业发展，促成了多项双边国际合作项目协议或意向备忘录，务实推动了"21世纪海上丝绸之路"建设。

（二）从发展中国家到发达国家

2017年，蓝迪国际智库重点围绕法国、德国、美国开展实质性合作，推动政府和企业间的务实对接，促进项目合作。蓝迪国际智库认为，"一带一路"是一个全球性的项目，能够为全世界创造一个和平与发展的环境，并作为新型全球化的一个重要载体。参与"一带一路"倡议的国家，不仅局限于中国或者其他发展中国家，而且包括了全球一切愿意参与新型全球化、共同促进经济发展的国家。

在对接法国与南京方面，蓝迪国际智库与法国展望与创新基金会、中欧商业协会共同推动中法产业园项目的落地和实施；在对接德国与连云港方面，蓝迪国际智库推动中德企业在高新技术方面的合作，促进中德产业园项目取得实质性进展；在对接美国与中关村方面，蓝迪国际智库与美国加州湾区委员会共同推动中美基础设施和能源领域的合作。

二　加强高层资源对接

蓝迪国际智库的国际网络以国际战略委员会、重点国家共同主席制度和国际分支网络为组织支撑。2017 年，蓝迪国际智库通过加强高层资源对接，建立长效的交流合作平台，推动务实合作，助力"一带一路"倡议的实施。

2017 年，蓝迪国际智库通过高层互访及国际研讨会等形式，先后与各重点合作国家的政治、智库、企业界高层建立对话机制，并通过互联网通信工具建立工作层面的日常交流机制。蓝迪国际智库重点对接的国际高层包括：巴基斯坦参议员、巴中学会主席穆沙希德·侯赛因·萨义德，巴基斯坦参议员、参议院财经委员会主席萨利姆·曼迪瓦拉，斯里兰卡总理拉尼尔·维克勒马辛哈，斯里兰卡总统迈特里帕拉·西里塞纳，斯里兰卡总统高级顾问雷萨纳长老，埃及前总理、沙拉夫可持续发展基金会主席伊萨姆·沙拉夫，法国前总理让－皮埃尔·拉法兰，德国前总理格哈特·施罗德，德国前国防部长鲁道夫·沙尔平，波兰副参议长、波中议员小组主席格热戈什·柴莱伊等。

让－皮埃尔·拉法兰高度评价蓝迪国际智库的工作模式和工作成果，并表示将与蓝迪国际智库建立战略合作关系，大力推动中法两国在企业、机构、技术、资金等方面的多层次资源对接，促成两国务实的项目合作。

格哈特·施罗德对蓝迪国际智库的模式和贡献高度认可，表示希望加强合作。迈特里帕拉·西里塞纳表示愿进一步推动中斯有关经贸协定和项目合作，期待能够和蓝迪国际智库有进一步交流，推动双边企业的务实对接，加快两国经贸发展。格热戈什·柴莱伊高度认可蓝迪国际智库的工作模式，愿意与蓝迪国际智库共同在"一带一路"框架下推动中波两国合作。

三 拓展产业合作领域

2017 年，蓝迪国际智库把握企业的需求，围绕当前国际国内产业发展状况深入研究产业合作问题，拓展产业合作领域，并在重点领域深化合作，推动项目落地。

（一）产业合作高端研讨

2017 年 5 月 14 日，"一带一路"国际合作高峰论坛在北京开幕，这是"一带一路"倡议提出以来，中方就此召开的规格最高的国际会议。5 月 15 日，蓝迪国际智库主办的"一带一路"产业合作国际论坛在北京园博园举行，从产业的角度聚焦"一带一路"。来自法国、德国、埃及、巴基斯坦、印度尼西亚、中国相关机构以及企业家代表近200 人齐聚北京园博园，围绕"一带一路"沿线各国产业发展的现状、合作重点，未来产业规划如何相互兼容、相互促进，以及如何抓住新工业革命的发展新机遇，产业合作与政府、产业合作与企业等关键性问题展开一系列的探讨。这是一次重要的智慧碰撞，其中的经验和案例，将为"一带一路"倡议落地实施三年来产业合作的成效提供样本；其中的反思和总结，对于未来如何进一步加强沿线各国的合作、协同发展具有重要价值。

"一带一路"产业合作国际论坛现场

（二）园区建设合作

"一带一路"倡议的实施，为国内外各类园区建设带来了大量的机遇和挑战。面对百年不遇的战略机遇，各类园区迫切希望抓住"一带一路"契机，对接"一带一路"倡议，获得更多资源，进一步实现包括资金、教育科技、人才、物流等要素聚集。随着"一带一路"开始实质性推进，园区作为推进载体的重要性也日益凸显。

2017 年，蓝迪国际智库在推动园区建设合作方面开展大量工作。2017 年 3 月，蓝迪国际智库与法国展望与创新基金会、中欧商业协会共同推动南京中法产业园项目的落地和实施。2017 年 5 月，蓝迪代表团出访印尼美娜多，对当地港口规划及临港园区建设开展深入调研。2017 年 8 月，蓝迪代表团出访巴基斯坦，考察位于拉合尔的巴基斯坦海尔工业园，研究该工业园现有生产与市场的稳定运行、产业链的延展，以及产业集群的完善。2017 年 9 月，蓝迪国际智库推动中德企业在高新技术方面的合作，促进连云港中德产业园项目取得实质性进展。

（三）生命健康产业合作

生命健康产业关乎民生幸福、经济发展和社会和谐，具有知识密集、技术先进、绿色低碳、前景广阔等特点。随着经济水平不断提高、健康意识日益增强、生活方式加快转变、人口老龄化趋势加速以及生命科学、生物技术、信息技术快速突破和商业模式持续创新，生命健康产业将在新常态下成为推动我国经济社会发展的新引擎。2017年，蓝迪国际智库与武汉兰丁医学高科技有限公司、上海安翰医疗技术有限公司等企业开展人工智能宫颈癌筛查、磁控胶囊胃镜等项目的研究与合作，旨在推动生命健康产业相关技术和产品的发展。

（四）航空产业合作

航空产业是"丝绸之路经济带"建设快速推进的先导产业和关键产业。大力发展航空产业，是我国"十三五"期间乃至今后若干年新的经济增长极。2017年12月5日，蓝迪国际智库对广东龙浩航空集团进行了深入调研，全面了解我国航空产业发展的现状、问题、机遇和挑战，探讨空中丝绸之路在"一带一路"倡议中的重要定位和发展布局，并与广东龙浩航空集团等企业开展务实合作，策划举办空中丝绸之路国际论坛、成立航空产业国际联盟、对接航空产业项目，打造航空产业的规划与实施路线图。

第三章　企业网络带来丰硕合作成果

蓝迪国际智库建立了完善的企业网络，整合了包括能源、制造、信息、文化、贸易、农业、金融、医药、矿业、纺织、培训、基础设施建设以及产业园区和行业协会等众多行业骨干企业或机构团队。截至 2017 年 11 月，蓝迪国际智库企业网络已凝聚了 319 家企业和机构。在蓝迪国际智库的积极组织和协调下，企业网络成员在多个项目中取得重大成果，在"一带一路"建设中发挥了重要作用。

本章收录了企业网络中若干重点企业的"一带一路"发展经验。

◇◇ 第一节　行业商会及研究院

一　中国对外承包工程商会

目前，我国拥有对外承包工程经营资质的企业 4000 多家，在践行"一带一路"及国际产能合作战略方面获得了很多的经验与成果，承包商会结合当前国际形势及承包工程行业特点，为促进各行业参与"一带一路"建设作出了贡献。

（一）把握时机，加快构建海外发展战略

在"一带一路"和国际产能合作战略指导下，海外基础设施投资建设已成为国内外各界普遍关注和支持的重要产业。商会指导和推动相关企业以全球化视野布局国际市场，看准重点国别、重点领域、重点项目的投资机会，实现公司的跨越式发展。

承包工程商会紧抓时代脉搏，截至目前已在澳门成功召开了七届国际基础设施投资与建设高峰论坛，2016年的第七届高峰论坛上邀请了来自36个国家和地区的部长级嘉宾，同行业内企业共商发展大计，论坛更签署了总金额超过41亿美元的合作协议。承包商会携行业内会员企业积极参加国际大型会展活动，如中国—东盟博览会国际经济与产能合作展、中国工程技术展等，为企业"走出去"提供了国际化平台。与此同时，承包商会整合资源，挖掘潜在商机，组织会员企业赴海外热点国别市场进行调研及业务开拓活动，为中国企业"走出去"创造了更多机遇。

（二）注重提升风险研判和管控能力，做好项目的精细化管理

我国企业海外发展迎来新机遇的同时也面临全方位的挑战，特别是近年来不同方面的风险考验持续提高，在外人员及项目安全、投资和贸易壁垒、技术标准歧视等因素对企业海外发展的影响不断增强，商会对企业在海外的安全布局和可持续发展特别予以关注。

为解决企业在安全及风险方面的需求，承包商会成立了境外安全服务平台，整合国内外相关机构帮助企业评估和控制经营风险，可以为企业的安全经营提供系统全面的咨询服务。另外，承包商会组织邀请国际关系、公共安全、安保防务、应急管理专家，以及国际工程项目各领域专家，整合各方面资源，组织行业内企业进行安全及风险培训，提升行业风险研判和管控整体能力，提升项目精细化管理。

（三）合作共赢是赢得国际市场认可的重要原则

新形势下，任何企业都无法仅凭自身实力迎接全球承包商的竞争，

只有通过与国内外及行业上下游企业的互利合作才能实现企业的可持续发展，这也与"一带一路"倡议所倡导的"开放包容，互利普惠"的合作精神一致。企业开展合作应注意几个方面的内容：一是要找准发展定位，根据本企业特点承担与实力水平相适应的分工，既不盲目冒进也不畏首畏尾；二是要通过广泛的合作促进自身实力的提高，在合作过程中主动学习中外优秀企业的先进做法，在市场开发、技术创新、管理提升等方面实现新的突破；三是要勇于创新，提高资本和股权运作能力，凭借专业技术以较少成本赢得更大市场。

为了服务企业更好地适应海外基础设施理念，承包商会联合泛美开发银行，编制出《可持续基础设施》联合研究报告，从治理、环境可持续性、社会可持续性以及财政和经济可持续性多个角度进行阐述，为企业在海外赢得多方认可，提供了参考性意见。

（四）认真履行企业社会责任

企业要在海外"走下去""走进去"就必须重视履行社会责任，这既符合东道国的发展需要，也是"一带一路"倡议中"亲诚惠容"和"共商、共建、共享"原则的体现。

为推动企业社会责任建设，承包商会也开展了大量工作。通过在行业内先后发布《中国对外承包工程行业社会责任指引》《中国对外承包工程行业社会责任指引实施手册》及《中国对外承包工程行业社会责任报告2013—2015》等一系列文件，组织社会责任绩效评价和相关培训等活动交流经验，提高了企业履行社会责任的能力。同时，依托行业信用等级评审结果，以及承包工程企业社会责任绩效评价领先型企业名单，有针对性地向国内外政府及相关机构推荐优秀履责企业。

二 中国五矿化工进出口商会

在"一带一路"建设中，将有更多的中国企业向海外寻求发展机会。但值得注意的是，"一带一路"沿线一些重要地区也正是地球上最为动荡不安的区域，包括阿富汗、高加索、巴尔干、东地中海地区、巴基斯坦等。因此，企业在开拓"一带一路"沿线国家市场的时候，遇到的主要问题包括政治和部族冲突、地区动荡、法律和政策环境不透明、部分国家诚信危机等，这些为企业的投资带来风险和挑战。

除"一带一路"沿线国家和地区存在的问题外，我国企业本身也存在一系列问题：一是企业对国际市场的认识和战略准备不到位，不择时机、盲目行事，或是单纯追求国际企业的形象。二是风险意识不足，风险分析、管控能力较差，在某些重大交易中容易出现冒进和决策失误的情况。三是企业"内功"不强，经营管理能力、竞争能力和国际视野都有一定局限。四是议价能力较弱，缺乏进入国际市场的能力。五是缺乏有效信息支撑，对当地法律法规、市场环境等缺乏了解。商会把握企业需求进行了研究和实践。

（一）客观评估投资环境

"一带一路"沿线国家多为发展中国家，发展需求旺盛，基础设施建设、油气、石化、交通、电力、通信、建材、冶金、汽车等领域的众多项目为我国公司的进入提供了机会。但许多国家的法律法规与国际不接轨，有关政策条件比较苛刻，政府部门之间缺乏协调，办事效率不高。因此，商会指导企业在投资前请专业机构评估其投资环境，做到心中有数。

（二）有效防范投资合作风险

在"一带一路"沿线国家开展投资、贸易、承包工程和劳务合作的过程中，指导企业进行事前调查、分析，评估相关风险。事中做好风险规避和管理工作，切实保障自身利益。包括对项目或贸易客户及相关方的资信调查和评估，对项目所在地的政治风险和商业风险分析和规避，对项目本身实施的可行性分析等。企业积极利用保险、担保、银行等保险金融机构和其他专业风险管理机构的相关业务保障自身利益。

（三）在"共商、共建、共享"原则下履行好社会责任

习近平总书记在"中国—阿拉伯国家合作论坛第六届部长级会议"上提出"一带一路"建设应坚持"共商、共建、共享"原则，这也是指导我国企业开展负责任的投资合作的基本准则。我国已经有许多企业在"共商、共建、共享"理念指导下与东道国社会、环境、民众、文化深度融合，实现了互利共赢。

以中国五矿集团成功收购澳大利亚矿业巨头 OZ 为例，收购之初，因矿区内一个金矿被澳大利亚列为军事重区，较为敏感，所以我方收购申请被驳回。驳回之后，五矿集团立即调整策略，提出了针对澳方严重关切的第二次申请方案，放弃了军事禁区的收购，把原来的参股收购改为现金收购。第二次的方案得到了澳洲政府的批准，这也是澳洲政府第一次批准中国投资者对澳洲本土再生产的本土企业的收购。收购以后，五矿集团在澳洲注册了全资公司 MMG。MMG 保留了原来澳洲公司的管理团队，确保了 5000 名员工的工作岗位。另外，在经营策略上采取授权、放权的管理方式。在 2009 年当年项目就实现了盈利。2010 年实现了盈利和信誉双丰收。这一项目得到了澳洲政府和民众的广泛支持。澳洲政府首脑也对该项目做了非常高的评价。

（四）推动新兴产业合作，谋求共同发展

国家发改委、外交部、商务部 2015 年 3 月 28 日联合发布了《推动共建丝绸之路经济带和 21 世纪海上丝绸之路的愿景与行动》，将新兴能源、新兴产业和新技术列为合作的重点领域。通过新技术新产业的合作，

我们能与"一带一路"国家实现共同发展。我国已经有不少企业通过新兴技术"走出去"，与当地共同实现了经济、社会效益双赢。

商会的出口基地龙头企业巨石集团有限公司在埃及苏伊士经贸合作区内投资建成年产 8 万吨的玻纤生产线项目，后续二期、三期工程还将陆续落地，为埃及引入我国玻纤领域的自主核心技术和先进设备，带动上游原材料价格增长数倍，扩大了就业并为当地培养了一批产业工人。另外，中国核电建设总公司与上海新源启能风力技术有限公司也计划在巴基斯坦信德地区投资建设 1000 兆瓦的风电项目，投资总额达 22 亿美元。目前，该项目已经与国家电网签订了并网协议，并得到了巴方政府五年免税的政策支持。这个项目一方面将为巴基斯坦引进我国先进清洁能源技术，缓解巴方用电短缺问题；另一方面将为企业带来颇丰的收益。

三　中国电子信息产业发展研究院

中国电子信息产业发展研究院，即赛迪工业和信息化研究院，由原信息产业部电子信息中心、计算机与微电子发展研究中心、中国电子工业发展规划研究院、中国电子报社和工业和信息化部软件与集成电路促进中心五个单位合并组建而成，是直属于国家工业和信息化部的一类科研事业单位。

成立以来，赛迪研究院紧紧围绕党中央、国务院深化改革、加快发展的一系列重大决策部署，立足制造强国、网络强国战略全局，聚焦"中国制造2025"、两化深度融合、军民融合等重点工作，勇于创新，锐意进取，秉承"信息服务社会"宗旨，面向政府、面向园区、面向企业、面向社会提供高品质产品和服务，累计为 20 个国家部委、超过 50 个产业园区、100 个地方政府、1000 家行业企业提供服务，成功实施超过5000 个项目案例，打造出具有国际影响力的"赛迪"品牌，为实现中华民族伟大复兴的"中国梦"谱写了赛迪篇章。

长期以来，赛迪研究院坚持软硬结合、创新驱动的发展战略，业已形成研究咨询、评测认证、媒体会展、军工业务、产业金融、科技服务六大业务板块并举的发展格局。

研究咨询是赛迪研究院推动知识创新的核心业务，每年发布专业产业研究报告超百本，出版30余本专业书籍，业务网络延伸到海外。作为中国工业和信息化领域的知名思想库，赛迪智库以"面向政府，服务决策"为宗旨，围绕工业和信息化领域的热点、难点和重点问题，积极开展基础研究、预先研究和对策研究，为政府提供高水平的决策咨询服务。作为中国首家也是目前唯一一家在香港上市的咨询企业，赛迪顾问秉承着"面向市场，服务社会"的宗旨，聚集产业资源，延伸服务链条，构建出满天星产业大脑、赛迪产业加速器、赛迪产业投资基金等咨询服务新模式，为园区和企业提供资源导入式的价值创造型服务。

评测认证是赛迪研究院具有核心竞争力的优势业务，拥有中国软件评测中心、国家机器人质检中心、国家智能终端软件质检中心、云计算、物联网、太阳能光伏等国家公共服务平台，工业控制系统安全可靠测评工信部重点实验室、智能网联驾驶测试与评价工信部重点实验室以及信息物理系统测评北京工程实验室、北京电子系统可靠性测评工程技术中心等国家和省部级实验室、工程中心。践行"专业就是实力"的服务理念，在标准制定、软硬件产品及大型系统测试、电子政务服务评估、信息工程设计、监理及产品、服务和管理体系认证等领域成为行业翘楚。

媒体会展是赛迪研究院极具品牌传播效应的平台。赛迪传媒以媒体出版、文化传播、宣传推广、会议活动为主要业务，拥有《中国电子报》《中国工业评论》《机器人产业》《新能源汽车报》等15种报刊，先后创办了国家制造强国建设专家论坛、中国软件杯大学生软件设计大赛、雷克大会、中国大数据产业生态大会等一批国内著名品牌活动。赛迪会展在举办大型国际展会方面经验丰富，拥有境外办展资质，为客户提供会展策划组织、论坛、传播等现代会议展览服务，主办的北京国际风能大会等展会拥有业内顶尖的国际影响力。成立于 2000 年的赛迪网已累计为超过 3 万家企业级客户提供服务，累计注册用户超过 500 万，文章总访问量超过 500 亿次，是中国最权威的 IT 门户网站之一。

军工业务是赛迪研究院贯彻国家军民融合战略的重要布局。作为最早从事军用软件测试标准研究及测试实践工作的机构，拥有完备的业务架构、军工资质和专家队伍，承担了多项军地重大军民融合咨询，完成了军方委派的数百项国家重点工程试验考核定型测评任务，同时承担了大量研制第三方测试工作。目前，以战略咨询为牵引，以军民用技术创新服务为重点，建立了军民融合决策咨询与评估、军用软件测试、军用电子元器件检测、特种机器人检测、国防信息化工程监理、军民创新成果孵化转化等业务格局，形成了"军民结合、软硬结合、理技融合"的军民融合服务支撑体系。

产业金融是赛迪研究院整合产业资源、构建产业生态的核心载体。其中，赛迪产业园承接了机器人检验检测公共服务平台、工业控制系统安全可靠性测试实验室、汽车电子系统安全可靠性测试实验室、"互联网＋"新技术测试验证平台和测试云实验室等国家级项目，将成为集科技研发、创业创新、应用示范、检测认证、培训体验、国际交流于一身的国家智能制造创新示范区。北京赛迪创业投资有限公司专业从事服务IT 行业的股权投资基金管理、产业投资和财务顾问业务。

科技服务是赛迪研究院面向行业提供系统解决方案的重要平台，拥有国家信息系统集成一级、涉密系统集成甲级，以及安防工程、人防工程资质等十余项最高级别权威认证。赛迪时代致力于提供从咨询规划、系统设计、软硬件研发、工程集成实施到 IT 运维的信息化建设全生命周期专业服务，是国家级重点软件企业。作为 2008 年北京奥组委机器翻译系统独家供应商，赛迪翻译的软件开发和语言翻译服务承担了"863"计划等国家重点科技项目下的机器翻译研究、开发工作。作为国内较早从事客户服务管理业务的提供商，赛迪呼叫着重打造"12381""互联网＋政务"服务整体解决方案，并面向政府和行业提供业务流程、信息技术的外包服务。

2016年以来，赛迪以构建行业生态、汇聚行业资源、支撑行业管理、推动行业发展为目标，联合行业内骨干企业、科研院所牵头发起了中德智能制造联盟、中国大数据产业生态联盟、虚拟现实产业联盟、中国增材制造产业联盟、中国制造企业双创发展联盟、中国人工智能产业创新联盟、中国区块链生态联盟等行业性联盟组织。

肩负促进两化深度融合、走中国特色新型工业化道路的历史使命，赛迪研究院将紧扣时代主题、把握战略机遇，不忘初心踏征程、砥砺奋进谱新篇，为建设凝聚智慧、引领思想、服务科技与经济发展的国际一流智库而不懈奋斗！

四　中国标准化研究院

中国标准化研究院（简称"中标院"），隶属于国家质量监督检验检疫总局，是唯一的国家级社会公益类标准化研究基地。经过50多年的发展，现已围绕资源与环境、质量管理、高新技术、农业与食品、基础理论与战略、现代服务、公共安全以及缺陷产品召回等领域，形成了科学研究、标准研制、实验验证、支撑政府、信息服务和成果转化等六大业务板块，标准科研能力和水平正在从国内一流向国际一流迈进。

作为国家质量基础设施（NQI）体系中标准化工作的理论基地、技术支持和新型智库，围绕"一带一路"倡议的实施，中标院建立了适应和满足新时期质量发展需求，体现标准化科技工作特点和成果产业化运用的发展机制。先后建立了全国最大的国家标准文献共享服务平台，承担了国家"十三五"重大科技研发计划 NQI 标准专项和中国标准"走出去"适用性研究，支撑质检总局和标准委研究起草标准联通"一带一路"行动计划和国际合作产能规划，为地方、行业和众多企业提供了全方位的标准化服务和人员培训，已成为全国标准化的科研战略高地。

一是服务政府，为制定实施国家行业地方政策规划和制度提供技术支撑。围绕国家重点发展领域，优先提炼促进产业结构调整和优化升级方面的需求，诸多标准化科研成果被国家部委采纳推广。例如，协助国家发改委、国家质检总局、水利部在深化节能减排标准化工作的基础上，研究建立了节能产品认证制度、能效标识制度、水效标识制度；支撑工信部推动落实"中国制造 2025"，以绿色设计评价标准为基础，建立了绿色产品评价制度，为国务院办公厅出台《关于建立统一的绿色产品标准、认证、标识体系的意见》提供了有力的支撑；支撑国家标准委开展国家标准创新基地的设计与推广、团体标准和企业标准自我申明制度的设计和推进。中标院还充分发挥自身在电子商务、电子政务、公共管理等领域标准化权威优势，瞄准国家推进"互联网＋"计划，尤其是电子政务高速发展对标准化的迫切需求，面向中共中央组织部、中央办公厅、国务院办公厅等政府部门，开展深度标准化项目服务。

二是服务企业，使标准化技术成果在各类市场主体得到广泛运用。中标院深入分析市场和企业需求，向企业提供精准化、个性化服务，满足不同企业的多元化需要。中标院联合近十家行业协会、重点企业开展面向行业的企业信用评价服务，与阿里巴巴、京东、腾讯、新浪等合作，开展在线信誉国际标准研究，形成合力，实际参与国际标准起草。以"标准＋参比样＋软件系统"一揽子感官分析标准化实施工具，通过支持伊利风味乳配方优化，中粮、伊利感官分析实验室能力建设向企业提供定向科研服务，全面提升食品和农产品感官分析规范化和科学化水平，取得了良好的市场效果。以国家标准文献共享服务平台的海量标准资源为基础，向中车、中石油、中海油、中铁集团、中交集团等大企业提供了标准比对和标准国际化服务。

三是服务社会，让标准化工作链条在社会经济发展中拓展延伸。响应国家标准化改革需求，依托优势资源，中标院发起成立了"标准化创新战略联盟"，加强中国标准化服务生态圈相关方的合作交流，实现政产学研用的有机融合。以团体标准和企业标准为重点，成功向中国保险行业和互联网金融等方向拓展，取得了良好的社会效益。国家标准馆优化软硬件设施，完善标准资源保障体系，数据总量累计达190万条，服务社会的标准化资源保障能力稳步提升。中标院也围绕"一带一路"需求，研究中国标准"走出去"的路径、方法和适用性关键技术与工具，帮助企业以标准"走出去"带动产品技术和装备"走出去"，进一步提升企业的国际竞争力。我们也多层次多形式举办专题培训班，就标准基础知识、标准编写、标准政策规划、标准"走出去"等主题与社会各界分享最新成果，提供标准知识服务，提高全社会的标准化意识和能力。

未来，中标院将充分发挥"标准化＋"的综合牵头优势，为进一步提升政府行政改革和社会治理水平提供技术依据，促进提质增效，在供给侧结构改革主战场发挥更大的作用；利用在节能减排、质量管理、农业、服务业、高新技术等多个标准化领域的整合研究优势，积极参与"一带一路"建设；通过农业标准化示范、地理标志保护和新型城镇化等标准化手段助推标准化精准扶贫；加强公共服务一体化、生态环境治理、可持续发展、现代服务业、电子商务、现代物流、国际贸易等领域的技术支持优势，积极参与京津冀一体化、长江经济带等区域建设，拓展标准化在地域、空间上的张力，有力支撑国家重要战略规划的实施。

五　清华房地产总裁商会

清华房地产总裁商会于2003年由全国工商联房地产商会和清华大学联合发起成立，其核心成员由清华大学房地产总裁班学员构成。商会拥有房地产开发、投资、运营等各类企业会员，包括国有企业、上市公司、集团控股企业约400多家。清华房地产总裁商会结合自身多年来的经验，通过对"一带一路"房地产市场的探索，开拓并推动国际房地产市场的发展。

（一）技术及管理优势助力中国房企开拓"一带一路"沿线国家房地产市场

"一带一路"的沿线国家和地区，多为发展中国家，房地产市场处于待开发的状态。而中国房地产市场无论是在土地开发还是建筑规划设计及技术、产品营销推广等方面都积累了十分成熟的经验，这些经验正是大多数"一带一路"沿线国家所欠缺和急需的。中国房企把在中国驾轻就熟的土地成片开发、住宅商业配套、封闭式小区、专业物业管理等经验输出去，相信会逐步打开"一带一路"沿线国家的房地产市场。

（二）"一带一路"房地产投资呈现多样化

"一带一路"房地产投资有其自身特色。"一带一路"相关产业的投资中，房地产并不是第一位，但是，好多项目却以房地产落地。比如，"一带一路"的基础设施、贸易港口等。"一带一路"沿线国家不同区域经济发展程度不一，房地产市场发展也各不相同，因此，房地产发展机会与房地产发展已经成熟的欧美等国家不同，呈现多个投资机会，包括与港口、轨道交通相关的地产行业，与贸易金融中心相关的地产投资机会大量呈现。

（三）多类型企业进军"一带一路"房地产市场

"一带一路"沿线国家从事房地产开发的中国企业并不只有房企，其他类型的企业，如中交、中铁、中航等基础设施、制造业、商业贸易等企业也已经涉足房地产开发。这类企业已在国外扎根多年，熟悉当地土地金融政策，已成为"一带一路"房地产开发企业的主力。随着越来越多的房地产企业进入"一带一路"沿线国家，未来3—5年将迎来"一带一路"房地产发展的重要窗口期。

目前，已经有很多的房企开始了在"一带一路"沿线国家的房地产开发布局。例如，碧桂园马来西亚森林城市项目是其海外布局的重要一环，计划未来20年总投入达2500亿元人民币，将发展旅游会展、教育培训、医疗保健、外企驻地、近岸金融、电商基地、新兴科技、绿色与智慧产业等八大支柱产业。以地产基建见长的中交建，利用自身建大工程的优势，在"一带一路"咽喉地带开发斯里兰卡科伦坡的港口城项目，项目体量巨大，仅住宅就有3万套。万科则在阿联酋马斯达尔城建立联合研发中心，覆盖未来创新可持续技术行业的新型集群式研发基地。还有万达在印度也开始布局。

◇◇ 第二节　能源

一　泰豪集团有限公司

泰豪集团有限公司是在江西省和清华大学"省校合作"推动下，在南昌国家高新开发区设立的高科技公司。公司以"技术＋品牌"的发展模式，致力于信息技术的研发和应用，连年进入中国电子信息百强企业和中国民营制造企业500强，业已形成以智慧能源、军工装备、数字创意、智慧城市、创业投资业务为主的发展格局，在南昌、北京、上海、深圳、济南、衡阳等地拥有 40 多家分、子公司，以及 10 多个高科技产业园区，产品与解决方案应用于全球 100 多个国家和地区。

公司的目标是成为"中国的泰豪，世界的泰豪"。为实现这一"泰豪梦"，2003 年泰豪成立了进出口公司，针对发展中国家的自有电力设备产品出口，国际业务快速成长。为积极响应"一带一路"倡议，持续开拓海外市场业务，逐步调整海外战略，泰豪主要以"投资 + 设备供应"或以"投资 + EPC"的方式参与国际电站的业务，希望通过以投资拉动国际电力行业总包业务，大力拓展海外市场，实现国际业务的跨越式发展。

随着一系列国际化战略的不断深化推进，为满足日益增长的海外业务需求，2017 年 3 月，泰豪国际正式成立。作为公司各项业务的海外发展平台，泰豪国际的业务范围涵盖海外电力工程承包（以水电、燃油燃气、光伏、其他分布式能源电站及配电系统为主）；电力成套设备供货；电力项目投资；园区能源规划及智能化管理；建筑物、机场的机电总包及智能化管理信息系统建立等。可提供包括咨询、设计、融资、建设、运营、维护一体化全价值链服务。公司还将在德国、美国分别设立全资子公司，引入全球高端电力运营人才进驻。泰豪立足于更高的起点，使国际化的资源在国内有可操作的落地空间，在多方共赢的同时，不断提升企业的品牌形象。

泰豪智慧能源产业以能源互联网技术的研究与应用为基础，围绕能源互联网、电力信息化、智能应急电源产品的研制与服务，已成为最大的国家电网和南方电网调度软件和生产实施管控软件的供应商，并积极围绕国家"一带一路"倡议，拓展国际电力工程总包业务。公司各地高科技产业园区主制造产品，如智能应急电源、燃气发电机组、高低压开关柜、拖车电源、智能配电设备、电力系统应用软件等各类电力产品，均可为"一带一路"倡议实施服务。

泰豪积极践行"军民融合"的国家战略，以军工信息技术的研究与应用为基础，从事通信指挥系统、光电探测、导航和雷达等产品的研制与服务，产品装备于各军兵种及公安武警系统，打造成为国内领先的创新型国防供应商。利用信息技术的优势改造传统产业，泰豪先后兼并了江西三波电机总厂、衡阳四机总厂等多个国有大中型企业，实现了军工产业规模发展，并进一步整合优势民营军工企业，如龙岩市海德馨汽车制造有限公司、西安泰豪红外科技有限公司、上海红生系统工程有限公司，扩大军工业务领域。泰豪转变战略思维组建军工集团，积极打造民营军工企业龙头，产品随主战装备出口到"一带一路"多个国家；与清华大学战略合作，设立清华大学—泰豪装备联合研究院，从事国防急需的预研科研项目研发，重点开展高能武器系统、新材料新能源技术、智能化无人化装备、网络信息安全等项目，并联合培养军工管理、科技人才，促进国防建设的长远发展。

泰豪数字创意产业基于移动终端客户的需求，重点从事以动画、漫画、游戏、音乐为主的数字内容产品创作和推广，以及 VR（虚拟现实）、AI（人工智能）技术开发与应用，着力推动"三个学院'三个园区'两个中心"建设，即推动杭州文创中心、成都游戏中心，南昌/贵安/哈尔滨三大园区，泰豪动漫学院、贵州大学明德学院、南昌科技师范大学软件动漫学院三个学院的建设。泰豪与清华长三角研究院合作，发展游戏、动漫、音乐等文化创意内容产业。未来产业园是数字创意产业的集聚地，三个学院则承载着推动应用型人才培养转型的国家使命和为泰豪文创产业培养急需人才的企业使命。此外，泰豪数字创意产业加强与"一带一路"沿线国家合作，承担了 2017 塞拉利昂智库学者研修班和东南亚地区共建"一带一路"治理能力研修班实践活动，未来将进一步推动长期友好的跨国合作与文化交流。

基于多年的智能化、信息化及系统集成等方面丰富的行业经验和应用研究成果，泰豪通过与国家信息中心、清华大学、中科院等科研院校的深度研发合作以及与微软、腾讯、华为等国内外知名企业的长期战略合作，致力于智慧城市的顶层设计、投资建设和运营服务，并提供智慧能源、智慧园区、智慧建筑、智慧机场、智慧水务等应用领域的整体解决方案。泰豪在首都城市副中心、湖南湘潭、河北石家庄、山东莱芜、江西新余等地的智慧城市，江西南昌的智慧水务，阿里巴巴集团淘宝城的智慧园区，北京大兴管委会智慧建筑一体化系统，赞比亚、尼日利亚智慧机场等众多智慧产业工程成绩显著。

泰豪具备对外承包工程的各类专业资质，计算机信息系统集成企业资质一级，信息系统集成及服务资质一级，涉及国家秘密的计算机信息系统集成甲级资质，建筑智能化系统设计专项甲级，建筑机电安装工程专业承包一级，工程设计资质专业乙级（新能源发电、送电、变电工程）等众多国内外优质资质。

在能源领域，泰豪可承接单个电站建设，全流域开发以及电站扩容工程，服务内容包括初步设计、机电供货、电站总包、运营维护，迄今在越南、巴基斯坦、塔吉克斯坦等国家已经成功运作60多座中小型水电站的机电总包以及 EPC 工程；在孟加拉、菲律宾、印尼已经承建和在建重油电站6座，总装机量超过300兆瓦；在南非、古巴、委内瑞拉等国家已承建多个柴油集装箱式电站的机电总包业务，集装箱数量超过100台。泰豪太阳能光伏经过上百个项目的积累，拥有多个专项资质，可提供从项目论证到项目运行的全套解决方案。在输变电工程领域，泰豪是国家电力行业专业乙级设计单位，已承接中俄220千伏石油管线兴安变电站新建工程等国内外220千伏以下电压等级输变电工程、新能源发电工程总承包业务。

泰豪不断优化产业发展，积极响应国家"一带一路"愿景与行动号召，创新发展模式，参与瓜达尔港及巴基斯坦其他区域电力项目建设，印尼龙岛电站项目获专题报道，成为江西企业在支援"一带一路"沿线国家建设中的样板。此外，泰豪还积极参与系列国际研讨会、蓝迪智库"一带一路"专题论坛等活动，与多方共同致力于国际工程建设。泰豪将充分利用业已形成的产业及行业优势，积极开发海外市场，以投资带动工程承包的项目机会，为使泰豪成为全球知名品牌而努力。

二 振发控股集团有限公司

世界经济的每一次重大转型，都与能源的变革息息相关。进入 21 世纪以来，新一轮的能源革命随着以太阳能和风电为主的技术日益成熟而突飞猛进。振发控股集团创建于 2004 年，恰逢其时，赶上了中国政府 2005 年出台《可再生能源法》的东风，致力于大规模光伏电站开发、投资建设和运营的集成主营业务得到了快速发展，截止到 2016 年，完成累计光伏电站装机 4000 兆瓦，集团自持有电站 2000 兆瓦。2014 年进入全国电站开发商前五名的行列，在民营企业中名列前茅。振发控股集团是江苏无锡起家的民营光伏企业，从名不见经传到如今的业内领军者，12 年来一直在蜕变，唯一没变的是，始终怀揣着一个伟大的梦想：融合文化、发展经济、创新能源，最终实现能源无国界。

我国政府积极推进的"一带一路"倡议，产能合作是中外合作的主要抓手。新能源应用"走出去"，不单是为中国的产能释放提供了广阔市场，也是向世界各国，特别是发展中国家的跨越式发展和可持续发展提供了中国最新技术、产品和经验，更是展示了新时代我国参与国际合作和全球治理，推动构建人类命运共同体，推动经济全球化朝着更加开放、包容、普惠、平衡、共赢的方向发展的理念。

总结国内发展成功经验，分析海外各国、各地区的政策和市场，制定可行性中长期战略和近期目标，是我们"走出去"的必修课。作为中国光伏应用产业发展的楷模，振发集团正是在改革、开放和创新中实现了产业的高速发展。

第一，企业战略与国家需求同步。2007年提出沿海发展战略，利用东部百万亩滩涂水面，在东部沿海建1000里绿色能源走廊。2013年，借着开发大西北的东风，又开始利用中部山地丘陵、西部沙漠戈壁，从江苏起步，沿宁夏、甘肃、新疆古丝绸之路打造"绿色电力丝绸之路"。与中央和地方政府倡导的生态绿色发展理念不谋而合，得到了发展机会和空间。

第二，政府引导、政策支持。振发集团2011年投资建成的第一个盐碱滩涂20兆瓦光伏电站，就是在地方政府为解决中国东部沿海地区土地稀缺的问题，大力支持新型工程技术探索的成功案例；这也激励我们后续在鱼塘与光伏互补电站、农业种植与光伏电站结合等工程技术方面率先积极探索开发；在各级政府支持下，宁夏闽宁镇探索建设的光伏扶贫小镇和光伏供电小学试验示范项目，为中国式的精准扶贫与产业发展结合找出一条新路，也得到了中央政府的认可。

第三，鼓励技术创新。中国光伏装备制造业从以产品出口为主，发展到国内外市场平分秋色，技术创新与大规模生产、应用的市场拉动相互促进。光伏装机成本在技术进步、规模化生产应用的推动下，8年时间下降了80%。振发集团通过10年探索研发的向日葵原理的自跟踪光伏发电模块具有全部自主知识产权，300兆瓦的单体规模化应用于中国西北戈壁的电站建设，不仅至今在规模上仍领军于全球自跟踪系统应用电站，并以25%以上超发电量为投资者带来丰厚的回报。公司已将模块能源产品应用到"光伏＋扶贫""光伏＋生态治理""光伏＋农业""光伏＋旅游"等跨界发展领域。

第四，国际合作。共同应对全球气候变化是各国的共识，中国从早期引进技术到现今结合自主研发、国内外研究机构的合作、企业间的交融兼并，极大地促进了中国光伏技术跻身世界领先行列，光伏电池从单晶、多晶向更低成本的化学薄膜电池发展，安装方式由固定式向跟踪移动式的提升，国际先进和适用技术的研发推广合作功不可没。

我们坚信光伏发电是未来能源的主要来源之一，阳光普照世界大地，光伏发电的发展模式将引发传统电力传输方式的革命，即由集中电源供应商通过电网向终端用户供电单一模式，转变为由多电源发电供应，自发自用余电上网，互联网大数据均衡调控，最终实现能源全球互联网。解决全球光伏发电发展瓶颈问题的最终方案是平价上网，在未来装备和工程技术的升级进步的推动下，目标实现指日可待。

海外市场特别是"一带一路"沿线国家是中国产能转移的最佳合作领域之一，我国的成熟光伏技术、产能和雄厚的资金支持，与光照资源丰富、能源供应短缺、经济亟待发展的发展中国家的有机对接，完全遵从我国的创新、协调、绿色、开放、共享的新发展理念，并将为我国光伏产业的发展突破瓶颈，开辟出广阔的提升空间。

振发集团自 2007 年就开始了海外市场探索，并在国家发改委、商务部、外交部、国家开发银行、国家进出口银行、中信保、中国能源学会、蓝迪国际智库、中国海外投资协会、中国民营经济商会等机构智库的合作支持下，在综合研究国别光照资源、能源需求、发展规划和产业政策等投资要素基础上，经过多年的摸索，已在东南亚、北美、欧洲、中东、非洲、大洋洲等地区的巴基斯坦、土耳其、澳大利亚、美国、泰国、印尼、柬埔寨、尼泊尔、津巴布韦、坦桑尼亚、加纳、尼日利亚、南非、博茨瓦纳等国开展了重点开发，除常规大型地面电站和中小型分布式电站外，还设计出光伏供水系统、光伏灌溉系统等针对当地情况的专用集成系统，储备了近 2 吉瓦的光伏开发市场资源。振发集团还以技术培训转移为桥梁，联合中国科学院、北京理工大学、上海电力大学、南京师范学院、泰国 MSU 大学等大专院校，为发展中国家的相关政府部门管理和工程技术人员提供了技术培训，为海外市场的宣传开拓和人才储备打下了基础。

紧跟正大生万物，不离光明而始终，以太阳能为主体的新型能源供应体系也必将给全世界带来和平、文明、绿色、持久的发展动力。振发集团愿为光明的事业尽绵薄之力，分享经验，共同发展。

三 远景能源（江苏）有限公司

"一带一路"作为中国政府提出，并得到沿线国家充分认同的新的全球化倡议，已有 100 多个国家和国际组织参与其中，中国同 30 多个沿线国家签署了共建"一带一路"合作协议，同 20 多个国家开展国际产能合作。

远景能源作为一家致力于解决人类可持续发展所面临挑战的公司，一直在推动前沿的新能源技术在海外的应用。"一带一路"沿线国家由于经济高速发展所带来的用电量需求快速增长，很多国家都存在着不同程度的现有发电设备装机容量与峰值用电需求不匹配问题。考虑新能源发电尤其是风力发电成本随着技术发展而不断降低，已经逐步接近火电等传统化石能源发电成本，同时考虑节能减排等环境保护需求，各国在国家电力发展规划中均对风力发电等新能源发展给出了非常积极的建设计划和优惠政策支持。例如，泰国国家电力发展规划中计划 2022 年风力发电装机容量达到 1.8 吉瓦，越南计划 2020 年和 2030 年风电装机容量达到 1 吉瓦和 6.2 吉瓦，巴基斯坦计划 2030 年新能源装机容量 2.9 吉瓦。

远景能源针对"一带一路"沿线国家市场开拓，主要依托两种模式。一种是通过与电力相关央企的战略合作伙伴关系，作为其风力发电解决方案和设备提供商，协助其完成海外风力发电的投资或项目总包工作。另一种是远景能源直接对沿线国家的风力发电项目进行投资，或者作为对应项目的解决方案和设备提供商为本地业主提供支持。针对相应业务模式，远景能源的国际业务分别组建了"一带一路"央企市场团队、欧洲市场团队、南美市场团队、印度市场团队、澳洲市场团队、西亚和非洲市场团队、东南亚和南亚市场团队，从而更好地为央企和本地业主提供业务支持。

远景能源计划 2020 年年底实现海外市场收入占比 50% 的远期目标，实现海外市场销售 610 兆瓦，截至 2016 年第三季度已经超额完成对应目标。远景能源 2014 年完成第一单智利项目的签订和供货，又接连完成丹麦项目、黑山项目、墨西哥项目、法国项目和阿根廷项目的连续中标和发货，目前正在跟踪运作的储备项目规模接近 5 吉瓦。

远景能源在"一带一路"等国际业务的拓展过程中，已经完成了以下内外部工作。

以外籍和中方高端人才引进和内部人员培养的方式，完成了国际市场高端人才、中层骨干和新入职种子人才梯队的建设。从行政和业务两个维度，建立了客户经理团队、解决方案团队、交付团队、财务和融资团队等不同职能对应的完善的横向行政组织架构，建立了央企市场团队、欧洲市场团队、南美市场团队、印度市场团队、澳洲市场团队、西亚和非洲市场团队、东南亚和南亚市场团队等以客户为导向的纵向业务组织架构，从而实现兼顾内部管理和外部客户的矩阵式管理架构。通过建立以"铁三角"为主导的项目运作方式，实现市场团队不同职能成员的无缝联合运作，并对"铁三角"进行充分授权，实现项目团队成员责权利的平衡。

以 LTC 端到端项目管理为基础，完成了项目机会挖掘—项目立项和标前引导—项目投标—合同谈判与签订—项目售前售后交接—项目交付及收款—项目维护及后评估优化等各个项目阶段的流程制度建设，从而对项目全过程中的各个细节进行规范化管理。

通过各个职能团队的不断完善，建立了对于投资项目、融资项目、EPC项目、纯设备供货项目等不同类型项目的，针对当地政府高层、政府业务审批人员、业主高层、业主技术人员、本地合作伙伴等不同客户对象的，满足不同项目类型在项目开发、风资源获取、项目尽调、项目标前引导、项目投标、项目交付等不同项目阶段的，市场、解决方案、交付和财务融资等各专业文档库建设。

通过各个市场团队的不断开发，完成了各市场主要目标国家的市场机会和客户对象扫描，初步建立了完善的项目储备信息库和客户关系信息库，并针对各个项目机会和客户对象建立了明确的里程碑计划，并持续不断地进行跟踪推动和项目管理。

四 江西江联国际工程有限公司

江西江联国际工程有限公司是一个成功进行改制后的混合制创新企业，近年来与国家对外开放战略同步发展，已在伊朗、埃塞俄比亚等国取得重大进展。

根据市场数据分析，在项目国别市场选择上，其主攻市场集中于承包金额前20名国家，辐射承包金额前60名国家。目前公司在南亚和亚太及非洲市场已有一定的积淀，公司下一步的市场开发重点是做实南亚和亚太及非洲市场，紧抓政策走势，积极开发其他承包金额前20名国家。同时通过主要市场辐射承包金额前60名国家市场。

在项目开发模式上，中心思路是生效一批合同保生存，储备一批融资项目保发展。2016年市场开发的基本策略是在成熟市场上主要集中于中小现付项目，保证公司的正常营运。在"一带一路"和非洲区域，主要集中于大型融资项目，保证公司的跨越式发展。在东南亚印度市场。将集中于私人投资中小型现汇及部分投融资项目；非洲、南亚、中亚等新兴国家主要以主权担保项目为主，将主要集中于政府融资项目。

在东南亚印度等成熟私人企业市场上，将以公司自有优势产品为基础，通过融资杠杆推动工程总承包业务，走以产品促进市场开发的路子。目前煤电行业已形成低端恶性竞争的态势，公司将遵循总公司差异化的路线，从垃圾发电、高炉煤气发电、劣质煤和生物质发电项目上力争突破。同时在不同国家主推侧重点不同，如印度以垃圾发电为主导，印尼以劣质煤和生物质发电项目为主导。在非洲、南亚、中亚等新兴国家主权担保项目上，我们将以项目融资方案为基础，通过整合行业产品推动工程总承包业务，以市场开发整合行业产品。

目前常规市场渠道合作模式主要是独家合作和单个项目合作模式两种。采用单个项目合作模式，在运作中有优势也有劣势。现在亟须寻找新的合作模式。尝试在单个项目合作模式基础上，借鉴江联股份的经验，划出部分专业市场领域进行独家开发，这样有望建立稳固的合作和稳定的市场。在适合的时候将在垃圾发电领域、制糖和压力容器领域进行分步试点，同时借鉴股份公司的专业市场开发领域组建相应的销售技术班子。目前各公司大多采用通用的代理佣金制度，由于经济环境恶化，项目开发成功率低，开发成本高，从而导致代理方获利不多，积极性不高，渠道萎缩。尝试打破常规，改代理模式为合作模式，使得代理商能够与公司共同发展，这将大大提高代理商的积极性。

针对目前的经济环境，整个市场仍处于低迷时期，融资成本大幅攀升，大项目的国内融资在短时间内难以改观，市场将转向卖方融资项目（2000 万美元以上）和小型项目为主。投融资项目将慢慢成为市场的主流，这就要求公司顺应大流，把公司业务重心慢慢从现金项目转到投融资项目上来。目前经济环境下，资金问题是困扰项目启动的主要问题，如融资难、融资成本高等，因此有待在常规 LC 付款模式的基础上，采取一些新模式，争取早启动项目。

根据产业发展规律，在传统工程领域，随着技术进步和普及，一般沿欧美发达国家—日本、中国台湾企业—中国等发展中国家—更落后国家转移，利润率也是随着产业转移逐步下降。目前公司业务主要集中在燃煤火力发电领域，从目前的市场情况来看，该行业竞争越来越大，几乎进入恶性竞争，企业市场生命周期将缩短。长此以往，将重走当年欧洲公司—日本公司—中国台湾公司—中国进出口公司—中国工厂的轮回老路，最终被后继者取代。首先，必须改变中国产品的低端印象，进行质量升级计划。把公司质量目标定位在中高端产品（特别是公司锅炉产品质量），价格保持在中端。其次，需探索目前仍处于项目发展周期的前期的市场领域，提前进入，以迎来新发展机遇。重点将尝试进入糖厂总包领域（欧洲、日本、泰国），垃圾发电总包领域（日本、韩国），水泥总包领域（欧洲三大水泥公司）。同时尝试以工促贸，由以工程为主转向建设与投资结合，发展投资领域。

目前公司售后人员不足，长期如此将会影响到公司品牌建设。采用售后外包模式，支持合适的安装公司或当地合作伙伴积极开发公司项目的售后服务，实现公司与售后单位双赢（公司解决售后，同时可以卖配件；安装公司取得市场盈利）。

五　晶科能源控股有限公司

从全球销售，到全球制造，再到全球投资，是晶科实施"走出去"的战略部署。为了更贴近客户，以及积极响应中国政府提出的"一带一路"的倡议，晶科在 2012 年、2013 年分别在南非（120 兆瓦）、葡萄牙（50 兆瓦）两地开建了电池组件工厂，投资总额超过了 2000 万美元。葡萄牙和南非工厂于2014年5月和6月先后进行投产，投产当年完成组件产量17.2兆瓦和36.8兆瓦，产值超过1100万美元和2400万美元，雇用员工400余名。2015年5月26日，投资1亿美元的晶科能源马来西亚槟城厂举行奠基仪式，意味着中国已经成功跨进了芯片制造这一高科技领域。它是晶科在海外的第三座工厂，也是其在中国以外地区的第一个电池厂。工厂设计产能950兆瓦，其中500兆瓦为电池、450兆瓦为光伏组件，计划在启动生产后两个月内实现满产。晶科马来西亚工厂将进一步完善晶科在全球的电池和组件生产网络。

晶科海外工厂，除了投入最先进的生产设备，引进先进生产工艺和技术外，十分注重员工本土化及当地人才培养。以南非晶科能源有限公司为例，南非晶科是中国在非洲投资成立的首家光伏企业，也是中国在南非最具代表性的企业之一。工厂于2013年成立，2014年6月正式建成投产，总投资约800万美元，占地约100亩，年产光伏组件120兆瓦，年产值达8000万美元，目前员工人数约270人，其中，仅10名管理人员为中国人，其余均为南非本地人，本土化程度达95%以上。本土管理人员及员工对工厂的生产运转情况均十分了解，并且十分认同晶科价值观。在国内外员工的共同努力下，南非工厂2016年产量达到143兆瓦，比计划产能提高19%；成品率达到业界一流水准，组件销量在保持南非市场占有率第一的同时，远销美国、欧洲和非洲其他区域。晶科南非工厂为当地的就业、人才培养、治安稳定均做出了很大的贡献。

全球销售向全球制造成功转型的同时，晶科开始布局全球投资。作为晶科能源的兄弟公司，晶科电力有限公司是专业从事光伏电站开发、建设、运维、投资管理、电力生产和销售等主要业务的全球性投资企业。公司目前正处于强势增长期，已持有的光伏电站规模达1.52吉瓦，在建及筹建项目近3吉瓦。为中国、中东、非洲、东南亚、美洲及其他地区的地面电站，商业以及民用客户提供光伏电站投资、系统解决方案和技术服务。依托股东优势，加之本身的专业技能，晶科电力在全球市场飞速发展。晶科电力立足于快速增长的本土市场，通过具有 EPC 和运维资质的海外项目团队，积极在光伏政策有吸引力的国家，如墨西哥、阿根廷、约旦、泰国等地进行海外电站开发。

目前，晶科已中标海外项目 3 个共 250 兆瓦项目。进行及洽谈过程中的项目，覆盖了中东、非洲、东南亚及美洲，其中，中东及非洲等地为项目集中区域，占比接近 70%。以肯尼亚的 50 兆瓦项目为例，已经签订了总包协议，该项目将由江西国际主导，由晶科提供设备及技术支持，后期将由晶科一并代维。海外电站的项目开发、建设及运维将成为晶科能源未来发展的重要一环。这体现了中国企业的实力、全球观的高度和社会责任感。

◇◇第三节　新技术和新材料

一　至玥腾风科技投资集团有限公司

至玥腾风科技投资集团有限公司（简称腾风集团）是在国家创新与发展战略研究会的指导下成立的一家专注于综合性高新技术研发与产业化的国际化集团公司，在通用动力、新能源汽车、航空航天、工业工程、特种材料、可再生能源、机电工程、虚拟仿真等领域拥有高素质的研发团队，形成了一批实用的、可产业化的科技研发成果。公司着力打造新能源汽车、特种材料、清洁能源、航天军工等四大核心业务板块，同时构建了金融、投资等辅助业务板块。腾风集团的品牌定义是："以开放性利益格局，打造全球顶级科研开发解决方案与工业产品后市场化运行的智慧型品牌。"

近年来，在中国航空发动机集团、中国航天科工集团下属相关单位的支持下，腾风集团及其全资子品牌泰克鲁斯·腾风成功研制了航空动力增程式电动汽车，为推动中国汽车产业转型升级，突破西方技术壁垒，打造一个符合大国形象的中国汽车业高端制造、顶级品牌，顺应"三个转变"战略的高端工业梦，做出了卓有成效的努力和贡献。这是世界范围内首次成功实现的航空发动机与电动汽车的结合，是区别于传统活塞发动机、纯电动汽车的一次全新的动力革命，也是汽车领域的突破性创新，具有颠覆性创新的价值和意义，有望洗牌全球汽车工业格局，被西方汽车业界称为未来汽车动力系统"游戏规则改变者"。

为顺利推进项目联合攻关，腾风集团自 2014 年 5 月开始与中国航天科工集团第三研究院 31 所技术人员携手合作，改造升级"微燃电站"项目的技术指标与研发目标，以充当电动车增程器。双方经历数轮技术研讨、合作研发、委托加工改型等工作，共同对原始型号的发动机与其子系统进行了各项小型化、轻量化、适应性改造与再开发工作。同时于 2017 年 5 月起，腾风集团已与 31 所完成量产计划及后续安排，达到了技术、工程化、量产化、知识产权、商业化运行方式与分工完全清晰的工作状态。2016 年下半年，腾风集团与中国航空发动机集团所属中国航空动力机械研究 608 所开始联合研发 80 千瓦发动机及配套高速电机的工作，目的是研制一款军民共用高效率发动机，既可在高性能或高自重型增程式电动车上使用，又可在直升机上使用。

腾风集团积极响应国家"一带一路"倡议，与"一带一路"沿线国家及地区积极寻求合作机会。同时集团通过自身强大的科研开发能力及国际化管理方式，积极推进军民融合产业发展，在新能源动力、航空航天、清洁能源等多重领域，与国家级高科技研究院深度合作，坐拥核心技术知识产权，共享科研成果，打造全球顶级科研开发解决方案与工业产品后市场化运行的智慧型品牌。

二 启迪控股股份有限公司

启迪控股的国际科技服务合作是通过建立科技园，组织科技服务平台，实行投资并购，推动科技产业的国际合作实现的。

一是以"基地＋平台＋服务"模式构建国际科技服务网络。启迪控股积极响应国家"一带一路"愿景与行动号召，创新发展模式，以"基地＋平台＋服务"模式，将20余年的科技园发展运营的成熟经验，成功运用到俄罗斯、埃及、巴基斯坦、马来西亚、泰国等多个国家的科技园规划建设与运营管理、科技产业发展、科技服务平台搭建等创新创业相关领域，成为中国科技服务输出的先锋企业和旗帜企业。截止到2015年底，启迪以孵化器、科技园、科技城等业态在中国和全球布局了134个科技创新基地，已在"一带一路"沿线和APEC的多个国家实现布局，在美国、韩国、俄罗斯、中国香港等国家和地区建立了国际化的孵化网络基地群。

二是围绕科技创新载体建设提供规划咨询、运营管理等全方位服务。依托启迪在科技园、科技城规划设计、建设及运营管理方面积累的21年经验，为"一带一路"沿线国家提供从规划设计、产业定位、运营管理到融资招商的全产业链服务。比如，启迪承担马来西亚宏愿谷科技园（MVV SP）的战略规划任务，重点围绕马来西亚宏愿谷如何对接中国"一带一路"倡议，如何确定宏愿谷科技园总体目标、产业发展定位，如何搭建创新体系等事关科技园运营发展的关键问题展开咨询服务。再比如，启迪控股受埃及BUE大学委托，通过承担《BUE大学科技园建设可行性研究》课题，为该科技园的规划、建设与管理提供全面的咨询与顾问服务，提升BUE科技园在促进埃及经济发展与创新创业上的引领示范效应。

三是以投资并购、产品和技术合作等方式推动科技产业国际合作。启迪的战略构想是完成百亿级的跨国并购，比如同像霍尼韦尔（世界500强）这种代表新经济的企业积极洽谈，拟在城市及产业数字化升级、节能环保、技术孵化加速等领域开展合作，为启迪跻身世界级的企业打下坚实基础。产品和技术合作方面，启迪旗下启迪桑德、清华阳光、亚都环保等一批科技实业公司随着孵化器、科技园等创新基地"国际化"加速推进，积极实施"走出去"战略，与"一带一路"沿线国家和地区积极洽谈，在垃圾和水处理、太阳能发电、空气净化器等领域应用其产品和技术，提高科技载体整体的科技含量和经济效益。

经过多年的探索与总结，启迪控股在推进"一带一路"科技服务合作的主要做法如下。

一是针对"一带一路"沿线国家和地区的差异与特色，探索制定一系列科技服务合作风险防范措施。依托既有的国际科技服务网络以及长期积累的国际合作经验，启迪控股通过对"一带一路"沿线相关国家进行走访考察与交流洽谈，充分掌握了合作国家和地区的政治、经济、文化、科技、民生等基本情况，并基于对这些国家和地区的深入研究，从政治、经济、文化、管理等多个维度系统总结出风险识别与防范措施。与此同时，还按照经济发展水平、文化差异等对这些国家和地区进行归类，形成了一系列针对不同类别国家和地区的、较为完善的科技服务合作风险防范策略，充分保障了启迪控股在"一带一路"国际合作中的风险预警与监控。

二是为合作机构提供精准服务，并"以点带面"延伸拓展合作广度与深度。前期启迪控股通过为"一带一路"地区合作机构提供孵化器、科技园、科技城建设和运营管理方面的咨询服务和顾问服务，获得了合作地区高层政府、科研机构、大学、企业等各界的高度认可，为后期进一步深化合作奠定了坚实的基础。例如，2015 年启迪控股所管理的研究机构——清华大学启迪创新研究院受埃及 BUE 大学委托，为 BUE 大学提供涵盖科技园区规划、建设、运营管理等的全方位咨询服务。为全面掌握 BUE 大学建设科技园的基础与潜力，清华大学启迪创新研究院先后对埃及的通信部、投资部、高教科研部、开罗大学、BUE 大学、智慧村（Smart Village）科技园、希腊校园（Greek Campus）孵化器、3 家大型工业园、多家知名科技企业等进行了实地走访调研，获得了丰富的信息，所形成的研究成果也深得当地各界机构的高度肯定与赞赏，随后 BUE 大学与启迪控股签订了科技园运营管理合作协议。通过此次走访调研与洽谈，埃及政府高层也对启迪控股有了更加深入的了解，达成了更多的合作共识。例如，通信部与启迪控股签订了关于全面推进埃及国家科技园建设的战略合作协议。

三是注重物理空间与虚拟空间结合，营造良好的创新生态环境。随着信息技术发展，以平台为代表的"虚拟空间"逐步独立于传统的物理空间而快速发展起来。但事实上，绝大多数科技产业的发展仍然对物理空间有所依赖，只有将物理与虚拟双重空间紧密结合，才能真正构建起适宜产业发展的生态系统。结合启迪控股的经验来讲，物理空间方面，其建设通常是结合地区发展实际，因地制宜，推行国际领先的科技在建筑、设施、开放空间等的运用，提升物理空间的科技水准。同时，立足大区域发展情况，合理确定各种功能用地配比，提升物理空间的服务水平。虚拟空间方面，依托大数据、物联网、云计算等信息技术手段，构建区域管理信息系统，提升管理水平。同时，整合利用合作地区和国家乃至全球范围内的科研院所、生产机构、金融机构、行业协会，以及知名高校、关联科技企业等资源，搭建跨组织、跨行业、跨区域的科技合作服务平台，为区域发展提供各类解决方案。

三　中电科技国际贸易有限公司

"一带一路"沿线国家发展差距显著，经济、文化水平各具特色，既有基础设施发展水平较高、经济发展良好、投资环境整体非常成熟的国家；也有自然资源丰富但基础设施条件薄弱的国家；还有一些国家刚刚经历战争的洗礼，处于百废待兴的阶段。根据电科国际多年在一线市场打拼的经验，我们总结出走出国门、开拓海外市场最易遇到的风险和问题，并提出解决方案。

（一）政治风险

在实际业务中，电科国际曾遇到对象国政府更替、经济政策不连贯导致项目进展不顺等问题。如果发生种族冲突、内乱，会对项目人员安全造成极大的威胁，使工程项目面临中止、延期甚至终止的局面，从而造成增加成本、利润损失等。

应对措施：我们选择风险较低、政府信誉较好的贸易伙伴开展国际贸易；尽量选择与中国签订了双边或多边贸易协定或者投资保护协定的国家开展国际贸易。当在一些相对不稳定的国家开展业务时，可以购买保险转移政治风险，并要求贸易伙伴提供信誉度较高的银行或金融机构提供担保。

（二）社会文化、环境风险

"一带一路"沿线国家众多，宗教信仰和民族风俗差异较大。某些国家治安环境较差、医疗卫生水平较低，还可能有严重的环境污染。这些因素都会影响国际贸易业务的开展。

电科国际的海外合作伙伴中包括一些伊斯兰国家，在这些国家开展业务前，我们会对业务人员进行全面的培训，业务人员在目标市场国家尊重当地习俗非常重要。我们在进入新市场前，借助驻外使领馆，了解目标市场国家宗教信仰、民族习惯、社会治安总体状况、医疗卫生水平、生活环境等信息，以便更好地在目标国家开展业务。

（三）法律风险

法律风险包括法律环境风险、法律审核风险、法律纠纷风险等。"一带一路"沿线国家采用的法律体系与我国并不完全相同，如果对目标国家法律法规不熟悉、合同法律审核不严谨，容易产生纠纷，甚至导致损失。

电科国际在开展业务前，尽可能全面了解目标国家的法律法规，对于合同中模糊的条款切勿想当然。电科国际针对国际业务有一套专业的合同管理流程，加强对合同、制度等文本的法律审核，确保合规、合法、权利义务清晰。在合同谈判前做好当地法律环境的调研，利用谈判法律专家对东道国法律稳定性进行预测。

（四）汇率风险

汇率由外汇市场的供求情况而决定，汇率风险包括：以外币计价成交的交易因汇率波动而引起收益或亏损的风险，以及由于意料不到的汇率变动，引起企业在未来一定时间内收益发生变化的一种潜在性风险。"一带一路"沿线的某些欠发达国家缺乏稳定的金融体系，货币价值易受国际市场影响而波动，因此存在较高的汇率风险。

电科国际在实际业务操作过程中选择美元等相对稳定的货币以减少汇率风险。同时，大力倡导签订人民币合同。在利率不稳定时期，可以开展套期保值业务，或提前、推迟收汇。

（五）市场开发风险

"一带一路"沿线的某些国家市场信息不完善，透明度较差，容易因为信息不对称导致目标市场选择错误、高风险低效率的盲目开拓等问题，使企业无法实现拓展海外市场的目标。

电科国际十分重视市场开发前的调研工作。在海外投资或项目执行前，对市场环境进行充分调研，同时通过中国驻外使领馆了解市场环境。电科国际建立同商务部等机关的长期联系，研究市场宏观信息，包括市场动态、行业技术发展动态、国家与地方政策变化等，收集市场信息并定期在公司发布，以便公司内部信息共享。

四　卓达房地产集团有限公司

"一带一路"倡议的成功实施，需要中国企业"走出去"全面参与国际竞争，增强中国制造影响力；"一带一路"倡议的成功实施，也为中国企业"走出去"奠定了坚实基础，为企业发展提供了千载难逢的发展机遇。

"一带一路"倡议，从国内看，它涵盖了16个省份；从国际看，它贯穿亚欧非大陆，一头是活跃的东亚经济圈，一头是发达的欧洲经济圈，中间广大腹地国家经济发展潜力巨大。

卓达集团作为装配式建筑领域的领军企业，在发展新型建材和装配式建筑领域取得了丰硕成果，将积极响应国家"一带一路"倡议，充分发挥产品和技术优势，与沿线国家展开技术合作，增强中国制造核心竞争力。

（一）发挥产业优势，以全区域大开发模式布局全国

在国内，卓达集团深度挖掘"一带一路"省份比较优势，就发展装配式建筑、现代农业等构建全方位、多层次、复合型的密切合作关系，在东中西部建立众多装配式建筑生产基地和产业新城，推动地方经济提质增效转型升级。

西北地区。发挥毗邻中亚的独特区位优势和向西开放重要窗口作用，在陕西渭南、甘肃张掖等地建设生态产业新城，重点发展新型建材、装配式建筑及现代富硒农业，主动承接西部省份和"丝绸之路经济带"中

亚、西亚沿线国家对绿色建材、绿色装配式建筑的旺盛需求。

西南地区。发挥与东盟国家陆海相邻的独特优势，在四川广安、遂宁等地建设绿色装配式建筑、健康养老、现代农业产业基地，打造面向西南、中南地区和南亚、东南亚的辐射中心。

沿海地区。利用长三角、珠三角、海峡西岸、环渤海等经济区开放程度高、经济实力强、辐射带动作用大的优势，在福建漳州、宁德，海南屯昌、三亚等地建设装配式建筑产业园，大力发展富硒农业、健康养老示范区等重点产业，成为"21世纪海上丝绸之路"建设的排头兵和主力军。

（二）坚定"走出去"，构建绿色装配式建筑全球发展战略

卓达集团主动"走出去"，加强与"一带一路"沿线国家合作，实现卓达绿色装配式建筑全球发展战略。根据整体战略，卓达集团把马来西亚作为"21世纪海上丝绸之路"的中心，以此辐射东南亚市场；"丝绸之路经济带"将以伊朗为中心，辐射中东12个国家。

海上"一带一路"沿线国家，以马来西亚为中心，充分利用当地棕榈树资源，作为卓达新型建材的原材料之一，在马中产业园区建设卓达新材科技产业园，不仅可以在马来西亚大面积推广应用，还将辐射新加坡、泰国、印尼、菲律宾和澳大利亚市场。

"丝绸之路经济带"以伊朗为中心，以承建伊朗600万套政府保障房项目为切入点，在伊朗南部阿巴斯港和伊朗北部里海港建设大型新材产业园区，可以辐射沙特阿拉伯、卡塔尔、阿拉伯联合酋长国、阿曼等国家。北部里海港可以辐射中亚五国、俄罗斯部分联邦国。

目前，卓达集团与伊朗驻华大使馆签署合作备忘录，参与伊朗政府600万套政府保障房项目，并在伊朗北部免税区建设3000万建筑平方米卓达新材产业园，在南部阿巴斯港建设2000万建筑平方米钢竹结构装配式建筑产业园。同时，卓达将向伊朗输出卓达富硒农业技术，改造提升伊朗农业产业。

卓达集团与俄罗斯鞑靼斯坦共和国达成合作意向，卓达集团采用装配式建筑技术在鞑靼斯坦共和国境内承建五星级酒店和大型生产工厂。同时，卓达集团与塔吉克斯坦、乌兹别克斯坦龙头建筑企业展开交流，共同推动卓达绿色装配式建筑布局中亚地区。

除此之外，卓达集团还将重点布局建设以北美和澳洲为核心的发达国家市场。通过在加拿大阿尔伯塔省建设以新材和木钢厂为主的综合性产业园区，辐射整个美洲市场。

（三）整合智力资源，开展前瞻性技术研究

在与"一带一路"沿线国家加强产业合作的同时，卓达集团进一步整合智力资源，共同开展装配式建筑技术研发。

2016年7月，卓达集团与世界被动式建筑研究的权威机构德国能源署展开合作，共同研发节能95%的超低能耗被动式装配式建筑；9月，卓达集团与3D打印技术创始人美国加州大学贝洛克教授展开技术合作，展开3D打印技术前瞻性、探索性研究。

五　广联达科技股份有限公司

初步估算，"一带一路"沿线总人口约44亿，经济总量约21万亿美元，分别占全球的63%和29%。从路线来看，陆上丝绸之路分别为中巴、孟中印缅、新亚欧大陆桥以及中蒙俄等陆上经济走廊；海上丝绸之路则是沿海重点港口城市。这为中国建造发展及企业"走出去"提供了难得的发展机遇。广联达作为中国建筑领域信息化和现代化的中坚力量，在产品输出、平台建设和项目合作方面取得了较大进展。

（一）产品输出

目前广联达已经在"一带一路"的有关国家和地区，如中国香港、东南亚等国家和地区有了市场布局，未来将继续加大市场拓展力度和更多国家和地区展开业务合作，把代表着我国高水平的工程造价、工程信息、建筑信息模型和其他工程软件向外输出。

广联达期望和我国已经"走出去"的建造行业及当地的一些企业展开合作，为其提供信息化系统解决方案，帮助其实现智慧工地、智慧运维。依托云计算及先进的移动互联网技术，以工程项目为中心，建筑信息模型为载体，围绕工程造价管理、工程材料信息服务等核心业务，为建设"一带一路"提供智能一体化的整体解决方案，帮助客户提升从招投标到施工等工程项目"全生命周期"管理和运营能力。

（二）平台建设

广联达与蓝迪国际智库在"一带一路"重要节点城市举行建设峰会。发挥广联达的建造行业峰会的品牌优势，和蓝迪国际智库合作及国内重要的政府、行业协会和社会组织联合举办"一带一路智慧建设论坛"。在实际中可先在国内的"一带一路"的重要节点城市，如我国的新疆、陕西地区举行"一带一路建设经济论坛"，相互交流各国的基础设施、城镇化建设和智慧城市推进的先进经验。并设置一系列的项目对接、投资对接洽谈会。后期逐渐在国外等一些地区召开，逐渐提升影响力。

（三）项目合作

（1）科创走廊人才计划。按照"引进来、走出去"的原则，发挥广联达在国际化战略中的经验，引入国际高端人才，并联合中关村人才科技及全国上百家大专院校人才资源，和蓝迪国际智库一起举办一系列会议，和专家、学者、教授、企业家就建设"科创大走廊"议题，在人才、科创等方面深入探讨和合作。根据"一带一路"不同的地区和国家的现状和需求，提供"定制化"的人才供给（如中介咨询、资本运营、经营管理人才、创意设计、报价员、预算员、产业工人、软件信息化人才及供应链管理等方面人才）。

（2）建筑科技"援助＋合作"计划。广联达将积极组织、协调和联合中关村的部分科技企业和大建设类企业，配合蓝迪国际智库开展对"一带一路"沿线地区和国家的"建筑科技援助和合作计划"，如人才培训、软件赠送和对口的科技研发合作等。值得借鉴的是：日本八九十年代通过对华"援助＋合作"，实际上起到培育"用户消费习惯"、拓展中国市场的作用。在深化"一带一路"的战略中，我们可借助其先进理念来培育市场。

（3）产业园区一直是驱动我国发展的重要力量，可设想围绕"一带一路"的重要节点城市和区域，由蓝迪国际智库、广联达并联合一些战略合作伙伴，以"数字建造"为主题打造若干产业协作区和园区，围绕数字建造技术交流、会展、贸易和建筑产业化推进。同时，积极开展建筑和基础设施领域务实合作，在国际合作创新、海外直接投资、承接国内外产业转移、人才引进、国际化园区管理等各方面进行体制机制创新。

六　盈创建筑科技（上海）有限公司

在当前国际3D打印建筑技术普遍处在实验室研发，尚无成熟商业应用案例情况下，中国的盈创建筑科技（上海）有限公司凭借全球首创3D打印建筑喷筑装备、打印"油墨"材料、现场打印或装配施工工艺等关键环节新技术、新模式与新内容，率先打印出真正可供居住的绿色建筑物。"一带一路"倡议为中国绿色建筑"走出去"提供了更多资源、渠道和合作伙伴。盈创建筑科技凭借3D打印建筑整体技术的国际化和标准化的综合实践能力，正在向"打印一座科技城市，建设一个绿色地球"的全球人类共同目标奋进。

盈创的3D打印建筑技术，是一种按照预先设计的建筑图纸程序，使用新型材料作为打印"油墨"，通过机器设备自动智能地打印出达到建筑建设标准的建筑构件的技术。该技术基于图纸信息化、电脑集成化、新型材料"油墨"化和施工过程喷筑化，通过打印喷头连续高密实喷筑叠加数米高的建筑构件，每层打印喷筑厚度为 0.6—3 厘米，墙体可设计为"空腹"，减轻建筑本体重量，也可在其"空腹"中加入保温材料，实现建筑整体保温节能，并能够支撑全球范围内打造智能化建筑产业经济、互联网平台经济和绿色生态经济。为智慧建设"一带一路"国家做出贡献。

从技术上看，盈创建筑科技正在积极将创新技术向国际输出。一方面将技术产品输出，在阿联酋迪拜市中心，全球第一个 3D 打印的可移动的未来办公室，从中国盈创苏州工厂打印到迪拜组装，整个工程仅 19 天；在迪拜的沙滩上，也随处可见盈创 3D 打印的智能棕榈树；在意大利米兰世博会上，盈创用两周打印完成 KIP A 馆和联合国花园雕塑；在伊拉克，即将为政府打印 2000 个市政用的公共厕所。另一方面，以技术众包形式参与国际项目建设，即将参与美国 Hyploop 超级高铁建设，用 3D 打印方式打印高强度和高精准度的车站路基和超级高铁管道以及辅助设施。同时，以技术合作方式输出盈创 3D 打印建筑装备，与沙特知名建筑集团签署合作备忘录，为沙特打印战后需要恢复的房子。此外，以技术和品牌资源授权使用的方式，与沙特、阿联酋、澳洲、欧洲等国家和地区形成紧密合作，在当地成立合资公司，共建 3D 打印梦工厂，在全球范围内推广和应用我国的 3D 打印建筑技术。

从平台上看，盈创建筑科技积极营造全球 3D 打印绿色建筑生态圈，搭建"蚂蚁滴答""无所不打"的云平台，链动产业链上下游，用打印设备租赁、专利技术授权、盈创品牌输出、"油墨"材料供应、全球设计师资源的设计定制等轻资产模式，建立就近打印的高品质建筑快捷高效服务圈。紧跟国家"一带一路"倡议，形成全球 3D 打印建筑联盟，开展全球范围内的项目落地和更广泛合作。目前，盈创建筑科技已经与全球领先的基础设施全方位综合服务企业 AECOM 携手，在全球范围内开展

3D 打印绿色建筑设计的深度合作。

从未来看，3D 打印建筑与传统建筑相比，盈创 3D 打印建筑机械一体化生产，突破传统的建造方式，为建筑建造提供未来新方式。未来，建造房屋不需要数量庞大的建筑施工队伍和烦琐费时的模板支护和拆卸，高效的喷筑式一体化集成施工，有效提高了生产效率；未来，生成 3D 打印建筑"油墨"的原材料可取自建筑预料、工业垃圾、矿山尾矿，变废为宝；未来，采用干法施工可避免施工粉尘和噪声影响，达到了节能环保、资源再生和改善环境的目标。3D 打印建筑技术能够方便、快捷和低成本地喷筑出施工难度大、造价高的曲线建筑和采用其他方式很难建造出来的特殊建筑。盈创建筑科技已经通过无人机扫描苏州园林原建筑的相关数据，喷筑出中式别墅，体现了对历史文物的保护；在城市基础设施以及"海绵城市"应用方面，盈创 3D 打印地下基础设施一次成型、无须建模、可大量使用城市建筑再生资源的优势，通过采用 3D 打印建筑技术喷筑市政预制件，助力国家"海绵城市"建设和南方多涝地区城市地下排水系统更新；3D 打印建筑技术应用在立体农业和城市景观领域，可形成城市垂直绿化墙，配套集成智能滴灌系统，突出构筑物成型快、施工成本低、结构轻巧自然等优势。为高效建设"一带一路"国家开创新路径，为绿色建设"一带一路"国家提供新支撑。

科技改变生活，我国全球首台 3D 打印建筑机器成功打印出可居住的房屋，预示着中国建筑科技已走向世界最前列。在蓝迪智库帮助下，3D 打印建筑技术也即将完成国家标准建设，实现产业化。2016 年，国家住建部发布《2016—2020 年建筑业信息化发展纲要》，其中规定"积极开展建筑业 3D 打印设备及材料的研究"。这说明，在中国，3D 打印建筑即将进入快速发展时期，中国有望率先进入"房地产业 4.0 时代"。

近日，盈创建筑科技被选入"大国重器——迎接党的十九大胜利召开摄影展"。盈创建筑科技的 3D 打印建筑技术正乘着"一带一路"的东风，以东方智慧与方式，实现人、社会和自然在建筑领域的完美统一。以智慧、绿色、高效的印记，谱写中国盈创 3D 打印建筑服务"一带一路"发展的新篇章。

◇◇ 第四节　基础设施建设

一　中国交通建设股份有限公司

"一带一路"建设为企业在更高层次上"走出去"提供了前所未有的重大战略机遇，也不可避免地面临一些问题和挑战，需要我们保持定力，坚定信心，合理筹划，积极应对。

首先是要把握准机遇大势，坚定信心，积极作为。在"走出去""一带一路"等倡议的引领下，中蒙俄经济走廊、新欧亚大陆桥经济走廊、中国—中亚—西亚经济走廊、中巴经济走廊、孟中印缅经济走廊、中国—中南半岛经济走廊等区域的需求潜力巨大，市场机遇众多。据预测，在"一带一路"建设带动下，到 2030 年全球基建投资累计近 70 万亿美元，其中交通基础设施投资比重将超过 40%。基础设施建设中的"软联通"与"硬联通"互促发展，也为企业开展业务创新、开拓市场发展空间、提升发展层次提供了潜在机遇。随着亚投行、丝路基金、中阿合作基金、中拉合作基金等金融机构的成立，中非合作论坛、中阿合作论坛等区域合作机制的逐步建立和完善，越来越多的周边国家和国际力量参与到"一带一路"的建设中来，企业"走出去"有着良好的外部发展环境。

同时要正确看待困难和挑战，多措并举，积极应对。随着我国综合实力提升和世界影响力的不断增加，世界上许多国家对我国的怀疑和猜忌在明显上升，出现诸如"中国威胁论""中国殖民者论"等观念。此外，世界经济体系重塑中的国际规则调整导致经营风险、技术标准和知识产权风险。"一带一路"相关国家或地区在发展水平、法律体系、商业惯例、技术规则等方面存在差异，配套支持措施不足、能力建设机制缺失等，都对我们参与"一带一路"建设带来一定困难。同时，广大发展中国家普遍基础设施建设资金不足，对我国政府和中资企业提出了更多的融资支持的要求。

为此中交集团坚持了以下做法。

一是坚持互利共赢，全面打造命运共同体。"一带一路"是和平发展的共赢之路，是造福沿途各国人民的伟大工程。"一带一路"建设，也是一个不断深化民心对话和增进文化互通的过程。在推动企业参与"一带一路"建设中，引导企业以"正确义利观"为指引，强化合作共赢理念，坚持合规经营，自觉遵守国际准则及当地法律法规，积极履行社会责任，加强属地化建设，提高对本土资源的利用程度，努力提高当地就业，为当地员工提供成长成才机会。引导企业关注民生、保护环境，主动把企业发展融入"一带一路"倡议、世界区域经济和当地社会发展的体系中，促进共同发展。

二是推进"软联通"与"硬联通"互促结合。"一带一路"建设需要更加开放的战略合作机制创新，需要以政策互通为统领，打破"硬联通"建设中的技术壁垒、规则障碍和体系阻隔。中国很多行业的标准已经迈入世界先进行列，推广中国先进标准不仅可以规避中国资本的投资风险，也可以给所在国带来实实在在的效率和效益，是真正的双赢。

三是通过园区开发建设推进东道国产业经济发展。"一带一路"建设，推进沿途各国发展产业投资是重点发展方向。我们应该积极布局境外产业园区、物流园区、自贸区，以境外产业园区建设为核心，打造商产融一体化综合性跨国经营平台、国际产能合作平台，助力东道国产业经济发展。

四是发挥产业与金融资本的对接优势。"一带一路"基础设施互联互通需要多元高效的产融结合创新。引导企业立足全球资源，打造多渠道、国际化的融资体系，探索绿地投资、股权投资、股权置换、参与股权基金、项目债券、资产证券化、发行优先股和永续债等多种融资形式，深化与国内外金融机构的互利合作，加快推进财务公司、产业基金、融资租赁、信托等新业务的开展，加速打造全球金融版图，为参与共建"一带一路"提供有力的金融支撑。

五是发挥好重点企业的领头羊作用。"走出去"的优秀重点企业，大多是在充分竞争的国际市场环境下发展壮大起来的，国际市场网络完善，国际化人才队伍和管理能力相对较强，应对国际市场风险的经验比较丰富，能够有效地集聚和整合产业链上下游的中小企业资源，形成全产业链优势，能够当好联合"出海"的领头羊。进一步发挥这些优秀重点企业作用，在相关的鼓励支持政策上向这些企业适当倾斜，一方面有利于加快培育一批世界水平的跨国公司，另一方面有利于提高企业参与"一带一路"建设的整体水平，从而更好地服务于"一带一路"建设。

二 中国化学工程集团公司

中国化学工程积极响应"一带一路"倡议，凭借多年的海外市场资源和项目经验，积极关注沿线重点国家的市场需求和项目信息，强力推进"一带一路"市场的经营，在巩固印尼、马来西亚、巴基斯坦等传统市场的同时，对俄罗斯、伊朗、土耳其、巴西等新兴市场区域进行战略布局，且取得了可喜的成绩。目前，公司海外合同额主要集中在伊朗、俄罗斯、马来西亚、沙特等国家，分别占海外新签合同额的26%、23%、19%、14%。计划到2020年，公司将基本形成覆盖亚洲、中东和俄罗斯等核心市场的业务布局。

中国化学工程将通过继续保持并巩固与中国商务部、发改委、国资委等政府部门的紧密联系，以及与中国对外承包商会、机电商会等行业相关机构的长效沟通机制，建立对沿线重点国别政府高层的定期互访渠道，及与其驻华使馆、经商参处的周期性联络机制；加强与各类政策性银行、提供项目融资服务的商业银行，及国际金融保险机构的沟通合作，加大力度搭建信息平台，积累信息资源，掌握重点国家的国别规划、行业动态以及项目需求，拓展经营思路，创新经营模式，提升投融资能力，联合中国的资本、技术、装备及运营能力组队"出海"，在"一带一路"国家实现建营一体化项目的有效实施，同时提升项目所在国的劳工就业率和人员技术水平，带动属地国经济的全方位发展。

一是牢固树立契约意识，严格执行合同规定，全面履行合同义务与责任。在合同谈判中要对各项事宜尽可能细致地进行规定，摒弃项目建设过程中变更合同的幻想。

二是"一带一路"沿线国家多数属于经济欠发达地区，办事程序复杂、效率较低，经常会引起项目时间的严重拖延，在合同签订和项目执行过程中对项目工期应给予足够重视。

三是"一带一路"沿线国家的国际化程度并不亚于中国，项目执行过程中要遵守国际规则，严格按国际惯例办事，做工程承包市场规则的适应者和维护者，打造符合国际通行标准的"绿色承包商"。

四是在经营及项目实施过程中，要加大对合规经营、社交融入、环境保护、文化交流及舆论传播的关注力度，努力推行人力资源、经营理念、企业文化和资本要素的属地化，提升企业在当地的业务扎根能力。

五是国际工程市场对中国标准和产品缺乏信任，要加强对中国供货商的管理，从其设计、材料采购、制造、检验、包装、文档资料等各个环节都要加以控制，指导供货商如何按国际标准设计、制造和检验设备材料。

六是提升企业的资源整合能力、国际商务能力、资本运作能力、项目管理能力、国际采购能力，形成与国际接轨的管理体制和经营运行机制，使企业的管理方式、经营理念、经营模式、人才队伍满足国内外市场的新要求，全面提升企业国际化水平。

三　中铁十七局集团有限公司

未来三年，中铁十七局集团要做强做优做大，将面临难得的发展机遇：一是国内市场基建投资持续保持较大规模。2016 年，国家启动一批"十三五"重点工程项目，铁路投资继续保持 8000 亿元以上规模，全社会公路投资形成 1.65 万亿元规模，新开工棚改住房 600 万套，开工建设城市地下综合管廊 2000 公里，京津冀协同发展、长江经济带、中心城市群建设商机众多，中西部发展落后地区亟待补足基建短板，PPP 模式项目即将迎来"黄金时代"。二是国家相继推出诸多利好政策。围绕"供给侧结构性改革"思路，中央政府连续打出了"降成本"的组合拳，包括减轻企业税负、减少制度性交易成本、降低电力价格等，为建筑企业派送了诚意十足的"红包"。随着 2016 年国办 1 号文件出台，项目工程款支付担保、施工过程结算等问题有了政策性的解决方案。国家"一带一路"倡议进入加快布局的关键期，"中国制造"特别是"中国高铁"品牌得到了国际上的广泛认可，这些都为企业拓展国内外市场提供了重大利好。三是国家加大扶持新兴领域发展力度。新一届政府大力推广 PPP模式项目，2016 年计划新推出一批高收益、高回报、强吸引力的示范性引路项目；国家积极扶持城市地下综合管廊、海绵城市、智慧城市等"新市政"领域，中央领导人亲自"声援"综合管廊，明确要求新建城区必须建设综合管廊，新铺设管道必须进入综合管廊；中央城市工作会议提出了"新城建设和旧城改造按海绵城市设计规划""利用当前钢材价格低、供应足的时机推广钢结构建筑"等思路，一大波新领域、新业态、新机遇为企业做强做优做大创造了良好的条件。

在抢抓新机遇的同时，我们也必须直面新挑战：我国经济进入经济增长速度换档期、结构调整阵痛期和前期刺激政策消化期三期叠加，中央和地方建筑企业竞相发展，市场竞争更加残酷激烈，培育和增强发展竞争力的任务十分艰巨；受产能过剩、人口红利消退、出口和消费"两驾马车"乏力等因素影响，我国经济增速25年来首次破"7"，下行压力巨大，尽管我国经济发展基本面是好的，潜力足，韧性强，回旋余地大，但也存在着各种风险和考验，如行业环境不尽规范，企微言轻，利薄责重；投资与资本市场云谲波诡，遍布诱惑，陷阱重重；社会规制趋紧，稳定压倒一切，央企动辄得咎；海外市场局势复杂，充满变数；等等，这些必须引起我们的高度重视并积极应对。

集团公司力争在"十三五"期间海外新签合同总额达到400亿元人民币；在"一带一路"线路上保持4—5个核心国家市场，巩固3—4个优势市场，培育2—3个新兴市场，实施2—3个自营项目；确保股份公司系统内海外领先地位不动摇。

五年分两个阶段：

第一阶段（2016—2017年）为基础夯实阶段，提升经营品质和层次，根据国家"一带一路"倡议，扩展海外布局；增强经营开发能力，深化巩固与核心客户间的合作；发挥援外业务优势，广泛参与现汇项目，主动运作两优项目；扩展业务板块，完善在建项目管控模式；优化制度设计，培育海外高端人才队伍。

第二阶段（2018—2020年）为快速发展阶段，充分调动可利用资源，不断拓展"一带一路"优势国家区域和专业领域，实现企业全面盈利丰收，形成品牌效应，企业持续快速发展。

围绕"一带一路"、中非合作计划、东盟自贸协定、"高铁出海"等战略机遇，坚持外经单位合作、援外项目承揽和自主海外经营，深耕优势市场和重点产业，持续巩固和提升海外市场系统领先地位。一是强化涉外经营能力。充分发挥国际建设分公司的龙头带动作用，不断加强与外经单位战略合作，进一步放大企业品牌信誉、设计施工和区域优势。二是坚持以干促揽。充分利用国内先进的技术优势、国家优惠贷款等有利条件，以目前13个国家30个在建项目为着力点，干好海外在建工程，为企业树品牌、创信誉，实现区域滚动发展，深度占领海外区域市场。三是推进产业延伸。积极优化海外产业结构，延伸投资建设、资源开发和特许经营产业链条，进一步拓展海外经营格局，提升综合竞争实力和创效能力。

◇◇ 第五节　法律服务

一　德恒律师事务所

自"一带一路"倡议提出以来，"一带一路"建设从无到有、由点及面，取得长足进步，为沿线国家和地区注入了新的增长动力，并开辟出共同发展的巨大空间。三年来，"一带一路"建设在"政策沟通、道路联通、贸易畅通、资金融通、民心相通"五方面顺利推进互联互通，均取得了显著的成果，形成了各国"共商、共建、共享"的合作局面。但同时，"一带一路"建设没有成熟的经验可供参考，需要不断去探索创新建设的路径和方法。特别是中国企业"走出去"过程中，缺乏针对"一带一路"沿线国家和地区投资与国际化经营战略，不能很好利用国际国内金融市场，也缺乏有效的风险管理与应对能力，迫切需要综合性的专业服务支撑体系。

2015 年，德恒律师事务所联合中国五矿化工进出口商会、中国产业海外发展协会、中国开发性金融促进会、中国民营经济国际合作商会、中国知识产权运营联盟、全球温商服务中心、罗湖法律服务中心、北京德恒公益基金会、意大利 CBA 律师事务所、奥地利 Wolf Theiss 律师事务所、哈萨克斯坦国际商会等机构发起了一带一路服务机制（Belt and Road Service Connections，BNRSC），作为国际服务资源整合平台，联合海内外咨询、法律、会计、金融、科技、企业、商会和政府机构，集中优势资源，协助中国和沿线国家的企业在"一带一路"经济区域投资、合作、创办实业、并购、融资过程中，评估投资环境和识别投资风险，提出应对策略，提供专业的系统服务。机制还将通过智库研究、高层建议、政策宣传和培训、能力和人才建设、项目推介和服务等方式，为顺利实现"一带一路"建设提供强大的专业支持，是一种以多层次资源配置为核心的市场专业服务机制。

一带一路服务机制助力中国企业"走出去"，并对此过程中的风险和问题提供针对性的服务解决方案。

（一）对接"一带一路"中六大经济走廊

国家"一带一路"倡议提出了六条经济走廊作为中国境外发展框架，在此框架下安排了许多优先国家、项目及工程。中国企业加入一带一路服务机制（BNRSC）后，将会及时获得"一带一路"的项目和建设信息，参加系统性的培训和能力建设，加入"一带一路"过程中的国家投融资体系，多机制协同出海，更好地促进项目的成型、落地，保证资产的安全与增值。

（二）助力中国企业抓住国际产能合作与国际贸易的机遇

随着全球化进程的不断深化，目前全球产业链和供应链的重构将为国际产能合作提供一个非常难得的机遇。国际产能合作就是通过国际合作的方式来推进综合性的产业输出和综合性的能力输出。中国企业可通过产能国际合作融入更大的全球合作及贸易市场、加速自身的产业升级、增强企业竞争力、促进资源的合理分布、提升全球化进程。中国企业参与国际产能合作最核心的内容就是将国内的资本、技术和能力带到全球，发现新的经济增长点和形成新的增长点，为中国企业发展产生不竭的动力。一带一路服务机制（BNRSC）将通过法律、政策、标准、信息、投融资保障、公共关系、能力建设等七个方面为中国企业"走出去"提供必要的支持，为中国企业实行有效和成功的国际产能合作提供重要保障。

（三）整合国际机构，集中优势资源

一带一路服务机制（BNRSC）参加成员众多，涉及多行业、多领域、多国家、多机构。机制将通过联合海内外咨询、法律、会计、金融、科技、企业、商会和政府机构，集中优势资源，协助中国企业在"走出去"相关的投资、合作、创办实业、并购、重组、融资过程中，评估投资环境和识别投资风险，提出应对策略，提供专业的系统服务。

（四）获得目标项目，利用会员资源

在一带一路服务机制（BNRSC）中，中国企业作为机制受益主体，享受平台内各主体为企业各尽其能，互通信息，通力合作，实现企业安全、高效地"走出去"。在一带一路服务机制（BNRSC）中，不同国家及各会员会在机制的平台上进行投资、并购等项目的信息分享。中国企业可以通过机制的平台筛选符合条件的境外项目进行有效投资，并通过机制获取项目国的资源，包括但不限于土地、产业园、产业政策、资产等。

（五）采用定点方式，提供针对服务

一带一路服务机制（BNRSC）将根据中国企业的特点和国际市场形势，通过会员单位的联动，采用多边与双边机制或一对一定点方式，整合各方面资源，从以下方面服务中国企业"走出去"：研究提供相关政治、经济及法律方面的研究报告和风险评估报告；提供项目信息和资源对接；组织项目考察与落实；提供定向定制专业培训；对项目提供尽职调查资料；对项目进行技术与交易结构设计评估；建立风险防控机制；建设网站和联络机制等。

（六）利用专业服务，提供系统支持

一带一路服务机制（BNRSC）中有法律、财务、咨询等覆盖全球、高效可靠的专业机构。在中国企业"走出去"过程中，这些专业机构可以设计事前积极防范、事中严密控制、事后有效救济的风险防控体系，提供一站式包含国际法律、审计、评估、财务、税务顾问及公共机构等综合专业服务，为中国企业安全、高效达到投资并购目的保驾护航。

（七）实行强制调解，简化争端解决

一带一路服务机制（BNRSC）的平台已推动制定了各成员共同认可的调解规则并成立了一带一路商事调解中心。在机制内各项目中产生的任何争议或分歧，均应先行提交一带一路商事调解中心，并按其当时所实行的调解规则调解。如调解员放弃调解或调解后有关争议或歧见仍未解决时，则争议方应将该争议或歧见告知一带一路服务机制（BNRSC），并退出一带一路服务机制（BNRSC）。退出后，有关争议或歧见可按其他仲裁规则或诉讼程序解决。以和谐为核心价值的调解，正是以中国式哲学和智慧开创的多元化纠纷解决机制。

为推动一带一路商事调解的发展，在一带一路服务机制的平台基础上，2016 年 10 月 18 日，"北京融商一带一路法律与商事服务中心暨一带一路国际商事调解中心"揭牌，并同时举行一带一路国际商事调解中心网络调解系统上线运行活动。一带一路国际商事调解中心网络调解系统（www.bnrsc.com）正式上线。该系统通过将构建纠纷解决申请、调解员确定、调解过程、调解文书生成等互联网技术支持模式，将调解规则导引、纠纷案例学习、调解资源整合、远程调解、诉调对接等多项在线解纷功能融为一体。构建纵向贯通、横向集成、共享共用的在线纠纷调解系统。借助网上调解系统（ODR），为纠纷双方和调解员提供更为有效的工作平台，提高调解效率并降低调解成本，这是多元化纠纷解决机制的有益尝试。目前，北京融商一带一路法律与商事服务中心已被最高人民法院确定为最高人民法院多元化纠纷解决机制改革子课题单位，并已有106名调解员在国际商事在线调解系统中提供服务。该调解中心的建立是吸收中国传统调解文化、借鉴现代调解经验的国际商事纠纷解决的"中国方案"，对于有效解决"一带一路"建设过程中可能发生的各类商事纠纷将发挥重要作用。

二 国浩律师事务所

国浩是中国资本市场最为专业的法律服务提供者之一，是目前国内规模最大的律师事务所之一。在欧洲、北美及香港地区都设有分支机构，并与澳洲两家著名的律所签订了战略协议。同时，作为国际法律集团在中国内地唯一的成员，国浩的业务合作范围可拓展到50多个国家。国浩律师事务所首席执行合伙人吕红兵律师已连续三届当选中华全国律师协会副会长。未来国浩的发展方向是通过制定更具体的近期发展目标在近几年内将国浩的总体水平推升到一个新的高度。

一是坚持规模化的发展方向。规模化发展是符合律师职业自身规律，有利于增强律师业的综合实力和竞争力，有利于提高法律服务质量和效率，有利于贯彻落实十六大提出的"拓展和规范法律服务"以及之后历次党代会提出的发展法律服务业、推进"依法治国"的战略部署。众所周知，现代法律服务业已经不是传统的一个大律师、几个精干助手就可以行走江湖的时代了。众多的新兴产业以及庞大的资本、现代的商业运营模式已经改变了原有的经济产业结构，特别是随着全球经济一体化时代的到来，以及市场经济自由化程度的不断开放，法律服务正日益渗透到市场经济的各个角落，服务的难度和广度也日趋加大。这就要求提供法律服务的律师服务机构能以更专业、更全面和更有力的法律服务水平来满足客户的需要。要想做到这一点，没有规模化的发展理念是不行的。

因此，进一步扩大事务所规模和法律服务辐射范围是未来三年国浩律师事务所必须考虑的一项重要工作。根据现有的布点情况来看，一些经济较为发达的重点城市和国家扶持的经济开发区域，国浩的羽翼尚未遮盖到，这些地区都是未来法律服务市场上的快速增长点。为此，国浩力争通过三年的时间完成其中部分重点地区的布点工作，或通过战略协作等方式扩大国浩的法律服务外延。同时，通过引进人才或校招等方式吸纳、储备和培育一批骨干和后备力量。

二是进一步加强规范化建设，努力维护好品牌价值。对于事务所来说，规模化是一种内在的结构，品牌化则是其展现出来的外部表现。律师工作本质上是高附加值的劳动，是创造性的服务，是经营知识，其品牌价值不可低估。同时，品牌也是一种共识、一种理念、一种文化、一种服务，品牌是诚信，更是责任。因此，要使国浩成为百年老店，加强国浩的品牌建设是一项必不可少的重要工作。

为此，事务所于近期成立了品牌运营中心，通过对品牌的专业化管理，强化国浩人的品牌意识，并在未来三年里全面实现品牌的规范化运作，使国浩更具品牌效应。同时，国浩还要不断加强事务所的规范化建设，使现有的规章制度更加完善，更具执行力。

三是进一步加强事务所的文化建设。文化建设是事务所综合实力最集中的体现，也是事务所是否具有凝聚力的一个表现。国浩律师事务所一向注重文化建设，并将其视为事务所迈向国际化的一个基础性的工作。事务所对律师提出了专业定位、操守为重的基本要求，对事务所则提出了品质优先、绩效导向的更高要求。我们的目标是，不仅要打造一个律师业务繁荣的事务所，而且要打造一个对国家、对社会有责任心的事务所，特别是要打造一个有文化底蕴、有优秀传统的事务所。

在未来几年里，国浩力争使事务所的文化建设融入事务所的发展理念当中，使每一位律师都有一种归属感，真正成为一个爱岗敬业的人。这需要事务所付出更大的努力，不仅是在精神上的，也包括在财力上的投入，因为这也是关乎构建和谐社会的大事，关乎一个事务所和律师个人能否健康发展的大事。为此，事务所拟在未来三年内在国浩各分支机构均建立起文化活动与教育中心，通过开展有益的文化活动，陶冶情操，增强凝聚力。

四是持续不断地加强专业化建设。在经济全球化步步深入的背景下，我国社会主义市场经济正不断完善，法律在经济生活中的调节作用日益显著，各种专业化极强的法律、法规也纷纷出台。这就要求我们在纷繁复杂、专业性极强的法律业务面前，既要表现出极强的专业素质，又要具备精湛的专业知识。这就要求事务所更进一步完善所内的专业部门划分，以满足客户"个性化特色服务"的要求。

为此，事务所计划在未来三年里，逐步完善律师的专业分工，遵照事务所一业为主、一业为辅的专业化要求，通过部门分工，资源共享，让每位专业律师都能专于本专业并成为这一专业领域里的行家里手，进而得心应手地开展工作，更好地服务于客户。

五是逐步完善信息化管理工作。互联网时代没有信息化管理，将会给工作带来极大的不便利。互联网时代从本质上讲就是大数据时代，面对林林总总的数据，通过翻书堆、复印资料，其结果必然是降低工作效率。鉴于此，国浩计划在未来两三年内在现有的事务所信息化管理系统的基础上加大投入，使其日臻完善。

六是继续实施国际化战略。随着国际贸易往来的日益增多，国际争端也日趋增多，中国作为国际贸易中的重要一员，在国际舞台上发挥的作用越来越大，因此需要越来越多具有国际化经验的律师。在加快国际化方面，国浩也迈出了坚实的一步，除了通过资助留学、交流访问、招聘"海归"等方式培养国际化人才、组建国际化服务团队外，国浩在北美、欧洲，以及香港地区也开设了分支机构，以紧密与各国际伙伴的联系，进一步拓展海外市场。

未来三年，国浩还将不断增设海外执业机构，逐步完成在各大洲的布点工作，并有针对性地与国际知名律所建立战略合作关系。同时，国浩还将继续发挥在投融资领域里的地位优势，通过协助中国企业"走出去"，服务"一带一路"沿线国家，积累涉外法律服务经验，以加快实施国浩国际化发展战略，彰显中国律师的专业能力。

◇◇ 第六节　金融支持和园区建设

一　中国开发性金融促进会

"一带一路"投融资体系的多元性体现为多种金融形式和多种金融主体。其中多种金融形式包括政策性金融（包括对外直接经济援助）、开发性金融和商业性金融。根据 2015 年 3 月中国政府发布的《推动共建丝绸之路经济带和 21 世纪海上丝绸之路的愿景与行动》，金融合作将遵循市场规律运作，充分发挥市场在资源配置中的决定性作用和各类企业的主体作用。中国在投融资合作中应谨慎处理好经济援助、开发性金融和商业金融的关系。多边开发性金融机构的成立预示开发性金融成为沿线基础设施投资项目的先锋，是不同于政策性和商业金融的重要金融形式。亚投行、金砖国家开发银行以及我国的开发性金融机构在项目评估时，应当充分考虑能否实现开发性金融的预期功能和战略作用。商业金融机构需要明确自身责任，及时反馈合作中的问题，避免出现忽视市场风险、背离市场机制的现象。

多种金融主体共同参与"一带一路"投资建设。建设资金不能仅仅来源于银行、股权融资，保险、租赁以及债券市场都是可供探讨的融资渠道，应推动亚洲债券市场的开放与发展。"一带一路"沿线国家的市场融资多集中于银行贷款和股权筹资，尤其是银行贷款所占比例较高。完善亚洲债券市场，有助于扩大基础设施投融资渠道，增强亚洲直接金融市场的深度与广度，改变亚洲中长期投资的货币期限结构错配。亚洲债券市场可以从政府推动开始，先发展政府债券市场，再逐渐向企业债券市场扩展。从10多年前亚洲债券市场发展的实践和债券市场自身发展的特点看，在初期阶段，以主权债或准主权债为开端来推动亚洲债券市场的发展是可行的做法。借以政府力量，完善亚洲企业债券市场发展所需的金融市场基础设施和跨境操作，加强信用信息共享系统，管理担保权益的法律和制度框架，为民间资本的全面进入提供条件。

借鉴国际相关经验。一方面，借鉴其他多边开发性金融的治理经验。亚投行、金砖国家开发银行等多边开发性机构需要系统分析世界银行、亚开行等公司治理经验，提高自身的资金管理水平，并在投资方向上实现自身特色，成为弥补亚洲乃至整个沿线国家的基础设施建设的重要支撑。另一方面，与欧盟"一带一路"的金融合作可以获得丰富的经验。欧盟曾通过设立结构基金、欧洲地区发展基金、欧洲投资银行、提供优化贷款等政策工具来支持落后地区，在开发性金融业务开展、风险控制等方面具有丰富经验。此外，欧盟具有发达的海外保险业务，我国可以通过并购欧盟金融机构以及机构间的业务合作方式，学习欧盟跨境保险业务的经验。

开放的投融资体系与"一带一路"倡议自身的开放性与包容性是相一致的。与类似TPP这样一种封闭排他式的国家合作协议不同，在"一带一路"倡议下，任何一个国家都可以平等自由地参与到其发展建设中。

立足双边合作机制。"一带一路"倡议立足于全球国家的多元化和差异性，不单纯局限于亚洲或者是发展中国家，体现出开放包容，结合南南合作和南北合作的不同优势，以谋求互利共赢的局面。尽管"一带一路"倡议刚刚起步，但是区域主义具有类似多米诺骨牌的扩散效应，当一国贸易伙伴重新安排其对外经济的部署，则该国也极有可能签署类似协议安排。因此，我国应当立足双边协定，通过自由贸易协定、货币双边互换协议等深入的合作安排，扩大货币金融稳定合作深度，并通过大国政策的溢出效应，将整体区域合作深度推向一个更高的层次。

深化多边合作框架和交流论坛。"一带一路"金融合作拥有众多的多边合作框架和交流论坛，为继续广泛、深入的金融合作提供可能。除了APEC、上合组织等多层次沟通对话平台，我国央行参与东亚及太平洋央行行长会议组织、东盟与中日韩金融合作机制、亚欧会议（ASEM）、中国—拉共体论坛、欧亚经济论坛。此外，中国博览会、中国—阿拉伯国家博览会等，都可以成为促进中国与沿线国家探讨金融合作的交流平台。

开放的投资体系需要开放的资本市场。完善国内金融市场配套改革。"一带一路"金融合作和人民币国际化推进均需要国家逐步放松资本项目管制。目前，我国外汇管理的重点从"促进贸易便利化"转变为更加开放性的"促进贸易投融资便利化"，放宽和支持对海外投资的汇兑和使用，对外国来华的直接投资活动的外汇管理给予了更多的简政放权，建立自由贸易试验区，为加强对外贸易与资金合作进行改革试点。

二　苏州工业园区

苏州工业园区企业在境外投资时重点选择地区还是以亚洲和美洲的市场经济发达地区为主，重点在于规避在政治、商业、法律等方面的风险。而在"一带一路"沿线市场经济不发达国家和地区中的投资失败经验较多，因此投资占比也较少，除政治、法律等方面的风险外，在配套设施保障、原材料供应、物流承载力等方面发展不足是限制企业前往投资的主要因素。苏州工业园区希望能在软硬件建设、产业集聚发展、利益相关方共享共赢等方面发挥一定的作用。

（一）着力打造苏州铁路国际货运中心平台

"苏满欧"班列。以苏州铁路货运西站为起点，纵贯华东、华北、东北，经内蒙古满洲里出境，途经俄罗斯、白俄罗斯全境到达波兰华沙。全程运输距离11200公里，其中中国境内3200公里，俄铁管辖（俄罗斯及白俄罗斯）7800公里，欧洲200公里。是"中欧班列"中唯一以小时为计时单位、运输速度最快的线路。中国铁路总公司已经将"苏满欧"定为快速货物班列，编号X8402（行），并提速至120公里/小时，是目前国内速度最快、规格最高的国际铁路五定班列。

"苏新欧"专列。苏州市相继开通了苏州西站直达新疆阿拉山口口岸、霍尔果斯口岸的铁路转关运输业务（简称"苏新欧"）。上述运输线路为苏州地区进出口企业打开了一条从苏州直接发运到中亚和欧洲地区的铁路通道，被喻为"新丝绸之路"。"苏新欧"铁路专列的开通为苏州进出口企业提供了更加便捷快速的运输通道，主要目的地有哈萨克斯坦、吉尔吉斯斯坦、塔吉克斯坦、乌兹别克斯坦等中亚国家和俄罗斯、白俄罗斯等东欧国家。发运货物中90%来自长三角地区。

苏州作为国际制造业的重要基地，也是国际进出口货物重要的货源地和目的地，苏州工业园区将发挥与中白工业园、霍尔果斯特殊经济开发区的合作优势，积极参与"苏满欧""苏新欧"专列的国际物流业务，为长三角参与"一带一路"的企业提供快捷高效、优质低价的服务。

（二）着力打造国家级境外投资服务平台

苏州工业园区始终肩负着中国改革试验田和开放排头兵的重要职责。国务院2015年9月30日印发《关于苏州工业园区开展开放创新综合试验总体方案的批复》（简称《批复》），同意在苏州工业园区开展开放创新综合试验，同意该区设立国家级境外投资服务示范平台。

境外投资公共服务。为更有效打造境外投资全流程服务体系，园区成立了境外投资促进委员会及境外投资促进中心，并在经济发展委员会下新设境外投资处；出台了《园区管委会关于推进苏州工业园区境外投资服务示范平台建设的若干意见》，同时正在优化平台软硬件条件，细化吸引境外投资企业和服务机构的优惠政策；承办区内企业境外投资开办企业（金融企业除外）备案和核准（转报）相关业务、中方投资额3亿美元以下的境外投资项目的备案管理，园区一站式服务中心推行境外投资企业备案和项目备案工作"单一窗口"模式，企业可以同时申报、同步办理，全程网上审批，办结后通过"单一窗口"一次取证，走完整个流程仅需3个工作日；设计和开发境外投资企业信息库、境外投资项目库和资金需求库，联合专业服务机构为"走出去"企业提供拟投资国家国情介绍、可投资标的、境外投资政策及服务网络等信息。

境外投资专业服务。园区联系新加坡等"一带一路"沿线国家政府部门及这些国家驻上海等地总领事商务处，组织国家开发银行、建设银行、江泰保险经纪等金融机构，律师事务所、会计事务所、咨询公司等中介机构，成立"金鸡湖境外投资服务联盟"，连续举办"金鸡湖境外投资服务联盟论坛"，加强服务联盟为境外投资企业提供全面专业的服务；与中国贸促会、中国海外产业发展协会、中国对外商会、新加坡国际企业发展局合作举办了"中国（苏州）境外投资与服务高峰论坛""中国企业跨国投资研讨会"，借助以上大平台，提升园区服务联盟的服务能力和影响力；增强人才培训、投融资服务和国际化服务等功能。

（三）着力打造"一带一路"经贸集聚区

苏州工业园区在中国"一带一路"愿景的倡议之下，将在参与霍尔果斯特殊经济开发区和中国—白俄罗斯工业园等经贸集聚区的基础上，继续积极寻找和参与更多"一带一路"经贸合作区的投资、合作和交流。

霍尔果斯特殊经济开发区。利用对口援建霍尔果斯特殊经济开发区的战略机遇，借助园区开发建设经验，结合新疆和霍尔果斯区位优势和优惠政策，引导江苏冶金、纺织、轻工等传统优势产业的转移。目前苏州工业园区苏新置业有限公司在霍尔果斯中哈边境合作中心配套区投资建设的标准厂房，总面积20976平方米，总投资1.5亿元人民币，已帮助引进2个棉纺项目入驻；中哈边境合作中心内的苏新中心综合体项目（包括商贸中心、写字楼和酒店式公寓）已投入使用。在此基础上，苏州工业园区将继续参与面向中亚的经贸合作，将霍尔果斯特殊经济开发区（中哈边境合作中心）打造成中哈边境贸易的先导区、上合组织服务贸易的示范区、欧亚货物贸易的中转区和"一带一路"产能合作的集聚区。

中国—白俄罗斯工业园。中白工业园作为中白两国深化合作的标志性项目，"丝绸之路经济带"上的一颗"明珠"，在两国元首和两国政府的关怀与推动下，在两国政府有关部门、中白工业园管委会和开发公司的共同努力下，于2014年启动建设，至今已取得了重要进展。中白工业园协调工作组第八次会议期间，中白工业园管委会与苏州工业园区管委会签署友好交流协议，共同研究并解决中白工业园发展过程中出现的问题，交流实践经验，持续改善中白工业园现有的管理流程、商业模式、服务理念及招商机制，具体内容包括：（1）互相推荐项目，吸引本国及外国企业参与双方园区展会及推介会，双方举行招商交流及咨询活动；（2）开展苏州工业园区商业模式、"一站式"服务及管理经验交流和专业培训；（3）保持双方园区的定期接触和人员往来；（4）积极塑造双方在商界的信誉和形象；（5）邀请其他组织扩大交流领域。

苏州工业园区计划重点在包括规章制度、标准衔接等"政策沟通"的软件建设，以及便利人员跨境往来、友好交流的"民心相通"上加强与白方的合作，为"一带一路"基础设施、制度规章、人员交流三位一体，实现政策沟通、设施联通、贸易畅通、资金融通、民心相通五大领域齐头并进开展有益的探索。

（四）着力打造境外经贸合作区培训基地

苏州工业园区作为中新两国合作的最大项目，是我国经济技术开发区的代表，是国际合作的典范。苏州工业园区自 2012 年获批承办商务部国家级开发区（苏州）培训基地以来，拥有强大的师资力量和丰富的课程资源以及良好的教学配套设施，在总结辐射推广国内开发区和境外经贸合作区的规划建设、开发运营、产业招商与服务等方面的经验建设与运营等方面已形成了完善的教学培训体系。在此基础上，园区拟设立境外经贸合作区（苏州）培训基地，依托中新合作优势，拓展各类国际合作，进一步总结境外经贸合作区的经验和教训，面向境外经贸合作区所在地管理主体的政府官员，境外经贸合作区投资主体的管理人员开展以下各类培训：（1）如何提高境外经贸合作区行政主体亲商服务理念和一站式服务水平；（2）如何提高境外经贸合作区综合开发水平及成功实践案例；（3）如何正确进行产业定位及投资环境建设；（4）如何按产业演进规律分阶段招商及实务；（5）如何改善通关，促进贸易便利化；（6）境外经贸合作区招才引智与科技创新；（7）生态工业园区建设；（8）和谐社区的建设与管理；（9）境外经贸合作区投融资运作实务；（10）境外经贸合作区风险管控。

附录 1　蓝迪国际智库 2015—2017 年大事记

2015 年大事记

一、组织举办重要国际会议 8 次	
"一带一路"中巴经济走廊战略研讨会	2015.4.14—17
亚太地区人道与发展智库峰会	2015.5.18—19
中巴经济走廊（新疆·克拉玛依）论坛（2015）	2015.8.11—12
"一带一路"中巴经济走廊中巴企业家国际研修班	2015.10.13—19
"共同应对人道主义援助面临的挑战"国际研讨班	2015.10.21—23
首届中国国际产能合作大会	2015.11.15
第三届"国浩法治论坛"——"十三五"规划背景下的"一带一路"建设：法治思维与法律服务	2015.12.19
"一带一路"中国伊朗合作发展国际研讨会	2015.12.22—24
二、组织举办内部重要专题研讨 7 次	
亚投行有关工作讨论会	2015.5.10
"一带一路"宣传战略研讨会	2015.6.19
蓝迪国际青年骨干交流会	2015.6.28
蓝迪国际企业沙龙	2015.7.23
"一带一路"信息走廊建设研讨会	2015.9.11
国家行政学院高级外交官培训	2015.11.19
"一带一路"标准建设研讨会	2015.12.2

续表

三、重要出访 5 次	
访问红十字会与红新月会国际联合会、红十字国际委员会	2015.1
访问巴基斯坦	2015.6.1—4
访问俄罗斯、哈萨克斯坦	2015.9.12—19
访问新西兰、印度尼西亚	2015.11.7—14
访问美国	2015.11.15—22
四、重要外事接待 8 次	
印度阿斯朋研究所代表团	2015.6.11
美国犹他州众议院代表团	2015.8.31
英国议会跨党派中英小组代表团	2015.9.24
红十字会与红新月会国际联合会代表团	2015.10.21—24
德国联邦议员代表团	2015.10.29
巴基斯坦参议院代表团	2015.11.18
美国全国州议会代表团	2015.11.19
立陶宛商务代表团	2015.11.23
五、出席重要国际活动 15 次	
第三次世界减灾大会（日本仙台）	2015.3.14—18
北京大学中巴经济走廊研讨会（中国北京）	2015.5.22
格鲁吉亚国庆招待会（中国北京）	2015.5.26
气候变化国际圆桌会议（中国北京）	2015.6.24
乌克兰独立日招待会（中国北京）	2015.8.24
红十字会与红新月会国际联合会（IFRC）全球管理会议（阿联酋迪拜）	2015.9.1—4
2015 年丝绸之路国际文化论坛（俄罗斯莫斯科）	2015.9.13—15
哈萨克斯坦中国专家论坛（哈萨克斯坦阿斯塔纳）	2015.9.16
IFRC 领委会和红十字运动基本原则 50 周年纪念会议（奥地利维也纳）	2015.10.3—6
亚洲政党丝绸之路专题会议（中国北京）	2015.10.14—15
"一带一路与共同体建设"丝路论坛（中国北京）	2015.11.6
立陶宛—中国商务论坛（中国北京）	2015.11.23
联合国气候变化框架公约缔约方会议（法国巴黎）	2015.11.30—12.11
第三十二届红十字与红新月会国际会议（瑞士日内瓦）	2015.12.3—10
第三届中国—中东欧国家高级别智库研讨会（中国北京）	2015.12.17

续表

六、国内专题调研 14 次	
中交集团、三峡集团、海尔集团等重点国企调研（北京）	2015.1
河南调研（郑州）	2015.3.21—22
工信部软件与集成电路促进中心调研	2015.5.6
江西调研（吉安）	2015.5.15—16
财政部国际财经合作司调研	2015.5.26
新疆调研（乌鲁木齐、克拉玛依）	2015.5.29—31
中农发集团等重点国企调研（北京）	2015.6
新疆调研（喀什、乌鲁木齐、克拉玛依）	2015.7.1—6
山东调研（日照）	2015.7.7—14
新奥集团等重点民企调研（廊坊）	2015.9
山东调研（青岛）	2015.9.25—28
国际绿色经济协会等行业协会调研（北京）	2015.9.29
江苏调研（江阴）	2015.10.19—21
北京德恒律师事务所调研（北京）	2015.11.18
七、重要人士会见 66 人次	
巴基斯坦参议院国防委员会主席穆沙希德	2015.1.18
中国江西省委书记强卫	2015.3.10
美国众议院外委会主席爱德华·罗伊斯，众议院拨款委首席成员妮塔·洛伊，众议院共和党政策委员会主席艾伦·梅塞尔，众议院规则委员会主席彼得·塞申斯，等	2015.3.11
中国河南省委书记郭庚茂	2015.3.22
巴基斯坦参议院国防委员会主席穆沙希德，财经委员会主席萨利姆	2015.4.15
中共中央政治局委员、新疆维吾尔自治区党委书记张春贤	2015.5.31
巴基斯坦总理谢里夫，参议院主席拉巴尼，财政部部长达尔，规划改革与发展部部长伊克巴尔，俾路支省首席部长马利克，国家党主席哈西尔，参议院国防委员会主席穆沙希德，财经委员会主席萨利姆，外事委员会主席努扎特，巴红新月会会长萨义德等	2015.6.1—3
联合国驻华总代表马和励	2015.6.10
欧洲委员会前主席普罗迪	2015.6.25
巴基斯坦参议院国防委员会主席穆沙希德	2015.7.1—6
中共中央政治局委员、新疆维吾尔自治区党委书记张春贤	2015.7.6

续表

七、重要人士会见 67 人次	
中共中央政治局委员、新疆维吾尔自治区党委书记张春贤，巴基斯坦计划及改革发展部部长阿赫桑·伊克巴尔，参议院国防委员会主席穆沙希德·侯赛因，参议院财经委员会主席萨利姆·曼迪瓦拉，国家党主席哈西尔·比赞佑，人民民族党资深政治领袖、人权委员会前主席阿夫拉斯布·卡塔克，参议院外事委员会主席努扎特·萨迪克，红新月会会长萨义德·伊拉希，巴基斯坦驻华大使马苏德·哈立德，央行原行长亚森·安瓦尔，前参谋长联席会议副主席、巴基斯坦福记集团前总裁穆斯塔法·汗，国防部国家物流部负责人查维德·穆罕默德·布哈里，国防部边境工程局总工程师哈立德·艾提尕尔等	2015.8.10
印尼国会副议长法德利	2015.8.19
美国犹他州众议长、参议长	2015.8.31
阿联酋迪拜酋长之兄哈希尔	2015.9.2
俄罗斯联邦副总理奥丽加·戈洛杰茨，上海合作组织秘书长梅津采夫，俄罗斯总统普京特使米哈伊尔·什维德科伊，国际事务委员会主席、俄联邦前外交部长伊戈里·伊万诺夫，世界经济与国际关系研究所所长邓金，俄罗斯旅游部部长希尔盖夫娜，巴基斯坦信息、大众传媒与民族遗产部部长别尔瓦伊斯·拉希德，欧亚经济委员会伊利因部长，哈萨克斯坦总统战略研究所所长卡林	2015.9.12—19
英国能源与气候变化大臣安伯·拉德	2015.9.20
印尼前总统梅加瓦蒂，柬埔寨副首相索安	2015.10.14
巴基斯坦参议院财经委员会主席萨利姆	2015.10.15
巴基斯坦参议院中巴经济走廊委员会主席、国防委员会主席穆沙希德	2015.10.15
伊朗第一副议长法赫德	2015.11.2
印尼国会第一委员会副主席丹多维·叶海亚	2015.11.12
中共中央政治局常委、全国人大常委会委员长张德江	2015.11.18
巴基斯坦参议院主席拉巴尼	2015.11.18
立陶宛总理布特克维丘斯	2015.11.23
瑞士洛桑国际管理发展学院（IMD）院长科赛因	2015.12.1
柬埔寨国王西哈莫尼，首相洪森，副首相兼国防部长迪班	2015.12.8—9
伊朗中国联合商会主席阿索多拉·阿斯加罗拉迪，中国伊朗商会会长（北京）哈桑·塔瓦纳	2015.12.22—24
八、报送重要报告 12 份	
（一）中巴关系	
《中巴经济走廊研究报告（一）》	2015.3.5
《中巴经济走廊研究报告（二）》	2015.5.28

续表

八、报送重要报告 12 份	
《中巴经济走廊研究报告（三）》	2015. 6. 16
《中巴经济走廊研究报告（四）》	2015. 8. 25
（二）中美关系	
《中美合作研究报告（一）》	2015. 9. 11
（三）中俄关系	
《"一带一盟"与中俄关系的新动向及对策建议》	2015. 10. 27
（四）对外宣传	
《"一带一路"对外传播话语体系构建与战略实施（一）》	2015. 8. 5
《"一带一路"对外传播话语体系构建与战略实施（二）》	2015. 8. 5
（五）人道事务	
《关于第三届世界减灾大会的情况报告及对中国减灾战略的建议》	2015. 4. 27
《俄罗斯联邦紧急情况部调研报告》	2015. 10. 16
（六）多边治理	
《国际气候治理格局演变和我国的战略选择》	2015. 11. 15
（七）地方参与	
《关于接受委托围绕江西省参与"一带一路"战略实施开展相关工作的报告》	2015. 4. 25

2016 年大事记

一、组织举办重要国际会议 5 次	
《蓝迪国际智库报告 2015》新书发布会	2016. 3. 1
中国—哈萨克斯坦合作发展国际研讨会	2016. 4. 6—8
"丝绸之路经济带"新疆·克拉玛依论坛（2016）	2016. 8. 9—11
世界人道主义峰会后行动·中国德宏国际研讨会	2016. 9. 22—24
中国—印度尼西亚合作发展国际研讨会	2016. 11. 15—17
二、组织举办内部重要专题研讨 11 次	
访巴第四团与巴基斯坦驻华使馆商务会谈活动	2016. 3. 15
伊朗高访团预备会	2016. 3. 17
"一带一路"中巴经济走廊投资建设合作论坛	2016. 4. 28

续表

二、组织举办内部重要专题研讨 11 次	
"一带一路"倡议与中国—中东欧国家合作国际学术研讨会	2016.5.3
中国南非合作需求对接会	2016.5.10
第二届中巴经济走廊媒体论坛	2016.5.20
南北"4＋8"地区绿色发展论坛	2016.10.10
南北"4＋8"地区绿色发展座谈会	2016.10.11
标准促进"一带一路"互联互通——蓝迪国际智库企业"走出去"标准化建设与服务研讨	2016.10.19
中科院地理所—蓝迪"一带一路"研讨会	2016.10.21
中国国际产能合作论坛	2016.12.28
三、重要出访 6 次	
访问巴基斯坦	2016.4.14
访问哈萨克斯坦	2016.5.25—26
访问伊朗	2016.5.27—30
访问葡萄牙、意大利、瑞士	2016.10.25—11.3
访问津巴布韦	2016.12.5
访问巴基斯坦	2016.12.11—15
四、重要外事接待 9 次	
毛里塔尼亚执政党——争取共和联盟代表团	2016.3.3
红十字国际委员会东亚办事处代表	2016.4.29
匈中友好议员小组代表团	2016.5.16
印尼议会友好小组	2016.5.19
埃及党政干部考察团	2016.8.24
波兰青年政治家代表团	2016.8.29
匈牙利国会外事委员会一行	2016.11.10
喀麦隆国民议会喀中友好小组代表团	2016.11.11
巴基斯坦军政高干子弟访华团	2016.11.21
五、出席重要国际活动 11 次	
联合国世界人道主义峰会（土耳其伊斯坦布尔）	2016.5.23—24
博鳌亚洲论坛能源资源与可持续发展会议暨丝绸之路国家论坛（哈萨克斯坦阿斯塔纳）	2016.5.24—26
中国伊朗企业合作研讨会（伊朗德黑兰）	2016.5.30

续表

五、出席重要国际活动 11 次	
2016 年二十国集团民间社会（C20）会议（中国青岛）	2016. 7. 5—6
2016 年二十国集团智库（T20）会议（中国北京）	2016. 7. 29—30
"一带一路"伊朗投资论坛（中国北京）	2016. 8. 17
亚非国家议员研讨班（中国北京）	2016. 9. 19
中国东盟市长论坛（中国南宁）	2016. 9. 26—27
"21 世纪的瓜达尔"中巴经济走廊暨瓜达尔港国际合作会议（巴基斯坦瓜达尔）	2016. 12. 13
中巴经贸合作研讨会（巴基斯坦卡拉奇）	2016. 12. 14
联合国可持续发展目标国际高端研讨会（中国北京）	2016. 12. 18
六、国内专题调研 17 次	
中铁十七局集团公司（北京）	2016. 2. 19
国家认监委认证认可技术研究所（北京）	2016. 2. 24
中国标准化研究院（北京）	2016. 3. 17
江苏海外集团（北京）	2016. 3. 17
中国对外工程承包商会（北京）	2016. 3. 18
湖南省直机关工委领导干部及湖南省企业代表调研座谈会（湖南长沙）	2016. 3. 22
湖南省花垣县十八洞村精准扶贫调研（湖南花垣）	2016. 4. 9—11
清华房地产总裁商会（北京）	2016. 4. 22
湖南省花垣县十八洞村旅游文化产业精准扶贫考察（湖南花垣）	2016. 5. 10—13
清华房地产总裁商会（北京）	2016. 5. 19
中国开放性金融促进会（北京）	2016. 6. 21
克拉玛依论坛筹备工作调研（新疆乌鲁木齐、克拉玛依）	2016. 7. 1—7. 3
新疆伊犁哈萨克自治州昭苏县马产业调研（新疆昭苏）	2016. 8. 15
中国化学工程集团公司（北京）	2016. 8. 24
启迪控股股份有限公司（北京）	2016. 9. 2
梦东方文化娱乐集团（北京）	2016. 9. 7
广东一一五科技股份有限公司（北京）	2016. 9. 13

续表

七、重要人士会见 78 人次	
巴基斯坦财政部部长伊沙克·达尔，巴基斯坦驻华大使马苏德，中巴经济走廊特使扎法尔	2016.1.15
巴基斯坦参议员、参议院财经委员会主席、中国社会科学院蓝迪国际智库中国巴基斯坦国际合作委员会委员萨利姆·曼迪瓦拉	2016.2.19
伊朗驻华大使阿里·艾斯卡·哈吉	2016.2.23
中宣部副部长王晓晖	2016.2.24
毛里塔尼亚执政党——争取共和联盟主席马哈姆	2016.3.3
中联部民间组织促进局局长尤建华	2016.3.9
中共中央委员、江西省委副书记、省人民政府省长鹿心社，巴基斯坦驻华大使马苏德·哈立德	2016.3.10
十一届全国人大常委会副委员长、国家科技重大专项重大新药创制项目技术总师桑国卫	2016.3.12
哈萨克斯坦驻华大使沙赫拉特·努雷舍夫	2016.3.14
河南省副省长徐济超，河南省科协主席霍金花	2016.3.14
中共中央委员、江西省委副书记、省人民政府省长鹿心社，伊朗驻华大使阿里·阿斯加尔·哈吉	2016.3.15
巴基斯坦驻华大使马苏德·哈立德	2016.3.15
中国江苏省人民政府副省长张雷，哈萨克斯坦驻上海总领事卡拉巴耶夫·佐齐汉，中国江苏省江阴市人民政府市长沈建	2016.4.6
中国驻巴基斯坦大使馆代办赵立坚，巴基斯坦议会中巴经济走廊委员会主席、蓝迪国际智库中国—巴基斯坦国际合作委员会巴方主席穆沙希德·侯赛因，巴基斯坦参议员、参议院财经委员会主席、中国社会科学院蓝迪国际智库中国—巴基斯坦国际合作委员会委员萨利姆·曼迪瓦拉	2016.4.14
中国对外承包工程商会会长房秋晨，巴基斯坦计划发展部部长阿山·伊克巴尔，巴基斯坦边境工程组织总经理穆罕默德·阿夫扎尔少将，俾路支省首席部长纳瓦卜·萨纳乌拉·坎·扎尔	2016.4.28
匈牙利国会常务副主席、国会匈中友好议员小组主席玛特劳依·玛尔道	2016.5.16
巴基斯坦议会中巴经济走廊委员会主席、蓝迪国际智库中国—巴基斯坦国际合作委员会巴方主席穆沙希德·侯赛因，全国记协党组书记、常务副主席、书记处书记翟惠生，巴基斯坦驻华大使马苏德·哈立德	2016.5.20
博鳌亚洲论坛副理事长、国务院原副总理曾培炎，哈萨克斯坦前总理捷列克先科，中国驻哈萨克斯坦大使张汉晖	2016.5.24
伊朗外交部副部长拉辛波尔，中国驻伊朗大使庞森	2016.5.29

续表

七、重要人士会见 78 人次	
中国共产党第十八届中央委员、中国社会科学院院长、党委书记、学部主席团主席王伟光，中国开发性金融促进会执行副会长李吉平	2016.6.21
伊朗财政部副部长卡扎伊	2016.6.26
中共中央政治局委员、新疆维吾尔自治区党委书记张春贤，新疆维吾尔自治区党委常委、常务副主席黄卫，新疆维吾尔自治区党委常委、秘书长彭家瑞，新疆维吾尔自治区人大副主任王永明	2016.7.3
巴基斯坦旁遮普省首席部长夏巴兹·谢里夫	2016.7.26
各国议会联盟秘书长马丁·纯贡	2016.9.19
泰国前副总理、泰中友好协会会长功·塔帕朗西	2016.9.27
联合国秘书长、葡萄牙前总理安东尼奥·古特雷斯，葡萄牙外交学院院长弗雷塔斯·弗拉兹，中国驻葡萄牙大使蔡润	2016.10.26
联合国开发计划署前驻华总代表哈立德·马立克，意大利路易斯大学政府管理研究学院主席、全球可持续发展论坛战略理事会主席吉恩·保罗·费托斯，意大利前劳动和社会政策部长、经济学家恩里科·吉奥瓦尼，意大利负责欧洲事务的国务副秘书长山锋·果齐	2016.10.28
意大利前总理恩里科·莱塔，意大利前劳动和社会政策部长、经济学家恩里科·吉奥瓦尼，联合国开发计划署前驻华总代表哈立德·马立克，中国驻意大利大使李瑞宇	2016.10.29
意大利参议院外事委员会主席卡西尼	2016.10.31
各国议会联盟秘书长马丁·纯贡	2016.11.1
驻日内瓦使团马朝旭大使	2016.11.2
匈牙利国会外事委员会主席内梅特·若尔特	2016.11.10
喀麦隆国民议会副议长达图奥·泰奥多尔	2016.11.11
印度尼西亚驻华大使苏更·拉哈尔佐	2016.11.23
津巴布韦众议长穆登达，津巴布韦副外长穆本维，津巴布韦议会外事委员会主席帕拉扎，全国人大常委会委员、全国人大财政经济委员会副主任委员乌日图，全国人大外事委员会委员杨建亭，中国驻津巴布韦大使黄屏	2016.12.5
中国驻巴基斯坦大使孙卫东，巴基斯坦海军参谋长穆罕默德·扎考拉上将，俾路支省首席部长泽赫里，巴基斯坦参谋长联席会议主席佐拜尔，巴基斯坦议会中巴经济走廊委员会主席、蓝迪国际智库中国—巴基斯坦国际合作委员会巴方主席穆沙希德·侯赛因	2016.12.13
巴基斯坦参议员、参议院财经委员会主席、中国社会科学院蓝迪国际智库中国—巴基斯坦国际合作委员会委员萨利姆·曼迪瓦拉，中国驻卡拉奇总领事王愚，信德省投资署主席纳希德	2016.12.14
巴基斯坦开伯尔—普什图省首席部长帕尔维斯·卡塔克	2016.12.28

八、报送重要报告 8 份	
《美国对伊朗政策的重大调整及我方的对策建议》	2016. 1. 16
《制裁后的对朝战略》	2016. 4. 22
《共迎全球人道事业的挑战，全面提升中国国家软实力》	2016. 6. 11
《"一带一路"建设与全球经济金融治理》	2016. 9. 3
《关于推动中国与葡萄牙开展多双边合作的有关建议》	2016. 11. 4
《特朗普当选美国总统的背景和影响及我国的对策建议》	2016. 12. 8
《打造中国—印尼互联互通发展轴，领军 21 世纪海上丝绸之路建设》	2016. 12. 9
《中巴经济走廊研究报告（五）：瓜达尔港的历史、现状和未来》	2016. 12. 31

2017 年大事记

一、组织举办重要国内国际会议 6 次	
蓝迪国际智库 2016 年度报告发布会	2017. 3. 20
中国—印尼项目投资研讨会	2017. 3. 20
"一带一路"产业合作国际论坛	2017. 5. 14—15
世界人道主义峰会后行动：中国大连国际论坛	2017. 7. 14—15
海上丝绸之路互联互通国际研讨会	2017. 7. 17—19
蓝迪国际智库"一带一路"企业能力建设培训班	2017. 11. 5—10
二、组织举办内部重要专题研讨 11 次	
中国智库国际影响力论坛 2017	2017. 1. 9
"一带一路"智库合作联盟理事会议暨专题研讨会	2017. 2. 24
"丝绸之路经济带"新疆·克拉玛依论坛（2017）工作讨论会	2017. 3. 1
蓝迪国际智库与印尼代表团交流会	2017. 3. 19
中国—东南亚地区共建"一带一路"治理能力研修班	2017. 6. 5—18
蓝迪国际—美国加州企业团交流会	2017. 6. 8
"一带一路"法律服务国际论坛	2017. 7. 29
中国—西亚地区共建"一带一路"治理能力研修班	2017. 9. 4—17
蓝迪国际智库与世界绿色经济组织代表团交流会	2017. 9. 9
蓝迪国际智库与阿曼巴哈万集团代表团交流会	2017. 10. 18
振发集团与缅甸代表团交流会	2017. 11. 2

续表

三、重要出访 2 次	
访问印度尼西亚、斯里兰卡	2017. 5. 22—28
访问巴基斯坦、阿曼	2017. 8. 7—15
四、重要外事接待 9 次	
会见匈牙利代表团	2017. 6. 2
会见美国加州代表团	2017. 6. 8
会见意大利议员代表团	2017. 6. 8
会见印尼国会代表团	2017. 6. 16
会见意大利外委会代表团	2017. 7. 11
会见喀麦隆议员代表团	2017. 8. 21
会见瓦努阿图代表团	2017. 8. 30
会见世界绿色经济组织代表团	2017. 9. 9
会见阿曼巴哈万集团代表团	2017. 10. 18
五、出席重要国际活动 13 次	
第二届空中丝绸之路国际论坛（北京）	2017. 1. 6
中国（南京）中法产业合作交流会（南京）	2017. 3. 23
"'一带一路'沿线地区发展与上海作用"研讨会（上海）	2017. 4. 20
"一带一路"中印尼国际合作研讨会（印尼）	2017. 5. 23—25
斯里兰卡与河北承德农业项目考察团交流会（斯里兰卡）	2017. 5. 26
斯里兰卡本土企业座谈会（斯里兰卡）	2017. 5. 26
蓝迪国际智库与中巴经济走廊卓越中心交流会（巴基斯坦）	2017. 8. 9
巴基斯坦海尔工业园交流会（巴基斯坦）	2017. 8. 10
巴基斯坦拉合尔管理技术大学交流会（巴基斯坦）	2017. 8. 10
中国水产有限公司阿曼代表处考察交流会（阿曼）	2017. 8. 11
发展中国家议员研讨班（北京）	2017. 9. 5
2017 中国南京中德企业座谈会（南京）	2017. 9. 7
东盟十国午餐会（北京）	2017. 9. 11
六、国内专题调研 10 次	
泰豪集团（南昌）	2017. 2. 13
江联重工集团（南昌）	2017. 2. 13
浙江省能源集团（杭州）	2017. 2. 16

六、国内专题调研 10 次	
浙江大学（杭州）	2017.2.15
科大讯飞北京体验中心（北京）	2017.3.17
南京江北新区生物医药谷（南京）	2017.3.21
连云港市政府及企业代表（连云港）	2017.3.24
中国水产总公司（北京）	2017.8.18
中德企业代表（南京）	2017.9.7
中国社会科学院工业经济研究所（北京）	2017.9.12
七、重要人士会见 39 人次	
美国 HM 建筑事务所董事长杰斐利·赫勒（Jeffrey Heller）	2017.2.18
波兰副参议长、波中议员小组主席柴莱伊	2017.2.28
新疆克拉玛依市委书记陈新发	2017.3.1
波兰副参议长、波中议员小组主席柴莱伊	2017.3.5
北京常务副市长张工	2017.3.8
财政部国库司谭龙主任	2017.3.14
德国前国防部长鲁道夫·沙尔平	2017.3.15
英国外交部亚太司中国地区负责人凯特·怀特	2017.3.15
法国前总理让－皮埃尔·拉法兰	2017.3.22
阿尔巴尼亚驻华大使 Selim Belortaja	2017.3.30
埃及前总理，沙拉夫可持续发展基金会主席伊萨姆·沙拉夫，法国前总理让－皮埃尔·拉法兰，德国前国防部长鲁道夫·沙尔平，巴基斯坦参议员、巴中学会主席穆沙希德·侯赛因·萨义德，巴基斯坦参议员、参议院财经委员会主席萨利姆·曼迪瓦拉，原联合国开发计划署主管哈里德·马利克	2017.5.13
全国社会保障基金理事会副理事长王忠民，中巴友好协会会长、联合国前副秘书长沙祖康，中国与全球化智库（CCG）主席、原国家外经贸部副部长龙永图	2017.5.15
印尼北苏拉威省省长 Olly Dondokambey，印尼投资协调委员会主席 Thomas Lembong	2017.5.24
斯里兰卡总理拉尼尔·维克勒马辛哈，斯里兰卡总统高级顾问雷萨纳长老	2017.5.26
斯里兰卡总统西里塞纳	2017.5.27
匈牙利国会主席格维尔	2017.6.2

续表

七、重要人士会见 39 人次	
意大利参议院民主党团副主席亚历山德罗·马然	2017.6.8
斯里兰卡科技部部长 Susil Premajayantha	2017.7.6
十二届全国人大常委会副委员长、中国红十字会会长陈竺，红十字会与红新月会国际联合会秘书长哈吉·阿斯·斯伊	2017.7.15
中国社会科学院院长王伟光，巴基斯坦参议员、巴中学会主席穆沙希德·侯赛因·萨义德，巴基斯坦参议员、参议院财经委员会主席萨利姆·曼迪瓦拉	2017.8.8
国驻阿曼大使于福龙	2017.8.11
喀麦隆议会喀中友好小组主席孔巴	2017.8.21
瓦努阿图第一议会副议长埃德温	2017.8.30
德国前总理格哈特·施罗德	2017.9.7
世界绿色经济组织（WGEO）秘书长保罗·伦博，世界绿色经济组织（WGEO）董事会成员、联合国顾问埃卡西米	2017.9.9
阿曼巴哈万公司董事局主席哈尼德·萨勒姆·穆哈尼·巴哈万	2017.10.18
八、报送重要报告 7 份	
《关于 3D 打印建筑技术列入国家战略建设的建议》	2017.3.6
《特朗普就任美国总统半年来的执政情况及我方的对策建议》	2017.7.2
《深化中国—斯里兰卡"21 世纪海上丝绸之路"的战略合作研究报告》	2017.7.2
《倡导规划先行，深化智力合作——"一带一路"规划先行理念的探索与实践》	2017.8.8
《中小企业深度融入"一带一路"建设的问题及对策》	2017.9.1
《中巴经济走廊研究报告（六）：巴基斯坦当前局势及其对中巴经济走廊的影响》	2017.9.11
《关于加快中国佛教国际化的建议》	2017.10.24

附录 2　中国社会科学院蓝迪国际
智库项目绩效评价报告

为全面总结中国社会科学院蓝迪国际智库（简称"蓝迪项目"）运行情况和经验，提高中央财政资金使用效率，促进国家高端智库建设，中国社会科学院会同第三方评价机构，组织各方面专家组成绩效评价工作组，对项目进行了综合绩效评价，现将有关情况报告如下。

◇◇ 第一节　蓝迪项目基本情况

为服务国家"一带一路"倡议，在国家发改委、财政部、商务部等中央有关部委的支持下，在中国社会科学院的直接领导下，蓝迪项目于 2015 年 4 月启动。

蓝迪项目领导小组组长为中国社会科学院院长王伟光，副组长为全国人大常委会委员、外事委员会副主任委员赵白鸽和全国人大常委会委员、农业与农村委员会委员、中国社会科学院副院长蔡昉。中国社会科学院国际合作局局长王镭担任蓝迪项目办公室主任，中国社会科学院亚太与全球战略研究院党委书记王灵桂担任共同主任。

蓝迪项目设专家委员会，由外交与国际政治、法律政策、可持续发展、宏观经济、金融、企业管理、社会民生、历史文化等各个重要领域的著名专家学者和企业精英组成，共同参与蓝迪项目的决策和发展。赵白鸽任专家委员会主席，蔡昉任专家委员会副主席；委员包括专家学者33人、企业专家16人和行业专家11人。

蓝迪项目形成了统筹国内外政党、政府、议会、智库、企业、行业协会、金融机构、社会组织、媒体和国际多双边机构等各方战略合作伙伴及支持机构的服务体系。通过建立法律服务、政策研究、技术标准、信息服务、金融支持、文化与品牌、能力建设七大专业服务组，积极组织政府、企业和行业资源，带领企业组团"出海"，为企业实质性参与"一带一路"建设方面提供了大量系统性的服务和支持。

蓝迪项目还探索人道与发展领域新型智库建设，积极开展人道与发展领域高端访问，搭建专业培训和能力建设平台，构筑人道与发展领域思想理论高地，深入研究人道与发展领域具有理论性、根本性、全局性的问题，分析人道与发展需求，提供政策建议。

蓝迪项目运行3年以来，以需求导向、项目导向和结果导向为原则，在智库研究、国际合作以及促进"一带一路"建设等方面开展了大量工作。目前已经建立了较为完备的智库网络、国际网络和企业网络。

蓝迪项目的资金投入情况见下表。

		来源项目	预算申请数	预算批复数
项目支出情况	资金来源	合计	2007.5	
		财政拨款	2007.5	
		其中：申请当年财政预算		
		预算外资金		
		其他资金		

		支出项目	金额
项目支出情况	支出项目及金额	合计	2007.5
		1. 人道与发展领域高层交流	150
		国际联合会代表团访问中国（1 次）	5
		中方高级别代表团访问国际联合会总部（1 次）	30
		访问重大人道危机或潜在风险地区（6 次）	115
		2. 人力资源培训与储备	750
		短期人道与发展事务能力建设培训班（5 次）	300
		中期人道与发展事务治理或管理培训班（6 次）	390
		选派中青年骨干驻外工作锻炼（6 人次）	60
		3. 智库建设与交流	670
		组织人道与发展事务智库峰会（小型，3 次）	120
		组织人道与发展事务研讨会（中型，3 次）	250
		组织国际人道与发展事务大会（大型，1 次）	230
		参与国际重要会议（5 次）	70
		4. 重点领域专业研究	180
		研究经费	120
		信息资料费用	30
		成果推广费用	30
		5. 其他项目	257.5
		聘用培训项目人员	65
		审计评估费	17.5
		管理运行成本	175

◇◇ 第二节　绩效评价情况

一　基本情况

（一）评价目的

通过开展蓝迪项目绩效评价工作，对该项目的管理和完成情况及经费使用做全面了解，对实施成效进行综合评价，总结经验，发现问题，进一步加强项目管理，提高财政资金使用效益，为后续立项课题申报提供预算编制及绩效指标等重要参考依据。

（二）评价范围

评价范围为蓝迪项目实施期间涉及智库研究、国际网络建设和企业网络建设的相关内容。

（三）评价依据

（1）《财政部关于印发〈财政支出绩效评价管理暂行办法〉的通知》（财预〔2011〕285号）；

（2）《财政部关于印发〈预算绩效评价共性指标体系框架〉的通知》（财预〔2013〕53号）；

（3）《财政部关于印发〈中央部门预算绩效目标管理办法〉的通知》（财预〔2015〕88号）；

（4）《关于开展中央部门项目支出绩效自评工作的通知》（财办预〔2016〕123号）。

（四）评价指标体系

主要包括投入、过程、产出和效益4个一级指标、10个二级指标和23个三级指标，满分为100分。一是投入（15分），主要评价立项必要性和规范性、项目目标合理性和明确性、风险分析和资金落实等工作情况。二是过程（25分），主要评价业务管理组织健全性、制度执行有效性、质量可控性、财务管理财务监管有效性、资金使用合理性、支出结构合理性等基础工作开展情况。三是产出（30分），主要评价智库研究成果的数量和质量、国际研讨及交流活动的举办情况以及促进企业国际经贸合作等活动的开展情况。四是效益（30分），主要评价该项目的研究成果成效、国际合作网络和企业平台网络发挥的作用。

（五）评价方法及实施

本次评价工作遵循"客观、公正、科学、规范"的原则，通过对蓝迪项目的投入、过程、产出和效果的比较和分析，对该项目进行综合评价。绩效评价采用全面评价和重点评价相结合、现场评价与资料评价相结合的方法，共聘请9位专家开展了评审会、现场调研、报告咨询等形式的评价工作。

鉴于该项目评价范围广、涉及内容较多，为更全面地掌握项目承担单位实际执行情况，根据项目资金量及任务，选取了蓝迪项目办公室等作为本次绩效评价的现场调研单位，蓝迪项目所有子项目均由该办公室组织协调。

二　评价结果

蓝迪项目立项符合中国社会科学院有关学术研究规划和财政资金支持范围，立项程序规范；项目承担单位具备完整的业务管理制度，建立了严格的质量控制体系、业务管理规范。经评价，该项目绩效评价得分93分，综合绩效级别为"优"。

蓝迪项目紧密围绕党和国家工作大局，充分发挥咨政建言、理论创新、舆论引导、社会服务、公共外交等重要功能，重点开展如下几方面工作，取得可喜成效。

一是在全球人道主义研究与合作中开展了大量工作。积极开展人道与发展领域高端访问，促进相互了解、交流合作和政治互信，搭建和维护沟通渠道，夯实相关各方在应对国际人道事务中的合作基础；搭建专业培训和能力建设平台，加强人道与发展领域的人力资源战略储备，增进国际人道领域的交流、互信与合作，为我国持续参与国际事务拓展人脉渠道，培养后备人才；建设人道与发展领域新型智库，凝聚和发挥智力资源优势，共同探讨人道与发展领域重大事务及应对策略，分享推广国际人道与发展事务好的经验和做法，发出符合我国利益的政策呼吁，积极影响国际人道与发展事务议程，多层次、多维度促进我国家利益和国际形象；构筑人道与发展领域思想理论高地，深入研究人道与发展领域具有理论性、根本性、全局性的问题，分析人道与发展需求，提供政策建议，总结理论成果，引导资源调配。

二是深入开展智库研究。围绕"一带一路"建设、国际人道主义事务、新型大国关系、国际多双边合作等方面重大议题，在深入调研基础上，形成专题报告及政策建议，得到中央和地方主要领导同志一系列批示。

三是积极推动"一带一路"务实合作。聚焦中巴经济走廊建设，促成设立中国社会科学院与新疆维吾尔自治区政府共同主办的"丝绸之路经济带新疆·克拉玛依论坛"。大力推进中巴经济走廊旗舰项目瓜达尔港建设，推动新疆克拉玛依市、中国海外港口控股有限公司等在瓜达尔的合作项目落地。面向地方政府和企业，为其与"一带一路"沿线国家、地区实现对接合作提供智库咨询服务。

四是有效搭建国际合作平台。已初步构建起覆盖东南亚、南亚、中亚、欧洲、非洲等地区的智库研究与合作网络，形成了国内外政党、议会、政府部门、智库、企业、社会组织、媒体和国际多双边机构等多方参与的工作格局。以多、双边高层交往为重要纽带，在重大国际场合发出中国声音，提出中国方案，贡献中国智慧。

五是着力打造高端智库影响力。2016 年 8 月欧洲对外关系委员会发布《分析中国：中国兴起百家智库》研究报告，将蓝迪国际智库作为中国新型智库建设中的范例，称"中国社会科学院蓝迪国际智库已拥有系统的对话交流及合作机制"。2016 年 12 月底，国内"一带一路百人论坛"通过系统性公开信息分析，将蓝迪项目评选为 2016 年度"一带一路"优秀智库。2017 年 2 月，蓝迪项目入选中联部牵头的"一带一路"智库合作联盟理事会。

◇◇ 第三节　主要问题

（1）智库研究需要加强系统规划，并持续跟进重点课题。部分研究项目偏重对策性和时效性，对全球人道与发展、全球治理、世界经济秩序、第四次工业革命与"一带一路"等重大议题未能很好地建立跟踪研究机制；部分研究项目中，理论研究较为薄弱，基础性、前瞻性研究项目安排较少。

（2）管理方面受体制制约较大，缺乏支撑项目深入发展的国际化青年人才。在外事交流、薪酬体系、学术研究等方面存在制约；由于薪酬体系不到位，在很多国际合作和研究项目中，难以吸引优秀的青年人才参与，尤其缺乏能够引领企业国际化的专业青年人才。

（3）缺乏项目可持续发展机制。对在"一带一路"建设中涌现出来的优秀企业和先进技术，缺乏可持续性的组织和服务机制，面对中小企业投融资难、缺乏项目国际化能力等问题，尚待进一步建立可持续发展机制。

◇◇ 第四节　相关建议

（1）以"一带一路"为载体，成立跨界平台，形成服务于政府和企业需求的高端智库，重点关注全球化背景下的"一带一路"建设及项目发展的相关问题。

（2）开展深层次智库研究。围绕"一带一路"建设，突出问题导向，开展战略性、前瞻性、系统性、针对性研究，以战略对接、政策沟通、设施联通、民心相通，以及全球治理、安全风险、法规标准、体制创新等为基本研究领域，为决策提出专业化、建设性、切实管用的政策建议。

（3）构建国际高端智库网络。适时成立国际战略委员会，邀请国内外政、学、商界有重要影响力人士参加。以国际战略委员会带动与"一带一路"沿线国家及地区的智库交流与务实合作。

（4）打造"一带一路"合作品牌论坛。继续办好"丝绸之路经济带新疆·克拉玛依论坛"；围绕六大经济带，瞄准"一带一路"建设重要支点国家，与南亚、中亚、中东等区域共同举办合作发展论坛并使之机制化；针对重点专业领域，重点开展投融资体系、质量标准体系和信息数据体系的研究和实践。

（5）提供高水平信息和人才服务。搭建覆盖制造、基建、能源、物流、金融、园区、农业、医药、文化等"一带一路"建设关键领域的信息平台，为社会和企业提供咨询服务。组织开展对外培训项目，提升能力建设。

（6）多渠道增强国际传播力与话语权。通过高层互访、智库交流、媒体合作、成果发布、翻译出版等多种渠道，对外宣传阐释好"一带一路"的理念、原则，重大政策、举措，重要进展、成果，增强国际社会对"一带一路"的认知和认同，为"一带一路"建设营造有利舆论环境。

蓝迪项目评价指标体系

一级指标	二级指标	三级指标	指标解释	评价标准
投入	项目立项	项目立项必要性	项目立项实施是否必要、符合政策，与部门职责密切相关	该项分值2分。项目立项实施必要，符合政策，与部门职责密切相关，得2分。依照以下3点评价内容，相应扣分，扣完为止。 实施必要：项目是否符合中央财政资金支持范围； 政策相符：是否与中国社会科学院中长期学术研究规划密切相关； 职责相关：是否与中国社会科学院等牵头组织单位职责密切相关。
		项目立项规范性	项目立项程序是否规范、论证充分	该项分值1分。项目立项程序规范、论证充分得1分。依照以下3点评价内容，相应扣分，扣完为止。 设立程序包括：召开项目咨询评议会；组织编写实施方案；实施方案论证；组织编写项目经费概预算；组织专家或委托中介机构进行项目预算评审评估。 论证程序包括：主管部门对《项目申报书》提请专业委员会进行咨询，由专业委员会提出咨询意见；主管部门组织由专业技术人员、管理专家、经济专家等组成的专家组对《实施方案》进行论证。
		项目目标合理性	项目制定的绩效目标是否合理	该项分值3分。项目绩效目标制定目标合理得3分。缺少一项不相符，扣1分，直至扣完。 项目预期绩效是否显著，能否体现实际产出和效果的明显改善； 项目是否符合行业正常水平或事业发展规律； 与其他同类同质项目相比，预期绩效是否合理。
		项目目标明确性	项目制定的绩效目标细化，指标值清晰，与任务是否对应	该项分值3分。项目制定的绩效目标细化，指标值清晰，与任务匹配，得3分。缺少一项不相符，扣1分，直至扣完为止。 指标细化程度：项目绩效目标是否细化分解为具体的绩效指标，绩效指标细化、量化。难以量化的，定性描述充分、具体。选择了最能体现总体目标实现程度的关键指标并明确了具体指标。 指标值清晰程度：项目绩效目标是否通过清晰、可衡量的指标值予以体现。 任务对应性：项目绩效指标是否与项目任务数相对应。
		风险分析	项目及立项过程是否进行风险识别、风险控制、风险披露等必要的风险管理	该项分值2分。项目及项目立项是否进行风险识别、风险控制、风险披露等必要的风险管理。开展风险管理得2分，未开展得0分。
	资金落实	预算安排到位率	主管部门下达项目牵头单位和参加单位的预算金额是否足额，是否与预算批复一致	该项分值1分。主管部门下达项目牵头单位和参加单位的预算金额足额，与预算批复一致，得1分。实际得分为到位率×1分。到位率＝项目实际到位资金/专项预算资金。

续表

一级指标	二级指标	三级指标	指标解释	评价标准
投入	资金落实	项目任务与预算规模的匹配性	项目预算与项目内容之间是否匹配	该项分值3分。项目预算与项目内容之间匹配，得3分。存在以下两种情况之一，相应扣分，直至扣完。在既定资金规模下，项目内容目标过高或过低；要完成既定绩效目标，资金规模过大或过小。
过程	业务管理	组织健全性	项目是否建立完备、层级清晰、责任明确、人员到位的组织管理机构	该项分值2分。项目建立完备、层级清晰、责任明确、人员到位的组织和管理体系，得2分。缺少一项，扣0.5分，直至扣完。项目组织机构主要包括：主管部门，设立专家委员会，明确执行单位，各项目有专门的项目组。
		制度完备性	项目是否制定合法、合规、完整的业务管理制度	该项分值2分。项目制定合法、合规、完整的业务管理制度，得2分。缺少一项，扣0.5分，扣完为止。项目制定了项目管理、知识产权、资产、档案、保密、数据管理、学术交流、考核评估等制度得1分，否则根据实际情况酌情扣分。
		制度执行有效性	项目及项目管理过程中有关管理机构是否按照中国社会科学院有关管理规定履行职责，执行相关管理制度	该项分值2分。项目及项目管理过程中，严格按照中国社会科学院有关管理制度履行职责、执行相关管理制度，得2分。前述组织机构中任一机构未有效执行相关制度扣0.5分，直至扣完。
		质量可控性	项目是否建立严格的质量管理体系	项目建立严格的质量管理体系，得4分。质量管理体系不完善酌情扣分，直至扣完。
	财务管理	支出结构合理性	项目具体支出科目与任务内容是否相符，各项任务支出比例与项目内容是否相符	该项分值5分。从项目具体支出科目与任务内容是否相符、各项任务支出比例与项目研究内容是否相符两个方面，对支出结构合理性进行评价。项目预算构成合理、目标相关、政策相符、经济合理，得4分。存在任一种不合理情况扣0.5分，直至扣完。
		资金调整规范性	项目调整是否符合中国社会科学院有关管理规定	该项分值5分，项目执行过程中，须按照中国社会科学院有关管理制度进行预算调整。有一项未按规定调整情况扣1分，直至扣完。
		资金使用合理性	项目在执行中央财政资金时是否存在截留、挤占、挪用、虚列支出等情况	该项分值3分。项目在执行中央财政资金不存在截留、挤占、挪用、虚列支出等情况。不存在超范围、支出理由不充分等情况，财务核算规范、完整，采购程序、资产管理、合同管理规范得3分，存在任一种不合理情况扣1分，直至扣完。
		财务监控有效性	项目在管理中是否建立有效的财务监控手段	该项分值2分。项目在管理中建立有效的财务管理手段，得2分。内部预算、决算、审计和验收环节，缺少一项扣0.5分，直至扣完。

续表

一级指标	二级指标	三级指标	指标解释	评价标准
产出	产出数量	项目研究成果完成率	项目是否按照预期目标设定的计划完成有关研究成果	该项分值5分。全部完成预期研究成果,得5分。若其中存在一项未完成扣0.5分,直至扣完。
		专项研究报告获批	项目专项研究报告是否获得省部级以上批示	该项分值10分。项目每年获得2项省部级以上批示。若未完成一项扣5分,直至扣完。
	产出质量	学术专著出版	项目学术专著是否顺利出版	该项分值5分。项目每年顺利出版学术专著1本,得5分,若未完成扣5分。
		国际研讨会召开	项目是否顺利举办国际研讨会	该项分值10分。项目每年顺利举办2次国际研讨会,得10分,未完成1次扣5分,直至扣完,
效益	研究成果推广应用	推广领域、用户满意度、潜在用户满意度	项目应用推广领域是否广泛,成果用户是否满意,是否具备潜在用户前景	该项分值11分。其中推广应用领域4分,成果用户满意度4分,潜在用户满意度3分。根据实际情况酌情扣分。评价内容包括但不限于:项目成果是否具有广泛的推广领域,根据用户反馈评估项目成果的满意度,是否具有潜在的可推广领域和用户。
	可持续影响	产业化保障措施、项目成果先进性、拓展应用前景	项目是否具有产业化保障措施,项目成果是否有引领作用,项目是否有拓展应用前景	该项分值11分。其中产业化保障措施4分,项目成果引领性4分,拓展应用前景3分。根据实际情况酌情扣分。评价内容包括但不限于:项目具有高效合理的产业化保障措施,项目成果具有先进性和引领性,项目有较好的拓展应用前景。
	经济效益	项目预期产生经济效益的时间及程度	项目是否可以在合理时间内产生一定规模的经济效益	该项分值4分。根据实际情况酌情扣分。
	社会效益	提升国际地位、争取国际话语权	项目是否起到提升特定领域国际地位的作用,是否能够争取特定领域的国际话语权	该项分值4分。根据实际情况酌情扣分。

蓝迪项目绩效评价得分表

一级指标	二级指标	三级指标	分值	得分	合计
投入 （15分）	项目立项	项目立项必要性	2	2	14
		项目立项规范性	1	1	
		项目目标合理性	3	3	
		项目目标明确性	3	3	
		风险分析	2	1	
	资金落实	预算安排到位率	1	1	
		项目任务与预算规模的匹配性	3	3	
过程 （25分）	业务管理	组织健全性	2	2	21
		制度完备性	2	1	
		制度执行有效性	2	1	
		质量可控性	4	4	
	财务管理	支出结构合理性	5	4	
		资金调整规范性	5	4	
		资金使用合理性	3	3	
		财务监控有效性	2	2	
产出 （30分）	产出数量	项目研究成果完成率	5	5	30
		专项研究报告获批	10	10	
	产出质量	学术专著出版	5	5	
		国际研讨会召开	10	10	
效益 （30分）	研究成果 推广应用	推广领域 用户满意度 潜在用户满意度	11	10	28
	可持续影响	产业化保障措施 项目成果先进性 拓展应用前景	11	10	
	经济效益	项目预期产生经济效益 的时间及程度	4	4	
	社会效益	提升国际地位 争取国际话语权	4	4	
总分					93

中国社会科学院蓝迪国际智库项目专家评审意见表

项目名称	中国社会科学院蓝迪国际智库项目
评审意见	蓝迪项目立项符合中国社会科学院有关学术研究规划和财政资金支持范围，立项程序规范；项目承担单位具备完整的业务管理制度，建立了严格的质量控制体系，业务管理规范。 蓝迪项目紧密围绕党和国家工作大局，充分发挥咨政建言、理论创新、舆论引导、社会服务、公共外交等重要功能，重点开展如下几方面工作，取得可喜成效。 一是在全球人道主义研究与合作中开展了大量工作。积极开展人道与发展领域高端访问，促进相互了解、交流合作和政治互信，搭建和维护沟通渠道，夯实相关各方在应对国际人道事务中的合作基础；搭建专业培训和能力建设平台，加强人道与发展领域的人力资源战略储备，增进国际人道领域的交流、互信与合作，为我国持续参与国际事务拓展人脉渠道，培养后备人才；建设人道与发展领域新型智库，凝聚和发挥智力资源优势，共同探讨人道与发展领域重大事务及应对策略，分享推广国际人道与发展事务好的经验和做法，发出符合我国利益的政策呼吁，积极影响国际人道与发展事务议程，多层次、多维度促进我国家利益和国际形象；构筑人道与发展领域思想理论高地，深入研究人道与发展领域具有理论性、根本性、全局性的问题，分析人道与发展需求，提供政策建议，总结理论成果，引导资源调配。 二是深入开展智库研究。围绕"一带一路"建设、国际人道主义事务、新型大国关系、国际多双边合作等方面重大议题，在深入调研基础上，形成专题报告及政策建议，得到中央和地方主要领导同志一系列批示。 三是积极推动"一带一路"务实合作。聚焦中巴经济走廊建设，促成设立中国社会科学院与新疆维吾尔自治区政府共同主办的"丝绸之路经济带新疆·克拉玛依论坛"。大力推进中巴经济走廊旗舰项目瓜达尔港建设，推动新疆克拉玛依市、中国海外港口控股有限公司等在瓜达尔的合作项目落地。面向地方政府和企业，为其与"一带一路"沿线国家、地区实现对接合作提供智库咨询服务。 四是有效搭建国际合作平台。已初步构建起覆盖东南亚、南亚、中亚、欧洲、非洲等地区的智库研究与合作网络，形成了国内外政党、议会、政府部门、智库、企业、社会组织、媒体和国际多双边机构等多方参与的工作格局。以多、双边高层交往为重要纽带，在重大国际场合发出中国声音，提出中国方案，贡献中国智慧。 五是着力打造高端智库影响力。2016 年 8 月欧洲对外关系委员会发布《分析中国：中国兴起百家智库》研究报告，将蓝迪国际智库作为中国新型智库建设中的范例，称"中国社会科学院蓝迪国际智库已拥有系统的对话交流及合作机制"。2016 年 12 月底，国内"一带一路百人论坛"通过系统性公开信息分析，将蓝迪项目评选为 2016 年度"一带一路"优秀智库。2017 年 2 月，蓝迪项目入选中联部牵头的"一带一路"智库合作联盟理事会。 当前蓝迪项目也存在部分需要加强的内容，主要表现在需要加强系统规划，并持续跟进重点课题；管理方面受体制约较大，缺乏支撑项目深入发展的国际化青年人才；缺乏项目可持续发展机制等问题，希望在下一步的工作中突出优势，弥补不足。 经评价，该项目通过专家组评审，绩效评价得分 93 分，综合绩效级别为"优"。

评审日期：2017 年 10 月 9 日

蓝迪项目绩效评价工作组名单

组　长

中国电子信息产业发展研究院院长　卢　山

副组长

大连海事大学校长　孙玉清

成　员

国家发改委国际合作中心主任　曹文炼

中联部当代世界研究中心副主任　王立勇

国家发改委城市和小城镇改革发展中心副主任　沈　迟

中国五矿化工进出口商会会长　陈　锋

全国律师协会副会长、国浩律师事务所首席执行合伙人
　　吕红兵

中国与全球化智库（CCG）理事长兼主任　王辉耀

中国电子信息产业研究院规划研究所副所长　张洪国

"一带一路"智库的国际化实践

蓝迪国际智库报告

2017 下册

PRACTICE OF BRI THINK TANK
INTERNATIONALIZATION
RDI ANNUAL REPORT 2017 II

荣誉主编 王伟光
主　　编 赵白鸽 蔡 昉
副 主 编 王 镭 王灵桂 朱晓进

中国社会科学出版社

目　录

（下册）

第一章　蓝迪国际智库专家委员会名单及简历 ……………………（1）

　　赵白鸽（专家委员会主席）　………………………………（2）

　　蔡昉（专家委员会副主席）　………………………………（3）

　第一节　专家学者 ……………………………………………（5）

　　蔡建华 ………………………………………………………（5）

　　曹文炼 ………………………………………………………（6）

　　常修泽 ………………………………………………………（7）

　　陈东晓 ………………………………………………………（8）

　　迟福林 ………………………………………………………（9）

　　贺文萍 ………………………………………………………（10）

　　黄　平 ………………………………………………………（11）

　　金　鑫 ………………………………………………………（13）

　　刘殿勋 ………………………………………………………（14）

　　李吉平 ………………………………………………………（15）

　　李绍先 ………………………………………………………（16）

　　李希光 ………………………………………………………（17）

　　李向阳 ………………………………………………………（18）

李永全 ……………………………………………………………（19）

刘世锦 ……………………………………………………………（20）

卢　山 ……………………………………………………………（22）

吕　祥 ……………………………………………………………（23）

龙永图 ……………………………………………………………（24）

穆显奎 ……………………………………………………………（25）

潘家华 ……………………………………………………………（26）

秦银河 ……………………………………………………………（27）

沙祖康 ……………………………………………………………（28）

孙玉清 ……………………………………………………………（29）

孙壮志 ……………………………………………………………（30）

王　镭 ……………………………………………………………（31）

王灵桂 ……………………………………………………………（32）

王荣军 ……………………………………………………………（33）

王　文 ……………………………………………………………（34）

王益谊 ……………………………………………………………（35）

王义桅 ……………………………………………………………（36）

王玉主 ……………………………………………………………（37）

吴崇伯 ……………………………………………………………（38）

杨　光 ……………………………………………………………（39）

翟　崑 ……………………………………………………………（40）

张洪国 ……………………………………………………………（41）

张丽娜 ……………………………………………………………（42）

张兴凯 ……………………………………………………………（43）

张宇燕 ……………………………………………………………（45）

郑功成 ……………………………………………………………（46）

智宇琛 ……………………………………………………（48）

第二节 企业专家 …………………………………………（49）

刁志中 ………………………………………………………（49）

郭家学 ………………………………………………………（50）

黄代放 ………………………………………………………（51）

吉朋松 ………………………………………………………（52）

靳新中 ………………………………………………………（53）

李仙德 ………………………………………………………（54）

刘家强 ………………………………………………………（55）

卢 朋 ………………………………………………………（56）

孙小蓉 ………………………………………………………（57）

谭晓东 ………………………………………………………（57）

童亚辉 ………………………………………………………（59）

王济武 ………………………………………………………（60）

王伟兴 ………………………………………………………（61）

文剑平 ………………………………………………………（61）

武 钢 ………………………………………………………（63）

袁宏永 ………………………………………………………（64）

袁建民 ………………………………………………………（65）

詹 斑 ………………………………………………………（66）

赵 明 ………………………………………………………（67）

第三节 行业专家 …………………………………………（68）

陈 锋 ………………………………………………………（68）

陈新发 ………………………………………………………（69）

房秋晨 ………………………………………………………（71）

胡卫平 ………………………………………………………（72）

柯志华 ··· （73）

李爱仙 ··· （74）

刘宗德 ··· （75）

吕红兵 ··· （76）

王大宁 ··· （77）

王　丽 ··· （78）

王燕国 ··· （79）

第二章　蓝迪国际智库关注企业名录 ··············· （81）

第一节　能源 ··· （82）

一　中国电力建设集团有限公司 ················· （82）

二　中国能源建设集团有限公司 ················· （83）

三　中国核工业建设集团公司 ··················· （84）

四　中国水电工程顾问集团公司 ················· （85）

五　中国水利电力对外公司 ····················· （86）

六　特变电工股份有限公司 ····················· （87）

七　特变电工新疆新能源股份有限公司 ········· （89）

八　新疆金风科技股份有限公司 ················· （90）

九　中国长江三峡集团公司 ····················· （91）

十　江苏省国信资产管理集团有限公司 ········· （92）

十一　正泰电气股份有限公司 ··················· （92）

十二　天津恒运能源集团股份有限公司 ········· （94）

十三　新奥集团股份有限公司 ··················· （95）

十四　杭州海兴电力科技有限公司 ··············· （96）

十五　中国电力国际发展有限公司 ··············· （97）

十六　山东圣威新能源有限公司 ················· （98）

十七　海润光伏科技股份有限公司 …………………………………… （99）

十八　晶科能源控股有限公司 …………………………………… （100）

十九　江苏爱康太阳能科技股份有限公司 ……………………… （101）

二十　江苏绿钢集团有限公司 …………………………………… （102）

二十一　新疆光明天然石油技术服务有限责任公司 …………… （103）

二十二　宝塔石化集团 …………………………………………… （104）

二十三　中国石油天然气管道局 ………………………………… （105）

二十四　中国石油工程建设公司 ………………………………… （106）

二十五　中国东方电气集团有限公司 …………………………… （107）

二十六　中国石油化工集团公司 ………………………………… （107）

二十七　中石化胜利油建工程有限公司 ………………………… （108）

二十八　中国电力工程顾问集团有限公司 ……………………… （109）

二十九　远景能源（江苏）有限公司 …………………………… （110）

三十　浙江省能源集团有限公司 ………………………………… （111）

三十一　东旭集团 ………………………………………………… （112）

三十二　江苏润达光伏股份有限公司 …………………………… （113）

三十三　协鑫（集团）控股有限公司 …………………………… （114）

三十四　四川省能源投资集团有限责任公司 …………………… （114）

三十五　常熟风范电力设备股份有限公司 ……………………… （115）

三十六　中国华信能源有限公司 ………………………………… （116）

三十七　江苏振发控股集团有限公司 …………………………… （117）

第二节　制造 ……………………………………………………… （117）

一　中国航天科技集团公司 ……………………………………… （117）

二　海尔集团 ……………………………………………………… （118）

三　中国机械工业集团 …………………………………………… （119）

四　中国中车股份有限公司 ……………………………………… （120）

五　中国重型汽车集团有限公司 …………………………（121）

六　中国建筑材料集团有限公司 …………………………（123）

七　上海电气集团股份有限公司 …………………………（123）

八　江苏阳光集团有限公司 ………………………………（124）

九　江苏双良集团有限公司 ………………………………（125）

十　江阴兴澄特种钢铁有限公司 …………………………（126）

十一　江苏法尔胜股份有限公司 …………………………（127）

十二　江苏三房巷集团有限公司 …………………………（127）

十三　江阴澄星实业集团有限公司 ………………………（129）

十四　三一重工股份有限公司 ……………………………（130）

十五　日照钢铁控股集团有限公司 ………………………（131）

十六　北京安力斯科技发展有限公司 ……………………（132）

十七　中冶京诚工程技术有限公司 ………………………（133）

十八　天紫环保投资控股有限公司 ………………………（134）

十九　山东五征集团有限公司 ……………………………（135）

二十　北京仁创科技集团有限公司 ………………………（135）

二十一　广西丰林木业集团股份有限公司 ………………（137）

二十二　江苏宝利国际投资股份有限公司 ………………（137）

二十三　万华生态板业股份有限公司 ……………………（139）

二十四　江苏华宏实业集团有限公司 ……………………（139）

二十五　武汉蓝宁能源科技有限公司 ……………………（140）

二十六　中国船舶重工集团公司七一一研究所 …………（141）

二十七　江西铜业集团公司 ………………………………（142）

二十八　中信重工机械股份有限公司 ……………………（143）

二十九　中国一拖集团有限公司 …………………………（144）

三十　北京碧水源科技股份有限公司 ……………………（145）

三十一 中国冶金科工集团有限公司 …………………………… （146）

三十二 中国通用技术（集团）控股有限责任公司 ………… （147）

三十三 中钢设备有限公司 …………………………………… （148）

三十四 中国寰球工程公司 …………………………………… （149）

三十五 中铝国际工程股份有限公司 ………………………… （150）

三十六 山东科瑞石油装备有限公司 ………………………… （151）

三十七 大连冷冻机股份有限公司 …………………………… （152）

三十八 中车株洲电力机车有限公司 ………………………… （152）

三十九 湖南科力远新能源股份有限公司 …………………… （154）

四十 湖南永清投资集团有限责任公司 …………………… （155）

四十一 泰富重装集团有限公司 ……………………………… （156）

四十二 株洲硬质合金集团有限公司 ………………………… （157）

四十三 华纺股份有限公司 …………………………………… （159）

四十四 美克国际家具股份有限公司 ………………………… （159）

四十五 惠达卫浴股份有限公司 ……………………………… （161）

四十六 江苏贝德服装集团 …………………………………… （161）

四十七 海澜集团 ……………………………………………… （162）

四十八 江联重工集团股份有限公司 ………………………… （163）

四十九 天津斯瑞吉高新科技研究院有限公司 ……………… （164）

五十 大全集团 ……………………………………………… （165）

五十一 江苏华西集团公司 …………………………………… （165）

五十二 江阴市西城钢铁有限公司 …………………………… （166）

五十三 中国水环境集团 ……………………………………… （167）

五十四 圣华盾防护科技股份有限公司 ……………………… （168）

五十五 至玥腾风科技投资集团有限公司 …………………… （168）

五十六 北京耐威科技股份有限公司 ………………………… （169）

五十七　连云港中复连众复合材料集团有限公司 ⋯⋯⋯⋯⋯（170）

五十八　远东控股集团有限公司 ⋯⋯⋯⋯⋯⋯⋯⋯⋯⋯（171）

五十九　南京康尼机电股份有限公司 ⋯⋯⋯⋯⋯⋯⋯⋯（172）

六十　富通集团有限公司 ⋯⋯⋯⋯⋯⋯⋯⋯⋯⋯⋯⋯⋯（173）

六十一　四川妙顺环保科技有限公司 ⋯⋯⋯⋯⋯⋯⋯⋯（174）

第三节　农林牧渔、食品 ⋯⋯⋯⋯⋯⋯⋯⋯⋯⋯⋯⋯⋯（175）

一　中国农业发展集团有限公司 ⋯⋯⋯⋯⋯⋯⋯⋯⋯⋯（175）

二　中农发种业集团股份有限公司 ⋯⋯⋯⋯⋯⋯⋯⋯⋯（175）

三　中国水产总公司 ⋯⋯⋯⋯⋯⋯⋯⋯⋯⋯⋯⋯⋯⋯（176）

四　湖北省种子集团有限公司 ⋯⋯⋯⋯⋯⋯⋯⋯⋯⋯⋯（177）

五　中粮集团有限公司 ⋯⋯⋯⋯⋯⋯⋯⋯⋯⋯⋯⋯⋯（178）

六　青岛啤酒股份有限公司 ⋯⋯⋯⋯⋯⋯⋯⋯⋯⋯⋯（179）

七　内蒙古蒙牛乳业（集团）股份有限公司 ⋯⋯⋯⋯⋯（180）

八　山东中农联合生物科技有限公司 ⋯⋯⋯⋯⋯⋯⋯（181）

九　雅士利国际集团有限公司 ⋯⋯⋯⋯⋯⋯⋯⋯⋯⋯⋯（182）

十　中粮屯河股份有限公司 ⋯⋯⋯⋯⋯⋯⋯⋯⋯⋯⋯（183）

十一　双汇集团 ⋯⋯⋯⋯⋯⋯⋯⋯⋯⋯⋯⋯⋯⋯⋯⋯⋯（183）

十二　正邦集团股份有限公司 ⋯⋯⋯⋯⋯⋯⋯⋯⋯⋯⋯（185）

十三　昭苏县西域马业有限责任公司 ⋯⋯⋯⋯⋯⋯⋯（185）

十四　圣元国际集团 ⋯⋯⋯⋯⋯⋯⋯⋯⋯⋯⋯⋯⋯⋯⋯（186）

十五　新希望六和股份有限公司 ⋯⋯⋯⋯⋯⋯⋯⋯⋯⋯（187）

十六　新疆宇飞国际渔业有限公司 ⋯⋯⋯⋯⋯⋯⋯⋯⋯（188）

十七　内蒙古燕谷坊生态农业发展（集团）有限公司 ⋯（188）

十八　徐州一统食品工业有限公司 ⋯⋯⋯⋯⋯⋯⋯⋯⋯（189）

十九　北京顺鑫控股集团有限公司 ⋯⋯⋯⋯⋯⋯⋯⋯⋯（189）

第四节　信息 ⋯⋯⋯⋯⋯⋯⋯⋯⋯⋯⋯⋯⋯⋯⋯⋯⋯⋯（190）

一 中国移动通信集团公司 ………………………………… （190）

二 中国联合网络通信集团有限公司 ……………………… （192）

三 中国电信集团公司 ……………………………………… （192）

四 中国电子科技集团公司 ………………………………… （193）

五 华为技术有限公司 ……………………………………… （195）

六 北京百度网讯科技有限公司 …………………………… （196）

七 阿里巴巴网络技术有限公司 …………………………… （197）

八 腾讯计算机系统有限公司 ……………………………… （198）

九 泰豪集团有限公司 ……………………………………… （199）

十 文思海辉技术有限公司 ………………………………… （200）

十一 用友软件集团 ………………………………………… （200）

十二 广联达科技股份有限公司 …………………………… （201）

十三 亿赞普（北京）科技有限公司 ……………………… （203）

十四 传神语联网网络科技股份有限公司 ………………… （204）

十五 博看科技（北京）有限公司 ………………………… （206）

十六 北京易知路科技有限公司 …………………………… （206）

十七 斯坦德云科技股份有限公司 ………………………… （207）

十八 山东泰盈科技有限公司 ……………………………… （208）

十九 乐视网 ………………………………………………… （209）

二十 北京易华录信息技术股份有限公司 ………………… （210）

二十一 科南软件有限公司 ………………………………… （211）

二十二 浪潮集团 …………………………………………… （211）

二十三 宝驾（北京）信息技术有限公司 ………………… （212）

二十四 北京证联信通科技发展有限公司 ………………… （213）

二十五 青岛众恒信息科技股份有限公司 ………………… （213）

二十六 北京辰安科技股份有限公司 ……………………… （214）

二十七　广东一一五科技股份有限公司 ……………………（215）

二十八　乐辰科技有限责任公司 ………………………………（216）

二十九　安世亚太科技股份有限公司 …………………………（216）

三十　中国移动巴基斯坦公司 …………………………………（217）

三十一　北京汇真科技股份有限公司 …………………………（218）

三十二　科大讯飞股份有限公司 ………………………………（218）

三十三　三胞集团有限公司 ……………………………………（219）

第五节　服务 ……………………………………………………（220）

一　中国电子信息产业发展研究院………………………………（220）

二　清华大学国际传播研究中心…………………………………（221）

三　北京大学国家战略传播研究院………………………………（221）

四　国浩律师事务所 ……………………………………………（222）

五　北京德恒律师事务所 ………………………………………（223）

六　中国国家认证认可监督管理委员会认证认可技术

　　研究所 ………………………………………………………（225）

七　国家机床产品质量监督检验中心（山东） ………………（225）

八　国信招标集团股份有限公司 ………………………………（227）

九　中外友好国际交流中心 ……………………………………（228）

十　中国标准化研究院 …………………………………………（229）

十一　E20 环境平台 ……………………………………………（230）

十二　大余章源生态旅游有限公司（丫山风景区） …………（230）

十三　重庆刘一手餐饮管理有限公司 …………………………（231）

十四　北京大学海洋研究院 ……………………………………（232）

十五　巴基斯坦中资企业服务有限公司 ………………………（233）

十六　中国能源建设集团浙江省电力设计院有限公司 ………（234）

十七　蓝天救援队 ………………………………………………（235）

十八　三川智慧科技股份有限公司 ……………………………（235）

第六节　文化 …………………………………………………（236）

一　天洋控股集团 ……………………………………………（236）

二　野马集团有限公司 ………………………………………（237）

三　迪岸双赢传媒集团 ………………………………………（238）

第七节　贸易、物流 …………………………………………（240）

一　中电科技国际贸易有限公司 ……………………………（240）

二　江苏省海外企业集团有限公司 …………………………（240）

三　中国外运长航集团有限公司 ……………………………（241）

四　广东省五金矿产进出口集团有限公司 …………………（242）

五　中国有色金属进出口江苏公司 …………………………（243）

六　中国石油国际事业有限公司 ……………………………（244）

七　新疆三宝实业集团有限公司 ……………………………（245）

八　新疆八钢国际贸易股份有限公司 ………………………（246）

九　淮北皖宏贸易有限公司 …………………………………（247）

十　新疆亚欧国际物资交易中心有限公司 …………………（247）

十一　天津世纪五矿贸易有限公司 …………………………（249）

十二　中国电子进出口总公司 ………………………………（250）

十三　中国成套设备进出口（集团）总公司 ………………（250）

十四　安徽省外经建设（集团）有限公司 …………………（251）

十五　中国河南国际合作集团有限公司 ……………………（252）

十六　威海国际经济技术合作股份有限公司 ………………（253）

十七　烟台国际经济技术合作集团有限公司 ………………（254）

十八　中国江苏国际经济技术合作集团有限公司 …………（254）

十九　中国大连国际经济技术合作集团有限公司 …………（255）

二十　中国山东国际经济技术合作公司 ……………………（256）

二十一　中国江西国际经济技术合作公司 ……………………（256）

二十二　中国沈阳国际经济技术合作有限公司 ………………（257）

二十三　江阴恒阳化工储运有限公司 …………………………（258）

二十四　中国国际海运集装箱（集团）股份有限公司 ………（259）

二十五　中腾时代集团 …………………………………………（259）

二十六　信洋国际物流有限公司 ………………………………（260）

第八节　基建 ………………………………………………………（261）

一　中国铁建股份有限公司 ……………………………………（261）

二　中国交通建设股份有限公司 ………………………………（262）

三　中国建筑股份有限公司 ……………………………………（263）

四　中国海外集团有限公司 ……………………………………（264）

五　中建钢构有限公司 …………………………………………（265）

六　中国中铁航空港建设集团有限公司 ………………………（266）

七　中铁十七局集团有限公司 …………………………………（268）

八　青建集团股份公司 …………………………………………（269）

九　北京建工博海建设有限公司 ………………………………（270）

十　中国海外工程有限责任公司 ………………………………（271）

十一　中南建设集团有限公司 …………………………………（272）

十二　中铁三局集团有限公司 …………………………………（273）

十三　中国上海外经（集团）有限公司 ………………………（275）

十四　中国石油西部钻探工程有限公司 ………………………（276）

十五　中国石油集团工程设计有限责任公司 …………………（277）

十六　江苏燕宁建设工程有限公司 ……………………………（277）

十七　中国中铁股份有限公司 …………………………………（278）

十八　中铁国际集团有限公司 …………………………………（279）

十九　中国葛洲坝集团股份有限公司 …………………………（280）

二十　中国土木工程集团有限公司 ……………………………（281）

二十一　中信建设有限责任公司 ………………………………（282）

二十二　中国化学工程集团公司 ………………………………（283）

二十三　中石化炼化工程（集团）股份有限公司 ……………（284）

二十四　中地海外集团有限公司 ………………………………（284）

二十五　上海建工集团 …………………………………………（285）

二十六　北京建工集团有限责任公司 …………………………（286）

二十七　中国中原对外工程有限公司 …………………………（287）

二十八　新疆生产建设兵团建设工程（集团）有限责任

公司 …………………………………………………（288）

二十九　中国地质工程集团公司 ………………………………（289）

三十　安徽建工集团有限公司 …………………………………（290）

三十一　江西中煤建设集团有限公司 …………………………（291）

三十二　中鼎国际建设集团 ……………………………………（292）

三十三　浙江省建设投资集团有限公司 ………………………（293）

三十四　沈阳远大铝业工程有限公司 …………………………（294）

三十五　南通建工集团股份有限公司 …………………………（294）

三十六　江苏南通三建集团有限公司 …………………………（295）

三十七　江苏南通六建建设集团有限公司 ……………………（296）

三十八　云南建工集团有限公司 ………………………………（297）

三十九　烟建集团有限公司 ……………………………………（298）

四十　北京城建集团 ……………………………………………（300）

四十一　重庆对外建设（集团）公司 …………………………（301）

四十二　中国电建集团中南勘测设计研究院有限公司 ………（302）

四十三　盈创建筑科技（上海）有限公司 ……………………（303）

四十四　中国港湾工程有限责任公司 …………………………（304）

四十五　中国海外港口控股有限公司 ……………………（305）

四十六　广东龙浩集团有限公司 …………………………（305）

四十七　中铁十八局集团有限公司 ………………………（306）

四十八　岚桥集团 …………………………………………（307）

第九节　医药 …………………………………………………（308）

一　国药集团药业股份有限公司 …………………………（308）

二　石药集团有限公司 ……………………………………（309）

三　江苏康缘集团有限责任公司 …………………………（310）

四　浙江永太科技股份有限公司 …………………………（311）

五　江阴天江药业有限公司 ………………………………（312）

六　华兰生物工程股份有限公司 …………………………（313）

七　佩兰生物科技（上海）股份有限公司 ………………（314）

八　广誉远中药股份有限公司 ……………………………（315）

九　深圳易特科集团 ………………………………………（316）

十　微医贝联集团 …………………………………………（317）

十一　北京万泰生物药业股份有限公司 …………………（317）

十二　南京世和基因生物技术有限公司 …………………（318）

十三　微医集团 ……………………………………………（319）

十四　江苏苏云医疗器材有限公司 ………………………（320）

十五　正大天晴药业集团 …………………………………（320）

十六　上海安翰医疗技术有限公司 ………………………（321）

十七　昂科生物医学技术（苏州）有限公司 ……………（322）

十八　武汉兰丁医学高科技有限公司 ……………………（323）

十九　北京世康口腔门诊 …………………………………（324）

第十节　房地产 ………………………………………………（324）

一　中融国投集团公司 ……………………………………（324）

二　中冶置业集团有限公司 ………………………………（325）

三　青岛政建投资集团有限公司 …………………………（326）

四　贵州黔中铁旅文化产业发展有限公司 ………………（327）

五　中国新兴（集团）总公司 ……………………………（328）

六　建业住宅集团（中国）有限公司 ……………………（329）

七　中国武夷实业股份有限公司 …………………………（330）

八　山东天泰建工有限公司 ………………………………（331）

九　卓达房地产集团有限公司 ……………………………（331）

第十一节　金融 ………………………………………………（332）

一　嘉实基金管理有限公司 ………………………………（332）

二　亚洲基础设施投资银行 ………………………………（333）

三　万贝科技发展集团（天津）有限公司 ………………（334）

四　复星集团 ………………………………………………（335）

五　昆仑银行 ………………………………………………（336）

六　香港招商局集团有限公司 ……………………………（337）

七　中国平安财产保险股份有限公司 ……………………（338）

八　启迪控股股份有限公司 ………………………………（339）

九　湖南高新创业投资集团有限公司 ……………………（341）

十　中国华夏文化遗产基金会 ……………………………（341）

十一　宝能集团 ……………………………………………（342）

十二　深圳盛世华房股权投资基金管理有限公司 ………（343）

十三　华侨基金 ……………………………………………（344）

十四　深圳博林集团有限公司 ……………………………（345）

十五　横琴金融投资集团有限公司 ………………………（345）

十六　聚力集团 ……………………………………………（346）

第十二节　园区港口 …………………………………………（347）

一　杭州东部软件园 ……………………………………（347）

二　克拉玛依云计算产业园 …………………………（348）

三　日照港集团有限公司 ……………………………（349）

四　巴中苏斯特口岸有限公司 ………………………（350）

五　鲁巴经济园区 ……………………………………（350）

六　巴基斯坦瓜达尔港 ………………………………（351）

七　陕西西咸新区发展集团有限公司 ………………（352）

八　中新苏州工业园区开发集团股份有限公司 ……（353）

九　珠海横琴新区 ……………………………………（353）

十　青岛欧亚经贸合作产业园区 ……………………（354）

十一　南京经济技术开发区 …………………………（355）

十二　湖州莫干山高新技术产业开发区 ……………（356）

第十三节　矿业 …………………………………………（357）

一　中国五矿集团公司 ………………………………（357）

二　中国石化阿达克斯石油公司 ……………………（358）

三　中国有色金属建设股份有限公司 ………………（359）

第十四节　商会协会 ……………………………………（360）

一　中国五矿化工进出口商会 ………………………（360）

二　清华房地产总裁商会 ……………………………（361）

三　中国开发性金融促进会 …………………………（362）

四　中国医药创新促进会 ……………………………（364）

五　北京律师协会 ……………………………………（365）

六　新疆律师协会 ……………………………………（366）

七　北京江苏企业商会 ………………………………（367）

八　北京浙江企业商会 ………………………………（367）

九　中国对外承包工程商会 …………………………（368）

十　中国石油和化学工业联合会…………………………（369）

十一　中国对外贸易 500 强企业俱乐部 ………………（370）

十二　中国民营经济国际合作商会…………………………（371）

第十五节　教育培训………………………………………（372）

一　商务部国际商务官员研修学院…………………………（372）

二　国家卫生计生委干部培训中心…………………………（373）

三　巨人教育集团……………………………………………（374）

四　北京传智播客教育科技有限公司 …………………（374）

五　大连海事大学……………………………………………（375）

六　山东师范大学……………………………………………（377）

七　浙江大学中国西部发展研究院…………………………（377）

第一章　蓝迪国际智库专家 委员会名单及简历

蓝迪国际智库专家委员会由外交与国际政治、法律政策、可持续发展、宏观经济、金融、企业管理、社会民生、历史文化等各个重要领域的著名专家学者和企业精英组成，共同参与蓝迪国际智库的决策和发展。

全国人大常委会委员、外事委员会副主任委员赵白鸽任蓝迪国际智库专家委员会主席；中国社会科学院副院长蔡昉任专家委员会副主席。

蓝迪国际智库专家委员会委员70人，包括专家学者、企业专家和行业专家。

专家学者40人（按姓氏拼音排序，下同）：

蔡建华、曹文炼、常修泽、陈东晓、迟福林、贺文萍、黄平、金鑫、刘殿勋、李吉平、李绍先、李希光、李向阳、李永全、刘世锦、卢山、吕祥、龙永图、穆显奎、潘家华、秦银河、沙祖康、孙玉清、孙壮志、王镭、王灵桂、王荣军、王文、王益谊、王义桅、王玉主、吴崇伯、杨光、翟崑、张洪国、张丽娜、张兴凯、张宇燕、郑功成、智宇琛。

企业专家19人：

刁志中、郭家学、黄代放、吉朋松、靳新中、李仙德、刘家强、卢朋、孙小蓉、谭晓东、童亚辉、王济武、王伟兴、文剑平、武钢、袁宏永、袁建民、詹珽、赵明。

行业专家 11 人：

陈锋、陈新发、房秋晨、胡卫平、柯志华、李爱仙、刘宗德、吕红兵、王大宁、王丽、王燕国。

赵白鸽（专家委员会主席）
Baige Zhao

全国人大常委会委员，外事委员会副主任委员
中国社会科学院蓝迪国际智库项目专家委员会主席

赵白鸽是中国政界领袖、学者和智库领袖，现任全国人大外事委员会副主任委员、中国社会科学院蓝迪国际智库项目专家委员会主席和国家气候变化专家委员会委员。

作为成立于 2014 年、致力推动"一带一路"建设的中国社会科学院蓝迪国际智库发起人，赵白鸽博士致力于推进"一带一路"建设与国际合作，开启蓝迪国际智库重大项目的研究，就"一带一路"倡议的实施向党中央国务院建言献策，并组织助推中国企业"走出去"的服务团队。

赵白鸽作为全国人大常委会委员、外事委员会副主任委员，担任中英议会交流机制主席、中国—南非议会交流机制常务副主席，是全国人大对欧洲 8 国、对非洲 15 国的双边友好小组组长。通过开展与外国议员交流，促进全国人大与外国议会交流，2015 年被选为亚洲议会大会经济委员会主席。

2011—2014 年，赵白鸽担任中国红十字会常务副会长，并当选红十字会与红新月会国际联合会副主席，负责协调亚太地区（包括中东、太平洋岛国等地区）事务，积极应对国际人道主义危机，开展冲突和灾害管理，成功组织了应对菲律宾海燕台风、缅甸北部难民、四川雅安地震等人道救援工作。

1998—2011 年，赵白鸽担任国家人口计生委副主任，并曾担任国际人口方案管理委员会主席、世界家庭联盟亚太区副主席等职务。她积极参与制定国家人口发展战略，积极推进人口领域改革、优质服务和计划生育政策的调整完善，推动科研、技术和产业结合，加强南—南合作与南—北对话，成功获得国际社会对中国人口项目的支持。

1994—1998 年，赵白鸽担任中国国家科委生命科学技术发展中心（美国）主任，成功地完成海外专家委员会的建立，以及国家中医药现代化重大项目的国际推介、融资、注册等工作，推动中国医药企业走向国际。

赵白鸽于 1989 年获英国剑桥大学生物医学博士学位。1989—1994 年，她担任上海科学院计划生育科学研究所所长，并担任世界卫生组织合作中心主任、世界卫生组织亚太区专家委员会成员，在此期间完成了一系列新药研究与开发工作。

蔡昉（专家委员会副主席）
Fang Cai

全国人大常委会委员、农业与农村委员会委员

中国社会科学院副院长、党组成员

中国社会科学院蓝迪国际智库项目专家委员会副主席

蔡昉，现任全国人大常委会委员，全国人大农业与农村委员会委员，

中国社会科学院副院长、党组成员。

蔡昉 1976 年参加工作，1982 年毕业于中国人民大学农业经济系，获经济学学士学位。1985 年毕业于中国社会科学院研究生院，获经济学硕士学位，1989 年获经济学博士学位。1985 年以来，曾任中国社会科学院农村发展研究所助理研究员、副研究员，并任研究室主任。1993 年被评为研究员后，调任中国社会科学院人口研究所副所长并兼任中国社会科学院研究生院人口学系主任。1998 年起任中国社会科学院人口与劳动经济研究所所长，博士生导师，并任《中国人口科学》杂志主编。

2008 年 3 月，任全国人大常委、农业与农村委员会委员，兼任中国人口学会和中国农业经济学会副会长、农业部软科学委员会委员、劳动与社会保障部专家委员会委员等。2014 年 8 月，任中国社会科学院副院长、党组成员。

著有《中国的二元经济与劳动力转移——理论分析与政策建议》《十字路口的抉择——深化农业经济体制改革的思考》《穷人的经济学》和《中国劳动力市场发育与转型》等，合著《中国的奇迹：发展战略与经济改革》和《中国经济》等，主编《中国人口与劳动问题报告》系列、《中国经济转型 30 年》等。

蔡昉曾获 1998 年度国家级"有突出贡献的中青年专家"称号，2003 年被 7 部委授予出国留学人员杰出成就奖，是第四届中国发展百人奖获得者，第四届中国农村发展研究奖获得者，被评选为"影响新中国 60 年经济建设的 100 位经济学家"之一。2009 年 2 月 8 日，与谭崇台、吴敬琏、刘遵义、姚洋、胡必亮等学者共同获得第二届张培刚发展经济学研究优秀成果奖。

◇◇ 第一节 专家学者

蔡建华
Jianhua Cai

国家卫生计生委干部培训中心党委书记、副主任

蔡建华，现任国家卫生计生委干部培训中心党委书记、副主任。

蔡建华自复旦大学生物系毕业后，在上海市计划生育科研所从事计划生育药物的研发组织工作，并参与世界卫生组织合作项目；之后在上海市科委工作，担任上海市科委发展计划处处长、科技成果奖励办公室主任，负责并组织上海科技规划制定、科技政策研究、研究资源分配、科技成果评价和科技产业推进等工作，设计相关科研专项，推动科技公共服务平台建设；筹建了上海新药研究开发中心，并以此作为上海生物医药产业发展的平台，在上海张江高科技园区开展建设。

2005—2009 年，任中国生殖健康家庭保健培训中心主任，同时兼任人口与发展南南合作伙伴组织中国办事处主任，组织开展了人口领域的南南合作工作，开发了生殖健康咨询师国家职业。

2009—2015 年，任国家人口计生委培训交流中心副主任、主任，从事人口计生系统干部队伍能力建设，组织出国团组培训，开展了婴幼儿早期发展项目。

自 2015 年 10 月起，在合并之后的国家卫生计生委干部培训中心

（党校）担任党委书记、副主任（副校长），负责研究工作和项目合作。

曹文炼
Wenlian Cao

国家发展和改革委员会国际合作中心主任

曹文炼，现任国家发展和改革委员会国际合作中心主任，中国经济体制改革研究会副会长，中国国际经济交流中心理事、学术委员会委员，研究员、教授、博士生导师。

曹文炼先后获得厦门大学经济学学士学位、中国人民大学硕士学位和北京大学博士学位。1983—1995年，曾经参加世界银行和中国财政部举办的培训班、日本大藏省第一届财政金融长期研修班、国际货币基金组织转轨国家经济财政研修班。

1986—1989年，在国务院物价领导小组办公室工作，参与全国物价改革方案的研究制定和组织协调工作。1989年起，进入国家计委财政金融司，先后担任副处长、处长、副司长。2010年12月，被任命为国家发展改革委国际合作中心主任。2011年3月—2014年10月，兼任中国国际经济交流中心副秘书长。2014年11月起，兼任中国经济体制改革研究会副会长。

曹文炼参与了一系列重要宏观调控政策和金融改革发展政策的研究制定，包括1993年财税金融改革方案的研究制定和1994年第一次中央经济工作会议的文件起草，1997年、2002年和2007年三次全国金融工作会议的筹备与文件起草等。参与了中国投资公司筹备、国家开发银行、中国农业银行和进出口银行改革方案制定等一系列重要工作，主持了产业投资基金和创业投资管理法规的研究制定，先后指导了渤海产业投资基金、中信（绵阳）产业基金、上海金融产业基金等十几家大型基金的试点工作。

常修泽
Xiuze Chang

国家发展和改革委员会宏观经济研究院教授

常修泽，现任国家发展和改革委员会宏观经济研究院教授、博士生导师，清华大学中国经济研究中心研究员，兼任中国经济学术基金（香港）学术委员会副秘书长，香港亚太法律协会产权顾问等。

常修泽教授长期在南开大学经济研究所和国家宏观经济研究机构从事经济理论与经济决策研究。历任南开大学经济研究所副所长、国家计委（国家发改委）经济研究所常务副所长、国家发展和改革委员会学术委员会委员等职。

常修泽教授长期致力于制度经济学领域人的发展理论、广义产权理论和中国转型理论的研究，著有《人本体制论》《广义产权论》《包容性改革论》等学术理论著作，被学界称为中国"人的发展经济学领军人物之一"和"对产权问题素有研究的经济学家"。其理论贡献被收入《中国百名经济学家理论贡献精要》第 2 卷。

常教授主持完成的重点科研项目《建立比较完善的社会主义市场经济体制若干重要问题研究》（为中共十六大报告起草工作提供的内部研究

报告）等三项成果，曾分获国家发展和改革委员会优秀科研成果一等奖（2000 年、2004 年、2005 年）。

常教授是 1949—2009 年《中国百名经济学家理论贡献精要》入选者，美国传记研究中心和英国剑桥国际传记中心出版的《国际名人录》入选者，近年多次应邀到海外讲授其"人本体制论""广义产权论"和"中国第三波转型理论"，是享受国务院特殊津贴专家。

陈东晓
Dongxiao Chen

上海国际问题研究院院长

陈东晓，现任上海国际问题研究院院长，中国国际关系学会副会长，研究员、博士生导师。外交部国际经济司咨询专家，东盟地区论坛（ARF）专家名人小组（EEP）中方专家。曾担任联合国经社理事会可持续发展系统改革（2016）高级别独立顾问组（ITA）专家。

陈东晓毕业于复旦大学国际政治系，法学博士，1990 年 8 月参加工作，1996—1997 年以客座研究员身份在日本国际问题研究所访学。主要从事中国外交、中美关系、联合国集体安全机制等领域的研究，曾主持国家社科基金、中外办、外交部、财政部和国台办等数十项课题。2012 年入选上海市领军人才。

陈东晓主要著述包括《全球安全治理与联合国安全机制改革》等。他也是《国际展望》和 *China Quarterly of International Strategic Studies*（CQISS）的主编。

陈东晓是上海市政协委员、政协对外友好委员会副主任，并担任上海市市长国际企业家咨询会议（IBLAC）中方顾问，上海市外办及上海市台办咨询专家等职务。

迟福林
Fulin Chi

中国（海南）改革发展研究院院长
全国政协委员，研究员

迟福林，现任中国（海南）改革发展研究院院长，首席研究员，博士生导师。兼任中国经济体制改革研究会副会长、中国行政体制改革研究会副会长。海南省人民政府咨询顾问、上海市人民政府决策咨询特聘专家。国家行政学院、中国井冈山干部学院、北京大学、浙江大学、东北大学等多家高等院校的特聘教授，是第十一届、第十二届全国政协委员。

迟福林 1968—1976 年在沈阳军区技术侦察支队任宣传干事；1977—1984 年在国防大学政治部任宣传干事、马列主义基础教研室教员（其中 1978—1979 年在北京大学国际政治系学习）；1984—1986 年在中央党校理论部攻读硕士学位；1986—1987 年在中央政治体制改革研讨小组办公室工作；1988—1993 年任海南省委政策研究室和海南省体制改革办公室的主要负责人，主持两个机构全面工作；1991 年至今历任中国（海南）改革发展研究院常务副院长、执行院长、院长。

迟福林多年致力于经济转轨理论与实践研究，围绕我国改革开放进程中的重大经济、社会问题，在政府转型和基本公共服务均等化等多方面进行深入研究。在上述研究领域，共出版包括《转型抉择》《市场决定》《改革红利》《第二次改革》等中英文专著40余本，公开发表学术论文800余篇，主笔或主持研究形成研究报告70余本，提交了大量政策建议报告，在决策和实践层面产生了积极影响。

迟福林曾获得"全国五个一工程""孙冶方经济科学论文奖""中国发展研究奖"等研究奖项，享受国务院特殊津贴。2002年被中组部、中宣部、国家人事部和国家科学技术部联合授予"全国杰出专业技术人才"荣誉称号，2009年入选"影响新中国60年经济建设的100位经济学家"。

贺文萍
Wenping He

中国社会科学院西亚非洲研究所首席研究员

贺文萍，现任中国社会科学院西亚非洲研究所首席研究员。

贺文萍自2004年以来任中国社会科学院西亚非洲研究所博士生导师、研究员，国务院政府特殊津贴待遇专家，中国亚非学会、中国非洲问题研究会和中国亚非交流协会常务理事，中国国际问题研究基金会非洲研究中心研究员，中国经济社会理事会中国—非洲经济技术合作委员会专家顾问，中非工业合作发展论坛专家顾问，察哈尔学会高级研究员。

贺文萍是南非斯泰伦博什大学中国研究中心客座研究员以及世界经济论坛（非洲）全球议程委员会委员（2009—2011年）。印度非洲研究学会 *Africa Review* 学术期刊国际编委；并应邀担任新华社、中国国际广播电台《环球资讯》国际时事特邀评论员，以及中央电视台英语频道评论嘉宾。曾赴美国耶鲁大学、英国伦敦大学、瑞典北欧非洲研究所、德国发展研究所以及巴西金砖国家研究中心做访问学者。2007年受美国国务院邀请为"国际访问者计划访问学者"。2016年2月受法国外交部邀请为"国际精英计划"访问学者。此外，多次赴美国、英国、德国、挪威、瑞典、南非、肯尼亚、埃塞俄比亚等国访问和参加国际学术会议。

贺文萍主要研究领域为非洲政治、中非关系、非洲国际关系和南南合作等。主要著作和论文有：《非洲国家民主化进程研究》（专著），《南非政治经济的发展》（合著），以及论文《大国在非洲的卷入》《国际格局转换与中非关系》《非洲对外政策和中非关系》，英文论文"The Balancing Act of China's Africa Policy" "'All-weather Friend'：The Evolution of China's African Policy"，以及 "China's Perspective on Contemporary China-Africa Relations" "Overturning the Wall：Building Soft Power in Africa" "The Darfur Issue：a New Test for China's Africa Policy" "China's Aid to Africa：Policy Evolution，Characteristics and its Role" 等200多篇中英文论文、研究报告及评论。

黄平
Ping Huang

中国社会科学院欧洲研究所所长，研究员

黄平，现任中国社会科学院欧洲研究所所长，兼任中国与中东欧智库网络秘书长、中国社科院世界政治研究中心主任、台港澳研究中心主任，并担任中华美国学会会长、中国国际关系学会副会长、中国世界政治研究会副会长、全国港澳研究会副会长、中国人民对外友协理事、外交学会理事。

黄平1991年毕业于伦敦经济学院，获社会学博士学位。历任中国社会科学院社会学研究所副所长、国际合作局局长、美国研究所所长。其间曾当选联合国教科文组织（UNESCO）社会转型管理政府间理事会副理事长（1998—2002）、教科文组织重大科学项目国际评审委员（2003—2005）、国际社会科学理事会副理事长（2004—2006）和国际社会学会副会长（2002—2012）。

黄平在社会发展、人口流动、城乡关系、中美关系、中欧关系、全球化、中国道路、现代性等领域有长期的专门研究，出版过《寻求生存》、《未完成的叙说》、《误导与发展》、《与地球重新签约》、《公共性的重建》（上、下）、《中国农民工反贫困》（中英文）、《西部经验》、《乡土中国与文化自觉》、《梦里家国：社会发展，全球化，中国道路》、《华侨华人在中国软实力建设中的作用》、《中国与全球化：华盛顿共识还是北京共识？》、*China Reflected* 等著作，翻译过《现代性的后果》《亚当·斯密在中国》等重要著作，在《中国社会科学》《社会学研究》《人口研究》《欧洲研究》发表过论文，在英、美、法、荷、日、越、泰、印等国发表过文章，并担任过《读书》杂志的执行主编（1996—2006）。他也是《社会蓝皮书》最早的核心组成员并担任过副主编，曾任《美国研究》和《美国蓝皮书》主编，现为《欧洲研究》《欧洲蓝皮书》主编，*The British Journal of Sociology*、*Current Sociology*、*Comparative Sociology*、*Sociology of Development*、*Global Social Policy* 等国际著名学术刊物的国际编委。

黄平在布鲁塞尔、巴黎、北京等地组织过四届有中欧领导人出席的

"中欧文化高峰论坛",在华盛顿、伦敦等地举办过"中国社会科学论坛"等国际问题圆桌或高端对话,负责过国家社科基金,中央部委委托课题,联合国粮农组织、教科文组织、欧盟等委托的课题。黄平任总策划的作品多次获得过国家"五个一"工程奖和"飞天"一等奖。他也是国家"四个一批"和哲学社会科学领军人才,享受国务院特殊津贴专家。

金鑫
Xin Jin

中共中央对外联络部当代世界研究中心主任
"一带一路"国际智库合作联盟秘书长

金鑫,现任中共中央对外联络部当代世界研究中心主任,"一带一路"国际智库合作联盟秘书长。同济大学、兰州大学兼职教授,全国青联委员,中国国际法学会理事,教育部区域和国别研究评审专家,国家社会科学基金评审专家。

金鑫先后就读于兰州大学历史系、中国社会科学院研究生院世界经济与政治研究系、中欧国际工商学院、南开大学周恩来政府管理学院国际政治系,是高层管理人员工商管理硕士、法学博士,研究员。2003—2004年,在英国剑桥大学国际问题研究中心做访问学者。先后任中联部国际信息中心副处长,中联部办公厅秘书二处处长,当代世界出版社副社长,《当代世界》杂志总编辑,当代世界研究中心参赞,安徽池州市委常委、副市长。

金鑫长期从事国际问题研究,先后参与中央马克思主义理论研究与建设工程、中央党建课题、国家社科基金项目、中国社科院和中联部重大课题的研究工作，在国家核心期刊和有关部委内部刊物发表论文和内部报告上百篇，出版著作 9 部，有多篇论文在全国和省部级成果评比中获奖，有多篇调研报告受到中央领导和有关部门的好评。专著《中国问题报告》曾被评为"2001 年度全国十部有影响的著作""2004 年度全国十大政经图书"。《世界问题报告》获评"全国优秀畅销书奖"。《中国民族问题报告》以其对涉疆涉藏等问题的预测性分析和前瞻性思考受到学界和中央有关部门的好评。"一带一路"倡议提出以来，金鑫牵头组织撰写的一批相关调研报告受到中央领导同志批示。

刘殿勋
Dianxun Liu

商务部投资促进事务局党委书记、局长

刘殿勋，现任商务部投资促进事务局党委书记、局长。

刘殿勋于 1987 年 6 月加入中国共产党，1989 年毕业于广州对外贸易学院（现广东外语外贸大学）经济系国际贸易专业。

刘殿勋于 1989—1996 年任外经贸部交际司干部，但在 1989—1990 年被外经贸部派至河北石家庄环宇电视集团基层锻炼；1996—1997 年任外经贸部交际司联络处副处长；1997—2001 年任中国驻英国大使馆经商参处二秘；2001 年任外经贸部交际司综合联络处副处长；2001—2003 年任外经贸部交际司护照签证处、联络处处长；2003—2005 年任商务部外事司联络处、接待处处长；2005—2009 年任商务部外事司副司长；2009—2011 年任商务部外事司司长；2011—2015 年任商务部投资促进事务局局长；2015 年至今任商务部投资促进事务局党委书记、局长。

李吉平
Jiping Li

中国开发性金融促进会执行副会长，原国家开发银行副行长

　　李吉平，现任中国开发性金融促进会执行副会长，原国家开发银行副行长。

　　李吉平 1983 年获辽宁财经学院（现东北财经大学）学士学位。2008 年 10 月起任国家开发银行党委委员、副行长。

　　李吉平所在的中国开发性金融促进会坚持开发性金融理念，为我国急需金融支持的重要领域提供了系统性支持，使得开发性金融促进会成为供给侧改革的生力军。近年来，促进会帮助了大量符合国家发展战略和政策导向、急需发展却又缺乏资金的产业领域，发挥了连接政府和市场的桥梁纽带作用，打通了融资瓶颈。此外，促进会还支持了大批重要基建项目，如地下综合管廊建设等，积极推广政府与社会资本合作（PPP）模式，最终形成"促进会搭台、央企和民企合作、开行融资、社会资本参与"的成熟模式。

李绍先
Shaoxian Li

宁夏大学中国阿拉伯研究院院长，研究员

李绍先，中国著名中东问题专家，现任宁夏大学中国阿拉伯研究院院长，中国中东学会副会长。

李绍先 1985—1988 年就读于国际关系学院，获政法专业硕士。1988—2014 年就职于中国现代国际关系研究院（CICIR），历任助理研究员、研究员、副院长。李绍先从事中东问题逾 30 年，是国家中东问题研究领域重要智库的负责人之一，为中国中东政策和战略决策提供了可靠的建议。

李绍先组织开展了宁夏大学中阿院在中国与阿拉伯国家间的国际关系、能源合作、经贸合作、产业科技创新与推广、博览会机制、人文交流和人才培养诸多领域的工作，研究报告得到了中办、中央外办、国安办、教育部、外交部、中联部和宁夏回族自治区党委政府的充分肯定。

李绍先是中央电视台、中央人民广播电台国际问题顾问、特约评论员，全国"五一"劳动奖章获得者，享受政府特殊津贴。因主持研究关于新疆问题的研究报告，李绍先曾获国家二级英模称号。主要著作包括《李绍先眼中的阿拉伯人》《海湾寻踪》等。

李希光
Xiguang Li

清华大学国际传播研究中心主任，教授

李希光，现任清华大学教授、博士生导师；清华大学国际传播研究中心主任、清华大学巴基斯坦文化与传播研究中心主任、健康传播研究所所长、清华大学网络信息与社会管理研究中心首席专家；西南政法大学全球新闻传播学院名誉院长、世界与中国议程研究院院长、喜马拉雅研究所所长；卫生部应急专家委员会成员、联合国教科文组织媒介素养与文明对话教席负责人、中巴经济走廊网总编辑。

李希光曾任清华大学新闻与传播学院常务副院长、新华社高级记者、哈佛大学新闻政治与公共政策中心研究员、《华盛顿邮报》科学与医学记者、联合国教科文组织丝绸之路青年学者。早在1990年，李希光就曾随巴基斯坦杰出学者丹尼教授乘船来到卡拉奇，沿印度河采访考察古丝绸之路。作为联合国教科文组织丝绸之路青年学者，李希光已在海上丝绸之路、草原丝绸之路、沙漠丝绸之路、阿尔泰游牧路线行走5万多公里，被誉为"走遍丝路第一人"。

2010年以来，李希光分别受扎尔达里总统、吉拉尼总理、穆沙希德参议员等邀请，先后六次率领团组深入巴基斯坦访问考察，并带领清华巴基斯坦研究团队每年与巴基斯坦国家科技大学或国家信息科技大学共同召开中国—巴基斯坦联合智库年会。李希光对巴基斯坦积极开展公共外交，他多次与巴基斯坦领导人深入交谈，曾当面向穆沙拉夫总统、扎尔达里总统、侯赛因总统、吉拉尼总理等深入介绍中国社会政治、经济、文化的发展。2015 年 3 月，巴基斯坦侯赛因总统专门听了李希光的演讲《一带一路与伊斯兰世界》。2015 年夏天，李希光与穆沙希德参议员率领中巴远征队全程考察了中巴经济走廊。

李希光教授著有《写在亚洲边地》《谁蒙住了你的眼睛——人人必备的媒介素养》《新闻采访写作教程》《初级新闻采访写作》《软实力与中国梦》《舆论引导力与文化软实力》《对话西藏：神话与现实》《新闻教育未来之路》《发言人教程》等。在《科学》《求是》《红旗文稿》《人民论坛》《华盛顿邮报》等发表过有影响的文章。

李希光曾获联合国艾滋病防治特殊贡献奖、巴基斯坦总统奖和全国十大教育英才等荣誉称号，享受国务院政府津贴。

李向阳
Xiangyang Li

中国社会科学院亚太与全球战略研究院院长，研究员

李向阳，现任中国社会科学院亚太与全球战略研究院院长，研究员；兼任中国世界经济学会副会长、中国美国经济学会副会长、中国亚太学会副会长。

李向阳 1979—1983 年在中央财经大学学习，获经济学学士学位；1985—1988 年在中国社会科学院研究生院学习，获经济学硕士学位；1995—1998 年在中国社会科学院研究生院学习，获经济学博士学位。1988—2009 年在中国社会科学院世界经济与政治研究所工作。2009 年调任中国社会科学院亚太所，主要研究领域为国际经济学。

　　李向阳先后发表了《建设"一带一路"过程中需要优先处理的关系》《论海上丝绸之路的多元化合作机制》《跨太平洋伙伴关系协定：中国崛起过程中面临的重大挑战》《全球经济重心东移的前景》《全球气候变化规则及其对世界经济的影响》《区域经济合作中的小国战略》《国际经济规则的实施机制》《国际经济规则的制定机制》《新区域主义与大国战略》等多项重要研究成果，出版《企业信誉、企业行为与市场机制》《市场缺陷与政府干预》等多项专著。

　　李向阳1992年获中国社会科学院首届青年优秀科研成果论文二等奖，1993年获中国社会科学院优秀青年称号，1994年获中国社会科学院首届优秀科研成果论文奖，1996年获中国社会科学院"有突出贡献的中青年专家"称号，1998年获国务院政府特殊津贴，2002年获中国社会科学院第四届优秀科研成果奖论文三等奖，2007年获中国社会科学院第六届优秀科研成果论文二等奖，2009年入选中宣部"四个一批"工程。

李永全
Yongquan Li

中国社会科学院俄罗斯东欧中亚研究所所长，研究员

　　李永全，现任中国社会科学院俄罗斯东欧中亚研究所所长，中国社会科学院"一带一路"研究中心主任、中国俄罗斯东欧中亚学会常务副会长，《俄罗斯东欧中亚研究》杂志主编、《俄罗斯发展报告》（黄皮书）主编，中国国际问题研究基金会欧亚中心执行主任。

李永全 1975 年毕业于辽宁大学外语系。1990 年毕业于苏联莫斯科大学历史系，历史学博士，长期在中共中央编译局从事马克思主义经典著作翻译以及俄罗斯历史和当代国际问题研究。1999—2004 年及 2009—2011 年，任《光明日报》驻莫斯科记者并曾荣获中国新闻奖。2005—2009 年，任中国国务院发展研究中心欧亚社会发展研究所常务副所长。

主要著作有：《列宁的新经济政策原则及其国际意义》（俄文专著）、《俄国政党史——权力金字塔的形成》（专著）（1999 年出版，2006 年第三次印刷）、《莫斯科咏叹调》（2005 年）。在国内外各种刊物上发表学术论文及政论作品百余篇。

主要译著有：瓦·博尔金《戈尔巴乔夫沉浮录》 （В. Болдин, *Крушение пьедестала*）（1996 年中央编译出版社）、尼·雷日克夫《大动荡的十年》（Н. Рыжков, *Десять лет великих потрясений*）（1998 年中央编译出版社）、肖洛霍夫《他们为祖国而战》 （М. Шолохов, *Они сражались за Родину*）（2005 年东方出版社）、伊·列昂诺夫《独臂长空》（И. Леонов, *Был назван человеком из легенды*） （2005 年东方出版社）等。

刘世锦
Shijin Liu

国务院发展研究中心原副主任
中国发展改革研究基金会副理事长

刘世锦，现任中国发展改革研究基金会副理事长，兼任中国国际经济交流中心副理事长。研究员，博士生导师。

刘世锦 1982 年 2 月毕业于西北大学经济系，获经济学学士学位。1982—1986 年，在西北大学经济系（后为经济管理学院）工作，任讲师、教研室主任，并在职读硕士学位。1989 年 11 月，获中国社会科学院研究生院经济学博士学位。1989—1994 年，在中国社会科学院工业经济研究所工作，任副研究员、研究室副主任。1994—2001 年，先后任国务院发展研究中心市场经济研究所副所长、宏观经济研究部副部长、产业经济研究部部长。2002—2005 年，任国务院发展研究中心党组成员、办公厅主任、学术委员会秘书长。2005 年 3 月起，任国务院发展研究中心副主任、党组成员。2015 年至今，任中国发展研究基金会副理事长。

刘世锦长期以来致力于经济理论和政策问题研究，主要涉及企业改革、经济制度变迁、宏观经济政策、产业发展与政策等领域，先后在《人民日报》《求是》《经济日报》《光明日报》《经济研究》《管理世界》等国内外重要刊物上发表学术论文及其他文章 200 余篇，独著、合著、主编学术著作 20 余部。

刘世锦是近年来一系列产生广泛影响的研究成果的直接领导者和主笔者，包括与世界银行联合进行的《2030 年的中国：建设现代、和谐、有创造力的社会》等研究报告；提出中国经济增长速度将会放缓、进入增长阶段转换等判断的著作《陷阱与高墙：中国经济面临的真实挑战与选择》；较早引入中国经济新常态重要观点的著作《在改革中形成增长新常态》等。

刘世锦是中共十八届三中和五中全会报告的起草者之一，是中国国家"十三五"规划专家委员会委员、国家应对气候变化专家委员会委员、中国经济 50 人论坛成员等，兼任多所大学的教授和博士生导师以及城市顾问。曾多次获得全国性有较大影响力的学术奖励，包括两次获得经济研究界最高奖——孙冶方经济科学奖、中国发展研究特等奖等。

卢山
Shan Lu

中国电子信息产业发展研究院院长

卢山，现任中国电子信息产业发展研究院院长。

卢山2000年毕业于北方交通大学工商管理系管理科学与工程专业，获博士学位。毕业后任职于国家信息产业部计算机与微电子发展研究中心赛迪咨询顾问有限公司，担任总裁助理。2000—2001年，任中国计算机报社副总编；2001—2002年，任赛迪信息技术评测公司执行总裁；2002—2003年，任中国计算机报社执行总编；2003—2004年，任中国电子信息产业发展研究院团委书记、中国计算机报社执行总编；2004—2006年任中国计算机报社常务副社长、执行总编，中国电子信息产业发展研究院团委书记；2006—2009年，任赛迪传媒投资股份有限公司总经理、中国电子信息产业发展研究院团委书记；2009—2014年，任中国电子信息产业发展研究院副院长。其间，2012—2014年挂职重庆市，任重庆南岸区委常委、副区长。2014年7月至今，任工业和信息化部软件与集成电路促进中心主任。2015年12月至今任中国电子信息产业发展研究院院长。

卢山长期从事计算机软件总体设计、质量保证以及数据共享等方向研究。曾完成多项国家级重大科研项目和国家公共技术服务平台建设，在电子信息系统可靠性及测试领域做出了重要贡献。

卢山是全国青联第十一届委员，中央国家机关第四届青联委员。曾先后获得2000—2001年度中央国家机关优秀青年、全国优秀共青团干部等荣誉称号。享受政府特殊津贴。

吕祥
Xiang Lü

中国社会科学院世界政治研究中心特聘研究员

吕祥，现任中国社会科学院世界政治研究中心特聘研究员，美国研究所特邀研究员，兼任中国世界政治学会副秘书长。

吕祥1985年毕业于南京大学哲学系，获学士学位。1991年毕业于中国社会科学院研究生院，获西方哲学专业博士学位。1991年起先后在国家旅游局、生活·读书·新知三联书店和私营部门任职，曾任IBM公司战略传播顾问，涉及传媒、企业战略传播和产品营销、投资咨询等多个领域。2011年，加入中国社会科学院美国研究所及世界政治研究中心。2012—2013年，在美国战略与国际研究中心（CSIS）担任访问学者。

吕祥早年学术研究集中于哲学领域，先后出版《希腊哲学中的知识问题及其出路》（2016年，该著经修订并更名为《希腊哲学的悲剧》再版）、《现象学与哲学的危机》等专著和译著，并在《哲学研究》等刊物发表多篇哲学论文。

近年来，吕祥集中研究国际政治与国际战略问题，主要涉及国家战略传播、世界地缘政治格局、中国对外战略等领域。专著《内观美国》于 2017 年出版。

龙永图
Yongtu Long

全球 CEO 发展大会联合主席
中国与全球化智库（CCG）主席
中国 WTO 原谈判总代表

龙永图，原国家外经贸部副部长，原博鳌亚洲论坛理事、秘书长；现任全球 CEO 发展大会联合主席、复旦大学国际关系与公共事务学院院长、中国与全球化智库（CCG）主席。

龙永图 1965 年毕业于贵州大学外语系，1973 年赴英国伦敦经济学院学习。1978—1980 年在中国驻联合国代表团担任外交官，后在联合国开发计划署（UNDP）任职。1986 年回国，先后任中国国际经济技术交流中心副主任、经贸部国际联络司司长。1993 年调入外经贸部工作，2002—2003 年初担任外经贸部党组成员、副部长。1995 年 1 月—2001 年 9 月，他作为首席谈判代表，在第一线领导并最终成功结束了长达 15 年的中国加入世贸组织的谈判。

龙永图经常作为嘉宾应邀出席世界著名研究、学术机构和知名大学组织的研讨会，其中包括哈佛大学、华盛顿大学、伦敦经济学院、澳大利亚国立大学、新加坡国立大学以及荷兰全球论坛、日本淡岛论坛、太平洋经济论坛、英国皇家学会、美国亚洲协会、美国亚洲基金会、经济合作与发展组织以及亚洲开发银行等。他曾经主编了"全球化·世贸组织·中国"系列丛书。

穆显奎
Xiankui Mu

军事科学院研究员

　　穆显奎，现任军事科学院研究员、博士生导师、博士后导师组组长、军队专业技术三级、国家专业技术人才专家库专家、《中国人民解放军现役军官法》专家组顾问。曾任军事科学院军队建设研究部主任、中国军事法学会副会长兼秘书长、中国人民解放军共同条令编修课题组组长、中国人民解放军信息化工作条令课题组组长。

　　穆显奎专业领域为军事战略管理、国防军事立法、军队信息化建设、中美问题、中亚问题、台湾问题等。曾获三等功 11 次、获叶剑英军事科学奖、获全军军事科研特别奖 8 项、获军事科研一等奖 98 项、获军事科研二等奖 45 项、获军事科研三等奖 16 项、获军事科研优秀奖 69 项、获军事科学院优秀党支部书记称号、获军事科学院优秀共产党员称号、被评为军事科学院优秀主任等。

　　代表作有：当代中国丛书《中国人民解放军卷》陆军、海军、空军、第二炮兵卷（主编张爱萍）；《国防动员学》（主编迟浩田）；《中国军事改革的总设计师——邓小平》等。

潘家华
Jiahua Pan

中国社科院城市发展与环境研究所所长
国家气候变化专家委员会委员，研究员

潘家华，现任中国社会科学院城市发展与环境研究所所长，兼任中国城市经济学会副会长、中国生态经济学会副会长、中国能源学会副会长、国家气候变化专家委员会委员、国家外交政策咨询委员会委员、北京市政府专家顾问委员会委员、《城市与环境研究》主编、国家973项目首席专家。

潘家华曾任湖北省社科院长江经济研究所副所长、UNDP北京代表处高级项目官员、能源与发展顾问、联合国气候变化专门委员会社会经济评估工作组（荷兰）高级经济学家。

主要研究领域包括可持续发展经济学、可持续城市化、土地与资源经济学、世界经济等。曾任联合国气候变化专门委员会（IPCC）第三工作组"减缓气候变化"评估报告第三次（1997—2001年）报告共同主编（剑桥大学出版社）、主要作者，第四次（2003—2007年）和第五次（2010—2014年）报告主要作者。在《中国社会科学》《经济研究》以及英文刊《科学》《自然》《牛津经济政策评论》等国内外刊物上发表中英文论（译）著300余篇（章、部）。

2010年2月，潘家华应邀在中央政治局第19次集体学习时讲解控制温室气体排放目标。曾获中国社科院优秀科研成果一等奖和二等奖、孙冶方经济科学奖（2011年），享受国务院特殊津贴，2010—2011中国年度绿色人物。

秦银河
Yinhe Qin

中国人民解放军原总后勤部副部长
中国研究型医院学会名誉会长

秦银河，中国人民解放军原总后勤部副部长，中国研究型医院学会名誉会长。

秦银河1968年参加中国人民解放军，任卫生员、助理员，后在中国人民解放军第三军医大学学习。1977年大学毕业，就职于中国人民解放军第三军医大学第二附属医院新桥医院泌尿外科医生。1993—1999年，任中国人民解放军第三军医大学大坪医院院长。1999—2000年，任中国人民解放军第三军医大学教务长、培训部部长。2000—2004年，任中国人民解放军总医院副院长。2004—2007年，任中国人民解放军总医院院长。2007—2009年，任中国人民解放军总后勤部副部长兼中国人民解放军总医院院长、总后勤部党委委员。2009—2014年，任中国人民解放军总后勤部副部长、总后勤部党委委员。中共第十七届、第十八届中央候补委员，中国医院协会副会长。

秦银河于2001年7月晋升为少将，2009年7月晋升中将。

沙祖康
Zukang Sha

中巴友好协会会长
国际绿色经济协会名誉会长

沙祖康，现任中巴友好协会会长，国际绿色经济协会名誉会长。

沙祖康1970年毕业于南京大学英语系，1971—1974年任中国驻英国大使馆科员，1974—1980年任中国驻斯里兰卡大使馆科员，1980—1985年任中国驻印度大使馆随员、三秘，1985—1988年任中国外交部国际司三秘、副处长、一秘，1988—1992年任中国常驻联合国代表团一秘、参赞，1992—1995年任中国外交部国际司参赞、副司长，1995—1997年任中国常驻联合国日内瓦办事处及瑞士其他国际组织副代表、中国裁军事务大使，1997—2001年任中国外交部军控司司长，2001—2007年任中国常驻联合国日内瓦办事处及瑞士其他国际组织代表、大使，2007—2012年任联合国副秘书长（经济和社会事务），2010—2012年任联合国可持续发展峰会筹备会及峰会秘书长，2015年至今任外交部外交政策咨询委员会委员。

沙祖康在长达43年的外交生涯中，涉足政治、安全、经济、社会、人权、人道等广泛领域。他作为中国政府和军方的顾问，参与了中国政府在许多重大外交问题上的决策，是中国一系列重大军控和裁军倡议的设计者之一，也是改革开放以来中国外交的参与者和见证人。

沙祖康作为中国政府代表，1993年在沙特的配合下，与美方谈判，妥善解决了"银河号"事件。作为中国外交部高级官员，他于1993—1994年参与了第一次朝核危机的处理。作为外交部长唐家璇的主要顾问，他于 1998 年参与处理南亚核危机，参加五国外长关于南亚核问题联合声明的起草和磋商，并为此后联合国安理会通过 1172 号决议做出了贡献。作为中国大使，他参与了中国政府和世界卫生组织对 2003 年"非典事件"的处理。

沙祖康于 1997 年组建中国外交部军控司并担任首任司长，在中国履行军控、人权国际条约过程中，他多次承担中国政府各部门、军队和民间社会之间的协调工作，提出履约报告，配合履约视察和联合国工作组和报告员的调查访问，倡导成立中国非政府组织，推动国际组织在中国设立代表处。

作为一位杰出的谈判者，沙祖康也参与了《不扩散核武器条约》《全面禁止核试验条约》《禁止化学武器公约》《禁止生物武器公约》和《特定常规武器公约》等军控和裁军领域重大国际条约的谈判和审议，参与了起草联大和安理会通过一些重要的关于军控和国际安全的决议，以全球视野和战略眼光，积极倡导国际安全合作，维护国际和平和地区稳定和安全。

孙玉清
Yuqing Sun

大连海事大学校长

孙玉清，现任大连海事大学校长、教授、博士生导师。

孙玉清 1986 年本科毕业于大连海运学院轮机管理专业，1989 年硕士毕业于大连海运学院轮机管理工程专业，1997 年博士毕业于大连海事大学轮机工程专业。1989年起留校任教，历任科研处副处长、"211工程"办公室副主任、主任、校长助理、副校长。2010年任交通运输部管理干部学院院长、党委副书记兼部党校常务副校长。2014年至今，任大连海事大学校长。

孙玉清主要从事轮机工程、船舶机电一体化等领域研究。曾多次荣获高等教育国家级教学成果奖、辽宁省科技进步奖等奖项。多次担任国家科学技术奖励、国家国际科技合作专项和国家自然科学基金项目的评审专家。

孙玉清是国家制造强国建设战略咨询委员会委员、第七届教育部科学技术委员会能源与交通学部委员、第五届海峡两岸航运交流协会副理事长、海底工程技术与装备国际联合研究中心主任、中国航运50人论坛执委。

孙壮志
Zhuangzhi Sun

中国社会科学院社会学所党委书记，研究员
中国社会科学院上合组织研究中心秘书长

孙壮志，现任中国社会科学院社会学所党委书记、副所长、研究员，中国社科院研究生院俄罗斯东欧中亚系教授、博士生导师。兼任中国社科院上海合作组织研究中心秘书长，中国上海合作组织睦邻友好合作委员会委员，中国亚非学会常务理事，中联部当代世界研究中心常务理事，对外经贸大学、上海大学、新疆大学兼职教授等。

孙壮志2000年毕业于中国社科院研究生院，法学博士学位，专业为国际政治，研究方向为中亚地区国际关系与上海合作组织。

主要著作有《中亚五国对外关系》（1999年）、《中亚新格局与地区安全》（2001 年）、《中亚安全与阿富汗问题》（2003 年）、《独联体国家"颜色革命"研究》（2011 年），论文有《上合组织新发展与我国对外经济合作的新机遇》（2012 年）、《中亚新形势与上合组织的战略定位》（2011 年）、《上海合作组织：中国与中亚合作的重要平台》（2011 年）等。

王镭
Lei Wang

中国社会科学院国际合作局局长，研究员

　　王镭，现任中国社会科学院国际合作局局长，兼任联合国教科文组织社会变革管理计划（MOST）中国国家协调人、中国人民对外友好协会理事、中国欧洲学会理事，享受国务院特殊津贴专家。

　　王镭于中国社会科学院研究生院获经济学博士学位，荷兰社会科学研究院（ISS）获公共政策与管理学硕士学位。

　　王镭专注于研究中国对外经济关系中的贸易、投资、税收等问题。曾在荷兰蒂尔堡大学法律系、比利时鲁汶大学从事国际经贸制度研究。在《工业经济》《财贸经济》《国际经济评论》《国际转移定价》（荷兰国际财政文献局）等中外学术期刊发表研究论文。出版的专著《WTO 与中国涉外企业所得税收制度改革》（社科文献出版社），填补了中国企业"走出去"税制研究中的空白，被商务部列为 WTO 研究重点推荐书目。

　　王镭积极组织和从事对外人文学术交流，设计和实施一系列高层次对外培训、研讨项目，包括周边与发展中国家经济发展研修班、非洲总统顾问研讨班、国际知名汉学家研讨班等，宣介中国经济、社会发展，增进中外人文沟通。

王镭致力于推进中外深度研究合作与高端智库交流，与欧盟合作组织实施了中欧人文社会科学大型共同研究计划（Co-reach）。通过公开招标方式，在经济、法律、社会学、环境等领域，开展系列中欧合作研究项目。Co-reach模式被中欧双方誉为开展国际科研合作的典范。同时，与俄罗斯、美国、英国、印度、韩国等建立了高端智库对话交流机制，探讨加强互信与合作共赢之道。与联合国教科文组织、经济合作与发展组织、世界经济论坛、红十字与红新月会国际联合会、拉美开发银行等合作，围绕全球经济、科技创新、政策规制、人道发展、文化多样性等领域重大议题，开展机制性交流，发出中国声音，促进世界和谐发展。

王镭同时还担任国际科学理事会和国际社会科学理事会灾害风险综合研究计划（IRDR）中国委员会副主席，国际科学理事会和国际社会科学理事会"未来地球计划"中国委员会指导委员会副主席，《中国经济学人》（英文版）编委。

王灵桂
Linggui Wang

中国社会科学院亚太与全球战略研究院党委书记，研究员

王灵桂，现任中国社会科学院亚太与全球战略研究院党委书记，法学博士，研究员。

王灵桂1988年毕业于北京外国语大学；1988年8月—2005年4月，历任《经济日报》社会部和国际部实习记者、记者、主任记者；2005年

4 月—2010 年 12 月，历任国务院发展研究中心副研究员、研究员，处长、副局长；2010 年 12 月—2014 年 11 月，任中国社科院当代中国研究所党组成员、副所长（正局）；2014 年 11 月至今，任中国社科院亚太与全球战略研究院党委书记。

王灵桂的主要代表作有《中国伊斯兰教史》（专著）、《一脉相传阿拉伯人》（合著）、《一脉相传犹太人》（合著）、《中东怪杰》（合著）、《天使与魔鬼共舞：一个中国记者的黑非洲采访札记》（独著）、《对综合安全观的现实思考》（独著）等，在《人民日报》《经济日报》《光明日报》发表文章 150 余篇。

王荣军
Rongjun Wang

中国社会科学院亚太与全球战略研究院副院长，研究员

王荣军，现任中国社会科学院亚太与全球战略研究院副院长，研究员。

王荣军 1987 年 9 月—1991 年 7 月在华东师范大学历史系学习，获历史学学士学位；1991 年 9 月—1994 年 7 月在北京大学历史系学习，获历史学硕士学位。1999 年 1—6 月在荷兰蒂尔堡大学经济学院进修；2000 年 2—5 月在香港大学美国研究中心做访问学者；2005 年 3 月—2006 年 3 月在美国马里兰大学政府与行政学院做访问学者。

王荣军主要从事美国经济政策、中美经贸关系和美国经济史研究，关注的最主要领域是美国的经济政策及中美经贸关系问题，在研究工作中非常重视将政策和对策研究建立在理论性、系统性研究的基础之上，将美国对外政策的研究建立在对其国内经济和政策背景的深刻理解之上。近期主要著作包括《美国长期经济增长面临的挑战及其对中国的影响》（2014年）、《TPP发展中的美国因素》（2013年）、《美国制造业复兴的前景》（2012年）、《当代美国经济》（2011年）、《中美贸易"再平衡"：路径与前景》（2010年）等。

王文
Wen Wang

中国人民大学重阳金融研究院执行院长

王文，现任中国人民大学重阳金融研究院（人大重阳）执行院长，兼任中国金融学会绿色金融专业委员会秘书长、中国社会科学院世界社会主义研究中心常务理事、新华社特约分析师等，并在多所大学担任客座教授。

王文先后就读于兰州大学、香港浸会大学、南京大学—约翰斯·霍普金斯大学、北京大学。2005年加入《人民日报》工作，曾任《环球时报》编委（主管评论、社评），在20多个国家从事采访工作。

2013年初，王文参与创办新型智库人大重阳。三年多来，他撰写、牵头的研究报告多次获中国国家领导人的重要批示，连续三年参加G20峰会，与G20国家多数领导人均有面对面交流。2016年5月17日，习近平总书记主持哲学社会科学工作座谈会，王文是受邀参加并发言的十位学者代表之一。

王文被评为"2014年中国智库十大代表人物"（中国网）、获"2011年中国新闻奖"、"2015年中国最佳评论作品奖"（中国政府网）、"2015年中国改革发展领军人物"（中国发展网）等荣誉。2014年以来，人大重阳连续两年入围由美国宾州大学评定的"全球智库150强"，也被官方任命为2016年G20共同牵头智库、"一带一路"智库合作联盟理事单位等。

王文的专著、编著与译著包括《美国的焦虑》《2016：G20与中国》《世界治理：一种观念史的研究》《G20与全球治理》《政治思想中的国际关系学》等。

王益谊
Yiyi Wang

中国标准化研究院标准化理论与战略研究所所长

王益谊，现任中国标准化研究院标准化理论与战略研究所所长。

王益谊1999年毕业于西安交通大学管理学院工商管理专业，获管理学学士学位。2005年获西安交通大学管理学院工商管理专业管理学博士学位。

王益谊研究了全球标准生态系统内的国际、国家、学协会类标准组织的战略政策、运行模式、机制规则和重点领域等。研究了标准比对的通用方法与技术，总结出国际标准研制的方法。深入研究了标准化的基本概念及概念体系、标准化的基本作用机理、标准化活动的一般规律和基本规则等，参与起草了标准化工作导则、标准化工作指南等十余项基础国家标准。开展了标准化效益评价研究，承担了ISO理事会有关战略政策问题的研究，研究通过标准化推动政府管理创新的理论和方法，研究建设了行政审批标准体系，参与了《行政许可标准化指引（2016年版）》的制定，作为主编出版了年度国际标准化发展研究报告。

王益谊承担了我国标准体制与机制改革的系列重大问题研究，提出了完善技术标准体系、改革强制性推荐性标准、发展团体标准的总体思路和措施建议，作为主要成员参与起草了国务院发布的《深化标准化工作改革方案》；主持了标准与知识产权领域重要政策和机制的研究与建设，完成了《国家知识产权战略纲要》中标准与专利有关问题的研究，主持起草了《国家标准涉及专利的管理规定（暂行）》，并作为第一起草人制定了配套国家标准。

王义桅
Yiwei Wang

中国人民大学国际关系学院教授

王义桅，现任中国人民大学国际关系学院教授，欧盟"让·莫内讲席教授"，博士生导师，国际事务研究所所长，欧洲问题研究中心主任研究员、主任，国家发展与战略研究院、重阳金融研究院高级研究员，兼任中联部当代世界研究中心特约研究员，察哈尔学会、春秋发展与战略研究院高级研究员，新疆师范大学及塔里木大学客座教授。曾先后担任复旦大学美国研究中心教授、中国驻欧盟使团外交官、同济大学特聘教授。

王义桅1989—1993年在华东理工大学环境科学与工程系攻读工学学士学位；1995—1998年在复旦大学国际政治系攻读国际政治专业硕士学

位；1998—2000 年在复旦大学国际政治系攻读国际关系专业博士学位。

王义桅率先出版多本多语种"一带一路"研究专著和文章并在高校开设"一带一路"研究课程；是国内开展公共外交研究最早的学者之一，积极推动并建立中欧学术连线，倡导全球视野下研究中欧关系及大欧洲研究，倡导海洋文明研究；深入研究并推动中国北约问题研究；推动中国梦的国际内涵与世界意义研究，率先提出"中国梦也是世界梦"，引发国内外讨论；是最早开展全球公域理论、系统批判西方国际关系理论并倡导中国国际关系理论的学者之一。

王玉主
Yuzhu Wang

中国社会科学院亚太与全球战略研究院研究员
中国社科院研究生院教授、博士生导师

王玉主，现任中国社会科学院亚太与全球战略研究院研究员，区域合作研究室主任，区域合作项目首席研究员，中国社科院研究生院教授、博士生导师。兼任中国亚太学会秘书长；中国社科院亚太经合组织与东亚合作中心主任；太平洋合作全国委员常委、学术委员会委员；中国国际问题研究基金会研究员；国家开发银行咨询专家；广西大学中国东盟研究院特聘研究员、博士生导师，海上丝绸之路研究中心主任；华侨大学海上丝绸之路研究中心副主任。

王玉主 2006 年毕业于中国社科院研究生院，获经济学博士学位。2006—2009 年任中国社科院亚太所编辑部主任、《当代亚太》杂志执行主编，2009 年起担任区域合作研究室主任，2011 年晋升为研究员。2010

年起为商务部东亚合作专家组成员，泛北部湾合作中方专家组成员。

王玉主主要研究领域包括区域合作问题、东盟问题以及中国东盟关系问题等。主要成果包括《中国东盟关系中的相互依赖与战略塑造》《东盟热与冷思考》《中国东盟合作关系：回顾与展望》《区域一体化背景下的中国与东盟贸易：一种政治经济学解释》《"新雁行模式"促中国东盟共同繁荣》《轮状体系转活东盟定位》《中新贸易的结构特点与发展趋势》《中国东盟双边合作的政治经济学》《泰国新政府的经济发展政策》《外资、外债管理与经济稳定》《东盟自由贸易区的成立与发展》等。

吴崇伯
Chongbo Wu

厦门大学南洋研究院东南亚经济研究所所长

吴崇伯，现任厦门大学南洋研究院东南亚经济研究所所长，教授、博士生导师；中山大学、天津大学兼职教授，中国国际经济关系学会常务理事，中国东南亚学会常务理事，厦门市经济师协会副会长，福建省政协常委，农工党厦门市委会副主委，厦门大学总支主委。

吴崇伯1983年毕业于山东大学经济系政治经济学专业，作为访问学者，1992年前往荷兰阿姆斯特丹大学亚洲研究中心学习，2000年4月—2001年4月于澳大利亚墨尔本大学国际商学院学习。2005年12月毕业于厦门大学南洋研究院世界经济专业，获经济学博士学位。1987年留校任教至今。

吴崇伯一直从事世界经济领域的研究与教学，主要研究领域为亚太地区财政与金融、东南亚经济、港澳经济、东南亚华侨华人经济。先后多次到美国华盛顿大西洋理事会、日本京都大学、新加坡国立大学、台湾省台中东海大学、香港特区香港大学参加学术研讨会；到法国巴黎、英国伦敦、新西兰、马来西亚、印度尼西亚、泰国、柬埔寨进行学术考察与学术交流。

主要研究成果包括：《战略伙伴框架下中国与印尼经济关系发展与对策研究》、《东盟国家核能发展战略与新动向分析》、《福建构建 21 世纪海上丝绸之路战略的优势、挑战与对策思考》、《印尼海洋经济发展及其与中国海洋经济合作研究》、《印尼新总统新海洋战略观与海洋经济战略研究》、《关于深化与沿线国家合作推动一带一路建设的对策建议》、*A Study on Sino-Indonesian Economic Relations and Policy Suggestion* 等，承担和完成的课题包括：外交部"一带一路"框架下中国与东盟国家产能合作研究、建设 21 世纪海上丝绸之路战略研究——海西经济区（中央政策研究室牵头）、深圳参与共建 21 世纪海上丝绸之路的战略和策略问题等。

杨光
Guang Yang

中国社会科学院西亚非洲研究所所长，研究员

杨光，现任中国社会科学院西亚非洲研究所所长、研究员，《西亚非洲》学刊主编，中国社会科学院研究生院教授委员会委员、博士研究生导师，中国中东学会会长，中国非洲问题研究会第一副会长，中国亚非学会副会长，中国新兴经济体研究会副会长。

杨光 1975—1978 年在北京外国语学校学习，1982—1984 年在法国巴黎政治学院学习，1989—1990 年在美国威斯康星大学做访问学者，1997—1999 年在中国社会科学院研究生院学习。

杨光自 1978 年起在中国社会科学院西亚非洲研究所从事研究工作，是国际能源安全、西亚非洲经济发展、中国与西亚非洲国家关系等研究领域的知名专家。他主编或参与出版了《中东市场指南》（1993 年）、《石油输出国组织》（1995 年）、《中东的小龙：以色列经济发展研究》（1997 年）、《21 世纪发展中国家面临的新挑战》（1999 年）、《西亚非洲国家的社会保障制度》（2002 年）、《中东非洲发展报告》（1998—2015 年）、《西亚非洲国家经济发展问题研究》（2016 年）、*Globalization of Energy*（2010 年），*Secure Oil and Alternative Energy*（2012 年），*Security Dynamics of East Asa in the Gulf Region*（2014 年）等研究著作，《世界规模的积累》《新现实》等翻译学术著作，《中国的第三世界国家战略》《发展中国家的债务问题》《安全的依赖：石油进口安全的国际经验》等长篇研究报告，以及大量学术论文。

翟崑
Kun Zhai

北京大学国际关系学院教授、博士生导师

翟崑，现任北京大学国际关系学院教授、博士生导师，北京大学全球互联互通研究中心主任、北京大学国际战略研究院特约研究员，国家行政学院兼职教授，东盟地区论坛（ARF）中方专家名人，中国东南亚研究会副会长，中国外交学会理事。

翟崑 1995 年毕业于国际关系学院国际新闻系，获学士学位；1998 年毕业于国际关系学院，获国际关系专业硕士学位；2010 年毕业于中国现代国际关系研究院，获国际关系专业博士学位。

翟崑 1998 年起就职于中国现代国际关系研究院，历任中国现代国际关系研究院世界政治研究所所长（2011—2014 年）、南亚东南亚及大洋洲研究所所长（2008—2011 年）。2014 年 9 月起就职于北京大学国际关系学院。

翟崑长期从事全球和周边形势研究，国内和国际区域合作研究，参与多项国际和国家战略规划和项目设计。撰写了大量报送中央领导的内部研究报告，目前主要从事"一带一路"、国际战略和国际形势研究，中外文化与传播，跨国青年交流以及创新创业的研究与实践；并受多个地方、部委、企业等委托，参与了"一带一路"的咨询设计、研究评估、交流互访等，被相关部委和中央媒体指定为"一带一路"的政策解读和咨询专家。近期主要研究成果有《突破中国崛起的周边困境》《成全缅甸，成就中国——中缅走适应性共赢之路》《中国经济年鉴·一带一路卷》（2015 年）等。

张洪国
Hongguo Zhang

中国电子信息产业发展研究院规划所副所长
中国人民大学风险资本与网络经济研究中心特聘研究员

张洪国，现任中国电子信息产业发展研究院规划所副所长、中国人民大学风险资本与网络经济研究中心特聘研究员。

张洪国 2011 年获中国人民大学经济学博士学位。学习期间，先后兼任中国人民大学风险资本与网络经济研究中心主任助理、中国人民大学国际学院（苏州研究院）培训部副主任。

2011—2014 年，张洪国担任中国石油工业出版社编辑室副主任，中国石油天然气集团公司"中国石油组织史"编纂办公室编写组副组长、"中国石油组织史"主要编纂人之一。2014—2015 年，张洪国担任中国电子信息产业发展研究院规划所研究室主任、研究员，其间作为起草人之一，全程参与了《中国制造 2025》的编写工作。2015 年，张洪国担任中国电子信息产业发展研究院规划所副所长，重点参与《中国制造 2025》相关贯彻落实工作。作为主要专家参与了 2016 年民盟中央"改革开发区管理体制，促进开发区转型创新发展"年度大调研，参与起草的调研报告及政策建议书获得中央领导重要批示；作为项目负责人主持完成了《古巴工业中长期发展规划建议》重大项目，属于中国对古巴紧急援助项目，获中古两国工业主管部门和企业界的高度肯定，形成的"倡导规划先行，深化智力合作"研究报告获得中央领导重要批示。

张丽娜
Lina Zhang

国家发改委体改司原巡视员，重大项目稽查特派办正司长级特派员

张丽娜，国家发改委体改司原巡视员，重大项目稽查特派员办公室特派员，兼任中国经济体制改革研究会常务理事，中国（海南）改革发展研究院特约研究员。

张丽娜 1978 年毕业于中山大学经济系政治经济学专业，1996 年获得中国社会科学院财贸所财政学硕士学位，2015 年上海交大金融 EMBA 班毕业。2001年、2009年和2014年分别参加中央党校厅局级干部班学习。

张丽娜1978—1984年在商业部政策研究室、经济研究所工作；1984—1998年历任国家体改委理论组、综合司、办公厅副处长、处长；1998年任国务院体改办宏观司副巡视员；1998—2001年任西藏自治区经贸委副主任；2001—2003年任国务院体改办产业司副巡视员；2003—2016年在国家发改委工作，历任副巡视员、巡视员、司长。

张丽娜长期从事经济体制改革理论与政策的研究制定，曾参与市场流通、产业和企业、宏观和公共服务及社会领域改革工作。近几年参与了国有企业和混合所有制改革、行业协会脱钩改革、城镇化和中小城市综合改革及天津滨海新区综合配套改革试点等方案制订和实施工作。落实和启动中英两国政府财经对话关于政府和社会资本合作（PPP）的研究和推进工作。张丽娜熟悉改革理论及政策，曾参与了改革不同阶段的相关重要工作，是中国改革开放的见证者之一。

研究成果包括参与新中国商业30年总结工作并纳入当代中国系列丛书，参与编写并出版《中国改革开放（1978—2008）》，参与廖季力主编的宏观平衡调控专著，主持世界银行重大课题"中国事业单位改革研究"并出版相关著作，主持了亚行以及其他相关国际课题的研究。

张兴凯
Xingkai Zhang

全国人大常委会委员、环境与资源保护委员会委员
民革中央教科文卫体委员会副主任
中国安全生产科学研究院院长

张兴凯，现任全国人大常委会委员、全国人大环境与资源保护委员

会委员，民革中央委员，中国安全生产科学研究院院长，国家安全监管总局矿山采空区灾害防治重点实验室主任。北京市高等学校（青年）学科带头人、青年科技骨干，享受政府特殊津贴专家，博士，教授。兼任民革中央教科文卫体委员会副主任，民革北京市委员会副主委、朝阳区委员会主委。

受聘国家安全生产专家、非煤矿山组专家、法律组副组长，国家安全监管总局技术委员会委员、非煤组副组长、法律组委员，国家安全监管总局职业卫生专家，环保部新化学物质评审委员会委员，公安部特约监督员，工业与信息化部安全生产专家，北京市安全生产专家，国家安全生产标准化技术委员会委员、副秘书长，全国安全职业教育教学指导委员会副主任委员，中国安全生产协会检测检验技术委员会主任。

张兴凯长期从事安全生产、公共安全的科研和教学工作。获得国家自然科学基金（面上项目、青年项目）、中国博士后基金、北京市青年人才培养基金、教育部优秀教师基金等资助，主持或参加完成了安全生产领域的国家"九五""十五""十一五"和"十二五"科技攻关（支撑）项目或课题，参加了山西襄汾"9·8"特别重大尾矿库溃坝事故等多起特别重大事故应急抢险、重庆开县"12·23"特别重大井喷事故等多起特别重大事故调查分析、汶川地震尾矿库抢险与灾害评估分析。

2000年以来，张兴凯在公共安全、非煤矿山安全等领域取得40多项科研成果，其中有29项获得省部级科技进步奖或科技成果奖，发表学术论文30多篇，出版专著3部，出版合著教材5部，组织制定国家或行业标准7项。

代表论著有《对中国安全生产的几点认识》（中国环境科学出版社2013年版）、《地下工程火灾原理及应用》（首都经济贸易大学出版社

1997 年版）。代表科研成果有"矿井火灾风流非稳定流动的通风原理"
"爆破烟尘的行为理论及环境效应评价""非煤矿山典型灾害预测控制关
键技术研究与示范工程"等。

张宇燕
Yuyan Zhang

中国社科院世界政治与经济研究所所长，研究员

　　张宇燕，现任中国社科院世界政治与经济研究所所长，博士生导师，
研究员。兼任中国世界经济学会会长、新兴经济体研究会会长、外交部
外交政策咨询委员会委员、中国公共外交协会会员。

　　张宇燕 1986—1997 年历任中国社会科学院世界经济与政治研究所研
究实习员、助理研究员、副研究员、理论与政策研究室主任、所长助理；
1992 年 1 月—1993 年 1 月任美国马里兰大学经济系访问学者；1997 年 10
月—1999 年 10 月任中国驻纽约总领事馆领事；1999 年 10 月—2002 年 12
月任中国社会科学院院长学术秘书，研究员；2000 年 3 月起任中国社会
科学院研究生院教授，博士生导师；2001 年 4 月—2002 年 12 月任中国
社会科学院美国研究所副所长；2002 年 12 月—2007 年 8 月任中国社会
科学院亚洲太平洋研究所副所长；2007 年 8 月—2009 年 6 月任中国社会
科学院亚洲太平洋研究所所长；2009 年 6 月至今，担任中国社会科学院
世界经济与政治研究所所长。

　　张宇燕主要从事的研究领域为国际政治经济学、制度经济学及公共
选择理论。曾参与和主持多项国家和省部级社会科学研究项目，在《经

济研究》等核心刊物发表数十篇学术论文，已出版多部学术专著，其中《经济发展与制度选择》一书（中国人民大学出版社）获第二届中国社会科学院中青年优秀科研成果专著类一等奖，并著有《全球化与中国发展》《国际经济政治学》《键盘上的经济学》等。

2005年2月23日，张宇燕在中共中央政治局第九次集体学习会上讲解《世界格局和我国的安全环境》。

张宇燕2004年获国务院政府特殊津贴；2006年被确定为"新世纪百千万人才工程"国家级人选；2012年被中宣部等部委评为全国宣传文化系统"四个一批"理论界人才。

郑功成
Gongcheng Zheng

全国人大常委会委员、内务司法委员会委员
中国国家减灾委专家委员会副主任

郑功成，现任全国人大常委会委员、全国人大内务司法委员会委员、中国社会保障学会会长、中国人民大学教授。兼任中国国家减灾委专家委员会副主任、国务院医改专家咨询委员、人力资源和社会保障部咨询委员、民政部咨询委员、中国社会保险学会副会长、中国劳动学会副会长、中国医疗保险研究会副会长、中国社会福利和养老服务协会副会长以及国家行政学院兼职教授等。

郑功成1985年毕业于武汉大学政治经济学专业，工作后长期从事社会保障、灾害保险及与民生相关领域的研究，并担任国家立法机关组成人员，其理论及政策研究成果在学术界、政府有关部门有着广泛影响。

一些政策研究成果为国家相关立法与政策制定提供了重要的理论背景和依据。

郑功成迄今独著或主编出版有《中国社会保障改革与发展战略》（五卷本）、《科学发展和共享和谐》、《中国社会保障 30 年》、《关注民生：郑成功教授访谈录》、《构建和谐社会：郑功成教授演讲录》、《社会保障学——理念、制度、实践与思辨》、《论中国特色的社会保障道路》、《中国社会保障论》、《从企业保障到社会保障》、《东亚地区社会保障模式论》、《中国社会保障制度变迁与评估》、《中国灾害研究丛书》（12 卷本）、《灾害经济学》、《中国救灾保险通论》、《中国灾情论》、《多难兴邦：新中国 60 年抗灾史诗》、《慈善事业立法研究》、《当代中国慈善事业》、《中华慈善事业》、《中国残疾人事业发展报告》（系列）、《中国农民工问题与社会保护》（上、下）、《财产保险》、《责任保险理论与经营实务》等 30 多种著作。在《人民日报》《光明日报》《中国人民大学学报》《中国软科学》《经济学动态》等国内外报刊发表学术文章 500 多篇，多篇论文被《新华文摘》等转载。

郑功成教授获得过中国第六届、第七届高等学校科学研究（人文社会科学）优秀成果一等奖，第十一届、第十二届北京市哲学社会科学优秀成果一等奖等多种学术奖励，荣获过第三届中国政府出版奖、多届中国图书奖以及国家级优秀教学成果奖。

郑功成教授是第十届、第十一届、第十二届全国人大常委会委员、全国人大内务司法会委员，获得过湖北省有突出贡献中青年专家称号、北京市为首都建设做出突出贡献的统一战线先进个人称号，是国家百千万人才工程国家级人选入选者。

智宇琛
Yuchen Zhi

中国社会科学院南非研究中心副秘书长
蓝迪国际智库研究主管

智宇琛，现任中国社会科学院西亚非洲研究所助理研究员、中国社会科学院南非研究中心副秘书长、蓝迪国际智库研究主管。

智宇琛获北京大学经济学院理学学士学位和中国社会科学院法学硕士、博士学位，长期从事国际政治、国际经贸及和平与安全事务研究，尤其在中资企业在非洲能矿合作开发、基础设施建设及制造业等领域发展研究方面成果丰硕。

智宇琛具有多年央企发展战略部门负责人工作经验。在此期间，正值中国高速铁路建设关键时期，在战略制定、企业上市、质量提升、国际合作、法律事务等方面开展大量工作，积累了丰富经验。主要包括：为推进传统勘察设计企业向现代化系统集成商转型，多次与德勤、埃森哲等国际知名咨询机构合作，主持编制企业发展战略规划，按照国务院国资委要求组织建立全面风险管理和内部控制体系，根据战略发展要求组织制定集团化组织机构设置及定岗、定编、定责方案并顺利实施；参与制定集团"A＋H"整体上市方案并组织实施；与中国船级社合作建立由传统设计质量体系向现代化研发和系统集成质量管理体系的转型实施方案并顺利通过 ISO 系列国际质量认证，与德国莱茵等机构共同制定国际铁路标准质量管理实施方案并通过认证；曾作为特别授权中方谈判代表主持中国铁路通信信号集团与美国通用电气有限公司（GE）合资谈判；主管法律事务部期间，妥善处理了各类诉讼和法律纠纷，并根据国务院"7·23"甬温线特别重大铁路交通事故调查组要求主笔编写整顿重组报告并上报国务院。

智宇琛先后发表了《美国"非洲机遇与增长法案"的实施及其对非洲国家的影响》《莱索托的外资引进及未来挑战》《试析我国央企参与非洲"三大网络"建设》《中国企业在非洲：现状、问题和建议》《法国对非军事外交及对中法非三方和平与安全合作的启示》等10余篇核心期刊论文。2016年，出版学术专著《中国中央企业走进非洲》，系统分析了非洲各国政治经济情况，并提出中国企业在非洲发展的战略建议。2017年著述出版《"一带一路"视野下中国在印度洋四大战略经济走廊》一书。

◇◇ 第二节 企业专家

刁志中
Zhizhong Diao

广联达科技股份有限公司董事长

刁志中，现任广联达科技股份有限公司董事长、中国建筑学会建筑经济分会理事、中国建设工程造价管理协会教育专家委员会委员、天津大学特聘教授。

刁志中1985年毕业于沈阳航空航天大学计算机学院，曾任职北京石化工程公司设计中心工程师，从事计算机信息化的研发工作。1998年创办北京广联达慧中软件技术有限公司，开始从事建筑行业工程造价软件的研发与推广。经过多年的发展，刁志中将广联达打造成为国内建设领域中颇具声誉的 IT 应用高科技企业，持续为中国的建筑领域提供最有价值的信息产品与专业服务。

刁志中明确提出为基本建设领域提供 IT 产品与服务的经营宗旨，"立足建设领域，围绕客户核心业务，以软件产品、专业服务、内容信息为方向多维延伸"的立体化业务发展战略。

刁志中先后被评为"第二届海淀科技园区优秀青年企业家""改革开放 30 周年自主创新优秀人物"。

郭家学
Jiaxue Guo

西安东盛集团董事长兼总裁
广誉远中药掌门人

郭家学，现任西安东盛集团董事长兼总裁、广誉远中药掌门人。兼任北京陕西企业商会会长、北京山西商会常务副会长、中国医药物资协会副会长、首都企业家俱乐部副理事长、正和岛陕西岛邻机构荣誉主席、北京陕西企业商会会长等。曾任十届全国人大代表、民建陕西省委员会副主委、中国化学制药工业协会副会长、中国中药协会副会长、中国非处方药协会副会长等。

郭家学曾实施了对白加黑、盖天力、丽珠制药、云南白药等的并购，打造了医药业的商业帝国。执掌"广誉远"这家 500 年中医药老字号以来，力推"广誉远名医名药工程"，通过"做好药选名医治好病"提升世界对中医药文化的信心。在他的带领和精心培育下，广誉远推出了一系列养生精品中药，开创智慧养生的新纪元，为振兴传统中医药文化，贡献应尽的社会责任与历史使命。

郭家学曾经获得陕西省杰出青年企业家、西安市劳动模范、陕西省首届"五四青年"奖章、陕西省劳动模范、中国优秀民营科技企业、首届陕西省十大功勋企业家、陕西省有突出贡献中青年专家、2014 年中国十大经济潮流人物、2014 年度中国企业管理领导力奖和 2014 年正和岛年度领袖奖等殊荣。

黄代放
Daifang Huang

泰豪集团有限公司董事长

黄代放，现任泰豪集团董事会主席、中国民间商会副会长、全国人大代表、第十一届全国政协常委。清华大学汽车系本科毕业，高级经济师。

黄代放 1981 年 9 月—1986 年 7 月在清华大学汽车系内燃机专业学习。1986 年 7 月—1988 年 7 月任南昌市工业技术开发中心（现为南昌市工业研究院）技术员。1988 年 7 月—1997 年 1 月任江西清华科技开发部（现为泰豪集团有限公司）总经理。1997 年 1 月—1998 年 8 月任清华同方股份有限公司销售中心总经理、泰豪集团有限公司执行董事。1998 年 8 月—2007 年 8 月任泰豪科技股份有限公司总裁、泰豪集团有限公司执行董事，并于 2002 年 6 月—2007 年 8 月兼任江西省工商联副会长。2007

年 8 月—2012 年 7 月任泰豪集团有限公司董事长、江西省工商联主席。2012 年 7 月至今，任泰豪集团董事会主席，2012 年 12 月当选中国民间商会副会长。

在黄代放团队的带领下，泰豪自 1988 年起，用将近 8 年时间走完了初创发展阶段，成为江西省最有竞争力和影响力的 IT 企业；1996 年起，通过积极引进战略投资，泰豪经营规模快速扩大；2004 年起，泰豪开启品牌发展之路，积极参与国际化产业分工，通过与世界 500 强企业的合资合作加快开拓国际市场。在"创导智能技术、产品和服务，以提高人类生活的品质"的企业使命引领下，泰豪已形成以智慧城市、智能电网业务开展为主导，以军工装备和文化创意产业发展为两翼的发展格局。

吉朋松
Pengsong Ji

上海安翰医疗技术有限公司董事长

吉朋松，上海安翰医疗技术有限公司董事长、张江战略研究院副院长。

吉朋松获多个清华大学专业学位，包括工程物理、计算机软件专业双学士学位，核电子学及探测技术硕士学位，金融 MBA 等。毕业后曾任清华大学教授，是"十一五"国家科技执行突出贡献奖获得者。

吉朋松是国家高科技项目孵化专家，已成功孵化多个具有重大影响的高科技项目，其中包括大深度高精度石油测井仪器系统、X 射线大型集装箱检查系统、高温超导滤波器系统、涂层完全可降解钴铬合金心血管支架和世界首个消化道内镜机器人等。

靳新中
Xinzhong Jin

至玥腾风科技投资集团有限公司执行董事、总裁

靳新中，现任至玥腾风科技投资集团有限公司执行董事、总裁。

靳新中 1990 年获中国社会科学院研究生院经济学博士学位；1993—1994 年于英国 Swansea 大学发展研究中心攻读博士后。

靳新中于 1990—1995 年，任国家计划委员会投资研究所副研究员、处长；1995—2012 年，任中国海外集团有限公司（香港）董事、助理总经理，中海投资发展（集团）有限公司副董事长、总经理；2012 年至今，任国家创新与发展战略研究会副秘书长；2014 年任至玥腾风科技投资集团有限公司执行董事、总裁；2015 年任泰克鲁斯·腾风汽车研发有限公司董事长。

靳新中在中国海外集团公司任职期间，主持投资业务线工作，先后完成投资 120 亿港元，并购了一批如南京长江二桥、莱州金仓金矿、南宁"四桥一路"、沈阳皇姑热电、南昌大桥、安徽国元信托等优质的基建和实业项目等，累计实现利润 60 亿港元。在国家创新与发展战略研究会任常务副秘书长期间，参与组织和起草了若干战略报告。任职泰克鲁斯·腾风汽车研发有限公司董事长期间，在日内瓦国际车展上首发了中国第一辆超级跑车暨微型燃气轮机增程式电动汽车。

李仙德
Xiande Li

晶科能源有限公司董事长

李仙德，晶科能源控股有限公司董事长、晶科电力有限公司创始人，浙江大学 EMBA。

李仙德 2006 年创办了晶科能源控股有限公司，在他的带领下，2015 年，集团实现营业收入 160 多亿元人民币，跃升至 2016《财富》中国 500 强第 330 名。2016 年成为全球最大的组件制造商，拥有中国江西、浙江、新疆，马来西亚，葡萄牙和南非六个生产基地，16 个海外子公司及 18 个销售办公室，全球员工 15000 名，出口额超过 10 亿美元，被业界誉为"毛利润之王"。2010 年，晶科在美国纽交所上市。

李仙德曾获 2009 年"上饶市十大创业精英"，2010 年"第四届江西省十大经济人物"，2012 年"江西省 2012 年度优秀创业企业家"，2013 年"中国行业品牌十大创新人物奖"，2014 年"中国改革优秀人物奖""全球新能源杰出贡献人物"等奖项。

刘家强
Jiaqiang Liu

中国化学工程集团公司党委常委
中国化学工程股份有限公司党委常委，副总经理

刘家强，现任中国化学工程集团公司党委常委，中国化学工程股份有限公司党委常委，副总经理，教授级高级工程师。

刘家强1988年7月毕业于大连理工大学工业涡轮机专业，2005年获清华大学工商管理硕士学位。

刘家强1988年7月—1994年7月任中国化学工程重型机械化公司技术员；1994年7月—1997年4月，任中国化学工程总公司劳资教育部干事；1997年4月—2001年5月，任国家"九五"重点项目河南义马气化厂项目副总监；2001年5月—2007年5月，任中国化学工程集团公司企业管理部副主任，其间作为建设部特聘专家，参与全国建筑业企业资质标准编制工作，并作为石化专业副组长主持全国建造师执业资格考试大纲和教材编制工作；2007年5月—2012年2月，任中国化学工程集团公司总经理助理兼规划发展部主任，兼任科技部等六部门组织的"新一代煤（能源）化工产业技术创新战略联盟"秘书长，组织国家科技支撑计划煤制烯烃技术开发工作，并参与了国资委《中央建筑企业布局与结构调整研究报告》编制工作。2012年2月起，任中国化学工程股份有限公司党委常委、副总经理；2014年8月至今，任中国化学工程集团公司党委常委。

卢朋
Peng Lu

中铁十七局集团有限公司董事长、党委书记

卢朋，现任中铁十七局集团有限公司董事长、党委书记。教授级高级工程师，博士研究生学历，中国青年企业家协会常务理事，山西省青联副主席。

卢朋参加工作以来，历任中铁十一局集团三公司技术员、副科长、副指挥长、副处长、指挥长，中铁十一局集团二公司总经理，中铁十一局集团三公司董事长，中铁十七局集团有限公司副总经理，中铁十七局集团有限公司总经理。

卢朋先后参加了京九铁路、青藏铁路、武广客专、宁杭客专、京福客专等国家重点工程建设，所负责项目被授予铁道部"科技进步一等奖"、建筑工程"鲁班奖"，主持的宁杭铁路客运专线项目被授予国内首批"标准化项目部""标准示范段""标杆工程局"的光荣称号，为中国高速铁路建设做出了突出贡献。组织研发的 3 项施工技术获国家专利，主持编著的《既有线提速改造铺架工程施工组织研究》《铁路工程铺架技术与管理》《客运专线铁路施工项目管理》《传统建筑工程承包商参与基础设施 PPP 项目的优势与挑战》等书籍，填补了国内同行业学术空白。

卢朋曾获"全国建筑业企业优秀项目经理""全国建筑业优秀企业家""青藏铁路建设功臣""火车头奖章""茅以升建造师奖""山西青年五四奖章""山西省五一劳动奖章"等荣誉称号。

孙小蓉
Xiaorong Sun

武汉兰丁医学高科技有限公司董事长

孙小蓉，现任武汉兰丁医学高科技有限公司董事长。

孙小蓉 1982 年获武汉同济医科大学学士学位；1987 年获武汉同济医科大学硕士学位；1993 年获澳大利亚 Monash 大学博士学位；1993—1995 年为美国纽约 Sloan Kettering 肿瘤研究中心博士后。主要研究领域为细胞病理学。

孙小蓉历任加拿大 BC 肿瘤研究中心研究员、武汉兰丁医学高科技有限公司董事长、兰丁细胞病理诊断中心实验室主任。

孙小蓉曾获 2011 年"全国三八红旗手"。2011 年被中国政府授予外国专家"友谊奖"，享受国务院政府特殊专家津贴；同时担任中国妇幼保健协会妇女病防治专业委员会副主任委员、妇幼健康研究会宫颈癌防控专业委员会常委、全国阴道镜及宫颈病理学协作组（CSCCP）委员等。

谭晓东
Xiaodong Tan

北京标研科技发展中心主任
全国分析检测人员能力培训委员会办公室主任

谭晓东，现任北京标研科技发展中心主任、全国分析检测人员能力培训委员会办公室主任，国家高级项目管理师、国家级水利造价工程师。

谭晓东2003年毕业于武汉水利电力大学，获水利工程管理学士和法学学士双学位；2010年毕业于北京交通大学，获项目管理在职研究生学位。2010—2016年任国家认监委认证认可技术研究所认可技术中心副主任。

谭晓东是全国《检验检测机构管理条例》（国务院行政法规）主执笔人，全国《检验检测机构资质认定管理办法》（质检总局163号局长令）释义编写专家，全国《检验检测机构资质认定评审准则》主要起草人及释义编写专家，主导、规划和建设了我国多个行业国家级检验检测标准化机构，以及我国检验检测评价技术人员培训体系。2012—2014年，牵头组织完成了我国检验检测行业统计制度设计和统计体系文件的编撰、发布和实施。

谭晓东也是全国《司法鉴定机构资质认定评审准则》以及《工作指南》（第一版、第二版）主执笔人，国家公安刑事技术和司法鉴定领域全国师资课程规划及主讲人，培养了我国国家级司法鉴定领域和公安刑事技术领域资质认定评审专家800余名，并指导建设国家级、省级司法鉴定机构百余家。

谭晓东参与执笔了全国食品检验机构《食品检验机构资质认定工作指南》，是科技部"十二五"科技支撑项目《城市轨道交通互操作检测认证体系关键技术研究》课题一申请负责人，科技部"十一五"重点科研项目《中国检测资源共享平台》主要研究人员，国家标准《中国检测资源共享平台数据建设技术规范》主要撰写者，"全国水利建筑市场信用主体征信系统"总设计者及项目执行负责人。

童亚辉
Yahui Tong

浙江省能源集团有限公司董事长

童亚辉，现任浙江省能源集团有限公司董事长，浙江省煤炭工业协会会长，经济学博士，高级经济师。

童亚辉1978—1982年就读于杭州大学政治系经济学专业，获经济学学士学位；1989—1990年留学日本京都大学，获硕士学位；1994—1997年就读于中国社会科学院，获得博士学位。

童亚辉先后在北京煤炭管理干部学院、煤炭工业部、中国煤炭销售运输总公司等单位工作，在此期间，积累了对能源行业的深刻理解。任浙江省能源集团有限公司总经理以来，为浙能的产业升级、国内外布局和国际化业务的推动做出了积极贡献。2016年8月起任浙能集团董事长。

在繁忙的工作之余，童亚辉还涉足诸多艺术领域，对书法和戏曲艺术颇有研究。1989年加入中国书法家协会，2004年当选杭州市书法家协会理事，2009年加入西泠印社。现任兰亭书法社副社长、四明书画院副院长、省侨联文协艺术品鉴俱乐部总理事长、浙江省戏剧发展促进会理事。

王济武
Jiwu Wang

启迪控股股份有限公司董事长

王济武，现任启迪控股股份有限公司董事长。

王济武1988年就读于清华大学经济管理学院，获经济学学士及工商管理硕士学位。曾任职于北京市房地产开发经营总公司、香港北京控股集团、香港京泰实业集团等。

王济武是金融与公司管理方面的重要学者，在上述领域有独特的创新思维，他的相关论文引起了英国《金融时报》等海外财经媒体的关注，被北京大学选为"中国年度最佳商业案例"并入选清华大学MBA教材。王济武出版了《中国股市实战理论与方法》《科技新城建设理论与实践》《集群式创新理论与实践》，于2002年入选美国"who is who世界名人录（金融）"。

王济武曾获"2006年度中国别墅领军人物"，并于此后相继荣膺"2007年度中国十大建设英才""2008年度全国先进爱国企业家"。

王济武作为清华大学的杰出毕业生，一直热爱母校，关心母校，他多次为母校捐款，捐款总额在全国高校个人捐款排名前列。王济武作为一名经济学者，多次赴清华举办讲座，并担任清华大学经管学院MBA学生导师、班级导师及清华MBA校友会会长等职务。

王伟兴
Weixing Wang

浪潮集团有限公司副总裁

王伟兴，现任浪潮集团有限公司副总裁。

王伟兴2004年8月—2005年12月任职于山东省政府办公厅文秘处。2006年1月—2010年10月，入职浪潮集团办公室，先后任秘书、主任助理、副主任等职务。2010年11月—2013年3月，担任浪潮集团办公室副主任兼北京行政部总经理。

2013年4月—2016年3月，王伟兴担任浪潮集团交通国土行业部总经理，其间带领团队实施了多个国家级信息化项目，包括国土资源部不动产登记信息化建设、交通部ETC全国清算中心信息化系统的设计和建设、12306信息化二期硬件升级改造建设等，在交通行业信息化、智慧城市建设等方面积累了丰富的经验。

2016年4月至今，担任浪潮集团政府合作部总经理、副总裁，全面负责浪潮集团公共关系和海外业务支撑工作。

文剑平
Jianping Wen

北京碧水源科技股份有限公司董事长

文剑平，现任北京碧水源科技股份有限公司董事长。兼任北京民营科技实业家协会副会长、中国可持续发展研究会第四届理事会执行理事、北京水务理事会常务理事。

文剑平 1987 年 8 月—1989 年 10 月任中国科学院生态环境中心助理研究员，1989 年 11 月—1994 年 5 月任国家科委社会发展司生态环境处副处长，1994 年 6 月—1998 年 3 月任国家科委中国国际科学中心副主任、总工程师并兼任中国废水资源化研究中心常务副主任。1998 年 9 月—2001 年 7 月赴澳大利亚留学，2001 年 7 月回国创办北京碧水源科技发展有限公司，任董事长；2007 年 6 月起任北京碧水源科技股份有限公司董事长。

在文剑平的带领下，碧水源于 2010 年 4 月成功登陆创业板，并建成全球规模最大的膜研发产业化基地。企业建立了国家级企业博士后工作站、国家环境保护膜生物反应器与污水资源化工程技术中心、北京市污水资源化膜技术工程技术研发中心和北京市企业技术中心，与清华大学、澳大利亚新南威尔士大学合作建成国际一流的环境膜技术研发中心。与此同时，完成了超千项污水资源化工程、百余项安全饮水和湿地工程，参与众多国家水环境重点治理工程，并在新农村建设水环境治理中发挥着重要的示范作用。

文剑平具有资深的专业技术和丰富的高级管理经验，是公司的核心技术人员及多项专利的主要发明与设计人，先后被评为 2008 年北京市优秀青年企业家、中国环境保护产业优秀企业家、中关村优秀创业留学人员、中关村科技园区 20 周年突出贡献个人。文剑平作为第一发明人申请专利 23 项，主要发明人 20 项；作为第一发明人授权专利 34 项，主要发明人 22 项；并取得了国家级和省部级科技奖励各一项。

武钢
Gang Wu

新疆金风科技股份有限公司董事长

新疆新能源（集团）有限责任公司董事长兼党委书记

世界风能协会副主席

武钢，现任新疆金风科技股份有限公司董事长，新疆新能源（集团）有限责任公司董事长兼党委书记，兼任国家风能协会副主任、国家科技部风电工程技术研究中心主任等。2015年当选世界风能协会副主席。第十二届全国人大代表。

武钢1979—1983年在新疆工学院电力系统自动化系攻读本科；1983—1987年在新疆水电学校任教；1987—1997年任新疆风能公司副总经理，1997年至今任新疆金风科技股份有限公司董事长；2003年获大连理工大学控制工程专业工程硕士学位，2013年获清华大学EMBA专业高级管理人员工商管理硕士。

武钢自1987年开始投身中国风电事业，创建新疆风能公司、新疆金风科技，并多次赴丹麦、德国、英国进行专业技术和工程实践培训与工作，积累了丰富的风电技术经验及行业背景经历，在商业模式创新、团队建设、技术创新、资源整合方面具有一定的领导力。

武钢曾荣获国家科技进步二等奖，水利部科技成果二等奖，新疆维吾尔自治区科技成果一等奖，2006年度世界风能贡献奖、2007年度"中国能源科技进步杰出贡献个人"和新疆维吾尔自治区科技兴新贡献奖，2010年美国杰出华人贡献奖，2010年"全国劳动模范"荣誉称号，2012年当选新疆维吾尔自治区党代表，2013年1月被国家能源局授予"国家能源科技进步奖"。

袁宏永
Hongyong Yuan

清华大学公共安全研究院副院长
北京辰安科技有限公司总裁

袁宏永，现任清华大学公共安全研究院副院长、北京辰安科技有限公司总裁。教授、博士生导师，教育部"长江学者"特聘教授，中国公共安全科学技术学会常务理事，中国地理信息产业协会应急工作委员会主任委员，亚太公共安全科学技术学会理事，全国公共安全基础标准化委员会理事，第29届北京奥运会安保顾问。

袁宏永主要从事公共安全应急与国家安全科技的研究，主要研究方向为灾害动力学、预测和预警、应急管理理论与技术及其综合整合，火灾探测和控制工程，公共安全事件灾害动态、监测和控制、预测和预警、应急管理及应急平台技术。

袁宏永在公共安全应急与火灾探测理论、方法研究和技术攻关方面取得了具有国际先进水平的创新性研究成果，为该学科领域的发展做出了突出贡献。在我国公共安全应急平台架构和突发事件链式动力学演化方面做出了开创性的研究，获国家科技进步一等奖和教育部科技进步一等奖（排名第二）；针对应急关键环节，凝练出应急平台体系的关键技术要素、各级各类应急平台间的逻辑拓扑关系，研究提出了国家应急平台体系总体方案，主导完成了国务院应急平台和国家安监总局应急平台设计，研究编制出8项国务院指导全国应急平台体系建设的关键技术标准规范；提出了突发事件多因素耦合下次生、衍生事件的事件链和预案链层次聚类构造方法；提出了建立突发事件与承灾载体本体破坏与功能失效间的作用与转化模式，发展了突发事件事件链综合预测预警模型构建模式与方法，建立了基于事件链和预案链相结合的应急综合研判技术；研究成果在国务院、全国31个省（区、市）、多个国家部门、大型企业得到应用，直接经济效益超过3亿元，在低温雨雪冰冻灾害、汶川玉树地震、奥运安保等重大事件应对中发挥了重要作用，首次实现我国应急平台技术与装备整体出口；在大空间火灾探测与定位扑救方面做出突破性研究成果并获得国家科技进步二等奖（排名第二）、国家专利金奖（排名第一）基础上，研发出超高层建筑火灾人员定位、火源反演和应急处置关键技术与装备，获公安部和安徽省两项科技进步一等奖，火灾安全领域的研究成果已广泛应用于人民大会堂等国家重要保护场所，直接经济效益超过15亿元。

袁宏永近五年发表论文121篇、SCI/SSCI 19篇、EI收录36篇，获得国内发明专利7项、国外发明专利1项，获国家科技进步一等奖1项、省部级科技进步一等奖3项。

袁建民
Jianmin Yuan

中国外运股份有限公司党委副书记
中外运长航集团新疆有限公司执行董事、总经理、党委书记

袁建民，现任中国外运股份有限公司党委副书记，中外运长航集团新疆有限公司执行董事、总经理、党委书记，兼任新疆维吾尔自治区人民政府参事、中国国际投资促进会副会长、新疆喀什行政公署经济顾问、新疆克拉玛依市委巴基斯坦事务顾问、新疆外交学会副会长、新疆物流

协会会长、自治区社科联委员、新疆咨询决策专家、新疆师范大学—巴基斯坦国立现代语言大学国际教育合作中心顾问、巴基斯坦吉尔吉特—巴蒂斯坦省发展顾问、巴基斯坦南瓦济里斯坦地区发展顾问、巴基斯坦洪扎发展运动组织荣誉主席、中国公安边防部队乌鲁木齐边防指挥学校客座教授、巴基斯坦伊斯兰堡国立现代语言大学客座教授、新疆师范大学客座教授、新疆塔里木大学客座教授。北京工商大学产业经济学研究生学历，高级经济师。

袁建民积极倡导建设了"巴中苏斯特干港"（陆地口岸），惠及中巴两国。巴中苏斯特干港关乎国家安全和国家的周边战略，有关情况上报中央政治局，并列入国家领导人访巴会谈时的重要内容。

袁建民先后获"中央企业劳动模范""中央企业优秀党务工作者""优秀党务工作者""助推大陆桥 20 年发展突出贡献奖"等称号。2011 年 8 月，巴基斯坦总统扎尔达里在伊斯兰堡签署总统令，授予袁建民"国父真纳"勋章。2012 年 11 月被新亚欧大陆桥国际运输研讨会组委会评为"新亚欧大陆桥开通运营 20 年突出贡献企业家"等荣誉。

詹珽
Ting Zhan

陕西西咸新区发展集团有限公司发展投资部部长

詹珽，现任陕西西咸新区发展集团有限公司发展投资部部长，高级工程师；兼任西咸新区一带一路商务咨询有限公司董事长。

詹珽 1998—2002 年在福州大学学习，获学士学位；2002—2005 年在原贵州工业大学（现贵州大学）计算中心任教；2005—2007 年在中山大学学习，获硕士学位；2008—2010 年在长安大学学习，获博士学位；2010—2011 年，在审计署驻西安特派员办事处工作，参与汶川灾后重建跟踪审计；2011 年至今，在西咸新区工作。

詹珽自 2013 年底以来，结合国家级新区的战略定位，开展"一带一路"专项研究，并进行实践探索，主要包括：区域性信息平台、资源平台、整合平台和服务平台；"一园两地"和"一区多园"模式的跨境合作平台；西咸新区着力建设丝绸之路经济带重要支点，建设成为我国向西开放的重要枢纽、西部大开发的新引擎和中国特色新型城镇化的范例的实现路径；围绕"一带一路"的双边及多边职业教育体系和基础教育体系；金融试验区和医疗试验区；服务贸易创新试点；"西咸＋""蓝迪＋"模式等。

赵明
Ming Zhao

中国电子科技集团副总工程师、发展规划部主任

赵明，现任中国电子科技集团副总工程师、发展规划部主任。原中电科技国际贸易有限公司董事长，党委书记，研究员级高级工程师。

赵明 1982 年毕业于西北电讯工程学院（西安电子科技大学）电子工程专业，1987 年美国迈阿密大学数字信号处理专业访问学者。1982 年起在当时的电子部第 36 研究所工作，担任多个产品和系统项目的总设计师，1996 年破格竞聘为研究员级高工。1994 年起，历任电子部第 36 研究所研究室副主任、科技处长、副所长，1999 年 8 月起担任所长。2011年任中电科技国际贸易有限公司董事长、党委书记。2017 年任中国电子科技集团副总工程师、发展规划部主任。

赵明 2000 年起至今一直担任某国家级信息技术领域专家组的专家。曾获电子部优秀科技青年称号；获国家科技进步三等奖一次、部级科技进步一等奖、二等奖一次。

◇◇ 第三节　行业专家

陈锋
Feng Chen

商务部五矿化工商会会长，高级工程师

陈锋，高级工程师，北京航空航天大学工商管理硕士。现任中国五矿化工进出口商会会长、中国国际商会理事、海峡两岸贸易协会理事、国际化工分销商协会理事会执行委员会委员。

陈锋 2000—2003 年在国家经济贸易委员会负责信息工作，参与组织领导全国经济信息搜集、编纂和向决策层传递的具体工作。在经济平稳期、重大事件突发期和结构调整期，为决策层提供建议方面做出了富有成效的工作。2003—2005 年在国务院全国整顿和规范市场经济秩序领导小组工作期间，负责政策法规、信用体系建设和综合业务工作，参与组织制定清理整顿市场秩序和建立社会信用体系的规划与政策，组织和实施了社会信用体系组织架构设计、技术实施路线和接口标准课题的研究。2006—2012 年担任商务部驻昆明、驻南京特派员期间，深入最贫困和最发达的地区城镇、农村，以外向型经济为关注点，研究和总结社会经济发展的规律和模式，对外经、经贸、外资和民生相关的国内市场体系构建方面提出了许多建设性建议并取得多项研究成果。

陈锋对能源、矿产资源、金属、化工、建筑材料等行业具有较深了解。代表行业加强与贸易相关国家政府和非政府组织的对话，组织贸易保护案件的应诉和诉讼，关注冲突矿产资源开发，推动负责任企业社会责任行动，引导中国企业对境外矿业资源投资开发活动的保护人权、注重社会责任实践，组织制定并发布了《中国对外矿业投资行业社会责任指引》，获得了联合国人权理事会的高度关注和赞誉。

陈新发
Xinfa Chen

新疆维吾尔自治区党组成员，中石油总经理助理

陈新发，现任新疆维吾尔自治区党组成员，中石油总经理助理。

陈新发 1998 年毕业于中国地震局地质研究所构造地质学专业，获博士学位。2004—2009 年任中石油新疆油田公司总经理，在任上提出实施资源、科技、人本"三大战略"，推动建设现代化大油气田；将现代信息技术和系统工程等先进科学管理理念和方法运用于企业管理，设计、实施、建成国内首个数字油田，并启动建设智能化油田，取得了显著的成效，连续 15 年实现安全生产。

陈新发博士于 2009—2015 年担任克拉玛依市市长、中石油新疆油田公司总经理。着眼于资源型城市可持续发展，基于世界油气产业发展趋势和克拉玛依拥有的区位、资源、工业、品牌等比较优势，提出走国际化、外向型、高端发展之路，确立了"打造世界石油城"发展战略，做出了建设油气生产、炼油化工、技术服务、机械制造、石油储备、工程教育"六大基地"，发展金融、信息、旅游"三大新兴产业"，打造高品质城市、最安全城市"两个平台"的战略布局，并着力推进经济产业发展、中心城市建设、高品质城市打造、政策管理创新、城市文化培育等重点工作，推动城市由单一资源型向综合型、经济由工业型向服务型的转变，开启了克拉玛依可持续发展的新纪元。

陈新发博士于 2015 年至 2017 年担任克拉玛依市委书记、市人大常委会主任、中石油驻疆企业协调组组长、中石油新疆油田公司党委书记。积极贯彻落实中央"一带一路"倡议，与巴基斯坦瓜达尔区签订友好城市协议，成功承办中巴经济走廊论坛（新疆·克拉玛依），使克拉玛依市成功加入世界能源城市伙伴组织（WECP）。充分发挥地缘、人文等优势，积极推进区域融合发展和对外开放，逐步构建起了全方位、多领域的开放格局，使城市知名度和影响力显著提升。

陈新发是中国共产党第十八次全国代表大会代表，新疆十大科技人物，新疆石油协会理事长，中国石油协会常务理事，全国优秀科技工作者，全国五一劳动奖章获得者，中国科协第七次、第八次全国代表大会代表，新疆维吾尔自治区科协副主席。

房秋晨
Qiuchen Fang

中国对外承包工程商会会长

房秋晨，现任中国对外承包工程商会会长。

房秋晨 1989 年毕业于对外经济贸易大学国际企业管理专业。2000 年获得首都经贸大学企业管理硕士学位。

房秋晨 1989 年加入原对外贸易经济合作部工作，先后在北京温阳进出口贸易公司、国家商务部合作司办公室、非洲处、工程处等部门工作，曾担任调研员、处长等职务；1991—1995 年，房秋晨担任中国驻尼日利亚大使馆经商参处随员、三等秘书；2000—2001 年，任中国驻文莱大使馆经商参处一等秘书；2001—2003 年，任中国驻马其顿大使馆经济商务参赞；2006—2011 年，任中国驻印度尼西亚大使馆公使衔经济商务参赞。其中，1997—2000 年挂职任河北省泊头市副市长，分管流通领域工作，包括外贸和外经合作。

2011—2015 年，房秋晨担任商务部美洲大洋洲司副司级商务参赞、副司长，分管美洲、大洋洲地区除美国外英语国家的双边经贸事务，负责拟订并组织实施与所负责国别（地区）的经贸合作发展政策，参与多双边 FTA 及有关经贸谈判，处理国别（地区）经贸关系中的重要事务，协助中国企业获得外国市场准入等。

2015 年 4 月至今，房秋晨担任中国对外承包工程商会会长，商会现直属国家商务部，是由中国对外承包工程、劳务合作、工程类投资及相关服务企业组成的全国性行业组织，致力于推动会员企业经营实力的全面提升和中国对外投资与承包工程行业的快速、健康发展。

房秋晨有着丰富的外交工作经验，曾先后被派驻非洲、欧洲、亚洲国家担任外交官，在促进中国与驻在国双边经贸关系方面做了大量卓有成效的工作。

胡卫平
Weiping Hu

中国产业海外发展协会秘书长

胡卫平，现任中国产业海外发展协会秘书长。

胡卫平1971年参加工作，先后任职于航天部一院、河南省化工研究设计院、河南省石化厅等单位。1991年调入国家计委，长期在经济与能源管理部门工作，先后任职于国家计委国务院农业生产资料办公室、国家计委原材料司（委农资办）、国家计委经济预测司、产业司（国家西气东输办公室）、能源局等部门，曾任国家能源局油气司副司长。

在国家发改委、国家能源局从事经济与能源行业管理期间，胡卫平主要参与起草国务院农资流通体制改革文件，承担西气东输、广东LNG、运输造船、东海开发、中亚天然气管线建设等重大工程项目组织协调、文件制定和政策研究工作，承担国家利用境外油气资源中长期发展规划、国家油气管道发展规划、国家LNG专项发展规划等文件的编制与起草工作，参加国家第二轮油气资源评估等工作，发表《我国天然气发展及相关政策研究》《招标择优：大型天然气工程项目宏观管理的新尝试》《广东LNG项目招标》《小型液化天然气应在我国天然气发展中占有一席之地》等重要研究报告。

胡卫平曾获评国家发改委优秀公务员和全国重大专项先进个人，承担完成的研究成果获部委科技进步奖。

柯志华
Zhihua Ke

中外友好国际交流中心主任

柯志华，现任中外友好国际交流中心主任，大连海事大学"一带一路"研究院理事会主席、荣誉院长、客座教授，中国欧盟协会理事，中国东盟协会理事，中国公共外交协会理事。

柯志华1985年就读于中国大连海事大学，攻读海商法专业，1989年获学士学位。1989—1993年，柯志华在中国交通部外事司工作。其间，参与国际海事组织（IMO）文件翻译工作，曾负责全国水运系统引进国外智力工作，并被派往新加坡参加中国对外开放港口中高级管理人员培训班。

1993—1999年，柯志华任新加坡管理与技术培训中心主任。其间，他致力于中国党政领导干部赴新培训体系建设，编制了"政府职能""城市管理""社会管理""金融管理""企业管理"等多领域数百个培训专题，组织实施400余期培训项目，培训中方人员近万人次。中心也与中国国家外国专家局共同编写了《聘请外国文教专家工作指南》。

1999—2010年，柯志华任中外友好国际合作中心执行主任。他曾负责中国—西班牙论坛企业交流工作，实现中国—西班牙空中直航，建立中国—西班牙培训合作机制。此外，他也推动中国—意大利企业的交流工作，积极组织中外城市交流活动，组织中国地方政府境外招商推广活动。在他的领导下，中心长期开展中国与南太平洋国家交流项目，并为在华外资企业提供服务。

2010年至今，柯志华任中外友好国际交流中心主任。其间，他因积极推动中法人文交流，被法国希侬市授予荣誉市民。他参与策划的"当代中国水墨与雕塑艺术展"是首次进入法国大皇宫展出的中国艺术展，并发起成立了中国—东盟美术院校联盟，实施了亚洲艺术国际传播计划。

李爱仙
Aixian Li

中国标准化研究院副院长兼总工程师

李爱仙，现任中国标准化研究院副院长兼总工程师，研究员。兼任国家发改委战略性新兴产业发展专家咨询委员会委员，全国能源基础与管理标准化技术委员会秘书长，全国太阳能标准化技术委员会副主任委员。曾任国家能源专家咨询委员会委员，《节能法》修订专家组成员。

李爱仙长期从事标准化研究工作，先后承担科技部"九五"国家重点科技攻关计划、"十五""十一五"和"十二五"科技支撑计划、科技基础性工作项目以及国家自然科学基金项目等10余项，负责研制GB/T 15320《节能产品的评价导则》等国家标准20余项，组织推动了我国强制性能效标准研究工作的开展，建立健全了终端用能产品能效指标体系；主持研制我国首批强制性高耗能产品能耗限额标准，明确了能耗限额指标体系；组织研究并协助政府主管部门建立了节能产品认证制度、强制性能效标识制度和节能产品惠民政策。

　　李爱仙获得省部级科技进步奖 10 余项，2009 年入选"新世纪百千万人才工程"。现分管并推进中国标准化研究院国家标准信息服务、中国标准"走出去"、人类工效学以及政府质量绩效考核等工作。

刘宗德
Zongde Liu

国家认证认可监督管理委员会认证认可技术研究所所长

　　刘宗德，现任国家认证认可监督管理委员会认证认可技术研究所所长，国家质量监督检验检疫总局科学技术委员会认证认可专业技术委员会委员、认证认可基础分专业技术委员会主任委员，中认新能源技术学院客座教授。

　　刘宗德 1993 年毕业于华中农业大学。1994—1998 年，任职于国家出入境动植物检疫局；1998—2001 年，任职于国家出入境检验检疫局；2001—2014 年，任职于国家认证认可监督管理委员会，长期从事出入境动物检疫、人事管理、行政管理、认证认可等工作，先后参与了"认证认可关键技术研究与示范""认证有效性评价体系研究及示范应用""中国检测机构科学发展战略研究""中国特色认证认可理论体系研究""政府绩效管理"等重点课题研究，获得了多项省部级科技奖励并出版了多部学术专著。

　　2008 年，刘宗德获得了华中农业大学管理学博士学位，完成了我国从经济学角度系统阐述认证认可工作的博士论文《基于微观主体行为的认证有效性研究》以及我国从制度层面和经济学角度全面阐述认证认可制度的书籍《认证认可制度研究》，一文一书填补了认证认可理论研究的空白，得到了行业内外的普遍认可和广泛使用，取得了较大的社会效益。

2014年至今，刘宗德作为国家认证认可监督管理委员会认证认可技术研究所所长，围绕如何更好地发挥认证认可作用，推动"一带一路"贸易便利化提出了诸多创新观点，发表了《认证认可在"一带一路"战略中的机遇与挑战》等论文，撰写了多篇认证认可功能定位研究专报。刘宗德也是国家重点研发计划《支撑"一带一路"贸易便利化的认证认可关键技术研究与应用》的项目负责人。

吕红兵
Hongbing Lü

中华全国律师协会副会长
国浩律师事务所首席执行合伙人

吕红兵，国浩律师事务所首席执行合伙人。中华全国律师协会党组成员、副会长，金融证券业务委员会主任，第七届上海市律师协会会长。中国共产党上海市第九次、第十次代表大会代表。政协上海市第十一届、第十二届委员会委员；社会和法制委员会副主任。上海市青年联合会第十届副主席、上海市青年企业家协会第六届副主席。中国证监会第六届股票发行审核委员会专职委员、上海证券交易所和深圳证券交易所上市委员会委员。上海国际贸易仲裁委员会、上海仲裁委员会委员及仲裁员、上海金融仲裁院仲裁员。复旦大学、中国人民大学、华东政法大学、上海外国语大学、上海对外经贸大学、上海政法学院、上海金融学院等高校兼职或客座教授。

吕红兵带领着来自国浩全球20个办公室的近1500名律师为境内外企业及各类客户提供全面的专业法律服务。他主编或参与的著作包括《民主立法与律师参与》《企业投资融资筹划与运作》《中国新型城镇化的法治思维》《中国产业律师实务》《现代商事律师实务》《金融证券律师实务》等。

吕红兵曾获全国优秀仲裁员、上海市优秀专业技术人才、上海市劳动模范、上海市优秀律师、上海市司法行政系统先进个人等荣誉称号。

王大宁
Daning Wang

原国家认证认可监督管理委员会副主任

王大宁，原国家认证认可监督管理委员会副主任、党组成员，国家质检总局科技委委员，认证认可专业委主任，研究员。北京师范大学、中国农业大学博士生导师。

王大宁从吉林大学分析化学专业毕业，1975年参加工作，曾担任吉林商检局检验员、工程师、高级工程师，第五检验处副处长、处长，吉林商检局局长助理兼办公室主任、副局长，吉林出入境检验检疫局副局长、党组成员，中国进出口商品检验技术研究所所长，中国检验检疫科学研究院院长，国家质检总局进出口食品安全局局长。2008年，任国家认证认可监督管理委员会副主任、党组成员。

王大宁参与制定了国家科技中长期战略规划，任公共安全专题组副组长、中国公共安全学会副理事长。曾主持完成了国家"十五"食品安全重大专项《食品安全关键技术》中"农药残留检测技术""进出口食品安全风险控制技术研究"课题。主持国家重大科研课题 5 项，主持或参与了 30 余项省部级以上科研课题的研究工作。9 项获省部级科技进步奖三等以上奖励；其中三项获得国家质检总局科技兴检一等奖。

王大宁参加制定了 3 项 SN 行业标准。在国家级、省部级刊物上发表论文 50 余篇。作为主编或副主编参与编著书籍 7 部，获得国家发明专利一项，授权、申请国家专利 3 项。

王丽
Li Wang

北京德恒律师事务所创始人、主任、首席全球合伙人、党委书记
中国民营经济国际合作商会副会长

王丽，现任北京德恒律师事务所（原中国律师事务中心）创始人、主任、首席全球合伙人、党委书记。兼任全国工商联执委，中国传记文学学会会长，吉林大学德恒律师学院院长、教授，北京大学、清华大学法律硕导，北京市政府上市工作委员会委员、立法工作专家委员会委员，中国民营经济国际合作商会副会长，中非商会副会长，中国国际经济贸易仲裁委员会仲裁员，是北京市党代表、北京市政协委员。担任财政部、全国社保基金理事会、中国三峡总公司、中国烟草总公司等机构法律顾问。

王丽 1977 年考入大学，获学士、硕士、博士学位。曾任教于山东师范大学、中国政法大学，并曾任国家司法部处长。1993 年创办中国律师事务中心，获律师暨证券法律业务资格。曾任中国证券监督管理委员会上市公司重组委员会第一届、第二届委员，全国社保基金理事会、劳动与社会保障部企业年金专家。

王丽主办了 9 期 345 亿元人民币三峡债券与长江电力 A 股发行、上市及总公司发电资产的整体上市。牵头主办了 1500 亿元融资额的中国农业银行 A + H 股 IPO 及航天科技通信、中国重汽等上百家大型企业改制、境内外股票、债券发行上市等法律服务。擅长综合协调处理中外客户投资并购、风险管理及重大突发事件与涉诉法律事务。

2015 年，王丽发起设立了"一带一路"服务机制，为实现"一带一路"国家战略提供支持。

王燕国
Yanguo Wang

中国民营经济国际合作商会驻会副会长、秘书长、主席团主席

王燕国，现任中国民营经济国际合作商会驻会副会长、秘书长、主席团主席。

王燕国 1971 年加入中国共产党，1998 年前曾先后在地方政府和国务院地矿、国土主管部门多个司局担任主要领导职务；后调任中国矿联党委书记、常务副会长兼秘书长，同时兼任中国国际贸促会矿业行业分会会长、中国国际商会矿业商会会长。2011 年至今，担任中国民营经济国际合作商会主席团主席、常务副会长兼秘书长、党委书记。

王燕国同时担任太平洋经合理事会中国工商委员会副主席、中国境外中资企业年会组委会主席、中英 ABP 国际联盟中国委员会名誉主席、国是研究中心（专家）副主任、中外经济合作共同委员会主席、"一带一路"沿线国家商协会合作联盟筹委会主席等。

王燕国主编或参与的著作包括《资源性城市经济转型》《矿业行政法规研究》，组织编辑《中国企业海外投资与经贸合作政策全书》《民营企业海外投资支持政策镜鉴》《中国民营企业国际合作蓝皮书》《关于建设国际化商会的模式研究》《一带一路年度报告》等，并在国内外核心刊物上发表各类文章近百篇。

第二章 蓝迪国际智库关注企业名录

　　蓝迪国际智库建立了完善的企业合作体系，并致力于服务企业、提高企业的国际化能力，协助抱团出海，共建"一带一路"。蓝迪国际智库依据企业的规模、资质、业务导向、发展定位以及企业在"一带一路"建设中的布局等方面进行综合性的评估，推出了《蓝迪国际智库重点关注企业名录》。

　　自 2017 年以来，蓝迪国际智库关注企业由 2016 年的 282 个增至 323 个，分布于能源、制造、农林牧渔、信息、服务、文化、贸易、基建、医药、房地产、金融、园区港口、矿业等众多行业。

　　进入重点关注企业名录的企业，将能够获得蓝迪国际智库在法律服务、政策研究、技术标准、信息服务、金融支持、文化与品牌、能力建设等七大服务体系的支持，从而进一步提升企业的国际化能力，加快企业"走出去"的步伐。

　　本名录是按照加入蓝迪国际智库企业平台的时间先后顺序编写的。

◇◇ 第一节 能源

一 中国电力建设集团有限公司

中国电力建设集团有限公司是提供水利电力工程及基础设施投融资、规划设计、工程施工、装备制造、运营管理等服务的综合性建设集团，主营业务为建筑工程（含勘测、规划、设计和工程承包），电力、水利（水务）及其他资源开发与经营，房地产开发与经营，相关装备制造与租赁。

中国电建是全球清洁可再生能源和水利（水务）资源开发建设行业的领先者，全球基础设施建设服务的骨干企业，中国电力和水利工程建设行业的龙头企业，中国房地产开发与经营的重要企业，带动行业结构优化、产业升级、产品和服务出口的重要力量。

中国电建的水利水电规划设计、施工管理和技术水平达到世界一流，水利电力建设一体化（规划、设计、施工等）能力和业绩位居全球第一，是中国水电行业的领军企业和享誉国际的第一品牌。公司承担了国内大中型以上水电站65%以上的建设任务、80%以上的规划设计任务和全球50%以上的大中型水利水电建设市场。设计建成了国内外大中型水电站200余座，水电装机总容量超过2亿千瓦，是中国水利水电和风电建设技术标准与规程规范的主要编制修订单位。

中国电建拥有工程勘察综合甲级、工程设计综合甲级、水利水电工程施工总承包特级、公路工程施工总承包特级、房屋建筑工程施工总承包特级、电力工程施工总承包一级、进出口贸易权、对外工程承包经营权等资质权益，精通 EPC、FEPC、BOT、BT、BOT + BT、PPP 等多种商业模式及运营策略，具备驾驭大型复杂工程的综合管理能力。

中国电建在全球 101 个国家设有 160 个驻外机构，在 110 个国家执行 1565 项合同。海外业务以亚洲、非洲为主，辐射美洲、大洋洲和东欧，形成了以水利、电力建设为核心，涉及公路和轨道交通、市政、房建、水处理等领域综合发展的"大土木、大建筑"多元化市场结构。

中国电建拥有世界一流的综合工程建设施工能力、世界顶尖的坝工技术、世界领先的水电站机电安装施工、高等级铁路工程施工、城市轨道交通工程施工、地基基础处理、特大型地下洞室施工、岩土高边坡加固处理、砂石料制备施工等技术，具有大中型水利水电工程及城市、交通、民生基础设施工程设计、咨询及监理、监造的技术实力。

二　中国能源建设集团有限公司

中能建是全球最大的电力行业全面解决方案提供商之一。公司在中国及海外逾 80 个国家及地区的电力工程建设项目中获得丰富的经验。根据沙利文报告，2012—2014 年，公司参与设计及（或）建设的电厂的总并网装机容量超过 160 吉瓦，排名世界第一。根据《工程新闻记录》杂志评选，按收入计，2015 年公司可名列"全球设计公司 150 强"第 21 位（设计业务）及 2014 年"全球承包商 250 强"第 15 位（承包业务）、2015 年"世界财富 500 强"第 391 位。

公司已承担设计或建设大量标志性项目及取得多项成就，包括三峡工程项目（拥有世界上装机容量最大的水电站），最高电压等级的交直流输电线路，及最多百万千瓦超超临界发电机组。根据沙利文报告，于 2014 年，公司的勘测设计业务于中国火电项目（按国内已完成合约金额计）、输电线路市场（330 千伏及以上）及特高压输电线路（两者均按国内已安装长度计）市场的市场占有率分别为 81.1%、52.6% 及 73.7%。

根据同一数据源，2014年，公司的工程建设业务于中国火电项目及水电项目（两者均按已完成合约金额计）的市场占有率分别为57.6%和22.8%。截至2015年3月31日，于中国所有投运及在建的核电机组中，公司的勘测设计及核电厂常规岛安装业务（两者均按已装机容量计）的市场占有率分别为90.8%及59.8%。

近年来，公司的国际业务经历了快速发展。主要项目包括中国首个海外核电工程——在巴基斯坦的恰希玛核电（1×300兆瓦）项目（一期）以及应用中国首台出口的600兆瓦超临界燃煤发电机组——土耳其EREN超临界燃煤电站（2×600兆瓦）项目。此外，公司正在建设的阿根廷圣克鲁斯河基赛水电站项目是阿根廷最大的项目，以及迄今为止中国企业在海外承建的合约金额最大的水电项目。2012—2014年，海外业务收入的年化复合增长率达到19.3%，持续保持高速增长。基于公司良好的往绩记录，公司已成功在国际电力及基础设施建设行业确立了"中国能建"的知名承包商品牌。

三 中国核工业建设集团公司

中国核工业建设集团公司主要业务为军工工程，核电工程、核能利用，核工程技术研究、服务。公司坚持"以核为本、两业并重、适度多元"的发展方针，即以核军工、核电建设、核能利用为立足之本，承担国家级核事故应急救援任务，拓宽核技术应用领域；同步发展工程建设服务业务及清洁能源开发利用业务；选择与主业相关的领域进行适度拓展。

在军工工程领域，集团承担了大量的国防科技工业军工建设任务，积累了丰富、先进的工程技术和管理经验，在高精尖和技术、保密等要求较高的军工建设领域以及核军工工程领域形成了独特的优势，成为国防军工工程的主要承包商之一。

在核电工程建造领域，集团公司安全优质高效地完成了我国压水堆、实验快中子反应堆、重水堆等多种不同堆型核电站的建造，具有 30 万千瓦、60 万千瓦、70 万千瓦、100 万千瓦级各个系列机组的建造能力与业绩，具备同时承担 40 台核电机组的建造能力。目前，集团公司是国内外唯一连续 30 余年不间断从事核电建造的企业集团，承担着中国所有在建核电站核岛部分的建造任务，并圆满完成了巴基斯坦恰希玛核电站一期、二期工程的建造，形成了具有国际先进水平的核电建造管理模式。

集团积极发展以核能产业化及中小水电开发利用为代表的清洁能源业务。在核能产业化方面，开拓以高温气冷堆、低温核供热堆为代表的先进核能利用业务，逐步实现产业升级，提升核心技术水平。在水电及其他清洁能源开发方面，形成了以水电投资为主，电网、风电、光伏等产业协同发展的业务布局并保持了较快发展速度。

四 中国水电工程顾问集团公司

中国水电工程顾问集团有限公司是中国电力建设股份有限公司旗下引领国际业务、投资业务和水务、环境等战略性新兴业务的重要子企业，拥有全球营销能力、产品供货能力、技术服务和融资能力，业务覆盖水电、风电、太阳能等新能源及基础设施各领域，是全球可再生能源开发的引领者。

经过各个历史时期的发展，中国水电顾问集团已经发展成为政府信赖、业主满意、社会放心、国际认可的优质品牌。在巴基斯坦、泰国、埃塞俄比亚、塞拉利昂、喀麦隆、阿根廷等 36 个国家树立了良好的品牌信誉。2012 年，入选中国进出口银行的贷款项目评估单位；2014 年，入选商务部对外援助成套项目可行性研究咨询单位。在 ENR（美国工程新闻纪录）发布的 2014 年度全球设计 150 强企业中排名第 12 位，继续位居前列；在 ENR 和中国《建筑时报》发布的中国工程设计 60 强企业中继续蝉联榜首；在国际工程设计公司 225 强排名中列第 38 位。

水电顾问集团 2011 年前是国资委直接管理的中央企业，是中国唯一提供水电水利建设和风电开发综合性技术服务的大型企业集团，主要从事全国水电和风电、太阳能等可再生能源的规划、勘测、设计、科研和政策研究、标准制定等业务。2011 年底，随着国家电力体制改革的持续深化，成为中国电建核心成员企业，构建为政府和企业提供整体解决方案的高端平台。

截至 2014 年，水电顾问集团共完成世界级水电项目 10 余座。其中规划、勘测、设计的以小湾和溪洛渡等为代表的混凝土双曲拱坝，代表了世界拱坝技术的最高水平；拥有水电、风电的权益装机容量约 600 万千瓦，拥有供水、污水处理权益规模为 75.3 万吨/日。已在国内全资或控股开发水电、风电项目 30 余个，实现投产项目 16 个，投产电厂规模约 110 万千瓦，成功跃过百万千瓦级，跻身中等发电企业行列。组建了 6 个海外业务区域总部，在 30 多个国别设有办事机构或工作组，控股或参股 7 家以境外投资为主要任务的子公司，经营范围涉及亚洲、非洲、拉丁美洲等 66 个国家和地区。紧跟国家"一带一路"倡议，重视六大经济走廊、拉美战略，在中巴能源经济走廊第一批 14 个项目中，水电顾问投资的大沃风电项目和萨察尔风电 EPC 总承包项目入选。

五 中国水利电力对外公司

中国水利电力对外公司为中国长江三峡集团公司的全资子公司，是中国水电行业最早参与国际经济合作的国有企业。

公司水利电力主营业务优化突出，输变电、路桥、港口疏浚等基础设施建设经验丰富，足迹遍及亚、非、欧、美的 80 多个国家和地区，在 31 个国家和地区常设驻外机构。近十年来公司成功建设苏丹麦洛维大坝、老挝南立 1—2 水电站、马其顿科佳水电站、哈萨克斯坦玛依纳水电站、苏丹上阿特巴拉水利枢纽工程、埃塞俄比亚瓦佳—马吉公路、加纳农村电气化工程、阿尔及利亚德拉迪斯水坝和玛乌阿纳水坝、摩洛哥拜—本高速公路、厄瓜多尔 TP 水电站等一系列水电和基础设施项目。2015 年，公司经营效益稳步增长，几内亚凯乐塔水电站、老挝南椰 2 水电站胜利竣工提前投产发电，同时公司打造出厄瓜多尔可尼尔防洪工程、乌干达伊辛巴水电站等多项精品亮点工程。截至 2015 年底，公司全口径从业人数超过 2 万人，其中 75% 为外籍员工。

公司具有国家水利水电工程施工总承包一级资质、对外工程承包经营权、进出口贸易权、AAA 级信用等级，已通过质量管理、环境管理、职业健康安全管理三标体系认证，在中国香港地区拥有所有工程类别的最高等级承建商牌照。公司连续 27 年荣登 ENR 全球最大 250 家国际工程承包公司榜单，连续 16 年荣登 ENR 全球最大 225 家国际工程设计公司榜单。

六　特变电工股份有限公司

特变电工是为世界能源事业提供系统解决方案的服务商，是中国最大的能源装备制造企业、世界输变电制造行业的骨干企业，其中变压器年产能达到 2.5 亿千伏安，居中国第一位，世界前三位。特变电工集团居世界机械 500 强第 224 位；综合实力居中国企业 500 强第 287 位，中国机械百强第 8 位；品牌价值 502.16 亿元人民币，列"中国 500 最具价值品牌"第 47 位。

作为中国最大的能源装备制造企业，特变电工是承担中国国家电网、电源、石油、化工、铁路、交通、工矿企业等重大项目、重点工程最多的企业之一。特变电工拥有自主知识产权的核心专利技术及专有技术近1000项，实现了130多项自主技术重大突破，其中40余项世界首创、90多项中国首台套。参与了中国乃至世界行业标准制定100余项，包括IEC标准2项。公司先后荣获中国科学技术领域最高奖——国家科学技术进步特等奖1次，国家科学技术进步一等奖4次，国家科学技术进步二等奖1次。

围绕"一特四大"能源战略，特变电工先后参与到多项中国重点工程中，承担了世界上输送距离最远、传输容量最大的哈郑线±800千伏特高压直流、世界上首条商业运行的1000千伏晋东南—南阳—荆门特高压交流、世界装机容量最大的台山2×175万千瓦核电、安徽平圩百万千瓦大型火电、溪洛渡百万千瓦大型水电、向上±800千伏特高压直流、溪浙±800千伏特高压直流、浙福1000千伏特高压交流等一系列代表世界节能输电技术领域创新领跑工程的中国首台套、世界首台套输变电产品自主研制。其中特变电工承担了中国百万、千万大型火电50%以上主变的供货任务，位居中国第一；承担了中国60%以上大型水电主变供货任务，位居中国第一；承担了中国60%以上百万、千万大型核电主变供货任务，位居中国第一；承担了中国近25%的光伏系统项目，位居中国第一。

同时，作为中国电力能源事业发展最重要的装备商，特变电工还承担了一大批代表世界绿色节能输电领域创新领跑工程的产品研制。目前，特变电工在输变电、新能源、新材料、能源领域，均拥有代表中国最高水平的国家级企业技术中心、工程实验室、博士后科研工作站，建立了产、学、研、用相结合开放式的自主创新平台。承担中国863课题、科技支撑计划及研究课题17项，拥有知识产权专利技术900余项，参与了国内外行业标准制定100余项，其中IEC标准2项，加快了跨国经营国际化进程，实现了由单机制造向系统集成创新，由中国制造向中国创造、由装备中国向装备世界的升级，推动了中国标准向世界的输出，打造了中国民族工业品牌。

七　特变电工新疆新能源股份有限公司

特变电工新疆新能源股份有限公司成立于 2000 年，历经 17 年的快速发展，形成以光、风、火等电力工程服务为核心的主营业务结构，专注于向客户提供各类电力项目开发、投融资、设计、调试到运营维护一体化的可靠、高效的清洁能源解决方案。目前，公司在全国有 4 个产业园，12 个项目公司，服务于国内外客户和市场，每年源源不断地为人类贡献着 18 亿千瓦时的清洁能源，减少二氧化碳排放近 100 万吨，已成为领军中国光伏发展、改善世界能源结构的大型企业集团。

公司拥有一支由博士、硕士组成的专业研发、设计团队，拥有专利数百项，荣获联合国技术创新特等奖等多项殊荣。实现 3 千瓦—1250 千瓦全系列并网逆变器的研制，最新研发三电平模块化并联新机型TC500KM 和北美版 UL 机型，全线产品已通过 CQC 新能标、TUV、VDE、CE、G95、SAA、UL、国网零电压穿越等多项国内外权威认证及测试，运行业绩已突破 2 吉瓦。

公司光伏项目承包安装量接近中国市场新增光伏总需求的 15％，凭借超吉瓦的 EPC 总承包量排名全球第二、全国第一。2013 年，公司荣获"中国光伏电站——卓越服务商"称号、"中国机械工业科学技术奖"，公司承建的中电投太阳山 30 兆瓦项目荣获我国电力行业最高奖项——中国电力优质工程奖。所承建的离并网电站 3000 余座，遍布新疆、青海、内蒙古等 20 余个省区，其中 30 余个项目获得业主单位优质工程称号。2014 年，公司中标全球最大的单体太阳能光伏电站——巴基斯坦旁遮普省 100 兆瓦项目。

公司立足于新疆千万千瓦风电发展规划和全国总装机量达一亿千瓦的发展规划，自主开发、投资并建设了中国首个最大的风光互补电站——吐鲁番 100 兆瓦国家级示范电站。承担了吉木乃、哈巴河、木垒、十三师等众多重点风电项目的开发建设，储备的风力发电总装机量超 100 万千瓦，正在努力为中国风电产业集成技术的结构优化和升级贡献着自己的力量。

公司拥有电力工程总承包贰级、电力工程调试以及电力工程设计乙级资质，具有百万千瓦级的项目储备及投资，专业为客户提供 30 万千瓦及以下 EPC 工程和 220 千伏及以下发电、输配电设备系统安装、调试、EPC 工程等服务。已承担甘泉堡工业园 2×350 兆瓦电厂、伊犁南岗 2×135 兆瓦电厂、石河子天富 2×330 兆瓦电厂等多个火力发电机组的工程服务，获得了电力行业信用等级双 A 认证。

八　新疆金风科技股份有限公司

新疆金风科技股份有限公司是全球领先的风电设备研发及制造企业以及风电整体解决方案提供商。公司拥有自主知识产权的直驱永磁技术，代表着全球风力发电领域最具成长前景的技术路线，两次荣获美国麻省理工学院《科技评论》杂志评选出的"全球最具创新能力企业 50 强"。公司目前是全球最大的直驱永磁风机研制企业，同时在深圳证券交易所和香港联合交易所上市。

金风科技生产的产品不仅得到国内市场的高度认可，还进入了欧、美、澳、非等海外市场，成为国内第一、国际领先的风电制造商及风电整体解决方案提供商，同时也是全球最大的直驱永磁机组设备制造商。目前公司拥有员工 4162 人，其中研发技术人员近千人，超过公司总人数的 20%。

金风科技全球累计装机容量超过 19 吉瓦，装机台数超过 14000 台，相当于每年可为社会节约标准煤约 1300 万吨，减少二氧化碳排放约 3900 万吨，相当于再造了约 2100 万立方米森林。

九　中国长江三峡集团公司

中国长江三峡集团公司为国有独资企业，注册资本金 1495 亿元。公司的战略定位是以大型水电开发与运营为主的清洁能源集团，主营业务是水电工程建设与管理、电力生产、国际投资与工程承包、新能源开发、相关专业技术服务。

中国长江三峡集团公司共有 17 个全资和控股子公司。其中，中国长江电力股份有限公司为集团公司控股的上市公司，是集团电力生产管理主体，拥有三峡—葛洲坝梯级电站；中水电国际投资有限公司主要从事海外清洁能源项目投资开发；中国三峡新能源公司主要从事风电和太阳能等新能源开发；中国水利电力对外公司主要从事国际工程承包业务；三峡金沙江云川水电开发有限公司分别为金沙江溪洛渡和向家坝、乌东德和白鹤滩四座电站的业主；上海勘测设计研究院是集团公司所属甲级工程勘测设计研究院，主要从事工程勘测、设计、咨询业务；三峡财务有限责任公司是专门服务于集团公司及其成员单位的非银行金融机构；长江三峡技术经济发展有限公司主要从事工程管理咨询和监理业务；三峡国际招标有限责任公司主要从事国际、国内招标代理与合同执行业务；长江三峡设备物资有限公司主要从事设备物资仓储管理、重大件运输、代理采购、特许经营业务；三峡旅游发展有限责任公司主要从事旅游开发和酒店管理；内蒙古呼和浩特抽水蓄能发电有限公司主要从事呼和浩特抽水蓄能电站建设和运营；宜昌三峡工程多能公司主要从事资产处置业务；长江三峡集团传媒有限公司主要从事集团公司报纸杂志编辑出版工作，并承担集团公司常规宣传业务；长江三峡能事达电气股份公司主要从事发电厂控制设备全厂解决方案等业务；南京河海科技有限公司依托"水资源高效利用与工程安全国家工程研究中心"，为重大水资源开发与管理提供技术及工程咨询。

十　江苏省国信资产管理集团有限公司

江苏省国信资产管理集团有限公司是在江苏省国际信托投资公司和江苏省投资管理有限责任公司基础上组建的大型国有独资企业集团，从事授权范围内的国有资产经营、管理、转让、投资、企业托管、资产重组以及经批准的其他业务，注册资本金为人民币 200 亿元。

江苏国信自成立以来，始终依托资源和功能优势，精心打造以电力为主的能源产业平台，以信托为主的金融服务业平台和以房地产开发、酒店业为主的不动产平台，并不断拓展投资领域、完善业务功能，先后介入天然气管网建设、新能源开发、江苏软件园建设等实业投资领域，拓展了担保、保险经纪、金融租赁等业务功能。2006 年底，与江苏省国有资产经营控股公司合并重组，在证券、银行、酒店旅游、房地产和社会文化事业等领域注入了新资源。2010 年 4 月，与江苏舜天国际集团合并重组，在对外贸易以及制造业等领域又有了新的拓展。截至 2015 年，集团总资产 1450 亿元、净资产 642 亿元；全年实现营业收入 499 亿元，实现利润总额 64.7 亿元；拥有全资、控股企业 50 余家。

十一　正泰电气股份有限公司

正泰电气股份有限公司系正泰集团股份有限公司的控股子公司。公司注册资金8.5亿元，总投资额35亿元。已建成占地1350亩的公园式工业园，是世界上规模最大的输配电设备生产基地，被列为上海市20家重大产业升级项目之一。

公司现有员工4100人，其中教授级高工8人，高级职称63人，博士、硕士28人，大专以上学历员工占员工总数的30%。公司下设10个事业部，主要生产和销售110—500千伏电力变压器，10—35千伏配电变压器，126—252千伏气体绝缘金属封闭开关设备（GIS）、高压断路器和隔离开关，500千伏及以下避雷器、互感器、绝缘子，0.66—40.5千伏成套开关设备，箱式变电站，配电自动化设备，以及35千伏以下电线电缆等产品，并可承接电力工程总包业务。公司多项产品被评为国家、省、市级名牌产品，其中自主研发的LW 43—252高压六氟化硫断路器荣列"国家重点新产品"并填补了国内空白，ZF 21—126气体绝缘金属封闭开关设备（GIS）荣列"国家火炬计划项目"，500千伏变压器和智能化GIS被列为上海市重大技术装备研制专项。各类产品已广泛运用于国家电网、南方电网、西电东送、西气东输、三峡工程、青藏铁路、中央电视台、首都国际机场等国内重点工程，并已出口到俄罗斯、日本、意大利、澳大利亚、印度、越南、刚果、尼日利亚、哥伦比亚等30多个国家和地区。以110千伏河龙湾变电站总包工程为标志，系统工程业务也蓬勃发展。

公司被评为"国家级火炬计划优秀高新技术企业"和"上海市高新技术企业"，拥有"国家级技术研发中心"和"上海市认定企业技术中心"，并与上海交大、同济大学等建立了联合研发中心。采用柔性研发体系，以试验站和专业研发室为核心组成，以清华大学、上海交大、西高所等著名科研院所为重要依托，将专业技术研发和产品项目开发相结合，实现了科研成果与市场需求的即时对接，不断推动企业从传统电气制造向自动化和系统集成领域发展。以"宁可少做亿元产值，不让一件不合格品出厂"为质量宣言，企业先后通过了 ISO 9001、ISO 14001 和 OHSAS 18001 体系认证，并斥巨资引进国际先进的索能剪切线、PAMA 镗铣加工中心、海德里希环氧树脂真空浇注设备、海沃 SF6 气体绝缘工频试验装置、艾美特变极性等离子铝纵缝自动焊接系统等先进的工艺装备，为生产高质量产品提供了可靠的体系和工艺保证。CAD、CAM、PDM、CAPP、Pro/E 三维等设计软件和信息技术广泛运用于设计和制造过程，大大缩短了研发周期，降低了研发成本，实现了产品生命周期的全过程控制。

十二　天津恒运能源集团股份有限公司

恒运能源集团是一家以能源产业为龙头、以农业产业为基础、以金融产业为保障的具有强大综合实力的多元化民营企业集团。集团成立于 2003 年，注册资金 6.5 亿元。十余年来，集团始终坚持以国家产业政策为导向，利用自身优越的资源优势，实现了跨越式的发展。集团现下辖多个子公司，员工达 1000 多人。自 2013 年，集团连续三年荣膺"天津市百强企业"称号；同年，跻身"中国服务业企业 500 强"之列。

在石油领域，公司在河北黄骅拥有 5 万立方米的油库、四条铁路线，具备成品油批发兼零售资质以及危险品运输资质；在天然气领域，在吉林建设有 78 公里天然气管线、一个天然气分输站和 9 个天然气加气站，拥有天然气供气特许经营权和汽车油改气资质；能源物流领域，在天津港拥有融仓储、加工、贸易为一体的 13 万平方米的现代化物流中心；同时在泰国、中国香港等国家和地区设有涉及化工、油品、矿石、有色金属等国际贸易的海外公司，作为集团海外的金融平台和合作窗口，为集团海外业务的拓展奠定基础。

围绕中国最大的山东乐陵百万亩枣林的独特优势，发展集乐陵富硒金丝小枣种植、研发、生产加工、销售、小枣文化博物馆、服务、旅游文化、互联网等于一身的红枣全产业链。旗下拥有山东百枣纲目生物科技有限公司、山东双陵春生物科技股份有限公司、山东醇亿生物科技有限公司及金枣优购等核心企业。百枣纲目作为"中国枣产业著名企业"拥有 300 亩园林式厂区、三大现代化生产车间、30 万亩红枣种植示范基地、中国最大的金丝小枣文化博物馆、山东省民政厅唯一批准注册成立的山东百枣枣产业技术研究院，公司产品在"第十一届中国林产品交易会"上荣获金奖。双陵春生物科技已在上海股交中心成功挂牌上市，公司拥有的"双陵春"品牌枣香型酒、天然饮品金卡迷思尼，"烈鹰"品牌金丝枣酒、中华蜜酒两大品牌四大系列产品，相继荣获巴拿马金奖和沙迦金奖。2015 年，"双陵春"和"烈鹰"商标，分别被国家工商行政管理局商标局和国家工商行政管理总局商标评审委员会认定为"中国驰名商标"。

依托天津自贸区金融创新的政策优势，集团将金融产业总部基地落户于此，并于 2014 年相继成立资管公司、基金公司、基金管理公司、投资公司等，后期将相继成立融资租赁公司、商业保理公司。伴随着天津自贸区 2015 年的揭牌成立，集团将打造成为以创新金融服务为核心的民营金融服务集团。

十三　新奥集团股份有限公司

新奥集团股份有限公司（简称"新奥集团"）是一家以清洁能源开发利用为主要事业领域的综合性企业集团。目前，集团拥有员工 3.5 万余人，总资产超过 945 亿元人民币，300 余家全资、控股公司分布于国内 20 余个省份及亚洲、欧洲、美洲等地区。

集团下辖生态板块产业包括：新奥能源（香港上市代码 HK. 2688）、能源化工（新奥生态股份有限公司，上市代码 SH. 600803）、技术工程、智能能源、太阳能源、新奥环保、新奥（舟山）液化天然气有限公司、能源研究院。集团下辖生活板块产业包括新绎地产、新绎文化、新绎健康、北部湾旅游股份有限公司（上市代码 SH. 603869）、新苑阳光农业。

新奥能源是新奥集团的核心业务，已在中国 15 个省、自治区、直辖市成功投资、运营了 117 个城市燃气基础设施项目，并取得越南国家城市燃气经营权；为 627 万多居民用户、24000 家工商业用户提供各类清洁能源产品和服务；敷设管道逾 18000 公里，天然气最大日供气能力超过 3000 万立方米；市场覆盖国内城区人口逾 5552 万；在全国 71 个城市，投资、运营 330 座天然气汽车加气站，同时在 20 多个大中城市开展了包括供能系统外包和多联供等形式在内的整体解决方案服务。

十四　杭州海兴电力科技有限公司

海兴电力科技是全球领先的智能电网解决方案提供商、营收管理系统服务商。企业始终围绕客户需求持续创新，致力于在发电、输电、变电、配电、用电各个环节提供解决方案和服务，为客户创造最大价值，并促进社会经济与环境的可持续发展。经过多年的努力，公司产品销往全球 70 多个国家和地区。公司拥有国内领先的全球营销网络，并设立了多个海外研发、生产和营销中心。

海兴电力科技是全球智能电网解决方案提供商，营收管理系统运营商、服务商；是国家火炬计划重点高新技术企业；拥有省级"海兴电力研究院"、省级企业技术中心、省级高新技术企业研究开发中心，基础性研究与产品研发相融合；拥有全球化的市场网络、自主品牌，连续多年电能表产品出口量居全国首位；在国内智能电能表市场占有率稳居前列；具备丰富的国际系统工程项目经验，成功部署与实施了多个国家级电力系统工程项目；是首批杭州市供应链示范企业，具有先进的供应链管理体系与信息化平台和完整的产业架构。

十五　中国电力国际发展有限公司

中国电力国际发展有限公司是 2004 年 3 月 24 日根据香港法例在香港注册成立的有限责任公司，是中华人民共和国五家最大的发电集团之一——中国电力投资集团公司的旗舰公司。公司股份于 2004 年 10 月 15 日在香港联合交易所有限公司（香港联交所）主板上市。公司的主要业务是在中国开发、建设、拥有、经营和管理大型发电厂。

公司及其附属公司拥有及经营发电厂十余家。公司拥有五凌电力 63% 的股权。五凌电力是中国领先的水电开发公司之一，是湖南省最大的水电公司。总装机容量为 5286 兆瓦，其中公司权益装机容量为 3057 兆瓦。

公司持有上海电力股份 18.86% 的所有权。上海电力是一间发电公司，其股份在上海证券交易所上市，本公司为其第二大股东。截至目前，公司合计权益装机容量为 11510 兆瓦，其中水电权益装机容量为 2906 兆瓦，占全部权益装机容量的 25.25%，使公司成为水电装机容量比例最高的中国海外上市发电公司。

公司代表中电国际管理两间发电厂——清河电厂（1000 兆瓦）和芜湖兆达电厂（250 兆瓦），总计委托管理容量为 1250 兆瓦。公司正在建设中的火电项目包括福溪电厂（1×600 兆瓦）、新塘电厂（2×300 兆瓦）及神头一厂"上大压小"（2×600 兆瓦）。公司正在建设中的水电项目包括白市电厂（3×140 兆瓦）及托口电厂（4×200 兆瓦 + 2×15 兆瓦），总装机容量为 1250 兆瓦。

十六　山东圣威新能源有限公司

山东圣威新能源有限公司成立于 1993 年，现已发展为国内最大的锅炉制造企业之一。公司持有国家质量检验检疫总局颁发的 A 级部件、B级锅炉、D 级压力容器制造许可证。专业制造生产导热油炉、蒸汽锅炉、导热油、生物质燃料、环保设备等多种系列产品。产品畅销全国 20 多个省、市、自治区的大、中、小城市和东南亚、非洲等许多国家和地区。公司及其导热油炉产品先后获得"中国质量服务信誉 AAA 级企业""中国环保产品质量信得过重点品牌""山东省重合同守信用企业""山东省节能产品奖""山东省环保产品使用认可证书"等荣誉和奖项，中国人民保险公司已对本公司的产品质量予以承保。

圣威公司不仅拥有自己庞大的专利技术（其中专利 37 项及多项核心技术），而且公司引进德国导热油炉技术并同清华大学、大连之光研究所以及韩国朝一公司等建立长期深度合作关系，技术实力雄厚。圣威锅炉在业内以高效节能安全稳定、产品质量过硬而著称。现已形成燃天然气、燃生物质、燃煤、燃废料等各种锅炉类型，可广泛运用于石化、纺织、印染、塑料、橡胶、食品加工、木材加工、沥青加热、纸箱生产、蔬菜脱水、烤漆、铸造砂模烘干等多种行业。

圣威还创办了山东省第一家专业生产导热油的企业——富泉导热油。导热油是导热油锅炉的血液，当为客户打造精益求精的导热油炉的时候，圣威也更加注重导热油炉的"血液"——导热油的油品质量。本公司生产的"富泉"牌导热油，无味、无腐蚀性、无污染，可在低压力下液相输送高温热能，具有初馏点高、传热性能好、抗氧化性强、热稳定性高、使用寿命长等优点。另外，公司还承接了导热油的回收、再生报废合成导热油和导热油加热系统的清洁工程服务等。

十七 海润光伏科技股份有限公司

海润光伏成立于 2004 年，以高效晶硅太阳能电池及高性能太阳能组件的研发和生产为基础，着力拓展全球光伏电站开发、建设与运营业务，是中国最大的晶硅太阳能电池生产企业之一，致力于发展成为全球领先的能源开发投资和光伏能源供应商。目前，公司注册资本 15.75 亿元人民币，总资产超过 180 亿元人民币。公司于 2012 年在上证所成功上市。

目前，公司在国内江苏和安徽两省拥有五大生产基地，员工总数 7000 人，单晶拉棒、多晶铸锭和硅片产能为 600 兆瓦，太阳能电池产能 1.6 吉瓦，太阳能组件产能 1.2 吉瓦，旗下 8 家制造工厂全部入选国家工信部《光伏制造行业规范条件》企业名单，晶体硅一体化产能位居全球第七，国内前三。同时，在德国、中国香港、美国、意大利、瑞士、日本、澳大利亚、南非均设立了子公司，在全球范围内拥有 70 余家控股子公司，建立了覆盖全球的营销网络，产品远销海内外众多国家。

公司 2011 年即启动规模光伏电站的投资开发业务，通过 EPC、BT 和自持三种形式，在包括中国在内的全球 6 个国家累计投资开发光伏电站项目超过 1 吉瓦，完成总投资超过 130 亿元人民币，成为行业内率先实现战略转型和电站投资业务突破的企业之一。经过近四年的团队建设和经验积累，形成了一支专业的项目开发建设团队，具备了每年吉瓦级光伏电站开发能力。目前全球电站项目储备超过 5 吉瓦。率先和重点发展光伏电站业务，是公司发展战略的重中之重。

公司研发中心于 2011 年获授由国家发改委颁发的国家级"工程研究中心"称号。目前，公司自主开发的高效多晶技术生产的电池效率较普通多晶硅技术提升 0.3%，并已实现量产；在国内首家完成了 PERC 电池/组件技术的开发，电池转换率达到 20% 以上，已完成了可靠性认证并具备批量生产能力；已完成双面电池/组件技术的开发，电池正面和背面的效率分别达到 19.5% 和 18.4%；2013 年公司开始研发无须后续电镀处理的第二代喷墨打印技术，目前已获得国家"863"计划专项资金支持；基于 PID 机理研究，公司自主开发了扛 PID 的 SINx 镀膜工艺，在国内率先通过了 TOV 双倍 PID 测试，并实现了扛 PID 电池/组件技术的产业化生产。

十八　晶科能源控股有限公司

晶科能源控股有限公司（简称"晶科能源"）是晶硅光伏组件出货量位居全球第二位的太阳能光伏企业，2010 年在美国纽交所上市，股票代码：JKS。公司系中国 500 强企业，全球拥有 20000 名员工，超过 10 亿美元出口额。公司目前拥有江西上饶、浙江海宁、马来西亚、南非及葡萄牙五大生产基地，全球营销中心位于上海，并在中国北京、新加坡、德国慕尼黑、美国旧金山、澳大利亚昆士兰、加拿大安大略省、意大利博洛尼亚、瑞士楚格、日本东京等地分别设立了分子公司。晶科能源始终专注于为客户提供世界领先水平的光伏产品，专业化生产优质的硅锭、硅片、电池片以及高效单多晶组件，产品销往欧美以及亚太多个国家，包括意大利、德国、比利时、西班牙、美国、加拿大、东欧、澳大利亚、中国、印度、日本以及南非等主要光伏市场。2015 年，晶科能源组件出货量达 4.5 吉瓦，跃居全球光伏行业第二位。

晶科电力有限公司系晶科能源控股子公司（占股 55%）。2014 年晶科电力获得 2.25 亿美元股权融资，股东包括国内首家银行系私募股权投资公司国开国际（占股 21%）、全球最大的基础设施投资机构之一麦格理（占股 20%）、私募股权投资基金新天域资本（占股 4%）等投资者。晶科电力是专业从事光伏新能源的电力资产开发、电站建设、电站运维、投资管理、电力生产和销售等主要业务的具有领先竞争力的全球性独立光伏电站生产企业，致力于在世界范围内供应可持续、经济的清洁能源。

晶科电力已持有运营光伏电站发电规模达 1 吉瓦，与此同时，在中国 16 个省市和海外市场拥有超过 3 吉瓦的光伏电站储备项目。目前，晶科电力与国开金融租赁公司签订了项目开发战略协议，与国家开发银行、民生银行等签订融资战略合作协议，多家金融机构为晶科提供项目贷款、流动资金贷款等资金支持。

晶科电力在西部投资大型地面电站，在中东部建设农光互补（江西横峰 50 兆瓦光伏电站）、渔光互补电站（江西鄱阳 120 兆瓦光伏电站），正探索建设水上漂浮式电站，并积极开拓海外市场。晶科电力建成了国内领先的光伏电站远程监控中心，打造全国一流的光伏电站远程数据监控中心，对旗下拥有的总量为 1 吉瓦的光伏电站进行统一高效的远程智能化管理。

十九　江苏爱康太阳能科技股份有限公司

江苏爱康科技股份有限公司是一家专注于光伏电力投资、运营、总包及光伏配件一站式供应的高新技术企业。公司 2011 年 8 月成功登陆深圳证券交易所中小板。

从铝型材的铸造，到太阳能电池铝边框的深加工；从 EVA 胶膜、光伏支架系统、光伏专用接线盒等配套产品的研发、生产，到光伏太阳能电站的投资建设，公司始终致力于为客户提供更加稳定、优质、全方位的一站式服务。

公司现有产品主要包括太阳能电池板专用边框、太阳能支架、组件专用 EVA 封装胶膜、接线盒及各种太阳能应用产品及光伏组件。公司生产的太阳能电池板专用边框全球销量第一，据权威机构统计，占全球

17%的市场份额。主要生产设备从日本进口，模具精良，精度可达0.02毫米，能够大批量地为客户提供各种型号的铝边框。生产能力、产品精度和质量均居同行业领先水平并全部出口到日本、韩国、德国等世界500强企业，赢得了太阳能行业国际市场前50强企业的广泛认同。公司现有26条边框生产线和1条自动化生产线，生产能力达150万套/月。

爱康太阳能支架系统品种齐全、功能强大，凭借稳定的质量赢得了国内外客户的优良口碑。如今支架生产能力达3兆瓦/月。公司的支架系统有固定地面系统、屋顶系统、单双轴自动追踪系统等。太阳能支架系统已经申请外观设计专利13项，实用新型专利1项。爱康太阳能支架系统可以根据客户的需求进行设计和生产。公司研发的太阳能公交站台是国内最早一批实现BIPV的公交车站台，具有透光率高、良好的空间感并且节能环保的特点。公司自主研发的太阳能组件专用EVA封装胶膜具有良好的耐湿热、紫外老化性能，透光率高，可以大大提高光伏电池的光电转换效率，使用寿命达到30年以上，同时以精湛的技术服务受到了用户的一致好评。

二十　江苏绿钢集团有限公司

江苏绿钢集团有限公司组建于2008年。经过近十年发展，江苏绿钢集团不断梳理主营业务与发展规划，积极顺应时代潮流转型升级，拓展企业空间，现已发展成为以新能源光伏产品的生产、销售为主导，涉及涂料化工、金属卷材、信息传媒、生态观光等产业领域的综合性企业集团。

江苏绿钢集团下辖全独资子公司：江阴市绿钢新能源科技有限公司、江苏绿钢涂料有限公司、白城市绿钢能源科技有限公司、江阴市绿钢紫薇园、江苏绿钢集团北京办事处。

江苏绿钢集团主导产业已形成太阳能级硅片及组件、工业涂料、金属薄板卷材三大产品系列，与国内外多家大型企业保持良好的合作。企业先后获得"国家高新技术企业""全国守合同重信用企业""江苏省创新型企业"等荣誉称号。"绿钢"牌涂料、"华彩"牌卷材等产品被认定为江苏省名牌产品。

二十一　新疆光明天然石油技术服务有限责任公司

新疆光明天然石油技术服务有限责任公司及其系列公司〔新疆坤德新能源有限公司、新疆嘉和天然房地产开发有限公司、新乡市建筑（集团）有限责任公司、新乡市防腐防火防水工程有限公司〕是提供基础设施建设、规划设计、工程施工、装备制造、运营管理等服务的综合性建设集团，主营业务包括油气开发、石油化工、石油钻采、冶金、电力、工业与民用防腐、防火、保温、防水等专业工程以及民用建筑工程。自1982 年起，公司完成了近千个大中型工业与民用施工任务，多次荣获国家石油优质工程金奖、建设工程质量管理先进企业、安全文明生产先进企业等诸多荣誉。公司承接的标志性工程如"牙哈凝析油气田集气处理站工程""塔中四原油稳定工程"等曾获得国家优质工程金奖。

公司及其系列公司施工经验丰富、技术力量雄厚、施工机械齐全。具备相关专业工程施工一级或二级资质；现有职工总人数近万人，管理人员和工程技术人员近千人，其中，具有中高级技术职称的工程技术人员超过 200 人；现有机械设备数千台，动力装备率 2.5 千瓦/人，技术装备率 0.5 万元/人。从 1982 年成立第一家公司以来，在全体职工的努力拼搏下，公司的整体实力和企业管理水平得到不断增强和提高。2001 年通过了 ISO 9001 质量体系认证，从而与国际质量管理模式接轨。2002 年经国家建设部批准为房屋建筑工程施工总承包一级企业，为服务国内和国际两个市场夯实了基础，创造了有利条件。

二十二　宝塔石化集团

宝塔石化集团创立于 1997 年，是一家以石油化工为主，向煤油化工、气化工一体化和产、学、研相结合延伸的大型民营龙头石化企业，企业总资产 524.43 亿元，职工 1.5 万人，位居中国企业 500 强第 345 位，民营企业 500 强第 101 位，中国化工企业 500 强第 17 位。

集团拥有 4 家核心控股子公司、1 家上市公司、近 200 座加油加气站，已经投产的炼化基地可实现每年 1500 万吨的产能；即将形成的炼化规模约为 2300 万吨；已形成和即将形成丙烯、聚丙烯、乙炔等化工产能 120 万吨；装备制造、液化天然气、高端轴承、农林生态等石化关联业务正在快速成长，石油化工装备制造能力 4 万吨，轴承 5000 多种，LNG 日产达 60 万方。围绕核心业务，集团投资创办了银川大学，建立了设计院、研究院和石油化工装备制造厂；除集团主营业务板块——实业板块外，建立了金控、资本、生态、置业、资源、科技、商贸、教育、燃气、投资控股等专业板块，从而形成了以石油化工为主，产学研结合，产融结合，融科技创新和石油化工装备制造为一体的民营石化企业。

围绕四个战略基地，宝塔石化在北京设立了集团总部，在宁夏、深圳、上海设立了运营总部，在中国香港、新加坡设立了金融和国际贸易平台，在哈萨克斯坦、吉尔吉斯斯坦、俄罗斯、新加坡、阿联酋等国际原油富集区设立了国际业务公司或商务机构。总体布局上，已经形成了在俄罗斯和中亚、中东获取石油供应，在生产基地实施各具特色的石油加工，"京港、京沪一体化"的资本运营战略格局。

宝塔石化集团是唯一获得国家发改委、商务部审批的原油进口配额及资质、原油进口使用资质、国际原油贸易资质、成品油批发资质、燃料油进口资质——"五证齐全"的民营石化集团。经过 20 多年的发展，宝塔石化集团已经成长为跨区域、全国化经营的以石油炼化为核心业务的多元化企业集团，正在走向世界，实现国际化运营。

二十三　中国石油天然气管道局

中国石油天然气管道局成立于 1973 年，是中国石油天然气集团公司所属全资子公司，是国内外油气行业知名的油气储运工程建设专业化公司。

管道局具有化工石油工程施工总承包特级资质，工程设计综合甲级资质，工程咨询甲级资质，工程测绘、勘察甲级资质，工程监理综合资质，海洋石油工程专业承包一级资质，通信工程总承包一级资质，压力容器设计、制造许可，长输（油气）管道带压封堵甲级资质，特种设备综合检验检测机构甲类资质，通过了质量、健康、安全、环保标准体系认证。

管道局拥有职业项目经理和管理骨干 524 名，建造师、造价师、监理工程师、PMP 等执业资格人才 2600 余名，技术和技能专家 111 名，高级技师和技师 966 名，外籍高级管理和技术雇员 1300 余名。拥有专业化的管线、储罐、定向钻穿越、盾构穿越和管道检测、维抢修施工机组，以及配套的各型施工装备。

管道局主营业务包括陆上管道建设、海洋管道建设、油气储库/罐建设、油田地面建设、LNG 处理与接收站建设、炼化装置安装、通信电力安装、管道技术服务等八个领域，形成了从科研、咨询、融资、勘察、设计、采办、施工、管件制造到投产保驾、运行维护的完整产业链，具备油气储运设施全生命周期建设管理能力，可为客户提供"一揽子"解决方案和"一站式"综合服务。管道局的市场遍及全球，国内进入了除台湾、澳门外所有区域，国际进入了苏丹、伊拉克、坦桑尼亚、乍得、阿根廷等30多个国家和地区，在中东、中亚、非洲、东南亚四个区域建立了稳固的发展平台，正在向北美、南欧、大洋洲等地区市场延伸。秉持开放包容、合作共赢的理念，管道局与国内外100多家能源企业、金融机构、科研院所和供应商建立了战略合作关系，基本形成了全球化的资源配置平台。

二十四 中国石油工程建设公司

中国石油工程建设公司（CPECC）隶属于中国石油天然气集团公司，是集团公司专门从事石油工程设计、制造、施工和工程总承包的专业公司，现已发展成为集团公司在国内外石油工程建设领域最具代表性的公司。

CPECC历史悠久，建设功能完善，技术力量雄厚，拥有一大批熟悉国际惯例、技术水平高、管理经验丰富的专业技术和管理人才，具备设计、采购、制造、施工一体化全功能，能够在高原、沙漠、滩海等各种条件下，按照国际标准和惯例，提供大型石油工程项目前期咨询、可行性研究、环评安评、勘察测量、设计、采购、施工、制造、监理、试运投产和运行维修等各项服务和项目总承包服务。

多年来，CPECC先后在50多个国家和地区完成了一大批油气集输、油气处理、长输管道、海洋工程、石油炼制、石油化工、油气储库、电站、道路桥梁、民用建筑等大型项目的科研、设计、环评安评、施工、监理和EPC总承包，均实现了投产一次成功，实现了质量与安全的统一，创造了建设与环境的和谐，赢得了业主、项目所在地政府和公众的高度赞扬和信任，企业信誉日益提高，连续19年被美国《工程新闻纪录》（ENR）评选为全球最大225家国际工程承包商之一，多次入选"中国承包商企业60强"。先后获国家、省部级以上优秀工程勘察设计奖48项，优质工程奖28项；荣获全国对外承包"十佳"企业、"AAA级信用企业"、"全国百强设计院"、"全国100家最佳建筑企业"等荣誉称号。

二十五　中国东方电气集团有限公司

中国东方电气集团有限公司是全球最大的发电设备制造和电站工程总承包企业集团之一。

东方电气集团以大型发电成套设备、工程承包及服务为主业，积极发展高效清洁能源，依托持续不断的技术创新获得了长足发展，产量连年位居世界前列，可批量制造1000兆瓦等级超超临界火电机组、1000兆瓦等级水轮发电机组、1000—1750兆瓦等级核电机组、重型燃气轮机设备、风电设备、太阳能电站设备以及大型环保设备、水处理设备、电力电子与控制系统等产品，形成了"六电并举"的产品格局。

东方电气集团积极拓展海外业务，大型成套设备出口到近50个国家和地区，从1994年起连年入选ENR全球250家最大国际工程承包商之列，是中国大型成套设备出口的骨干企业。

二十六　中国石油化工集团公司

中国石油化工集团公司（Sinopec Group）是1998年7月国家在原中国石油化工总公司基础上重组成立的特大型石油石化企业集团，是国家独资设立的国有公司、国家授权投资的机构和国家控股公司。公司注册资本2316亿元。

公司控股的中国石油化工股份有限公司先后于2000年10月和2001年8月在境外、境内发行H股和A股，并分别在香港、纽约、伦敦和上海上市。

公司主营业务范围包括实业投资及投资管理；石油、天然气的勘探、开采、储运（含管道运输）、销售和综合利用；煤炭生产、销售、储存、运输；石油炼制；成品油储存、运输、批发和零售；石油化工、天然气化工、煤化工及其他化工产品的生产、销售、储存、运输；新能源、地热等能源产品的生产、销售、储存、运输；石油石化工程的勘探、设计、咨询、施工、安装；石油石化设备检修、维修；机电设备研发、制造与销售；电力、蒸汽、水务和工业气体的生产销售；技术、电子商务及信息、替代能源产品的研究、开发、应用、咨询服务；自营和代理有关商品和技术的进出口；对外工程承包、招标采购、劳务输出；国际化仓储与物流业务等。中国石油化工集团公司在2015年《财富》世界500强企业中排名第2位。

二十七　中石化胜利油建工程有限公司

中石化胜利油建工程有限公司是国有一级大型建筑施工企业，始建于1965年4月，于2001年10月实现改制。现有员工5950人，其中专业技术干部1154人，具有中、高级专业技术职称860人；一级建造师110人，二级建造师28人。

公司拥有石油工程施工总承包一级资质，海洋石油工程、管道工程、化工石油设备安装工程、防腐保温工程、消防工程施工专业承包一级资质，市政公用工程总承包二级资质，房屋建筑工程、电力工程、水利水电工程施工总承包三级资质。获得A1、A2、A3级压力容器设计、制造许可证，GA1级、GB1级、GB2级、GC1级压力管道安装许可证，Ⅰ级、Ⅱ级锅炉安装改造许可证，美国机械工程师学会（ASME）"U""R"钢印授权。于1995年8月通过ISO 9002质量体系国际、国内认证，2004

年12月通过Q/HSE一体化管理体系认证。按产值计，年施工能力可达50亿元以上。

公司于1965年铺设了当时我国第一条大口径长距离输油管线——东（营）辛（店）长输管线；1971年在我国第一次成功地实施了大口径管线穿越大型河流——滨（州）纯（化）输油管线穿越黄河；1974年建成当时我国口径最大、距离最长的输油管线——东（营）黄（岛）长输管线；1986年，国内首创钢管道防腐保温泡沫黄夹克"一步法"成型工艺技术，获国家科技进步二等奖，第二届国际发明专利金奖；1988年，建成当时我国规模最大的油、气、水综合处理站——孤东一号联合站，荣获国家优质工程（银）奖和建筑工程鲁班奖；1993年，建成我国浅海水域规模最大、功能最全、自动化程度最高的移动式采油平台——胜利开发二号平台，获中国建筑工程鲁班奖，被评为全国优秀焊接工程。

1994年以来，公司先后敷设了我国极浅海水域第一条海底输油管线、第一条海底动力电缆、第一条海底注水管线、第一条海底天然气管线，建造了我国第一座浅海石油作业平台——胜利作业二号平台、我国浅海水域规模最大的钢结构多功能综合性平台——埕岛中心二号平台；2000年，建成绥中36－1油田二期开发工程陆上终端，获得中国石化集团公司优质工程；2000年，建成埕北采修一体化平台，获国家银质奖和全国用户满意工程；2001年、2002年、2003年，先后中标施工了国家重点工程——西气东输26标段、18标段、9A标段，大型国际反承包工程——大港赵东、EDC工程；2005年，中标施工了国内浅海规模最大的特大型海上平台——中海油南堡35－2油田开发项目CEP/WHPB平台组块。

二十八 中国电力工程顾问集团有限公司

中国电力工程顾问集团有限公司前身为中国电力工程顾问集团公司，

现为中国能源建设集团（股份）有限公司全资子公司。

中电工程拥有东北电力设计院有限公司、华东电力设计院有限公司、中南电力设计院有限公司、西北电力设计院有限公司、西南电力设计院有限公司、华北电力设计院有限公司六大区电力设计院和中国电力建设工程咨询有限公司、投资有限公司、新能源有限公司、国际工程有限公司共10家全资子企业，注册资本6亿元。

中电工程是面向国内外市场，为政府部门、金融机构、投资方、发展商和项目法人提供电力工程一体化解决方案的服务商，主要从事电力规划研究、咨询、评估与工程勘察、设计、服务、工程总承包，电力项目投资与经营及相关专有技术产品开发等业务。中电工程技术力量雄厚，专业配套齐全，具有丰富的工程实践经验和坚实的综合管理能力。中电工程在职员工9000余人，其中国家级勘察设计大师11人，享受政府特殊津贴的专家126人。十余年来，中电工程凭借其良好的经营业绩和资产状况，连续进入美国《工程新闻纪录》（ENR）"全球150强设计公司"和"世界225强设计公司"排名，2015年分别名列第42位和第96位；在"2015全球最大250家承包商"排名中，中电工程名列第124位；首次进入"2015全球最大250家国际承包商"，排名第234位；连续位居前列，进入"中国承包商、工程设计企业双60强"，荣膺2014年"中国工程设计企业60强"第2名；中电工程所属六大区电力设计院多年连续进入中国勘察设计综合实力百强。

二十九　远景能源（江苏）有限公司

远景能源以"为人类的可持续未来解决挑战"为使命，致力于引领全球能源行业的智慧变革。远景能源成立至今连续多年业务高速增长，已经成为全球领先的智慧能源技术服务提供商，业务包括智能风机的研发与销售、智慧风场软件和技术服务，研发能力和技术水平处于全球领先地位。目前集团员工总数接近 1000 人，国际员工占 20%，硕士和博士超过 60%，研发及技术人员达到 80%。

近年来，远景能源始终将挑战视作机遇，用创新解决挑战。远景能源率先研发创新并设计出"智能风机"，利用自主研发的核心智能控制技术，彻底突破并超越了传统风机的技术禁锢，使得风机发电效率提升 20%；远景能源全球首创的低风速风机的研发和投产加快了我国风电产业战略调整的步伐，使得占中国风资源 60% 以上的低风速区域得到有效开发。远景能源是中国最大的海上风机解决方案提供商，基于全球最为稳健、可靠的传动链和零部件体系，专门针对中国近海风电开发而设计的 4 兆瓦海上风机，运用全球首创的智能控制技术、先进的测量技术、数据分析专家系统、主动性能控制和基于可靠性的决策算法等，使得发电效率要比同类产品高 20%，成为中国近海风电开发的首选机型。

远景采用全球首创的局部变桨技术和碳纤维主轴技术的 3.6 兆瓦新概念海上风机能有效应对台风工况，并大幅降低海上风电建设成本 20% 以上，成为全球未来风机的标杆。远景能源全球首创了基于智能传感网和云计算的智慧风场全生命周期管理系统，管理着包括美国最大的新能源上市公司 Pattern 能源、美国大西洋电力公司以及中广核集团等在内的 2000 万千瓦的全球新能源资产，是目前全球最大的智慧能源资产管理服务公司。

三十　浙江省能源集团有限公司

浙江省能源集团有限公司成立于 2001 年，经过多年发展，初步形成了以电为主、多业发展的大能源格局。现拥有控股、管理企业 185 家，集团直接管理的全资、控股企业 78 家，其中包括 2 家 A 股上市公司，在职员工 21000 余人。截至 2014 年底，集团总资产 1837 亿元，所有者权益 869.7 亿元，位列中国企业 500 强第 169 位。

多年来，浙能集团深入实施"大能源格局下以电为主，多业发展"的"大能源战略"。加大一次能源资源的开发与保障力度，实现能源产业链的两头延伸，加大技术改造与创新力度，推进企业产融结合，加快产业升级换代与绿色能源建设，逐步实现由能源加工型向能源综合型、由实业型向产融结合型、由传统型向现代型企业的转型。

浙能集团加快实施能源安全、能源科技、能源合作、能源集成等系列配套子战略，逐步探索并走出了一条具有浙能特色的企业发展之路。

浙能集团还积极开展了房产、财务公司、资产管理、海洋围垦等业务，着力培育金融地产板块，积极开发西部能源项目，着力培育区外能源板块等。

三十一　东旭集团

东旭集团（Tunghsu Group）从光电显示起步，已逐渐发展成为以光电显示、新能源两大产业为核心，融金融、城镇化地产为一体的多产业投资集团，旗下拥有两家上市公司（东旭光电 000413、东旭蓝天 000040）和 40 余家全资及控股子公司。

东旭坚定不移走自主创新之路，突破国外技术封锁，开发出拥有自主知识产权的平板显示玻璃基板整套工艺及制造技术，建成了国内第一条 TFT – LCD 液晶玻璃基板生产线，填补了国内空白。并先后在全国各地投资建设了 20 余条玻璃基板生产线及石墨烯、蓝宝石、彩色滤光片（CF）、偏光片等研发生产基地，成为全球重要的平板显示材料生产企业。

新能源是东旭又一核心产业，近年来先后在内蒙古、青海、山东、河南、浙江、湖北、四川、宁夏、河北、安徽等地建设了以电站项目开发、EPC、电站运营维护、光伏组件制造为核心的新能源产业基地，积极探寻风电、水电、锂电池、生物质发电、氢能等合作发展机会。

在制造业板块全面发展的基础上，东旭在金融、证券、投融资服务等新领域也实现了跨越式发展。东旭还广泛与国内外知名科研机构和专业院校开展产学研合作与交流。截至目前，东旭集团已累计开发和拥有专利1000余项，并以每年30%的专利申请数量递增。

三十二　江苏润达光伏股份有限公司

江苏润达光伏股份有限公司成立于2009年，是一家专业的太阳能光伏组件研发、生产与销售的供应商。

涉及业务范畴包括太阳能光伏晶体硅、晶体硅片、绿色太阳能光伏电池、高性能太阳能电池组件、发电离并网光伏系统的设计、开发、生产和销售。产品主要应用于商业、家用和工业的离网、并网的太阳能发电系统，以及光伏发电站等前端领域。

润达光伏立足于专业化、规模化、国际化发展之路，全套引进当今国际最先进水平的太阳能光伏组件生产线，拥有业内资深专家组成的经营管理团队和研发团队，产品销往德国、西班牙、荷兰、意大利、英国、日本、加拿大以及一些新兴国家等国际市场。

一直以来，润达致力于生产世界一流品质的太阳能光伏组件，采用高品质原材料，严格把控各个生产环节，在生产线上设置了11道检验点，保证产品品质。

目前润达光伏已取得了TUV、UL、MCS、CEC、BSI、J-PEC、JET等相关认证，赢得了全世界各地客户的长期青睐，尤其是欧洲、日本市场出口量稳健提升。

三十三　协鑫（集团）控股有限公司

协鑫（集团）控股有限公司是一家以新能源、清洁能源及相关产业为主的国际化综合性能源集团，是全球领先的光伏材料制造商及新能源开发、建设、运营商。协鑫始终秉承"把绿色能源带进生活"的理念，致力于成为最受尊重的国际化清洁能源企业。

20多年来，协鑫集团始终坚持科技引领、创新驱动、协同一家、造福社会的核心价值观，以"两条主线、四网一云"为总体战略，打造了从硅材料到光伏装备制造、系统集成、太阳能电站建设运营的光伏一体化产业链，以及从天然气开采、液化、储运到供给、天然气发电的气电一体化产业链，提供电网、热网、天然气管网、信息网和大数据云平台的能源综合服务，并构建起金融支撑产融一体、智慧城市、能源互联网等创新业务产业群。协鑫中央研究院、设计研究总院、协鑫大学与各产业发展协同共建、优势互补，不断提高集团保持可持续发展的核心竞争力。

作为中国500强企业，协鑫集团连续七年位列中国新能源行业榜首。分支机构遍布中国31个省（市、自治区）、香港、台湾地区及美国、日本、加拿大、澳大利亚、新加坡、印度尼西亚、埃塞俄比亚、吉布提等世界各地，是全球太阳能理事会主席单位、亚洲光伏产业协会主席单位。

三十四　四川省能源投资集团有限责任公司

四川省能源投资集团有限责任公司（简称"四川能投"）成立于2011年2月21日，注册资本93.16亿元。

四川能投成立以来，以"开发能源、服务社会、改善民生、推动发展"为企业使命，充分发挥省级产业性投资公司的优势，进行股权投资和资产经营管理，与省内外各市州县政府、国际国内大中型企业、科研机构等建立了战略伙伴和项目合作关系，在传统能源、新能源、绿色能源领域得到快速发展，实现了存量资产的保值增值和新增业务的快速发展。截至 2016 年 11 月底，四川能投旗下共有下属公司 181 家，业务涵盖能源、金融、化工、服务贸易、康养旅游、新材料新技术六大领域，总资产规模达到 960 亿元，净资产达到 333 亿元，销售收入达 287 亿元。

四川能投在能源产业上坚持"做强电网、做大电源、做实燃气、开发新能源"的发展战略，已形成一大批优质项目。在巩固加快能源产业发展的基础上，快速形成实业与金融"两翼齐飞"，能源、化工、现代服务业、战略性新兴产业"四轮驱动"的产业格局。

三十五　常熟风范电力设备股份有限公司

常熟风范电力设备股份有限公司是生产高压、超高压输电线路镀锌铁塔、钢管组合塔、钢管杆、变电站钢构支架及其他各种支撑钢结构件产品的专业公司。产品已在国内 20 多个省、市、自治区使用，并已出口到日本、澳大利亚、伊朗、伊拉克、韩国、缅甸、阿尔及利亚等国家和地区。2011 年常熟风范电力设备股份有限公司在上交所上市。

风范目前总占地面积 38 万平方米，工厂区内自备水运码头 4 个，拥有世界领先的各种自动化铁塔加工生产线、热镀锌生产线、金属切削设备、计量理化精密仪器等，是国内较具规模、技术装备先进、检测手段先进、综合实力强的铁构件制造公司。

风范为了进一步提高公司素质，在科技方面达到世界先进水平，自 1992 年起与国内几家著名的设计科研机构建立了长期合作的关系，并与日本 NESIC 合作设计制造了 ANT 和日本长野冬季奥运会通信平台构架，获得好评。公司镀锌加工工艺已用于北京首都国际机场扩建和长安街灯柱改造等重点工程。风范还与美国 ABB 集团、瑞士 POWERINVEST 公司、法国 GTMH、日本 NEC 公司、富士公司等世界著名的大公司和集团的输电部门及设计科研部门保持了良好关系，向国际市场开发拓展。

风范在铁塔结构计算放样领域始终保持着国内领先水平。2009 年，公司成立科学技术协会、风范电力设备股份有限公司研发中心，进行国内首个复合材料绝缘横担的研究，填补了国内该技术的空白，2009 年 12 月在连云港正式挂网运行。

三十六　中国华信能源有限公司

中国华信能源有限公司（简称"中国华信"，CEFC China Energy Company Limited，英文缩写 CEFC China）是集体制民营企业，主营能源与金融。公司目前拥有 3 大管理集团公司、15 家一级投资平台公司和 A 股上市公司，参股多家海外上市企业，各类人才近 3 万人。

公司以拓展国际能源经济合作为战略，通过能源产业经营和能源产业投资带动，建设有组织的能源国际投行，争取国际行业话语权。公司立足欧洲油气终端，获取上游油气股权和权益，组建专业的金融团队和独立贸易商团队，发展金融全牌照推动公司战略，通过能源产业经营和金融体系服务带动，增加金融与物流利润。同时，在捷克设立第二总部，开展国际投行与投资，控股银行，参股重要财团，重点投资航空、飞机制造、特种钢、食品等企业，与大型国有企业发展混合经济"走出去"，引进先进技术和管理经验，推动国际产能合作，助力国内产业升级和供给侧改革。

公司积极探索民营企业发展之路，以"由力而起，由善而达"的为商之道构建企业核心价值体系，创新经营管理模式，实行总部战略与财务管控及子公司合伙制相结合的运营机制，推进业务专注化、人才专业化、资产证券化和管理精细化。2015 年，公司营业收入超 2631 亿元，蝉联《财富》世界 500 强、世界品牌 500 强，获评中国最具影响力企业、中国最具国际竞争力十大领军企业。

公司全资设立香港中华能源基金会（联合国特别咨商地位非政府组织），开展能源公共外交与国际能源研究，与联合国共同设立能源联合国大奖；设立上海华信公益基金会，助力公益慈善，实现企业和社会的可持续发展。

三十七　江苏振发控股集团有限公司

江苏振发控股集团有限公司成立于 2004 年，主要从事太阳能光伏电站投资运营及模块能源集成业务，是国内领先的光伏发电终端应用企业。

公司致力于光伏发电系统集成领域十年，注重技术创新、模式创新和市场创新，其自主研发的自适应对日跟踪光伏发电装置比固定式装置发电效率高出 25% 以上，公司已在国内三十几个省、市、自治区和海外地区开展业务，目前已并网、在建及储备项目累计装机量接近 3000 兆瓦。公司在大型地面电站领域积极打造"东部沿海千里绿色电力走廊"和"西部绿色电力丝绸之路"；在分布式发电领域打造"新能源、新生活、新城镇"的创新发展之路。

◇◇ 第二节　制造

一　中国航天科技集团公司

中国航天科技集团公司是 1999 年 7 月 1 日在原中国航天工业总公司

所属部分企事业单位基础上组建的国有特大型高科技企业，承担着我国全部的运载火箭、应用卫星、载人飞船、空间站、深空探测飞行器等宇航产品及全部战略导弹和部分战术导弹等武器系统的研制、生产和发射试验任务。

中国航天科技集团着力发展卫星应用设备及产品、信息技术产品、新能源与新材料产品、航天特种技术应用产品、特种车辆及汽车零部件、空间生物产品等航天技术应用产业；开拓以卫星及其地面运营服务、国际宇航商业服务、航天金融投资服务、软件与信息服务等为主的航天服务业，是我国境内唯一的广播通信卫星运营服务商；是我国影像信息记录产业中规模最大、技术最强的产品提供商。

作为我国航天科技工业的主导力量，中国航天科技集团是国家首批创新型企业，创造了以载人航天和月球探测两大里程碑为标志的一系列辉煌成就，在推进国防现代化建设和国民经济发展中做出了重要贡献。

二 海尔集团

海尔集团创立于1984年，从开始单一生产冰箱起步，拓展到家电、通信、IT数码产品、家居、物流、金融、房地产、生物制药等领域，成为全球领先的美好生活解决方案提供商。2014年，海尔全球营业额2007亿元，利润总额150亿元，利润增长3倍于收入增长，线上交易额548亿元，同比增长2391%。据消费市场权威调查机构欧睿国际（Euromonitor）的数据，2014年海尔品牌全球零售量份额为10.2%，连续六年蝉联全球大型家电第一品牌。

海尔致力于成为全球消费者喜爱的本土品牌，多年来一直践行本土化研发、制造和营销的海外市场战略并取得了很好的成绩。目前，海尔在全球有5大研发中心、21个工业园、66个贸易公司，用户遍布全球

100 多个国家和地区。

目前海尔正从制造产品转型为制造创客的平台，青岛海尔（股票代码 SH：600690）和海尔电器（股票代码 HK：01169）两大平台上聚合了海量创客及创业小微，他们在开放的平台上利用海尔的生态圈资源实现创新成长，聚集了大量的用户资源。

以青岛海尔为主体智能家庭平台，致力于推动从产品硬件到解决方案的转型，通过智慧家庭 U＋生活平台、互联工厂构建并联交互平台和生态圈，提供互联网时代美好生活解决方案，最终实现用户的全流程最佳交互、交易和交付体验。以海尔电器为主体的价值交互平台，致力于实现从制造向服务的转型，打造虚实融合的用户价值交互平台，以物联网和物流服务为核心，把传统的物流配送环节转变为在给用户提供服务的过程中创造用户交互的价值，构建互联网时代用户体验引领的开放性平台。

海尔致力于搭建投资驱动平台和用户付薪平台，通过人单合一双赢模式创新让员工成为开放创新平台上的创业者，在为用户创造价值的同时实现自身的价值。

三　中国机械工业集团

中国机械工业集团有限公司是中国机械工业规模最大、覆盖面最广、业务链最完善、研发能力最强的大型中央企业集团。拥有近 50 家全资及控股子公司、10 家上市公司、140 多家海外服务机构，全球员工总数近 10 万人。国机集团连续多年保持 30% 以上的高速增长，连续多年位居中国机械工业企业百强榜首、国资委中央企业业绩考核 A 级企业。

中国机械工业集团有限公司围绕装备制造业、现代制造服务业两大领域，着力打造机械装备研发与制造、工程承包、贸易与服务三大主业，服务领域覆盖了工业、农业、交通、能源、建筑、轻工、汽车、船舶、矿山、冶金、航空航天等国民经济重要产业领域，为全球170多个国家和地区提供专业化服务。国机集团具有较强的资源集成和运用能力。雄厚的研发实力、广泛的全球营销网络、强大的资金实力和项目融资能力，形成了涵盖设计、研发、制造、工程承包、系统集成、国际贸易等方面的完整产业链，具备独特的产业价值和市场竞争优势。

在机械装备研发与制造业务领域，国机集团是中国最大的农业机械、林业机械、地质装备制造企业，以及最重要的工程机械制造企业之一，众多市场领先的优秀产品远销世界各地。同时拥有在重型机械、电站设备、石化通用、机床工具、汽车工程、机械基础件、仪器仪表及环保设备等领域强人的研发能力和系统集成能力，向国内外市场提供了一大批具有重大影响力的装备和技术。

在国际工程承包业务领域，作为全球知名的国际工程承包商，国机集团连续多年入选（ENR）"全球225家最大国际承包商"前50强、"全球200强工程咨询设计企业"前100强，在业内具有广泛的影响力，在全球众多国家和地区的工程市场具有重要的市场地位。2012年，国机集团名列（ENR）"全球225家最大国际工程承包商"第24位、"国际工程设计企业200强"第77位。

在贸易与服务业务方面，国机集团是中国机电产品出口和国外先进技术和产品引进的重要窗口，是中国最大的汽车贸易和服务商，是中国机械工业最大的进出口贸易企业。

四　中国中车股份有限公司

中国中车股份有限公司（CRRC）是经国务院同意，国务院国资委批准，由中国北车股份有限公司、中国南车股份有限公司按照对等原则合并组建的 A + H 股上市公司。现有 46 家全资及控股子公司,员工 17 万余人。

中国中车承继了中国北车股份有限公司、中国南车股份有限公司的全部业务和资产,是全球规模最大、品种最全、技术领先的轨道交通装备供应商。主要经营铁路机车车辆、动车组、城市轨道交通车辆、工程机械、各类机电设备、电子设备及零部件、电子电器及环保设备产品的研发、设计、制造、修理、销售、租赁与技术服务;信息咨询;实业投资与管理;资产管理;进出口业务。

中国中车建设了世界领先的轨道交通装备产品技术平台和制造基地,以高速动车组、大功率机车、铁路货车、城市轨道车辆为代表的系列产品,已经全面达到世界先进水平,能够适应各种复杂的地理环境,满足多样化的市场需求。中国中车制造的高速动车组系列产品,已经成为中国向世界展示发展成就的重要名片。产品现已出口全球六大洲近百个国家和地区,并逐步从产品出口向技术输出、资本输出和全球化经营转变。

五 中国重型汽车集团有限公司

中国重型汽车集团有限公司是中国重型汽车工业的摇篮,曾在 1960 年生产制造了中国第一辆重型汽车——黄河牌 JN150 八吨载货汽车;1983 年成功引进了奥地利斯太尔重型汽车项目,是中国第一家全面引进国外重型汽车整车制造技术的企业。2001 年改革重组后的中国重汽正式成立,经过 10 多年的发展,已经成为国内外知名的重型汽车研发制造企业集团。2007 年中国重汽在香港主板红筹上市,初步搭建起了国际化平台;2009 年成功实现了与德国曼公司的战略合作,曼公司参股中国重汽(香港)有限公司 25% + 1 股,中国重汽引进曼公司 D08、D20、D26 三种型号的发动机、中卡、重卡车桥及相应整车技术,为企业长远发展奠定了坚实的基础。目前，中国重汽已成为中国最大的重型汽车生产基地，为中国重型汽车工业发展和国家经济建设做出了突出贡献。

中国重汽是中国汽车行业拥有专利最多的企业。中国重汽下属的技术发展中心是全国第一批国家级企业技术中心，拥有"中国实验室国家认可委员会"认可的检测实验室，具有整车、发动机、零部件、材料工艺等全方位的研发和检测能力，拥有各种加工、试验、测试等高、精、尖设备，发动机、整车、部件振动、强度测试等设备均达到世界先进水平。2009年，经国家批准，国家重型汽车工程技术研究中心在中国重汽正式揭牌成立，承担我国重型汽车行业技术研发、应用示范、成果推广和技术服务的职能。

中国重汽主要组织开发研制、生产销售各种载重汽车、特种汽车、客车、专用车、新能源商用车、发动机及机组、汽车零部件、专用底盘，形成了拥有汕德卡（SITRAK）、HOWO、斯太尔、黄河、金王子、豪瀚、王牌、福泺、威泺等品牌的全系列商用汽车企业集团，是我国卡车行业驱动形式和功率覆盖最全的企业。中国重汽制造的具有中国先进水平的 D10、D12 柴油发动机，T10、T12 燃气发动机，国际先进水平的 MC05、MC07、MC11、MC13 达到欧Ⅱ—欧Ⅴ排放的发动机，功率覆盖140—560马力；世界级水平的系列化单级减速桥、轮边减速桥以及 16.5—22.5 英寸盘式制动器；系列化的单中间轴带同步器变速器、双中间轴变速器，10挡、12挡、16挡手自一体 AMT 变速器等重要总成，构成具有世界先进水平的发动机、拉式离合器、变速箱、驱动桥组成的黄金动力产业链。中国重汽目前拥有3条自动化车身冲压线、8条驾驶室焊装线、12条驾驶室涂装线以及9条整车装配线，装备达到国际先进水平。

六 中国建筑材料集团有限公司

中国建筑材料集团有限公司（CNBM）是集科研、制造、流通于一身的中国最大的综合性建材产业集团、《财富》世界500强企业。

中国建材集团坚持市场化道路，大力推进水泥、玻璃的联合重组、结构调整和节能减排，大力发展新型建材、新型房屋和新能源材料，走了一条资本运营、联合重组、管理整合和集成创新的发展道路，10多年来以超过40%的年复合增长率快速发展，成为充分竞争领域快速成长的央企典范。目前集团资产总额超过4100亿元，员工总数超过18万名，直接管理的全资、控股企业17家，控股上市公司6家，其中海外上市公司2家。

中国建材集团是国资委第二批中央企业董事会试点企业和国家级创新型试点企业，已发展成为治理规范、管控科学、市场化运营的产业控股型集团公司。集团公司作为战略中心、决策中心、资源中心、政策文化中心，行使出资人权利。子集团作为经营平台，突出核心专长和主营业务，以品牌知名度和市场占有率为基础构造利润中心。

七 上海电气集团股份有限公司

上海电气集团股份有限公司是中国装备制造业最大的企业集团之一，旗下有电站、输配电、重工、轨道交通、机电一体化、机床、环保、电梯、印刷机械等多个产业集团，现拥有上海机电股份有限公司等上市公司和上海三菱电梯有限公司等50多家合资企业，员工总数超过70000人。公司融工程设计、产品开发、设备制造、工程成套和技术服务为一体，具有设备总成套、工程总承包和提供现代装备综合服务的优势。自

20 世纪 90 年代以来，销售收入始终位居全国装备制造业第一位。是中国最重要的发电设备供应商之一。

高效清洁能源、新能源装备是上海电气集团的核心业务，能源装备占销售收入的 70% 左右。主导产品主要有 1000 兆瓦级超超临界火力发电机组、1000 兆瓦级核电机组、重型装备、输配电、电梯、印刷机械、机床等。中国第一套 6000 千瓦火电机组、世界第一台双水内冷发电机、中国最大的 12000 公吨水压机、世界第一台镜面磨床、中国第一套 30 万千瓦核电机组、中国第一根大型船用曲轴、中国第一套百万千瓦等级超超临界火电机组都来自于上海电气。

上海电气是中国装备制造业领袖品牌。在"亚洲品牌 500 强"评选中，上海电气为亚洲机械类品牌第五名，中国机械类品牌第一名。

上海电气确立了以中央研究院、集团所属的科研院所、企业技术中心共同组成的科技创新体系，明确了科技创新的主体是企业及其技术中心，上海电气科技创新体系的支撑是产学研合作。上海电气拥有国家级技术中心 5 家，上海市级技术中心 15 家。

八 江苏阳光集团有限公司

江苏阳光集团是国家重点企业集团和国家重点扶持的行业排头兵，涉足毛纺、服装、生物医药、房地产、新能源等产业，是毛纺织行业唯一的国家级创新型企业，年产高档服装 350 万套、高档精纺呢绒 3500 万米，是全球最大的毛纺生产企业和高档服装生产基地。2006 年，成为中国纺织行业唯一获得"世界名牌"和"出口服装免验"荣誉的企业。2007 年，国际标准化组织/纺织品技术委员会（ISO/TC38）国际秘书处落户阳光，成为国内首家承担 ISO/TC38 国际秘书处工作的企业单位，标志着阳光纺织技术水平达到了国际领先水平。2008 年，新品牌"阳光时尚"在上海、南京开店面市，并在 5 年内在全国开设 500 家连锁店，标志着阳光开始直接走向零售市场，从而大大提升了阳光毛纺、服装主产业的综合实力。

阳光集团坚持以产品创新、技术创新为主导，建立了以"一站三中心"为主要支撑的技术创新体系，即博士后科研工作站、国家级技术中心、国家级毛纺新材料工程技术研究中心、江苏省毛纺技术开发中心，配置了世界最先进的检测设备和纺、织、染、服装的生产流水线，以平均每天 50 多个新品的开发能力，阳光集团始终在国内保持领先水平，且步入了国际先进行列。目前，阳光集团不仅承担了 40 个国家科研项目的科研攻关，还一直致力于发展自主核心技术，累计申报各类专利 1163 项，获授权专利 767 项，共参与 47 项国际和国家行业的标准制定工作。

九　江苏双良集团有限公司

双良集团有限公司经过 30 余年的专注与创新，从中央空调制造业发展成为集节能装备、化工新材料、酒店服务、金融地产、生物医药等产业于一身的大型综合性企业集团，是中国机械工业 500 强、中国民营百强、中国工业行业排头兵企业。

双良是我国具有自主知识产权的溴化锂吸收式中央空调诞生之地，拥有亚太地区规模最大的溴化锂中央空调制造基地，同时拥有空冷器装置、海水淡化装置及换热器装置等大型节能节水设备制造基地，国内领先的智能化环保锅炉生产基地，国内重要的氨纶丝和包覆纱生产基地，国际先进的包装材料及苯乙烯化工材料生产基地。

集团拥有两大工业园区：占地 2000 亩的双良化工新材料产业园区和占地 700 亩的双良机械制造产业园区，旗下有 18 家子公司，其中两家上市公司（双良节能、友利控股）。

双良以科技创新为先导，以国家级企业技术中心和博士后工作站为研发平台，集思广益、博采众长，参与制定溴化锂制冷机、智能化锅炉等多项产品技术国家及行业标准。

公司不仅通过了国际通用的 ISO 9001、ISO 14001、OHSAS 18001 等质量、环境管理体系认证，还取得美国 ASME、德国 TÜV、欧盟 CE 等国际标准机构认证。作为国家重点高新技术企业，公司多项产品列入国家火炬计划和"863"计划，成为各个所在领域的领导品牌。

双良采用国际先进的 DFM 柔性生产管理模式，引进一流的生产检测设备，推行创新周到的服务理念，为全球 20000 多家客户提供卓越的产品和服务。

十　江阴兴澄特种钢铁有限公司

江阴兴澄特种钢铁有限公司隶属中信泰富特钢集团，是中国中信集团下属的高度专业化的特钢生产企业。从 1993 年合资以来，公司以"建成全球最具竞争力的特钢企业"为愿景，经过 20 余年的发展，现已成为我国特钢行业龙头企业，被《国家钢铁工业"十二五"规划》列为四大特钢产业基地之一和中国特钢技术引领企业。公司现为国家火炬计划重点高新技术企业、全国节能先进集体、全国首批两化融合示范企业、4A级国家标准化良好行为企业。2015 年公司实现营业收入 365 亿元。

目前，公司拥有 8500 多名员工，具备年产铁 500 万吨、钢 690 万吨、坯材 660 万吨的生产规模，为全球单体规模最大的特钢生产企业。公司炼铁、炼钢、轧钢、检测等主要装备均从国外引进，其中棒线材生产线 7条，中厚板生产线 2 条，具备"棒、线、板、坯"各种规格、品种生产能力。公司产品主要有轴承钢、齿轮钢、弹簧钢、系泊链钢、帘线钢、特厚板、容器钢、管线钢、高强耐磨钢等，广泛应用于石油化工、工程机械、汽车用钢、高速铁路、海洋工程、风力发电、新能源等行业，其中高标准轴承钢连续 11 年产销全国第一，汽车用钢连续 7 年产销全国第一。

十一 江苏法尔胜股份有限公司

江苏法尔胜股份有限公司是一家专业从事精优化金属制品、光通信产业以及基础设施新型材料制造与销售的上市公司，是世界上最大的高强度输送带用钢丝绳生产基地。公司于 1999 年 1 月 19 日在深圳证券交易所上市。

公司专注于高科技含量、高附加值产品的开发制造。主要生产开放式胶带钢丝绳、吊带钢丝绳、拉筋钢丝绳、航空钢丝绳、胶管钢丝绳、特细钢丝绳、不锈钢丝绳、特种合金绳、线接触钢丝绳、面接触钢丝绳、光缆钢丝、弹簧钢丝、汽车座椅骨架用低碳钢丝、超高强度电力电缆用镀锌钢丝、打包钢丝、钢塑复合管、大桥用斜拉索和悬索等产品。公司主产业金属制品的品种、质量、规模和技术含量一直处于国内同行业领先地位，并达到或超过世界同行先进水平，产品曾多次获得国优、部优、省优荣誉称号，公司在国内同行中最早通过 ISO 9001 质量体系认证，并最早先后取得英国劳埃德船级社、英国邓禄普公司、美国交通部 DOT、欧共体 ECE 等国际质量认证，是世界级的合格供应商，出口创汇居全国同行榜首。

同时，江苏法尔胜股份有限公司已累计拥有国内授权专利 118 项，其中发明专利 25 项，新型实用专利 93 项。

十二 江苏三房巷集团有限公司

江苏三房巷集团有限公司是以 PTA、聚酯切片、涤纶纤维（短纤和长丝）、PET薄膜、纺织和工程塑料等为主体的六大产业集团，目前已形成年产PTA、EPTA共180万吨，瓶级切片150万吨，涤纶短纤维80万吨，涤纶长丝40万吨，PET薄膜30万吨，合计480万吨。在海外参股投资了470万吨炼油项目，其中年产PX80万吨，形成了聚酯产业的上下游基本自我配套。"三房巷"牌涤纶短纤维、"翠钰"牌瓶级切片是中国"驰名商标"，参与起草修订了国家标准4项，通过了可口可乐、百事可乐等认证，产品销往100多个国家和地区，成为具有国际影响力的自主品牌。2014年，集团公司完成工业销售收入298.8亿元，出口额12.5亿美元，列中国企业500强第283位，中国民营企业500强第176位。

公司拥有20多家成员单位，包括2家国家级重点高新技术企业、4家省级高新技术企业和1家上市公司。建有国家级博士后科研工作站、省级工程中心和企业技术中心，承担国家火炬计划2项，拥有专利281件。获得国家纺织企业先进集体、省质量管理奖、省创新型企业、省科技进步一等奖等荣誉。

公司年产PTA、EPTA共180万吨，分别于2009年、2014年竣工投产，配套建设液体化工码头及液体化工原料罐区，液体化工码头每年总吞吐量为300万吨。

公司年产能150万吨瓶级切片，共建有连续化聚合装置9条，主要装备采用美国杜邦工艺流程技术，固相增粘装置采用瑞士布勒工艺技术和装备。自2005年以来，连续10年在国内同行业同类产品中出口量最大，出口市场占有率40%，是国内规模较大的瓶级聚酯切片制造和出口基地。

公司年产差别化涤纶短纤80万吨，纺丝装置采用德国纽玛格工艺技术和装备，是目前国内生产规模较大，技术、管理及设备先进的聚酯熔体直纺生产企业。年产涤纶长丝40万吨，长丝生产线引进德国纽玛格公司的纺丝技术，主要生产细旦丝、异型丝、粗旦丝及其他特定功能性纤维等产品。公司年产PET包装薄膜30万吨，薄膜生产线采用瑞士布鲁克纳双向拉伸薄膜技术，生产镀铝基膜、胶带基膜、烫金基膜、电气绝缘膜等产品。公司年产棉纺纱锭 16 万锭、全棉印染布 5000 万米。引进国内外先进的纺织生产线，包括瑞士立达、德国赐来福、比利时毕佳乐等先进设备，主要生产纱线、织造、印染、染整等产品。公司年产 2.5 万吨 PBT 改性工程塑料，现有不同规格的双螺杆挤出生产线 21 条，主要采用德国 WP 公司的配混生产线，是目前国内改性工程塑料的较大生产企业。

十三　江阴澄星实业集团有限公司

澄星集团主要涉及精细磷化工、石油化工（PET、PTA）、煤化工、液体化工品仓储物流和新能源新材料等产业领域。公司拥有独资和控股的子公司 50 余家，员工 6600 多名，产品销售覆盖全球 70 多个国家和地区，连续多年跻身中国企业 500 强前三百强，2015 年列第 283 位，在 2015 年中国民企 500 强中列第 65 位。

公司磷化工产业核心企业江苏澄星磷化工股份有限公司在上海证券交易所上市，是中国精细磷化工生产和销售的骨干企业。石油化工产业目前拥有年产 30 万吨的瓶级聚酯切片（PET）和年产 60 万吨精对苯二甲酸（PTA）。公司在江阴长江边建有 5 万吨级泊位的专用化工码头和 40 多万立方米化工储罐。拥有 200 列铁路自备化工专用罐车和 4000 个化工专用集装罐箱，拥有火力、水力自备发电厂 5 座，总装机容量达 50 多万千瓦，拥有自己的化工科研所及外贸进出口公司。澄星集团已成为一个融产、供、销、科、工、贸为一体，产品经营、贸易经营、资本经营相结合的综合性化工企业集团。

十四　三一重工股份有限公司

三一重工股份有限公司由三一集团投资创建于 1994 年。自成立以来，公司取得了持续快速发展。目前，三一是全球装备制造业的领先企业之一。

2003 年 7 月 3 日，三一重工在上海 A 股上市，并于 2005 年 6 月 10 日成为首家股权分置改革成功并实现全流通的企业，被载入中国资本市场史册。2011 年 7 月，三一重工以 215.84 亿美元的市值，入围 FT 全球 500 强，是唯一上榜的中国工程机械企业。2012 年，三一重工并购混凝土机械全球第一品牌德国普茨迈斯特，改变了行业竞争格局。

公司产品包括混凝土机械、挖掘机械、起重机械、桩工机械、筑路机械，其中泵车、拖泵、挖掘机、履带起重机、旋挖钻机、路面成套设备等主导产品已成为中国第一品牌，混凝土输送泵车、混凝土输送泵和全液压压路机市场占有率居国内首位，泵车产量居世界首位。

三一每年将销售收入的 5%—7% 用于研发，致力于将产品升级换代至世界一流水准。凭借技术创新实力，三一于 2005 年、2010 年和 2013 年三次荣获"国家科技进步二等奖"，2012 年、2014 年荣获"国家技术发明奖二等奖"，成为新中国成立以来工程机械行业获得的国家级最高荣誉。同时，公司首席专家易小刚还获评"首届十佳全国优秀科技工作者"，是工程机械行业唯一获奖者。截至目前，三一重工共拥有授权有效专利 3310 项。

凭借自主创新，三一成功研制的 66 米泵车、72 米泵车、86 米泵车三次刷新长臂架泵车世界纪录，并成功研制出世界第一台全液压平地机、世界第一台三级配混凝土输送泵、世界第一台无泡沥青砂浆车、亚洲首台 1000 吨级全路面起重机、全球最大 3600 吨级履带起重机、中国首台混合动力挖掘机、全球首款移动成套设备 A8 砂浆大师等，不断推动"中国制造"走向世界一流。

凭借一流的产品品质，三一设备广泛参建全球重点工程，其中包括迪拜塔、北京奥运场馆、伦敦奥运场馆、巴西世界杯场馆、上海中心、香港环球金融中心等重大项目的施工建设。近年，三一重工也相继在印度、美国、德国、巴西投资建设研发和制造基地，加速海外发展进程。

十五　日照钢铁控股集团有限公司

日照钢铁控股集团有限公司是京华日钢控股集团有限公司下辖企业。日照钢铁是山东省最大的千万吨级民营钢铁企业，集团资产 500 亿元，在册职工 18000 人。2015 年 1—10 月，实现销售收入 250 亿元，实现净利润 1.16 亿元，上缴税金 13.46 亿元，保持了连续 10 年盈利的良好态势，盈利能力和外经贸水平居全国前三，并已连续 10 年跻身"中国企业 500 强"，在"2014 中国民营企业 500 强"中排名第 55 位。

公司产品包括：热轧极薄板（SP 全无头轧制技术，产线为国内第一条、世界第二条，产品可以热代冷）、热轧卷板、热轧型钢、工字钢、槽钢、热轧带肋钢筋、热轧高速线材、热轧宽厚板、焊管、水泥副产品。公司的 Arvedi 无头带钢生产线（ESP），与传统铸轧工艺相比，新铸轧设备的能耗和相关成本将降低 45%，意味着二氧化碳排放量将大幅度降低。新设备的设计年产量每条生产线为 260 万吨，可生产最大宽度为 1600 毫米、最小厚度为 0.8 毫米的优质超薄热轧带钢。

公司实施"立足客户需求，实现终端用户订单式直供销售"的营销策略，通过为顾客提供全方位的售前、售中、售后服务，打造国际领先的服务品牌。公司依靠先进的生产工艺、硬件装备和管理水平，便利的水、陆交通运输条件，专业的技术研发团队，对板、棒、线、型、焊管等主营钢材产品和水泥、微粉等循环经济产品进行严格把关，不断追求过硬的产品品质、更快的物流速度及更贴心的客户服务。企业先后通过了卓越绩效管理体系认证、欧盟 CE 认证、韩国 KS 认证和九国船级社认证。热轧 H 型钢、热轧带肋钢筋荣获中国冶金产品实物质量认定金杯奖，H192×198 轻型薄壁 H 型钢的成功轧制填补了国内空白，被京沪高铁声障屏项目列为指定用材。公司产品被广泛应用于鸟巢、三峡大坝、港珠澳大桥、郑西高铁、青藏铁路、胶州湾跨海大桥等国家级重点工程。企业先后被授予"质量放心品牌""消费者最信赖质量放心品牌""中国质量 500 强"等荣誉称号。

日照钢铁近年来累计投资 55.6 亿元用于节能环保工作。公司污水处理工程、烧结脱硫工程、煤气发电工程等项目被省环保厅评定为"山东省环境保护示范工程"；公司率先实施了钢铁企业烧结脱硫设备的第三方运营模式；公司建设了山东省首套企业环境管理信息化系统，为企业的节能减排提供数据支撑和决策依据。循环经济发展不仅实现了企业的污染物零排放目标，更为企业带来了经济效益。据统计，2014 年日照钢铁循环经济创效约占公司创效总额的一半。

十六　北京安力斯科技发展有限公司

北京安力斯科技发展有限公司成立于 2002 年，致力于将世界先进的紫外线消毒技术引入中国。总部位于北京市中关村科技园区，在天津宝坻经济开发区建立了 6000 多平方米的生产组装、调试及售后服务中心，并在上海、广州、南京、昆明、重庆设立了办事处。

近年来，北京安力斯科技发展有限公司在市政、建筑中水、油田回注水等领域取得了优良的业绩，得到了业内的广泛认可，已成为中国紫外线消毒行业的受人瞩目的领跑者。至 2009 年上半年止公司已签约市政污水项目超过百个，设备处理量超过1000万吨/天。2007年公司被中国环境报、中国水网和中国证券报联合评为水业优秀设备公司，2009年公司被中国水工业互联网站评为中国十佳城镇污水处理厂主要设备供应商。

公司拥有独立的技术研发中心，建有专业化实验室，有20多名科研人员，其中具有博士学位和高级职称的研发人员占研发人员总数的30%以上，获得8项专利技术。2007年底，全国紫外线消毒标准委员会成立，公司总经理被委任为该委员会的专家委员，重点参与了中国第一版紫外线消毒标准的草拟工作，并提出了专业化建议。公司雄厚的技术实力不仅成为立足市场的坚实基础，同时也为公司不断发展前进提供了原动力。

十七　中冶京诚工程技术有限公司

中冶京诚工程技术有限公司（简称"中冶京诚"）成立于2003年11月28日，是由走过50多年光辉历程的中冶集团北京钢铁设计研究总院改制设立的股权多元化的大型国际化创新型工程技术公司。

作为国内外客户认可的知名品牌企业，中冶京诚坚持"诚信、创新、增长、高效"的企业精神，先后为国内外500余家客户提供了近5000项工程技术服务。在历年国家建设部、勘察设计协会等年度排名中，均位居前列，2007年、2008年连续2年位列百强之首。面对2008年全球金融危机等众多宏观经济不利因素，中冶京诚提前两年实现年营业收入超过百亿元的经营目标，并一直保持稳定增长。

作为全国勘察设计行业的龙头企业，中冶京诚以客户需求为导向，不断践行"全方位"服务模式，以国际化的发展模式，提供多行业的工程全流程服务，形成了以工程咨询和工程承包为中心，装备制造和投资开发为支撑，资产和资金运作为策应的业务架构；实现了从单一的钢铁行业工程咨询、设计业务向矿山和工业工程、装备和材料制造、市政和公用设施、资源开发业务转型，业务领域延伸至矿山、机械、造纸、电力、建筑、市政、公路、公用基础设施等多个行业。服务涵盖了工程设计、装备研发与制造、工程咨询、环境评价、环保核查、清洁生产审核、节能审计、项目管理、工程监理、招标代理、施工图审查等全过程完整业务链。公司在业内率先获得"国家综合设计资质""国家工程监理综合资质"等一系列国家行业最高级别的行政许可。

十八　天紫环保投资控股有限公司

天紫环保投资控股有限公司系国家高新技术企业、天津市科技领军企业和城乡废弃物工程技术中心。自2008年进入环保领域后，公司进行了全方位探索创新，明确以"地球、家园、己任"为企训，以实现生活废弃物资源化处理为目标，以打造绿色经济、循环经济、低碳经济为方向，以改善人类生存环境为使命。

集团主营业务涉及产品研发、装备制造、规划设计、建筑安装、垃圾处理、制肥制塑、有机农业、碳减排交易等多个领域，打造了一条废弃物处理的循环经济产业链。

公司自主研发的全资源化废弃物处理技术——TWR（Total Waste Recycling）拥有国家专利技术300余项，可将废弃物转化为优质有机肥、塑料颗粒、沼气等具有市场价值的再生资源，综合解决生活和农业废弃物的处理难题。变废为宝、低碳循环的同时，解决了二次污染难题。真正实现了废弃物处理的减量化、资源化、无害化和实时化，率先走出了一条生活废弃物资源化处理之路。

十九 山东五征集团有限公司

山东五征集团成立于 1961 年。2000 年改制后，五征实施差异化发展战略，在行业以小搏大、以弱胜强，成为行业领军企业。2006 年以来，五征加快产业结构调整与升级，全力提升研发能力与制造水平，实现了由传统制造业向现代制造业转变，并先后收购浙江飞碟汽车和山东拖拉机厂，现已形成三轮汽车、汽车、电动三轮车、环卫装备、农业装备和现代农业多项产业，是中国机械工业重点骨干企业之一。

五征集团拥有车辆厂、汽车厂、农业装备公司等 5 个制造事业部和五征安旭机械公司、日照五征电动车公司等 5 家子公司，员工 14000 人，总资产 68 亿元，2005 年底进入汽车产业。主导产品有三轮汽车、载货汽车、客车、皮卡车、农业机械、电动车、汽车配件等多个系列 1000 多个品种，畅销全国，并已出口 20 多个国家和地区。

公司先后荣获"全国五一劳动奖状""中国机械工业现代化管理企业""山东省长质量奖"等称号。

二十 北京仁创科技集团有限公司

北京仁创科技集团有限公司是一家集科、工、贸于一身的高新技术企业，国家首批创新型试点企业，拥有 6 家子公司、1 所研究院和 7 大生产基地。仁创科技集团拥有一批富有创新精神的科研、生产与经营管理人才，其中博士 7 人、硕士 21 人、学士 67 人；高级工程师 23 人、享受国务院特殊津贴专家 3 人。

北京仁创科技集团有限公司是中关村国家自主创新示范区一家集科工贸于一身的高新技术企业，国家首批创新型企业，"硅砂资源利用国家重点实验室"建设单位，国家自主创新示范区"十百千工程"重点培育企业，并设立了博士后工作站。

历经 20 多年"风积沙综合利用技术"创新，开发出 150 多项原创性科研成果，成功解决美国、俄罗斯等发达工业国家多年来一直攻克而未果的技术难题，开辟了一条科学用沙治沙新途径，形成绿色可循环的工业型"砂产业"，为解决长期困扰人类的"沙漠化、水资源短缺、能源枯竭"三大世界性难题做出了成功的实践。

仁创科技集团专业致力于"砂产业"开发。"砂产业"就是以沙为原料，通过技术创新，加工成各种各样对人类有益的砂产品，系统集成形成"以砂治水、以砂增油、以砂低碳、以砂治沙"为代表的解决问题方案，从而开创出一个具有完整产业价值链的战略性新兴产业。

仁创把沙漠中的风积沙加工成新型精密铸造材料——覆膜砂，实现"以砂精铸"。97% 以上的国产化汽车发动机关键铸件均采用仁创覆膜砂生产而成。

仁创把沙漠中的风积沙加工成"透油不透水"的新型压裂支撑剂——选择性孚盛砂，实现"以砂增油"。经大庆油田、胜利油田和中石化华东分公司等油田的应用，平均单井日提高石油产量 2.3 吨以上。

仁创把沙漠中的风积沙加工成新型透水建材——生泰砂，实现"以砂治水"。成功运用于奥运工程、中南海办公区、国庆 60 周年长安街改造工程、上海世博工程等。

仁创把沙漠中的风积沙加工成"透气不透水"的生态保水材料——透气防渗砂，初步解决沙漠种植的世界性难题，使沙漠变为绿洲，实现"以砂治沙"。

仁创科技集团建立了完善的质量保证体系：通过了"ISO 9001 质量认证体系、ISO 14001 环境认证体系、OHSAS 18001 职业健康安全"三大管理体系认证。

二十一　广西丰林木业集团股份有限公司

广西丰林木业集团股份有限公司是中国最大的木业企业集团之一，人造板和营林造林是公司的两大业务板块，1996 年广西第一张中密度纤维板在这里诞生，目前拥有广西南宁、百色、环江、上思 4 个人造板工厂共 53 万立方米/年生产能力和 20 多万亩自有速生丰产林，总资产逾 10 亿元。丰林国际有限公司（BVI）、中信集团金石投资有限公司和世界银行国际金融公司（IFC）为丰林的三大股东，集团总部设于广西南宁市白沙大道 22 号丰林大厦。公司主要产品为丰林牌中/高密度纤维板，以林业"三剩物"和"次、小、薪"柴为原料，是国家鼓励的资源综合利用项目，广泛用于装饰、装潢和家具、地板、音响制作，为国内众多一流企业提供生产家具、地板、门板的基材，拥有稳定的客户群和较高的市场信誉，2007 年在中国国际木业（北京）博览会上获得金奖。丰林自主研制的环保阻燃板已用于北京奥运会乒乓球馆、北京国家图书馆和其他重要公共建筑、车辆船舶，是目前国内唯一替代进口的环保阻燃板品牌。丰林胶合板远销欧、美和东南亚。

二十二　江苏宝利国际投资股份有限公司

江苏宝利国际投资股份有限公司是一家专业生产道路沥青系列产品的高新技术上市公司。主要沥青产品有：通用型改性沥青和乳化沥青、高铁乳化沥青、机场跑道特种沥青、高黏度改性沥青、高强度（模量）改性沥青、高弹性改性沥青、橡胶改性沥青、液体石油沥青、各类防水材料沥青等。公司还经销、仓储、中转进口重交石油沥青和国产重交石油沥青。

公司拥有 7 家沥青生产公司（含总公司）、1 家道路桥梁 BT 投资公司、1 家国内贸易公司、1 家海外贸易投资公司、1 家融资租赁公司，共计 11 个公司。陕西宝利沥青有限公司、湖南宝利沥青有限公司、吉林宝利沥青有限公司、新疆宝利沥青有限公司、四川宝利沥青有限公司、西藏宝利沥青有限公司，加上江阴总部江苏宝利国际投资股份有限公司七家沥青生产企业均具有当地规模最大的沥青生产装置和沥青仓储库。随着业务的扩张，公司在产业链上不断延伸，并于 2012 年成立了全资子公司江苏宝利建设发展有限公司，主营道路、桥梁等 BT 项目投资业务。随后公司于 2014 年分别在国内和新加坡两地设立了贸易和投资公司，即宝利控股（新加坡）私人有限公司和江阴市宝利沥青新材料有限公司。新加坡了公司除了从事海外贸易业务外，还涉及海外投融资业务，对于公司进军国际、国内市场具有重要的战略意义。2015 年 2 月，公司在上海自贸区设立了一家融资租赁公司，即上海成翼融资租赁有限公司。目前公司全国布局已经形成，改性沥青的年产能不低于 60 万吨，重交沥青不低于 50 万吨。通过在全国各地设立子公司，宝利沥青的产品已辐射到华东、华中、华南、西北、西南、东北、新疆、西藏、非洲等市场，是国内专业从事道路石油改性沥青生产的龙头企业、新标杆企业。

公司拥有先进的实验、检测设备和仪器，确保产品出厂质量符合相关技术要求。公司的沥青产品已广泛应用在江苏、海南、浙江等省、区的高速铁路、高速公路、国道、省道和城市道路工程中。公司的沥青产品还远销阿尔及利亚等非洲国家，并取得了欧盟（CE）认证。

作为高新技术企业，截至目前，公司承担了国家科技支撑计划 1 项，国家火炬计划 1 项，拥有 12 项国家专利和 20 多项专有技术。组建了江苏省企业技术中心、江苏省博士后工作站。公司建立了完善的研发体系，被评为江苏省创新型企业。公司与国内著名科研院校产学研合作所形成的专家群体及多层次人才结构成为公司在道路沥青材料研究领域最有力的保障。

二十三　万华生态板业股份有限公司

万华生态板业股份有限公司是全球规模最大的零甲醛秸秆板材供应商。万华生态板业股份有限公司于 2006 年底，由万华实业集团与红塔创新等五家股东公司共同投资组建，主要经营项目为零甲醛生态秸秆板、生态黏合剂的研发与生产、秸秆板材制造设备的研发与制造，实现了从生态胶黏剂、秸秆板材生产设备到板材生产的跨行业产业整合，是目前世界唯一同时拥有无醛胶黏剂技术、秸秆板制造专利技术和秸秆板装备制造技术的秸秆人造板生产供应商。

万华致力于通过开发、生产高质量的产品，拥有胶黏剂的研发与生产的全套设施及人员，是业内首家融产、学、研为一体的高科技公司，公司生产的零境界禾香板产品品质与其他类似产品相比实现了跨越式的提升，2009 年获国家科技进步二等奖，产品属国家级新产品及国家科技部重点推广项目，被列入国家"863"计划。目前公司拥有 1000 多名员工，下设万华生态板业（荆州）有限公司、万华生态板业（信阳）有限公司、万华生态板业（栖霞）有限公司、信阳木工机械有限责任公司、万华装饰工程有限公司、万华研究设计有限公司、道生国际融资租赁股份有限公司和司空科技股份有限公司，总资产已达 20 亿元人民币。

二十四　江苏华宏实业集团有限公司

华宏集团是中国制造业 500 强、中国民营企业 500 强企业。华宏集团下辖 13 家子公司。华宏化纤在全国化纤行业排名第三，外贸出口全国第一；华宏科技上市五年来，已形成再生资源加工设备及电梯精密部件双轮并行发展的格局；新华宏铜业专注国内合金铜制品行业，是全球家电领导企业集团美的的全球供应商。投资企业华宏医药于2015年新三板挂牌交易。

历经20年的发展，"华宏""伍仕"两品牌成为中国驰名商标。拥有国家级博士后工作站、院士工作站、企业研究生工作站、江苏省液压工程技术研究中心、江苏省认定企业技术中心在内的"三站两中心"。销售网络遍布全球，产品远销欧、亚、美等30多个国家和地区，与之相配套的，遍布全球的服务网络与办事处为快速响应用户需求提供了保证。

二十五　武汉蓝宁能源科技有限公司

武汉蓝宁能源科技有限公司（简称"蓝宁能源"）是在中国最大制冷空调企业之一"大连冰山集团"的支持和推动下，由武汉新世界制冷工业有限公司、西安奇通能源科技有限公司及其战略投资合作伙伴共同出资组建的节能产品研发、制造及技术与工程服务的高新技术企业，公司成立于2015年6月。蓝宁能源以自主研发节能工艺压缩机、天然气压缩机、天然气管道膨胀机及冷能回收、ORC及蒸汽膨胀余热发电机为技术基础，通过研发、生产、销售、成套解决方案及工程技术服务、EPC工程总承包、合同能源管理或BOT及相关咨询服务等经营模式，致力于推动先进节能技术的产业化。

蓝宁能源的使命是围绕实现股东各方的战略目标，集聚整合股东各方在研发设计、产品制造、工程实践、产业配套等方面的优势资源，利用产学研销一体化结合的体制优势，发挥企业主体和产业化平台的积极作用，推动具有自主知识产权的天然气管道膨胀发电及冷能回收、热电厂余热回收发电及其他余热回收利用等先进节能技术的产业化。

蓝宁能源控股方为武汉新世界制冷工业有限公司，其前身武汉冷冻机厂，始建于 1954 年，距今已有 60 多年设计制造制冷机的历史，为冰山集团核心企业，属于大型国有控股公司，2014 年集团实现销售收入 127 亿元。武冷自 1978 年开发成功国内第一台螺杆制冷机以来，已累计生产各类螺杆机 3 万余台，是中国空调制冷行业大型骨干企业之一。

二十六　中国船舶重工集团公司七一一研究所

七一一所（SMDERI）隶属于中国船舶重工集团公司，是中国唯一的国家级船用柴油机研发机构。

中国船舶重工集团公司（简称"中船重工"，CSIC）是由原中国船舶工业总公司部分企事业单位重组成立的特大型国有企业，是国家授权投资的机构和资产经营主体，主要从事海军装备、民用船舶及配套、非船舶装备的研发生产，是中国船舶行业唯一的世界 500 强企业，现有总资产 4127 亿元，员工 15 万人。

七一一所具有雄厚的研发实力和齐全的专业配置，拥有柴油机、热气机、动力系统集成、船舶自动化、节能环保装备、能源服务等六大战略业务，其核心技术与产品在国内处于领先地位并具有国际影响，已发展成为融研发、生产、服务、工程承包为一体的企业集团，服务于机械、石化、能源、交通运输等 20 多个行业和领域，涉及世界 30 多个国家和地区。

七一一所现有员工 2000 余名，其中专业技术人员超过 900 名，拥有中国工程院院士 1 名，博士生、硕士生导师 26 名，设有硕士、博士学位授予点和博士后流动站，41 人获得国务院政府特殊津贴。拥有 30 多个现代化实验室，主要专业研发设施达到国内领先、国际先进水平，拥有国内唯一的船舶动力系统国家工程实验室。共获得各类科技成果奖 464 项，其中国家科技进步特等奖 1 项、一等奖 4 项，拥有有效专利 285 项。

经过多年的发展，七一一所形成了柴油机、气体发动机以及核心零部件的科研，生产的产业布局，具备柴油机、气体及其核心零部件的开发能力，拥有 110 万千瓦（150 万马力）低速柴油机及其核心零部件、100 万千瓦中高速柴油机和气体发动机及其核心零部件的生产规模，产品包括引进专利许可证生产的曼恩品牌的中速柴油机、瓦锡兰品牌的中速和低速柴油机以及自主品牌的中速柴油机和气体机，产品功率范围为 500—35520 千瓦，在全球范围内建有维修服务网点，提供完善的售后服务保障。

二十七　江西铜业集团公司

江西铜业集团公司成立于 1979 年，肩负国家赋予的"摆脱我国铜工业落后面貌，振兴中国铜工业"的光荣使命。30 多年来，受益于国家经济持续增长，亦有赖于自身的专业与专注，已成为中国最大的阴极铜生产商及品种齐全的铜加工产品供应商，是中国铜工业的领跑者和有色金属行业综合实力最强的企业之一。

公司致力于持续发掘资源价值，恪守可持续发展承诺，满怀感恩和敬畏之心，坚定不移地以最小化的环境代价，发掘出矿产资源的最大价值，追求人与自然的和谐共生。总部设在中国南昌，多元化的业务包括铜、金、银、稀土、铅、锌等多金属矿业开发以及支持矿业发展的贸易、金融、物流、技术支持等，在中国、秘鲁、阿尔巴尼亚、阿富汗等国建立了绿色矿业基地。旗下江西铜业股份有限公司先后于 1997 年和 2001 年分别在香港、上海完成 H 股和 A 股上市。2008 年江铜集团实现整体上市。

江西铜业的阴极铜产量 2014 年达到 128 万吨，为中国第一、世界第二。2015 年，江西铜业以 337.8 亿美元的销售收入位列《财富》世界

500 强第 354 位，比上年度前进 27 位。2014 年为中国企业 500 强第 74 位，2015 年第 71 位。位居 2015 年《福布斯》全球企业 2000 强第 952 位。

二十八　中信重工机械股份有限公司

中信重工机械股份有限公司（CITIC Heavy Industries Co., Ltd., CITIC. HIC，简称"中信重工"）原名洛阳矿山机器厂，是国家"一五"期间兴建的 156 项重点工程之一。1993 年并入中国中信集团公司，更名为中信重型机械公司。2008 年 1 月，改制成立中信重工机械股份有限公司。2012 年 7 月，公司 A 股股票在上海证券交易所成功挂牌并上市交易。

历经 60 年的建设与发展，中信重工已成为国家级创新型企业和高新技术企业，世界最大的矿业装备和水泥装备制造商，中国最大的重型机械制造企业之一，中国低速重载齿轮加工基地，中国大型铸锻和热处理中心。拥有"洛矿"牌大型球磨机、大型减速机、大型辊压机、大型水泥回转窑四项中国名牌产品，可为全球客户提供矿山、冶金、有色、建材、电力、节能环保、电气传动和自动化、关键基础件等产业和领域的商品、工程与服务。被誉为"中国工业的脊梁，重大装备的摇篮"。

中信重工拥有国家首批认定的国家级企业技术中心，列全国 887 家国家级技术中心前 10 位，荣获国家技术中心成就奖。所属的洛阳矿山机械工程设计研究院，是国内最大的矿山机械综合性技术开发研究机构，具有甲级机械工程设计和工程总承包资质，专业从事国家基础工业技术装备、成套工艺流程的基础研究和开发设计。拥有国家重点实验室——"矿山重型装备实验室"。博士后工作站建成运行。成立院士专家顾问委员会，形成了一支由业内各领域科学泰斗组成的高层次专家团队和高智力创新载体。

中信重工以技术创新为核心战略，开发拥有"年产千万吨级超深矿建井及提升装备设计及制造技术""年产千万吨级移动和半移动破碎站设计及制造技术""日产5000—12000吨新型干法水泥生产线成套装备设计及制造技术""低温介质余热发电成套工艺及装备技术""利用水泥生产线无害化处置生活垃圾技术"等20多项核心技术，形成了大型化、集成化、成套化、低碳化的绿色产业新格局。

中信重工是国家首批确定的50家国际化经营企业之一。着眼全球化战略布局，中信重工着力打造全球化的营销与服务网络：全资收购西班牙GANDARA公司，设立澳大利亚公司、巴西公司、智利公司、南非公司、印度及东南亚公司、俄罗斯办事处等；独家买断SMCC的100%知识产权，成为全球最先进的选矿工艺技术的拥有者。

二十九　中国一拖集团有限公司

中国一拖集团有限公司是中国机械工业集团有限公司子公司。新中国第一台拖拉机、第一辆军用越野载重汽车在这里诞生。建成投产50余年来，为国家农业机械化提供拖拉机、柴油机等各种装备360多万台，拥有的"东方红"商标为中国"驰名商标"。

"十五"以来，中国一拖抓住国家振兴装备制造业、加快社会主义新农村建设的机遇，坚持以加快结构调整、转变发展方式为主线，通过加大重点产品研发、技改投入力度，基本形成了农业机械、动力机械及零部件等多元结构发展的格局。

农业机械业务具有国内最完整的拖拉机产品系列，拥有国际先进、国内领先的具有自主知识产权的产品技术。其中，大功率拖拉机国内市场份额第一，动力机械业务在国内非道路用柴油机行业排名第一，企业销售收入每年以20%的幅度递增。

三十　北京碧水源科技股份有限公司

北京碧水源科技股份有限公司是由归国学者于 2001 年在中关村国家自主创新示范区创办的高科技企业。目前公司净资产超过 120 亿元，在国内外拥有超过 80 家子公司，并于 2010 年 4 月在深交所创业板挂牌上市，上市后市值一直处于创业板前列，复合增长率达 60%。2015 年，国家开发银行旗下国开金融持有碧水源 10.48% 的股份，成为碧水源第三大股东，开启了环保行业混合所有制改革新模式。

碧水源是国家首批高新技术企业、国家创新型企业。公司具有完全自主知识产权的全产业链膜技术（微滤、超滤、纳滤、反渗透），致力于解决"水脏、水少、饮水安全"的国家资源战略问题，致力于使污水变成资源，解除水污染之困，化解水短缺之忧，从而实现中央政府提出的"发展循环经济，实现可持续发展"的战略目标。业务领域涵盖水务全产业链：膜技术研发以及膜设备制造、市政污水和工业废水处理、污水资源化及再生利用、固废污泥处理、自来水处理、海水淡化、水务工程建设、水务投融资，以及民用、商用净水设备等。

碧水源是中国唯一集膜材料研发、膜设备制造、膜工艺应用于一身的企业，建有全球规模最大的膜研发制造基地。公司核心产品——MBR 膜生物反应器具有占地面积小、污泥产量少、出水水质优于地表水 Ⅳ 类等优势。2014 年碧水源成功研发出全球首个具有完全自主知识产权的创新膜产品——超低压选择性纳滤（DF）膜，出水水质达到地表水 Ⅱ 类标准，真正意义上实现了"废水资源化"，为解决我国水脏、水少、饮水不安全问题找到了新出路。

凭借先进的技术工艺和高超管理水平，碧水源参与了众多国家水环境治理重点工程，包括南水北调丹江口污水处理工程、无锡环太湖地区水环境治理重点工程、北京引温济潮跨流域调水工程（世界上最大的 MBR 工程）、北京奥运龙形水系工程以及国家大剧院水处理工程等。

碧水源 2007 年开始在水务领域摸索采用 PPP 模式与地方政府合作，业务拓展至云南、新疆、山东、江苏及贵州等省区，在全国拥有 92 个水务 PPP 项目。目前碧水源以 PPP 模式成立的合资公司超过 30 家，水处理能力达到 1000 万吨/天，覆盖了全国 20 多个省份和地区，服务人口超过6000 万。

三十一　中国冶金科工集团有限公司

中国冶金科工集团有限公司（简称"中冶集团"）是全球最大最强的冶金建设承包商和冶金企业运营服务商；是国家确定的重点资源类企业之一；是国内产能最大的钢结构生产企业；是国务院国资委首批确定的以房地产开发为主业的 16 家中央企业之一；也是中国基本建设的主力军，在改革开放初期，创造了著名的"深圳速度"。2015 年公司在"世界 500 强企业"排名中位居第 326 位，在 ENR 发布的"全球承包商 250强"排名中位居第 10 位。

中冶集团作为国家创新型企业，拥有 13 家甲级科研设计院、15 家大型施工企业，拥有 4 项综合甲级设计资质和 23 项特级施工总承包资质，其中，双特级施工资质企业数量达 11 家，位居全国第一。拥有 17 个国家级科技创新平台和国家级重点实验室，累计拥有有效专利 16241 件，位居中央企业第四名。

中冶集团累计获得国家科学技术奖 54 项，中国建设工程鲁班奖 78 项（含参建），国家优质工程奖 121 项（含参建），中国土木工程詹天佑奖 9项（含参建），冶金行业优质工程奖 459 项。拥有 53000 余名工程技术人员，中国工程院院士 1 人，国家勘察设计大师 12 人，中央直接联系的院士、专家 3 人，国家百千万人才工程专家 4 人，享受国务院政府特殊津贴人员 500 余名。

三十二　中国通用技术（集团）控股有限责任公司

中国通用技术集团成立于 1998 年 3 月，是由中央直接管理的国有重要骨干企业，是我国最大的先进技术装备引进服务商、最大的轻工产品和医药保健品进出口商、最大的移动通信终端产品分销与服务商，同时是我国重要的装备制造商、国际工程承包商、医药生产与供应商、技术服务与咨询商、建筑地产商。

集团主业包括装备制造、贸易与工程承包、医药、技术服务与咨询、建筑地产等五大板块。各板块主力子公司大多具有半个多世纪的历史，实力雄厚，资质齐全，品牌信誉卓著，在我国相关行业或细分领域发挥着重要骨干作用，长期以来为经济社会发展做出了重要贡献。目前集团共有境内二级经营机构 32 家（其中 A 股上市公司 2 家），境外机构 58 家，员工总数 45000 多人。

集团具有较强的集成服务能力和资源整合能力，能够为客户提供包括市场开发、商务服务、融资安排、关键装备制造、工程设计与施工、技术服务与咨询在内的一揽子解决方案；拥有比较完善的国内外市场营销网络、物流配送网络，与世界上 100 多个国家和地区建立了稳定的贸易与合作关系，有较强的国内外一体化经营能力；具有较强的科技创新能力，拥有一批国家级工程技术中心、重点实验室、检验检测机构和国家认定企业技术中心，拥有有效专利数量在中央企业中位居前列；与国际国内大企业、金融机构有长期稳定的战略合作关系；拥有门类齐全、素质较高、经验丰富的人才队伍；资产质量较高，投融资能力较强。

2015 年度在美国 ENR 排名榜中以 276.7 亿美元营业收入排名第 93

位，中国企业排名第 20 位。

三十三 中钢设备有限公司

中钢设备有限公司（SINOSTEEL MECC）为中钢国际全资的唯一经营性资产，控股、参股 7 家投资企业。公司及其下属企业拥有冶金、建筑行业甲级工程设计、钢铁、建筑专业甲级工程咨询、环境工程专项设计、生态建设和环境工程咨询甲级、特种设备设计、设备成套、设备监理、对外承包、对外贸易经营、环境污染治理设施运营等齐备的资质，拥有国家环境保护工业烟气控制工程技术中心、国家工业烟气除尘工程技术研究中心，通过了质量、职业健康安全和环境体系认证。公司作为中国知名的冶金工程技术公司，在中国钢铁工业发展历程中做出了突出的贡献，先后承担了国内各主要大型钢铁企业 400 多项国家重点建设项目。

作为最早"走出去"的中国企业，公司在海外冶金工程市场享有较高的声誉，已在海外搭建起较为完善的经营网络，形成了成熟的工程项目、单机与备品备件市场。公司具备钢铁联合企业全流程工程总承包能力，是目前冶金行业工程公司中专业领域经营范围最宽泛的企业，部分专业处于行业领先水平。同时，公司已将钢铁行业工程总承包业务模式成功复制到矿业、电力、煤焦化工、节能环保等相关多元化业务领域，并取得重大突破，部分示范项目已投产并通过验收，在海内外市场产生了积极的影响。

目前，公司已形成冶金、矿业、电力、煤焦化工、节能环保、机电产品贸易等六大主营业务板块。公司自 2004 年参加中国勘察设计协会"中国工程总承包企业营业额百名排序"以来，一直居于冶金行业企业前列。公司为我国首批对外承包工程 AAA 级信用企业，并先后被评为中国机电进出口企业（大型成套设备）AAA 级信用企业、中国对外贸易 AAA 级信用企业和国际经营信用 AAAAA 级企业。公司连续 6 年入选美国《工程新闻纪录》（ENR）全球最大 250 家国际承包商和最大 250 家全球承包商，2014 年列国际承包商第 147 位，列全球承包商第 140 位。

三十四　中国寰球工程公司

中国寰球工程公司隶属于中国石油天然气集团公司，是以技术为先导，以设计为龙头，集咨询、研发、设计、采购、施工管理、设备制造、开车指导等多功能于一身的，具有项目管理承包和工程总承包综合能力的国际工程公司，是智力密集、技术密集的科技型国有骨干企业。

50 多年来，先后完成了 2000 多项跨行业的国内外大中型项目的咨询、设计、施工和总承包建设任务，在国际规模的大型乙烯、大型炼油、大型聚丙烯、大型 LNG 和大型化肥等 15 大类装置上具备总承包能力并拥有丰富业绩。

公司现有员工 9875 人，高层次技术人才阵容强大，高级技术专家、专业带头人 225 人，高级技能专家 9 人，高级别国家注册执业资格人员 1471 人，98% 的专业技术人员具备用英文按美、欧、日本标准和中国国标进行设计和建设的工作能力，教授级高级工程师 165 名，高级工程师 1103 名，在欧、美、日等国工程公司工作和培养两年以上的人员 120 多名，具有硕士（含双学士）和博士学位的人员 652 名，有丰富经验的高级项目管理人员 236 名，国际化人才 960 人。

公司拥有雄厚的科研实力，承担了多项大型化工装置的科技攻关任务，获得国家授权专利 62 项，已受理专利 23 项；国家级工法 3 项，省部级工法 14 项；有 60 项具有竞争优势的专有技术，10 余项自行开发或正在开发的具有市场价值的工艺创新技术，38 项自行开发的计算机软件。

荣获国际和国家级、省部级发明奖、科技进步奖、优秀工程设计奖等奖项491项，主编和参编的国家标准规范33项、行业标准规范47项、中国石油天然气集团公司企业标准9项、协会标准规范8项，为大型化工装置的国产化及以高新技术带动国际工程承包和机电产品出口奠定了坚实基础。

三十五 中铝国际工程股份有限公司

中铝国际工程股份有限公司（简称"中铝国际"）是中国铝业公司的工程技术板块，前身是2003年12月16日在中华人民共和国注册成立的中铝国际工程有限责任公司。2011年6月30日改制为股份制公司后，于2012年7月6日在香港联交所主板成功上市。

中铝国际现有员工10000余人，是一家集技术研发、工程建设、测绘勘察、装备制造、科技成果产业化于一身的高新工程技术服务企业，目前主要从事工程设计与咨询、工程建设和总承包以及装备制造业务。

中铝国际所属的企业包括60年代中国有色金属工业八大甲级设计院所中的4家甲级设计研究院（沈阳铝镁设计研究院、贵阳铝镁设计研究院、长沙有色冶金设计研究院、洛阳有色金属加工设计研究院）、1家勘察设计企业（中国有色金属长沙勘察设计研究院）和5家大型综合建筑安装公司（中国有色金属工业第六冶金建设有限公司、中色十二冶金建设有限公司、中铝国际山东建设有限公司、中铝长城建设有限公司和中铝国际天津建设有限公司）。这些成员企业大都成立于20世纪五六十年代，参与了我国冶金、交通、电力、石油、化工、建材、军工等多个行业的规划、科研、设计和工程建设，尤其是在有色金属领域的采矿、选矿、冶炼和金属材料加工等方面拥有一系列专有技术，在多个行业取得54项设计和咨询资质，创造出了多项"中国第一"和"中国企业新纪录"，取得多项建设金奖、鲁班奖等奖项，为我国国民经济建设与社会发展做出了积极贡献，特别是为有色金属工业的发展和技术进步建立了卓越功勋，在业界享有广泛盛誉。

三十六　山东科瑞石油装备有限公司

科瑞石油是一家高端石油装备研发制造、油气田一体化工程技术服务、油气 EPC 工程总承包三位一体的综合性产业集团，是中国最大的油气设备生产和服务提供商。集团现有员工 8000 余人，总部位于中国第二大油田胜利油田所在地——东营市。

集团拥有总占地面积 240 万平方米的七个大型生产制造基地，研发、设计、制造陆地与海洋钻井、修井装备；油田大型压裂机组；连续油管车、固井车、制氮车等特种作业装备；天然气压缩机设备；油气生产处理工艺系统；天然气液化装置；井口、井控系统；采油机械等九大系列高端石油装备产品。

科瑞在总部以及北京、上海、新加坡、休斯敦、卡尔加里等地区设立了 16 个技术研发中心，技术人员占员工总数约 50%。科瑞目前已在全球 57 个国家设立了分子公司、技术服务站及零配件仓库，海外分支机构员工本土化率超过 51%。拥有遍布多个国家的钻井、修井作业、连续油管技术服务、压裂施工服务、欠平衡钻井服务、稠油开采技术服务等油田服务队伍 200 余支，在提升采收率、老旧油田改造、疑难油田开发等方面掌握世界领先技术，在页岩气、煤层气等非常规油气开发领域拥有杰出能力。科瑞拥有出色的油田 EPC 工程总承包及系统解决方案提供的能力，可根据全球油气田条件定制成熟的油气生产处理系统，提供原油、天然气、污水处理场站综合解决方案，在高度集成化小型撬装 LNG 液化装置和中大型模块化 LNG 液化工厂领域拥有国际领先技术。

三十七　大连冷冻机股份有限公司

大连冷冻机股份有限公司（简称"大冷股份"）是中国工业制冷行业领军企业——大连冰山集团有限公司的核心企业。大冷股份专注冷热事业，致力于发展工业制冷、食品冷冻冷藏、中央及商用空调、零部件、工程贸易服务事业领域，融合了中、日、美、德、英等国家和地区的先进技术基因，原发创新、引进消化吸收再创新、集成创新核心冷热技术，引领行业新发展，创造客户新价值。

大冷股份出资设立了 25 家企业，构成了以大连冰山工业园区为中心，以武汉和常州冰山工业园区为支撑的总面积为 130 多万平方米的冷热装备研发生产基地。

大冷股份及出资公司，围绕冷热五大事业领域，打造了我国最完备的冷热产业带，构建了从最初一公里到最后一百米的全程冷链，成为我国唯一掌握全部制冷关键技术的绿色装备企业。

2016 年，大冷股份建成智能制造示范基地，依托我国最大的冷热性能实验中心，建设冷热技术创新中心，持续引领中国冷热事业的发展。大冷股份依托国家级企业技术中心、企业博士后工作站、中国最大最完备的性能实验中心，坚持政产学研用相结合，创建国家标准，遵循国际标准，精心打造"绿色、智能、安全"的冷热产品研发创造体系，获得了进入国际市场的通行证。

三十八　中车株洲电力机车有限公司

中车株洲电力机车有限公司是中国中车旗下的核心子公司，中国最大的电力机车研制基地、湖南千亿轨道交通产业集群的龙头企业，被誉为"中国电力机车之都"。公司主要业务集中在电力机车、城轨车辆、城际动车组、磁浮车辆、储能式有轨/无轨电车等新技术公共交通车辆、重要零部件、专有技术延伸产品及维保服务等领域。目前,公司总资产260亿元,在国内外设有20余家子公司,2015年实现销售收入260亿元、利税34亿元。

中车株洲电力机车有限公司坚持创新驱动发展,持续加大研发投入,推动制造能力升级。在1万余名株机人中,超过25%的员工从事产品及工程技术的研究与开发,其中包含1名在企业成长的中国工程院院士以及10名享受国务院政府特殊津贴的行业专家。公司拥有全球最大的电力机车产能、与欧洲标准接轨的城市交通装备研发制造能力,以及分布在业主城市能快速响应的造修基地。

中车株洲电力机车有限公司致力于改善公众出行条件,创造与环境和谐发展的交通运输方式。在电力机车领域,自1958年研制出中国第一台电力机车以来,先后研制出快速客运、客货两用、重载货运等各型干线电力机车41种,累计7500余台,占中国电力机车总量的60%以上,引领中国电力机车实现由普载向重载、由直流传动向交流传动的转变,是全球最大功率电力机车的研制者,站在了世界行业技术的制高点。在城轨车辆领域,公司仅用10余年就建立起达到欧洲标准的高档铝合金和不锈钢全系列城轨车辆研发制造平台,产品涵盖A、B车型80公里/100公里/120公里三个速度等级,成为中国高端城轨装备领域的杰出代表,共为国内外16个城市提供城轨车辆近6000辆。在国内近10个城市建立了造修基地,着力打造城轨车辆的全寿命周期维保服务体系。在动车组领域,公司凭借丰富的轨道车辆研制经验、成熟的研发平台以及得天独厚的区域配套优势,曾先后研制出"蓝箭""中原之星""中华之星"等160—270公里速度等级的动力分散型和集中型动车组,是中国动车组技术的发祥地。近年来,公司研制的动车组成功走出国门。

中车株洲电力机车有限公司是中国装备"走出去"的先锋。公司凭借卓越的品质、可靠的性能、优秀的履约能力得到了国际客户的广泛认可。自1997年实现中国电力机车整车出口"零"突破以来，先后在伊朗、乌兹别克斯坦、哈萨克斯坦、新加坡、土耳其、印度、马来西亚、南非、埃塞俄比亚、马其顿等国家获得近30个项目订单，出口产品包括机车、地铁、轻轨、动车组、地铁工程维护车，合同额累计300亿元。公司在马来西亚轨道交通领域的市场占有率达到80%以上，为其量身打造的世界最高速米轨动车组已经成为吉隆坡一道亮丽的风景线。公司勇夺南非21亿美元电力机车订单，创造了中国轨道交通装备行业的出口之最。公司获得马其顿动车组订单，实现中国动车组首次出口欧洲。同时，公司在马来西亚、南非、土耳其、印度等地成立多家子公司，开展国际化经营。

三十九 湖南科力远新能源股份有限公司

湖南科力远新能源股份有限公司创建于1998年，以专利技术进入先进储能材料行业并迅速崛起，2003年在上海证券交易所上市。公司在中国上海、长沙及日本等布局了八大产业基地，缔造了一条从先进储能材料、先进电池、汽车动力电池能量包到油电混合动力汽车动力总成系统、电池回收系统的完整产业链，并拥有完全知识产权，产品成功进入丰田、本田等高端供应链体系，全面融入国际化高端产业分工。

公司全面推行精益管理与智能化制造，融合工业4.0，拥有强大的自主创新平台和油电混合动力汽车总成系统平台。2009年，科力远牵头组建了先进储能材料国家工程研究中心，这是先进储能材料及先进储能技术领域目前唯一的国家级工程中心。2014年10月与吉利控股集团合资成立科力远混合动力技术有限公司，共同开发CHS深度混合动力总成项目，破解了国内油电混合动力汽车发展的技术瓶颈。

公司现有员工近 4000 人，其中硕士以上学历 500 多人。汇聚了国内外电池行业知名专家、教授、院士 100 多人，其中日本专家数十人。经过十多年的拼搏，成就了先进储能材料及高能动力电池产业的龙头地位。公司拥有 357 项自主知识产权的专利核心技术，并获得 283 件全球专利许可，工程转化能力和技术达到国际先进水平，是我国先进储能材料、汽车动力电池和储能应用系统的重要生产、研发基地和销售服务中心。

公司拥有湖南长沙、常德、益阳，甘肃兰州，上海闵行，广东深圳，江苏常熟，日本茅崎等八个产业基地，战略布局到了美国和欧洲。旗下拥有常德科力远新材料有限责任公司、兰州金川科力远电池有限公司、益阳科力远电池有限责任公司、湖南科霸汽车动力电池有限责任公司、日本湘南 CORUNENERGY 株式会社、科力远混合动力总成系统有限公司、科力远（上海）汽车动力电池系统有限公司、科力远（绍兴）汽车动力电池系统有限公司、科力远华南基地、科力远（美国）商贸有限公司、科力远新能源（欧洲）有限公司、北京科力远科技有限公司、深圳先进储能技术有限公司，并参股湖南稀土产业集团、科力美（中国）汽车动力电池有限公司。

四十 湖南永清投资集团有限责任公司

湖南永清投资集团有限责任公司成立于 1998 年，是一家环保全产业链的综合服务集团，是"中国最佳创新企业 50 强"公司，也是中国环保产业协会副会长单位和湖南省环保产业协会会长单位。2014—2015 年，公司连续两年入选美国《福布斯》杂志排行榜。公司资产超过 100 亿元，现有员工 1100 多人，下辖永清环保、永清水务、永清制造、永清东方除尘、永清研究院等多家专业子公司，并先后在北京、江苏、上海、广州、深圳等多个重点城市成立了子公司。其中，永清环保股份有限公司

（300187. SZ）是湖南省唯一的 A 股上市环保企业。

永清是全方位的环境综合治理服务提供商。公司长期致力于环境保护事业，已形成融研发、咨询、设计、制造、工程总承包、营运、投融资为一体的完整的环保产业链，业务范围已涵盖土壤修复、环境咨询、清洁能源、雾霾治理、污水治理、设备制造、环境检测等环保全领域。永清是全国屈指可数的全能型、平台型环保企业，也是环保部批准的全国第一家地市级合同环境服务试点单位和全国首批环境污染第三方治理试点单位。

永清是环保技术创新的领先者。公司在耕地污染治理、土壤修复、超低排放、垃圾焚烧等领域掌握了核心技术，拥有 60 余项技术专利。其中，以自有技术生产的离子矿化稳定剂是国内技术最成熟、实践应用最多的修复药剂。2015 年，永清环保并购全球领先的土壤及地下水修复企业美国 IST 公司，极大提升了永清在土壤修复技术领域的领军地位。

四十一　泰富重装集团有限公司

泰富重装集团是一家以先进装备制造及系统总承包、配套服务为主的创新型企业集团，主要为客户提供物料输送高端成套装备、港口和海工装备的设计、研发、制造、销售、安装、调试、售后服务、融资租赁及总承包、配套服务。

集团下设泰富重工、泰富国际工程、泰富海工、泰富建设、泰富国贸、泰富租赁、泰富投资、泰富中诚等 20 多个子公司，在北京、上海、香港等地成立了分公司，在巴西里约热内卢、印度加尔各答、澳大利亚悉尼、韩国浦项等国家设立了办事处。

中国国际高端装备交易服务创新中心是泰富重装利用"互联网＋"打造的全球配套最全、服务最好的装备交易服务平台，形成信息流、商

流、资金流、技术流、制造流、物流、资产管理和公共服务八位一体的
工业O2O平台，将改变全球港口、海工高端装备行业交易生态。

泰富重装设立技术研究院，为集团总体产品开发研究提供技术指导
服务。目前技术研究院设有储运工程研究院、海工装备研究院、港口及
海洋工程研究所、装卸机械研究所、带式输送机研究所、控制技术研究
所、数字化仿真研究所、新技术研究所、新产品研究所、实验中心。

通过与德国西门子、iSAM自动化、丹麦FLSmidth（艾法史密斯）公
司和澳大利亚卧龙岗大学等国际知名的企业和院校合作，泰富重装成功
攻克了智能化海上移动码头、全智能无人化散料输送装备系统和环保节
能料场等业内多项核心技术，研发了中国最大管径的长距离大运量圆管
带式输送机系列产品，开辟了先进装备领域的工业4.0时代，技术水平
已跻身国际先进行列。

成立以来，泰富重装已完成了由制造型企业向制造服务型企业的成
功转型升级，从单一产品制造商成长为系统配套服务提供商，通过并购
与战略合作整合设计、制造、施工、项目管理等上下游产业链资源，从
根本上改变了原有的设计、制造、施工、服务互相分割及集成性差的格
局。目前泰富可为客户提供系统成套服务，正日益成长为港口、水运及
散装物料输送系统行业的领军企业。

泰富重装发起成立了我国第一家由制造企业发起设立的金融租赁公
司——华运金融租赁股份有限公司，并将设立海洋投资发展基金、资产
管理公司和资产交易所，搭建服务于产业发展的涵盖金融租赁、基金、
资产交易和管理等的综合性金融平台，构筑立体的金融服务网络。

四十二　株洲硬质合金集团有限公司

株洲硬质合金集团有限公司主要生产金属切削工具、矿山及油田钻

探采掘工具、硬质材料、钨钼制品、钽铌制品、稀有金属粉末制品等六大系列产品。硬质合金号称"工业的牙齿"，广泛应用于冶金、机械、地质、煤炭、石油、化工、电子、轻纺及国防军工等领域，是一个基础性产业，关系到国民经济发展的质量和水平。公司目前下设2个产品专业事业部、12个生产厂、5家控股子公司，是国内大型的硬质合金生产、科研、经营和出口基地，被湖南省认定为"十大标志性工程"企业。

公司拥有较强的自主创新能力。公司是国家首批认证的国家级技术中心、湖南省第一家博士后科研工作站挂牌单位，拥有国内领先水平的钻石切削刀具研发中心、硬质材料研发中心和国家级分析测试中心。公司通过了质量、职业健康安全和环境管理体系认证，采用国际标准和国际先进标准的产品超过80%。目前公司技术创新投入达到销售收入的3%，新产品贡献率达到25%以上。钻头、PCB加工工具、大制品、切削刀具等产品达到或接近当代国际先进水平，超细碳化钨、复合粉等多项生产技术在国内同行中居于领先地位。公司2009年成为行业内唯一拥有硬质合金国家重点实验室的企业，2013年被国家工信部、财政部认定为"国家技术创新示范企业"，进入到国家级技术创新示范企业行列，是硬质合金行业首个"国家技术创新示范企业"。

公司已形成金属切削刀具、IT加工工具，以及硬质材料、钻掘工具、难熔金属等产业板块，基本形成以硬质合金为主导产业，以深加工、精加工及配套工具为重点，以高端产品为核心，以通用产品为依托的新型产业格局。

公司拥有健全的营销网络。前移营销平台，着力构建以点带面、点面结合、多层次、多渠道的立体营销网络，产品国内市场占有率30%左右，并销往世界70多个国家和地区。"钻石"牌商标相继在英国、丹麦、韩国、澳大利亚、加拿大等47个国家与地区注册，成为硬质合金领域拥有较大行业影响力、国际知名度的现代企业集团。

四十三　华纺股份有限公司

华纺股份有限公司是全国同行业的龙头骨干企业，至今具有 39 年沿革历史，2001 年 9 月 3 日在上交所挂牌上市（A 股），辖有 17 个公司，产业涉及印染、服装、家纺成品、纺纱、热电、化工、信息及金融服务、房地产等领域。

公司现有资产总额 20 亿元，主导产业年印染布产能 2.8 亿米，花色品种 10000 余个；现有环锭纺 4 万锭、紧密纺 2.8 万锭；年家纺成品产能 1000 万件（套）、服装产能 300 万件。年销售收入规模 30 亿元，出口创汇规模 3 亿美元，是全球高品质纺织品制造者和健康时尚生活倡导者。

公司通过质量、环境、能源、职业健康管理体系认证，是国家认定企业技术中心、国家印染产品开发基地、纺织工业（山东）家用纺织品检测中心，先后跻身"全国五一劳动奖状""国家科技进步二等奖""中国纺织服装行业社会责任信息披露实践示范奖""中国纺织行业劳动关系和谐企业""中国印染行业十佳企业""山东省富民兴鲁劳动奖状""中国专利山东明星企业"等行列。

四十四　美克国际家具股份有限公司

美克国际家具股份有限公司始建于 1995 年 8 月，前身是美克国际家私制造有限公司，1999 年经新疆维吾尔自治区人民政府及对外贸易经济合作部批准转制为外商投资股份有限公司。经中国证监会核准，公司于 2000 年 11 月 10 日在上海证券交易所成功发行人民币普通股 4000 万股，并于 11 月 27 日隆重上市，股票简称"美克股份"，股票代码"600337"，目前公司总股本 51060.402 万股。美克股份以诚信经营、规范运作、优良业绩赢得了广大投资者的信赖和支持。多年来，公司获得了政府及相关部门的多项褒奖，被评为"最具全球竞争力中国公司50强企业之一""中国A股公司投资者关系50强企业之一"。"美克美家"还获得了国家工商总局颁发的中国驰名商标。企业诚信、进取的务实风格在社会各界取得了一致的口碑。

家具制造业作为公司的主营业务之一，公司拥有规模化、专业化的加工生产基地、高效的企业管理平台、实力雄厚的研发机构及覆盖全球的销售网络。通过进口国外的木材资源，生产色彩多样且充满文化内涵的高档家具产品，出口美国、加拿大、欧洲、日本、澳大利亚等国家和地区。公司的生产规模、装备水平、技术水平及工业化生产水平居同行业领先水平，公司的管理、销售和产品开发方面的能力已经跻身于世界著名制造商行列，是我国最大的家具出口企业之一。2004年公司全资子公司美克国际家私（天津）制造有限公司应对美国家具反倾销诉讼，获得全国唯一"零税率"，2009年1月6日公司成功收购了美国从事软体家具和实木家具设计、供应和销售，并在美国业界享有盛誉的Schnadig包括品牌在内的相关资产。本次收购，是公司向智能型商业模式转型的一个重要举措和步骤，是公司价值链向上游攀升的公司战略的具体实施。本次收购使公司形成了从产品设计、产品开发、产品生产到产品销售的完整进化链。

零售业是美克股份面向国内国际两个市场、两种资源，转变经营增长方式的重要举措。2002年公司创立了自己的家具品牌——美克·美家，同时与美国最大的家具零售商伊森艾伦合作，引进其国际先进连锁经营管理模式，在北京、上海、天津、杭州、苏州、宁波、大连、成都、重庆、武汉、深圳、广州、厦门、沈阳、乌鲁木齐等大中城市开设了近30家连锁店，创建全国性家具连锁零售网络。

国际木业代表了美克股份产业链的延伸，实施全球资源战略，积极参与世界资源的再分配，开发和利用国外木材资源，建立稳定、安全、经济的全球资源供应体系是美克股份的目标。公司充分利用与俄罗斯相邻的地缘优势和其丰富的森林资源优势，在俄罗斯远东投资建成了木材供应基地，在新疆阿拉山口口岸和内蒙古二连浩特已建立了两个木材加工物流中心，初步形成了以俄罗斯为源头，阿拉山口和二连浩特为基地，以工厂和客户为终端的供应链体系。

四十五　惠达卫浴股份有限公司

惠达卫浴股份有限公司始建于 1982 年，35 年励精图治，艰苦奋斗，目前发展成为中国规模最大、历史最悠久的卫浴家居用品企业之一，每年为大众提供近 1000 万件的卫浴家居产品，涉及陶瓷卫浴、浴室家具、墙地砖、五金龙头及配件、橱柜、木门等领域，被 2008 年北京奥运会、2010 年上海世博会和众多五星级酒店所应用。

惠达在北京、上海创立了两个设计研发中心，一个博士后工作站。2012 年住房和城乡建设部正式批准惠达成为国家住宅产业化基地，2013 年被国家发改委、科技部、财政部、海关总署、国家税务总局五部委认定为"国家认定企业技术中心"。

四十六　江苏贝德服装集团

贝德服装集团致力于成为国际最具竞争力的针织服装供应商。以对服装行业独特的眼光和视觉感知，精心打造高品质流行服饰的江苏贝德服装集团应运而生。

集团作为江苏地区最大的针织服装集团之一，拥有贝德时装、贝德华盛、缅甸汉德、所爱优品、高德服装、品创纺织品、飞燕实业七家子公司。国内外累计员工 3000 余名，年产值超 10 亿元。主要生产各种款式的针织休闲装、运动装、T 恤衫系列产品及自主品牌婴童装，产品远销欧洲、美国、日本等国家和地区，深受客户的欢迎。

服装产业拥有全球最先进的自动绘图及制版系统、加拿大 INA（衣拿）自动吊挂流水线、美国 Gerber（格柏）自动裁床、日本川上全自动拉布机、自动电脑缝纫设备等，建成国内外顶级服装生产流水线 36 条。集团成功导入了 ERP、ETS 数据管理，实现了高度的信息化管理。在实施标准化管理的基础上，通过了多项管理体系认证 IS 9001、IST 14001、SA 8000、OTS 有机棉认证和 Oeko-Tex 标准认证，实现了管理的标准化和规范化。

集团通过了江苏省五星级数字企业、江苏省两化融合试点企业、江苏省针织行业协会优势企业评审，并取得了江苏省国际知名品牌称号。

四十七 海澜集团

海澜集团成立于 1988 年，总部位于江苏省江阴市新桥镇，是国内服装龙头企业。集团现有总资产 500 亿元，全国各地员工 6 万余名。在 2014 年中国企业 500 强中名列第 277 位，在 2014 年中国民营企业 500 强中名列第 59 位。

海澜集团的发展经历了粗纺起家、精纺发家、服装当家，再到品牌连锁经营的历程。最近十几年来，集团牢固树立以服装为主业的经营理念，在此领域精耕细作，做到了专心、专注、专业，先后成功创建了海澜之家、圣凯诺、EICHITOO、百衣百顺等多个自主服装品牌。其中"海澜之家"定位于平价优质、时尚商务的男装国民品牌。圣凯诺定位于定制职业装，EICHITOO 定位于都市时尚女性，百衣百顺则更贴近大众。目前，海澜之家、圣凯诺均已成为行业龙头，EICHITOO、百衣百顺的发展势头也非常好。

此外，在金融投资方面，海澜集团还进行了股权投资、船舶投资。自 2000 年至今，集团对外投资了 30 多个项目，其中部分项目已成功上市，为企业带来了良好的经济效益。

四十八 江联重工集团股份有限公司

江联重工是同时具有设计制造安装 A 级锅炉和 A1、A2、A3 三类压力容器以及具有进出口企业资质的能源装备制造企业。公司持有 A 级锅炉和 A1、A2、A3 压力容器设计、制造许可证以及船用钢质焊接压力容器工厂认可证书、ASME 证书（S、U、U2、PP 钢印）以及建筑安装施工企业资质、锅炉和压力容器等特种设备安装改造维修资质，并获得 ISO 9001：2000 质量管理体系、ISO 14001 环境管理体系、GB/T 28001 职业健康安全管理体系认证证书。

公司主导产品有 10—410 吨/时燃油、燃气锅炉，15—410 吨/时循环流化床锅炉，35—410 吨/时高低差速循环流化床锅炉以及石油焦、生物燃料、日处理 200—600 吨垃圾等特殊锅炉；此外，公司还生产大型烟气脱硫装置、大型高效脉冲反吹袋式除尘器、燃烧器以及污水处理设备；120—8000 立方米球形储罐、塔器、换热器、反应容器、不锈钢设备、液化气槽罐及高压疲劳设备等容器产品，先后成功开发生产了 Incroy800、15CrMoR、SA3876Gr. 11CI2 等耐高温材料，316L、317L、347H、904L、SA31803 等特种不锈钢及复合材料，15MnNbR、SPV490Q、07 MnCrMoVR 高强钢，16MnDR、09MnNiDR、SA203Gr. D、07MnNiCrMoVDR 低温容器用钢等钢种优良产品。其中，大型热交换器获国家级新产品；循环流化床锅炉、球形储罐获江西省名牌产品；低携带率循环流化床锅炉获国家发明专利；炉内稳燃装置等 30 余项技术获国家新型专利；燃高硫煤锅炉、反吹脉冲袋式除尘器、污水处理设备、垃圾焚烧炉为高新技术和环保产品。公司产品质量优良，广泛应用于冶金、石化、造纸、医药、建材等领域，产品远销国外。

2004 年，公司产品成功出口泰国，从此敲开了国际的大门。在国家实施"走出去"战略的大环境下，在 2013 年与埃塞俄比亚国家糖业公司签约 6.47 亿美元甘蔗制糖总包项目，创江西省机电出口产品"单笔订单历史最大"。

如今，江联重工已形成面向全球的营销网络，产品远销海内外。公司专注于节能降耗、环保和资源综合利用领域，在锅炉、石化能源装备业的版图中，留下属于江联重工的深刻印记。

四十九　天津斯瑞吉高新科技研究院有限公司

斯瑞吉高新科技研究院是以新型高效催化剂研制及其应用为主的高科技公司。2012 年 6 月正式进入研发阶段。公司研发团队由博士、硕士以及学士学位人员组成，并由具有 20 年国外研究和工作经验的博士领导。

公司的研究发明分为新型高效催化剂的研制及生产和该催化剂在可再生资源——植物油方面的应用两部分。催化生产出的高附加值的可生物降解产品中，一部分在国际上是近一两年的新产品，另一部分将取代我国的进口产品。

公司催化剂反应体系是在格拉布催化剂（2005 年诺贝尔化学奖）的基础上发展而来，并且具有更高的催化效率、更好的稳定性、应用成本更低。公司拥有全部新型催化剂和催化剂应用技术的知识产权。

公司研发的新型催化剂无毒、无害、无污染，对环境更加友好，并且在催化剂应用中从原料到产品都可生物降解，在国际上享有"绿色化学"的美称。

五十　大全集团

大全集团是电气、新能源、轨道交通领域的领先制造商，主要研发生产高低压成套电器设备、智能元器件、轨道交通设备、多晶硅、太阳能电池、组件及上网接入系统等。大全在美洲、欧洲、东南亚、中东、非洲建立十多家分支机构，拥有近1万名员工。2015年销售收入逾170亿元。

在电气设备领域，大全集团为客户提供220千伏以下GIS、中低压成套电器设备、智能元器件、母线、变压器、电力系统自动化和系统集成。在新能源领域，大全集团已建成包括多晶硅、硅片、太阳能电池、组件、光伏逆变器、上网接入系统和光伏电站建设等完整产业链，致力于在世界范围内为用户提供垂直一体化光伏解决方案。2010年，大全新能源在美国纽交所上市。

在轨道交通领域，大全集团与瑞士赛雪龙公司合资合作，引进世界先进的直流开关技术，为客户提供轨道交通牵引供电设备及系统解决方案。大全的轨道交通设备已广泛应用于国内主要城市地铁和轻轨系统，市场占有率超过60%。在军工领域，大全集团三家企业拥有"军品证"，为舰艇研发制造高端电气设备。在南沙岛礁建成的"风光柴储"一体式电站，具有重要的军事意义和经济效益。

大全集团是国家创新型企业、国家重点高新技术企业、中国民营企业500强，2015年位列中国电气工业百强榜第一名。

五十一　江苏华西集团公司

江苏华西集团公司是全国先进乡镇企业、全国文明乡镇企业、全国乡镇企业科技工业园、全国思想政治工作先进单位等。从20世纪70年代开始，华西人从无到有办工业，坚持合作经济为主体。经过数十年的发展壮大，于1994年组建集团公司。集团在2005年度公布的中国企业500强中，名列第94位；在中国制造业企业500强中，名列第41位；在中国综合类制造业中，名列第5位。2016年8月，江苏华西集团在"2016中国企业500强"中排名第336位。

集团公司现有职工2.5万人。其中，中高级工程技术人员近3000多人。大多数企业已从国外引进了当今世界一流的生产设备，所生产的扁钢、热带、彩板、线材、法兰、面料、西服、化纤、针织染整等系列产品，现已发展到1000多个品种、10000多个规格，并远销亚洲、欧洲、美洲等40多个国家和地区。热带产品已拥有"六项全国第一"，被称为华东地区的"龙头老大"；线材产品在热调试上一举创下了"三项全国第一"，已在华东市场树立起"华钢"品牌，并享有"中华牌"的美誉，是国内最大的带钢生产企业之一。

江苏华西集团还创造出"华西村"牌系列名牌产品。同时，"华西村"A股股票1999年在深圳上市，华西村股份有限公司成为全国第一家以村命名的上市公司。

五十二　江阴市西城钢铁有限公司

江阴市西城钢铁有限公司以生产和销售建筑钢材为主营业务，拥有国内先进工艺装备水平的生产线，主导产品优质螺纹钢（直径8—32毫米）、高速线材（直径6.5—14毫米）、合金钢棒材，年产能达1000万吨。企业在2000年通过ISO 9002质量体系认证，在2009年通过ISO 14000环境体系认证。

公司始终坚持用户第一、质量至上的经营宗旨，抓住市场机遇，不断提升产品和服务质量，产品相继被评为无锡市名牌产品、江苏省名牌产品、江苏省质量信用产品、江苏省市场用户满意产品等荣誉。2006 年螺纹钢产品被评定为国家免检产品，"西城"品牌也被连年授予无锡市知名商标的称号。

西城先后为杭州湾跨海大桥、浙江钱江主桥、上海东海大桥、上海长兴岛码头、上海海事法院等大型工程指定用材。企业多次被评为省优秀民营企业、省质量信誉先进单位、省质量信得过企业、无锡市十佳规模型企业、工业百强百佳企业、江阴市明星企业等。

五十三　中国水环境集团

中国水环境集团是中信集团下属中信产业基金旗下的水环境专业投资公司，是国内领先的综合水环境投资营运服务商和水环境治理的领跑者，在水环境综合治理、供水服务、污水处理、污泥处理、中水回用等领域具有强大的投资能力、领先的系统技术和成熟的投资、设计、建设、运营和管理团队。

集团公司总部设在北京，在全国 8 大业务区域设有平台公司，项目遍布 10 多个省、市、自治区。

近年来，作为中国 PPP 模式的先行者，中国水环境集团依托中信集团各成员单位组成的 PPP 联合体，充分发挥"金融＋产业＋科技"的专业优势，与地方政府携手探索、实践政府与社会合作模式，实现多个重大项目落地并顺利推进。

经过多年的工程实践，集团在污水处理等领域形成多项核心技术。一是"土地集约型、资源利用型、环境友好型"的下沉式再生水处理系统。二是复合高效 HELEME 生化处理系统。三是复合生物除臭技术。四是小城镇一体化污水处理技术。除此之外，公司在污泥低温干化技术、水环境模拟与规划、强化型生物固定处理工艺、节能降耗技术等方面都处于国内领先水平。

五十四　圣华盾防护科技股份有限公司

圣华盾防护科技股份有限公司是专业从事安全作业装研发与生产的高新技术企业，主要针对复杂环境下从业人员的个体安全防护需求，研发及生产各类防御性安全防护服装，产品涉及工业、军警、公共卫生突发事件和应急救援救灾等数十个专业领域，年生产安全作业服装200余万套。

公司为PPE服装防护装备分技术委员会委员单位，中国劳动防护行业50强企业，参与国家"十三五"重点人体及救援防护科技项目。目前已通过五大管理体系认证，拥有发明专利、实用新型专利100余项，省部级高新技术产品10多个。随着安全作业环境要求不断强化，公司不断在纤维技术革新、产品提质创新、设备改造升级、服务体系完善等方面进行整合提升，以优质的产品和完善的服务满足用户需求，赢得良好口碑，为防护行业树立正面标杆。

公司在新三板成功挂牌，强化了企业与资本的强强联合，进一步夯实精、优、特的安全作业装产业链。在引领行业发展的进程中，让"防危避险、衣护天下"的使命成为现实。

五十五　至玥腾风科技投资集团有限公司

至玥腾风科技投资集团有限公司（简称"腾风集团"）是在国家创新与发展战略研究会的指导下成立的一家综合性高新技术产业集团公司。

腾风集团秉承"创新"理念，以具有行业颠覆性的高精尖技术研发为基础，在通用动力、新能源汽车、军事科技、航空航天、特种材料、可再生能源等领域拥有高素质的研发团队，形成了一批实用的、可产业化的科技研发成果。同时致力于创新成果的市场化、产业化，构建了科技研发、生产制造、资源整合、投资并购以及相关金融服务等业务体系。

公司着力打造四大核心业务板块：（1）新能源汽车板块，致力于将航空动力增程式超跑技术运用于乘用车及商用车；（2）特种材料板块，从事碳纤维、超吸水纤维、超高分子量聚乙烯防弹材料等特种材料的研发、生产与制造；（3）新能源板块，从事秸秆制气项目和 LNG 项目的投资；（4）航天军工板块，与中国航天科工集团、中国航空发动机集团在卫星通信以及汽车飞机通用发动机等领域开展合作等。

五十六　北京耐威科技股份有限公司

北京耐威科技股份有限公司成立于 2008 年，长期从事惯性导航系统、卫星导航产品的研发、生产与销售，已经形成了"惯性导航＋卫星导航＋组合导航"全覆盖的自主研发生产能力。

目前，公司拥有计算机软件著作权 32 项，软件产品证书 7 项，是我国导航定位领域的高新技术企业和"双软"认证企业。近年来承担了一项国家科技重大专项项目、两项科技部创新基金项目，参与了两项国家"863"计划高技术科研项目、一项国家科技支撑计划课题、一项国家自然科学基金资助项目、一项国家实验室建设配套项目及一项原铁道部科研项目。公司控股子公司耐威时代拥有《武器装备质量体系认证证书》《二级保密资格单位证书》《武器装备科研生产许可证》《装备承制单位注册证书》等从事军品研发、生产与销售的专业资质。2015 年 5 月，公司在深交所创业板上市。

公司在北京经济技术开发区投资建设的惯性导航及卫星导航研发产

业基地，总建筑面积3万余平方米。

公司未来仍将专注于导航定位领域产品的研发与生产，同时积极布局 MEMS 业务、航空电子业务，致力于打造具有核心技术优势、"器件—产品—系统—服务"协调发展的综合性企业。

五十七　连云港中复连众复合材料集团有限公司

连云港中复连众复合材料集团有限公司成立于1989年，是隶属于中国建材集团有限公司旗下的中国复合材料集团有限公司。

公司是以复合材料产品的开发、生产、销售、安装及技术咨询、技术服务为主业务，以风力发电叶片、玻璃钢管道、贮罐和高压气瓶、高压管道为主打产品的高新技术企业。公司在德国成立了研发中心，在国内江苏连云港、甘肃酒泉、辽宁沈阳、新疆哈密、内蒙古包头、贵州毕节和云南玉溪建有七个生产基地。

公司兆瓦级风电叶片规模位列全球前三、亚洲第一，具备年产20000支兆瓦级风电叶片的能力，产品涵盖功率从1.25兆瓦到6兆瓦、长度从31米到75米，共有13个系列80多个型号，批量出口阿根廷、英国、日本等国家和地区。公司同时是国内批量出口玻璃钢产品最多的企业；是国内最早的为核电站建设提供大口径玻璃钢管道的供应商。现有管罐生产线20多条，开发了玻璃钢管道、玻璃钢夹砂管道、玻璃钢贮罐等多系列产品，成功制作了世界上直径最大（DN25000）的6000立方米玻璃钢贮罐。

公司在同行业内率先通过了 GL 工厂认证和 ISO 9001、OHSAS 18001、ISO 14001 体系认证。"连众"牌玻璃钢管道荣膺"中国名牌"和中国驰名商标，高压管道产品通过美国 API 认证。依靠高品质的产品、先进的技术、稳定的产品性能、高质量的服务在行业内具有较高的知名度。

公司技术创新实力强，建有国家认定企业技术中心、国家级博士后科研工作站、通过 CNAS 认可的检测中心及江苏省海上风电叶片设计与制造技术重点实验室。曾先后荣获国家技术创新示范企业、国家知识产权优势企业、江苏省百强创新型企业和江苏省企业技术创新奖。先后承担国家"863"计划、国家国际科技合作计划、国家科技支撑计划、江苏省成果转化计划等 20 余项重大科研项目，实现了兆瓦级风机叶片原材料国产化，完成了大型风电叶片模具设计与制造技术、兆瓦级叶片成型技术及测试技术开发，20 多项成果获国家级、省部级科技奖励，拥有授权专利 120 件，其中发明专利 40 件。

五十八　远东控股集团有限公司

远东控股集团有限公司创建于 1985 年，前身为宜兴市范道仪表仪器厂，现为全球投资管理专家、"亚洲品牌 500 强"、"中国企业 500 强"、"中国民营企业 500 强"、"中国最佳雇主企业"。目前年营业收入近 500 亿元，品牌价值 352.68 亿元，员工 11000 人。

远东控股集团坚持"主业 + 投资"的战略，主营智慧能源和智慧城市技术、产品与服务及其互联网、物联网应用的研发、制造与销售；智慧能源和智慧城市项目规划设计、投资建设及能效管理与服务；智慧能源和智慧城市工程总承包等领域，致力成为全球领先的智慧能源、智慧城市系统服务商。远东控股对外投资屡创佳绩，整体投资成果优异。截至 2017 年 8 月，总投资企业数量达到 339 家，累计实现上市 96 家（其中新三板 28 家），预披露 12 家。

2020 年，远东控股集团计划实现资产总值超过 1000 亿元，年品牌价值超过 1000 亿元；年营业收入超过 1350 亿元，其中智慧能源 1000 亿元；年净利润超过 60 亿元，其中智慧能源 50 亿元；年市值超过 1500 亿元，员工人均年收入 20 万元以上。

五十九 南京康尼机电股份有限公司

南京康尼机电股份有限公司成立于 2000 年 10 月，是一家专注机电核心技术研究和应用的创新型企业，于 2014 年 8 月 1 日在上交所上市。

公司主营轨道交通门系统研发、制造和销售及提供轨道交通装备配套产品与技术服务。公司是具有完全自主知识产权的轨道交通门系统供应商，主要产品包括轨道车辆门系统、站台安全门系统、轨道车辆内部装饰产品、轨道车辆电力和通信连接器、门系统配件等。轨道交通门系统对安全性和可靠性的要求极高，属轨道车辆的核心部件。公司产品以性能、价格、服务综合优势，赢得轨道装备市场青睐。其中，城市轨道车辆自动门系统国内市场占有率近 10 年持续保持在 50% 以上，全球市场占有率为 25%。

公司研发和生产的城轨车辆自动门系统产品，能适应各种列车网络通信制式。同时，公司已跻身欧洲、北美等发达国家市场，成为国际著名轨道车辆供应商加拿大庞巴迪公司、法国阿尔斯通公司、德国西门子公司的合格供应商。

公司是一家具有自主创新能力、拥有自主知识产权的高新技术企业，已建成具有国际先进水平的轨道交通门系统研发平台。目前，公司拥有国内外专利 280 多件，其中国内发明专利 31 件，国际发明专利 8 件。公司是国家认定的企业技术中心、国家机械工业轨道车辆自动门工程研究中心，建有江苏省轨道车辆自动门工程技术研究中心、江苏省博士后科研工作站。公司也是国家标准《城市轨道车辆客室侧门》以及《城市地铁车辆电动客室侧门行业技术规范》的主要制定单位。公司的"新一代轨道车辆自动门研制及产业化"项目获"2009 年度江苏省科技进步一等奖";公司的 CRH - 380 高速动车组半高包间产品获得"2011 年江苏省优秀新产品金奖"的称号;公司制定的企业标准《城市轨道车辆客室侧门》获得 2013 年度"中国标准创新贡献奖"二等奖;公司的 MS900DW 型高速列车客室侧门系统产品被国家科学技术部、环境保护部等五部委认定为 2013 年度"国家战略性创新产品"。

六十　富通集团有限公司

富通集团有限公司(简称"富通集团")创立于 1987 年,总部位于浙江杭州,是中国民营企业 500 强、国家重点高新技术企业和国家创新型企业。富通集团是互联网基础传输材料光纤通信产业的全球领军企业,也是国家能源电力线缆传输产业的重要推动者。

富通集团有 1 个集团总部、3 个区域本部、30 家实体工厂,目前,富通集团在册员工 12200 人(含海外)。富通集团的产业基地主要分布于浙江杭州、嘉兴(嘉善)、上海、广东深圳、香港、四川成都、天津滨海新区和东盟泰国等地。富通集团的产业方向瞄准光纤通信和能源电力线缆传输两大领域,研发方向瞄准新型储能技术、高温超导材料及技术应用和海洋光电复合缆技术等。

富通集团建有国家级富通技术研究院和企业技术中心,有 13 家国家级高新技术企业,承担了多项国家"863"计划,是中国光纤预制棒和光纤技术标准的制定者,也是国家信息产业重大技术发明奖和国家科技进步二等奖获得者。当下,富通集团正在积极践行"中国制造 2025"战略,全面实施光通信全产业链智能制造项目。

面向未来,富通集团将在巩固光纤通信产业的基础上,全面实施"以高温超导电缆为牵引,以中高压和超高压电缆为基础,以海洋光电复合缆为差异化竞争"的"第二主业"，打造面向 2025 年具有全球竞争力的综合线缆企业集团。

六十一　四川妙顺环保科技有限公司

四川妙顺环保科技有限公司 2017 年 8 月成立于四川高新技术产业开发区，专业从事全降解材料技术和制品的研发与推广应用，主营产品为全降解生态农膜，其技术核心是具有自主知识产权的"生物及全降解生态降解塑料"。

公司拥有以多位国际环保专家教授为核心的技术团队，同时与中国科学院、中国农业科学院、山东大学等十余家著名科研单位建立"产、学、研"合作关系，与降解塑料同行业领军企业山东天壮环保科技有限公司建立战略合作关系，联合成立了省级"全降解塑料技术中心""中国博士后科研工作站企业分站"等作为科研拓展技术平台。在降解塑料行业中奠定了技术领先及产品市场应用领先的龙头地位。

公司目前拥有国家级发明专利 5 项，实用新型专利 7 项，主持制定国家标准 1 项，参与制定国家标准 2 项、企业标准 5 项、地方标准 6 项，发表学术论文 10 余篇，并承担了包括国家级、省部级在内的科技计划项目 20 项，注册商标 9 项。

公司现有四大类降解塑料技术及产品，妙顺环保自主研发的全降解生态塑料技术是目前国内唯一、国际领先的降解塑料新材料技术。全降解塑料技术的研究，攻克了生物基材降解塑料成本高、物理使用性能低、透光透明度差、降解要求堆肥环境等种种产业化难题。同时以生物基材作为可选原料之一，可大大降低产品成本，相比氧化生物双降解塑料更具有产业化优势。

◇◇ 第三节　农林牧渔、食品

一　中国农业发展集团有限公司

中国农业发展集团有限公司（简称"中农发集团"）是我国农牧渔业"走出去"发展、国家动物疫病防控等领域的龙头企业。集团资产总额236亿多元，员工5万多人。集团拥有全资及控股子公司17家，上市公司3家，业务遍及全国各省、自治区、直辖市，在世界40多个国家和地区建立了分支机构或基地，与80多个国家和地区保持经贸往来。

中农发集团是国务院国资委直接管理的唯一专业从事农业的中央企业，主要从事远洋捕捞、生物疫苗兽药及饲料添加剂、现代种业、农业保险、绿色食品、海外农业六大核心业务，是我国最早从事农业"援外"的重要力量和农业"走出去"的排头兵。

中国农发集团作为国有独资公司，对外开展国际合作，开发国外农业、渔业资源；对内参与农业产业化，服务"三农"，在农业领域发挥重要的影响和带动作用。集团主要有三大领域：以大型工业化远洋捕捞、国际农业资源开发为主体的战略性资源开发，以高科技生物疫苗、兽药等为主体的动物疫病防控产品的研发、生产、销售，以现代种业、农业保险和农业国际贸易为主体的"三农"服务产业；同时发展与核心业务相关的其他配套产业，如柴油机制造和港口建设等。

二　中农发种业集团股份有限公司

中农发种业集团股份有限公司（简称"农发种业"）实际控制人为中

国农业发展集团有限公司。农发种业是中农发集团发展现代种业的专业化平台，同时也是目前唯一以种业为主营业务的央企上市公司。

在中国种业产业升级的新时期，农发种业积极担当中农发集团发展现代种业的社会责任和历史使命，本着"产业投资"的坚定理念，致力于打造现代种业。目前拥有控股子公司9家，包括8家种业子公司和1家农资公司，分别是：河南黄泛区地神种业有限公司、广西格霖农业科技发展有限公司、湖北省种子集团有限公司、洛阳市中垦种业科技有限公司、中垦锦绣华农武汉科技有限公司、山西潞玉种业股份有限公司、江苏金土地种业有限公司、山东中农天泰种业有限公司、华垦国际贸易有限公司，业务涵盖了玉米、水稻、小麦、甘蔗、马铃薯、棉花和油菜等多种农作物种子（苗），以及农化产品进出口业务。农发种业现已成为推动我国现代种业快速发展、提升中国种业国际竞争力的重要力量，在保障国家农业安全方面发挥国家队和主力军的积极作用。

农发种业正朝着"中国种业第一股"的战略目标稳步迈进。公司以资本为纽带，通过产融结合，整合优质资源，创新科企合作模式，构建以科技为核心竞争力的产业集群，力争把农发种业培育成"国内第一、国际一流"的大型种业集团。同时以种业为核心，整合粮食收储加工的优质资源，构建从品种选育、种子生产、农资配送、规模化种植、粮食收储到食品加工的全产业链发展新模式，进一步将农发种业打造成国内一流的农业种植业综合服务商，成为深受用户信赖的知名品牌。

三　中国水产总公司

中国水产总公司是专门从事海洋渔业经营活动的跨国企业。公司以海产品捕捞、加工与销售为核心业务，并从事相关行业的劳务输出、产品贸易等业务。公司在远洋渔业生产、贸易、管理、技术、人才、规模等方面占优势地位，是中国同行业中规模最大、综合运营实力最强的远洋渔业企业。

公司拥有经验丰富、高效干练的管理队伍及各类专业技术人员；在境外十几个国家和地区设有办事处和代表机构，投资建有二十几个独资、合资企业；在全世界建立了广泛的商贸关系；在业内赢得了良好的声誉。

公司拥有中国规模最大的远洋捕捞船队，作业海域遍及大西洋、印度洋、太平洋和南极；并拥有国际一流的水产加工设备和遍布全球的水产品销售网络。公司捕捞作业与运输补给配套完备，自成体系；主要捕捞品种为金枪鱼、硬体鱼、软体鱼、甲壳类等，年捕获量达 16 万吨。

公司在国内外均建有高水平、现代化的水产品加工设施。总面积 4 万多平方米的厂区，年加工能力 3 万多吨。产品达到欧盟及美国的卫生标准。

公司凭借质量上乘、品种多样的产品和多年的运营经验，建立起了遍及全球的产品销售网络，产品在市场上具有很高的认知度，客户主要分布在欧洲、非洲、日本、美国、中国内地及香港地区。年贸易额超过 2.7 亿美元。

四　湖北省种子集团有限公司

湖北省种子集团有限公司是由中农发种业集团股份有限公司控股，集科研、开发、推广于一身的国际化农业高科技企业，具有全国"育繁推"一体化种子经营许可证和进出口企业资格证。

公司主营水稻、玉米、棉花、油菜、小麦、绿肥、马铃薯等作物种子，年经营种子量 1500 万公斤以上，经营额 2 亿元左右；年种子出口量 4000 吨左右，出口创汇 1500 万美元左右，走在我国种子企业的前列，是中国种业骨干企业。

公司全资成立了湖北禾盛生物育种研究院，经过 15 年滚动发展，目前公司在国内建有育种基地 6 个（鄂州路口、宜昌深溪、五峰长乐坪、襄阳卧龙、海南陵水、三亚南滨），在巴基斯坦、孟加拉、越南、贝宁等国建立了科研试验站。科研、试验用地 438 亩，科研建筑面积 1500 多平方米。

2010 年公司购置了专业设备，全面开展种子室内 DNA 纯度检测、品种真实性鉴定和转基因检测，实现了公司技术性跨越。

公司先后被评定为农业产业化国家重点龙头企业，全国"守合同，重信用"企业，中国种业骨干企业，国家高新技术企业，湖北省国际科技合作示范基地，科技部农作物育种国际科技合作基地，商务部、农业部和中国种子协会 AAA 级信用企业等。禾盛注册商标被国家工商行政管理总局商标局认定为驰名商标。公司同时也是农业部籼稻新品种创制与种子技术重点实验室、优质水稻育种国家地方联合工程研究中心依托单位。

五　中粮集团有限公司

中粮集团有限公司（COFCO）成立于 1949 年，经过多年的努力，从最初的粮油食品贸易公司发展成为中国领先的农产品、食品领域多元化产品和服务供应商。中粮产业链条不断延伸至种植养殖、物流储运、食品原料加工、生物质能源、品牌食品生产销售以及地产酒店、金融服务等领域，在各个环节上打造核心竞争能力，为利益相关者创造最大化价值，并以此回报全体客户、股东和员工。

通过日益完善的产业链条，中粮形成了诸多品牌产品与服务组合：福临门食用油、长城葡萄酒、金帝巧克力、屯河番茄制品、家佳康肉制品、香雪面粉、五谷道场方便面、悦活果汁、蒙牛乳制品、大悦城 Shopping Mall、亚龙湾度假区、雪莲羊绒、中茶茶叶、金融保险等。这些品牌与服务铸就了中粮高品质、高品位的市场声誉。

作为投资控股企业，中粮旗下拥有中国食品（HK. 00506）、中粮控股（HK. 00606）、蒙牛乳业（HK. 02319）、中粮包装（HK. 00906）四家香港上市公司，以及中粮屯河（SH. 600737）、中粮地产（SZ. 000031）和中粮生化（SZ. 000930）三家内地上市公司。

面对世界经济一体化的发展态势，中粮不断加强与全球业务伙伴在农产品、粮油食品、番茄果蔬、饮料、酒业、糖业、饲料、肉食以及生物质能源、地产酒店、金融等领域的广泛合作。凭借其良好的经营业绩，中粮持续名列美国《财富》杂志全球企业500强，居中国食品工业百强之首。

中粮集团有限公司（COFCO）是世界500强企业，也是中国领先的农产品、食品领域多元化产品和服务供应商，致力于打造从田间到餐桌的全产业链粮油食品企业，建设全服务链的城市综合体。利用不断再生的自然资源为人类提供营养健康的食品、高品质的生活空间及生活服务，贡献于民众生活的富足和社会的繁荣稳定。中粮下属品牌有农产品、食品及地产酒店等领域。大悦城是中粮集团商业地产板块战略部署精心打造的"国际化青年城市综合体"。

2014年2月28日，中粮集团收购全球农产品及大宗商品贸易集团Nidera 51%的股权。这大大加快了中粮从我国粮食央企发展为全球粮油市场骨干力量的步伐。

六　青岛啤酒股份有限公司

青岛啤酒股份有限公司（简称"青岛啤酒"）的前身是1903年8月由德国商人和英国商人合资在青岛创建的日耳曼啤酒公司青岛股份公司，

它是中国历史悠久的啤酒制造厂商，2008 年北京奥运会官方赞助商，目前品牌价值 950.16 亿元，居中国啤酒行业首位，位列世界品牌 500 强。

1993 年 7 月 15 日，青岛啤酒股票（00168）在香港交易所上市，是中国内地第一家在海外上市的企业。同年 8 月 27 日，青岛啤酒（600600）在上海证券交易所上市，成为中国首家在两地同时上市的公司。

青岛啤酒在全国 20 个省、直辖市、自治区拥有 60 多家啤酒生产企业，公司规模和市场份额居国内啤酒行业领先地位。

目前，青岛啤酒远销美国、加拿大、英国、法国、德国、意大利、澳大利亚、韩国、日本、丹麦、俄罗斯等世界 90 多个国家和区域。全球啤酒行业权威报告 Barth Report 依据产量排名，青岛啤酒为世界第六大啤酒厂商。

青岛啤酒几乎囊括了 1949 年以来所举办的啤酒质量评比的所有金奖，并在世界各地举办的国际评比大赛中多次荣获金奖。2010 年，青岛啤酒获得"首届中国绿金奖""年度中国最佳雇主企业""中国企业社会责任百强榜"。2011 年，青岛啤酒荣获"国际碳金奖""最佳企业公民"等殊荣。2012 年，荣膺"最佳表现公司""最具幸福感企业"，四度蝉联"中国绿公司百强"等殊荣。2013 年，青岛啤酒荣膺"最具国际竞争力中国企业""中国信用典范企业""最佳可持续发展企业""中国香港上市公司最佳董事会"等殊荣。2014 年，青岛啤酒荣膺"中国管理学院奖金奖"，九度蝉联"最受赞赏中国公司"，第 12 次荣膺"中国最受尊敬企业"，荣膺"亚洲最受尊敬的知识型组织"（Asian MAKE）大奖等殊荣。

七　内蒙古蒙牛乳业（集团）股份有限公司

蒙牛乳业（集团）股份有限公司是国家农业产业化重点龙头企业、

乳制品行业龙头企业。2009 年 7 月，中国最大的粮油食品企业中粮集团入股蒙牛，成为"中国蒙牛"第一大股东。中粮的加入，推动了蒙牛"食品安全更趋国际化，战略资源配置更趋全球化，原料到产品更趋一体化"的进程。

蒙牛已经建成了融奶源建设、乳品生产、销售、研发为一体的大型乳及乳制品产业链，规模化、集约化牧场奶源达 100% 以上，行业领先。目前，蒙牛在全国 20 个省、区、市建立了 31 个生产基地 50 多个工厂，年产能超过 810 万吨，年销售额超过 500 亿元。荷兰合作银行公布的 2015 年度"全球乳业 20 强"榜单中，蒙牛凭借稳健的综合表现排名第 11 位，相比 2014 年排名连续上升 3 位。近年来，蒙牛着力整合全球优势资源，先后与丹麦 Arla、法国 Danone（达能）、美国 White Wave、新西兰 Asure Quality（安硕）达成战略合作，并联合君乐宝、雅士利、现代牧业、原生态牧业等国内优秀伙伴，快速与国际乳业先进水平接轨，为消费者提供营养健康的食品。

蒙牛积极投入研发资金，建成了国际领先的乳制品研发中心，并承担中国农业部与丹麦食品、农业和渔业部牵头成立的"中国—丹麦乳品技术合作中心"这一国家级合作项目在中方的实施。蒙牛先后与 30 余家高等院校和科研机构建立了合作关系，在为行业培养人才和解决制约发展的关键技术方面发挥着重要作用。截至目前，蒙牛集团申请专利 1409 件，授权专利 1029 件。

八　山东中农联合生物科技有限公司

山东中农联合隶属中国农资集团，全资控股山东省联合农药工业有限公司、潍坊中农联合化工有限公司、山东中农联合作物科学技术有限公司三家国家定点原药、制剂、中间体生产、销售企业。总部位于济南。

公司主要生产和销售原药（吡虫啉、啶虫脒、烯啶虫胺、噻虫啉、噻虫嗪、哒螨灵、甲维盐、戊唑醇、嘧菌酯、氟醚菌酰胺、噻唑膦、唑螨酯、联苯菊酯、双氟磺草胺、腈菌唑、霜霉威盐酸盐等）、中间体（二氯、硝基胍、咪唑烷、氟化物、噻唑、恶二嗪、乙基氯化物、叔丁基肼盐酸盐、二氯哒嗪酮、氰基乙酯等）、制剂（杀虫剂、杀菌剂、杀螨剂、种衣剂、除草剂）百余个产品。

山东中农联合，是中国农药工业协会副会长单位、山东省农药工业协会理事长单位、"十一五"全国石油和化工行业节能减排先进单位、山东省十强农药生产企业、农药行业 AAA 级信用企业、中国农药百强企业、低碳山东贡献单位、高新技术明星企业、守合同重信用企业，荣获"中国农药行业市场拓展奖""2013 年中国农药行业技术创新奖""全国供销合作社质量奖"等众多荣誉。

九　雅士利国际集团有限公司

雅士利国际集团有限公司是一家知名度较高的现代化大型企业，专业从事食品的研究、开发、生产和销售。由食品、乳业、营养保健、包装印刷等 7 家公司组建而成。

公司资金实力雄厚，人才汇集，拥有各类专业技术人才及工人 3000多人，先后引进 15 条国内外先进的食品生产线，主要生产奶粉、麦片、豆奶、米粉等为主的四大系列 200 多个品种，畅销全国及东南亚、欧美等地。20 多年来，集团生产的"雅士利"牌各类系列产品，先后荣获国际、国内等 30 多项殊荣。

主营产品包括雅士利奶粉、雅士利豆奶粉、雅士利麦片、雅士利米粉、雅士利饼干等。

2012 年，集团在新西兰投资建立大型海外生产基地——雅士利新西兰乳业有限公司，成为在新西兰独资建立生产基地的第一家中国奶粉企业。

十　中粮屯河股份有限公司

中粮屯河股份有限公司是我国领先的果蔬食品生产供应商，是世界500强企业中粮集团有限公司控股的 A 股上市公司。公司主营农业种植、番茄、食糖、林果、罐头、饮料加工及贸易业务，是全球最大的番茄生产企业之一、全国最大的甜菜糖生产企业、全球最大的杏酱生产企业之一，是国家农产品加工重点龙头企业，是中粮集团九大业务板块之一。公司致力于成为果蔬食品行业的领导者和全球一流的食品企业，奉献绿色营养食品，使客户、股东、员工价值最大化。

在食品安全方面，中粮屯河实施业内领先的全产业链食品安全控制体系，在原料的选种、种植、采摘、运输、加工、销售的每一个环节实施产品质量控制，确保从田间地头到餐桌的每一个环节的产品品质和安全。公司产品通过了 ISO 9001：2000 质量管理体系认证、HACCP 食品安全管理体系认证、ISO 14001 环境管理体系认证、非转基因产品身份保持认证、国家级绿色食品认证等，公司检测中心获得了"中国实验室国家认可委员会认可证书"。

十一　双汇集团

双汇集团是以肉类加工为主的大型食品集团，是中国最大的肉类加工基地。双汇集团始终坚持围绕"农"字做文章，围绕肉类加工上项目，实施产业化经营。以屠宰和肉类加工业为核心，向上游发展饲料业和养殖业，向下游发展包装业、物流配送、商业、外贸等，形成了主业突出、行业配套的产业群，推动了企业持续快速发展：20 世纪 80 年代中期，企业年销售收入不足 1000 万元，1990 年突破 1 亿元，2013 年达到 472 亿元，年均复合增长率 30% 以上。

双汇集团实施六大区域的发展战略，立足河南，面向全国在黑龙江、辽宁、内蒙古、河北、山东、江苏、浙江、湖北、河南、江西、四川、广东、安徽、广西、上海等 18 个省市建设了 20 多家现代化肉类加工基地，在 31 个省市建有 300 多个销售分公司和现代化的物流配送中心，在美国、西班牙、日本、韩国、中国香港、新加坡、菲律宾等建立有办事机构，形成了纵横全国、辐射海外的生产销售网络，使双汇产品走出河南、遍布全国、走向世界。

双汇集团坚持引进先进的技术和设备，改造传统肉类工业。先后投入 40 多亿元，从欧美等发达国家引进先进的技术设备 4000 多台/套，通过消化、吸收和再创新，实现技术与国际接轨。双汇集团率先把冷鲜肉引入国内，实行"冷链生产、冷链销售、冷链配送、连锁经营"，实现了肉类的品牌化经营，结束了中国卖肉没有品牌的历史，开创了中国肉类品牌。

双汇集团坚持技术创新，建立了国家级的技术中心、博士后工作站，培育了 600 多人的产品研发队伍，围绕中式产品的改造、西式产品的引进、屠宰行业的精深加工，做出了 1000 多种的产品群，满足不同层次的消费需求。双汇肉制品、双汇冷鲜肉均是"中国名牌"产品，已成为广大消费者一日三餐首选的肉类品牌。

2013 年 9 月 26 日，双汇控股母公司万洲国际成功并购美国最大的猪肉加工企业——史密斯菲尔德公司，成为拥有 100 多家子公司、12 万名员工、生产基地遍布欧美亚三大洲十几个国家的全球最大的猪肉加工企业，使双汇品牌走出了国门，迈向了世界。

十二 正邦集团股份有限公司

正邦集团成立于 1996 年，是农业产业化国家重点龙头企业，拥有博士后科研工作站，旗下正邦科技于 2007 年在深交所上市。集团下有农牧、种植、金融、物流四大产业集团，以种猪育种、商品猪养殖、种鸭繁育、农作物优良新品种选育、肉食品加工、饲料、兽药、生物农药、芳樟种植及芳樟产品加工、油茶种植及油茶产品加工、大米加工、相关产品的销售与技术服务以及基于农业产业链的贷款、担保、融资租赁、资产管理为主营业务。

目前集团有 39000 多名员工，360 家分/子公司，遍布全国 27 个省市。2014 年集团总销售额突破 430 亿元，荣列中国企业 500 强（第 321 位）、中国民营企业 500 强（第 79 位）、中国制造业 500 强（第 129 位）。

正邦集团致力于做现代农业的投资者和组织者，做绿色安全食品的生产者与供应者，不断推动中国农业的规模化、产业化、生态化发展。目前，正邦集团正在全力推进"千亿工程"，力争在种鸭、种子、生物农药等产业打造 3—5 家上市公司，2017 年实现产值千亿目标，成为中国最优秀的农业企业之一。

十三 昭苏县西域马业有限责任公司

昭苏县西域马业有限责任公司于 2012 年 9 月由昭苏马场、昭苏县畜牧兽医站、伊犁种马场共同出资 5000 万元成立注册。2013 年 6 月由伊犁州国资委投入资金 5100 万元，增资扩股为四家，总注册资金 1 亿元。

西域马业整合全州马产业发展资产、资金、人才、技术等优势资源，集中全州马业的人力、财力、物力，统一制定产业发展规划。2014 年成功申报州直农业产业化重点龙头企业，同时注册拥有昭苏县西域天马文化旅游有限责任公司和伊犁天马国际贸易有限责任公司两个控股子公司。公司利用伊犁马研究繁育中心先进的马细管精液生产设备和昭苏马场、伊犁种马场、昭苏县引进的优质种公马资源，大力生产和推广马细管鲜精、细管冻精，引领伊犁河谷乃至全国加快马匹改良步伐，扩大良种马基地建设，夯实马产业基础发展。近年来，作为引领昭苏县马产业发展的"总引擎"，公司紧紧围绕县委、县政府打造"五大基地"、抢占全国马产业制高点总目标，积极适应经济发展新常态，做大做强伊犁马品牌，在实践中不断促进农民增收、实现农企双赢，企业生产经营保持稳定健康发展。

2014年，公司被科技部授予"国家马产业技术创新战略联盟"盟主单位，并建成了中国首个马细管精液生产线，达到年生产10万剂细管精液生产能力，成立了全疆首个马产业博士后创新实践基地。

十四　圣元国际集团

圣元国际集团（简称"圣元"）于1998年成立于青岛。圣元专业从事奶粉、婴幼儿辅食等营养食品的研发、生产、销售和售后全系列服务。

2007年，圣元成为第一家在美国纳斯达克上市的中国营养食品公司。2013年4月，在中国国家主席习近平和法国总统奥朗德的见证下，圣元与法国索迪亚集团签署了在法国投资建设年产能10万吨的婴幼儿配方奶粉生产工厂项目，标志着圣元正式迈向国际化。圣元法国工厂于2016年9月正式投产。

2015年，圣元国际投资成立青岛西海金淘跨境电子商务有限公司，并上线山东首家垂直跨境电子商务平台"拇指商城"，抢占电商行业转型发展先机。2016年初，法国原装进口荷兰乳牛纯牛奶正式上市，一经推出，便受到消费者的追捧。

圣元拥有由 400 多位营养教育专业人员组成的专业团队，活跃在营养教育领域，宣传推广科学、正确的育婴理念和方法，为所有家庭提供新生儿喂养和婴幼儿营养知识全方位的服务。

圣元严格遵守国家各项法规和标准，采用全过程质量管理，建立实施 HACCP 危害分析与关键控制点体系，推行六西格玛管理制度，在"原材料采购—加工—质检—包装—贮存—装运"各环节中设置 1133 道质量控制点，确保产品的卓越品质。

十五　新希望六和股份有限公司

新希望六和股份有限公司创立于 1998 年。公司立足农牧产业、注重稳健发展，业务涉及饲料、养殖、肉制品及金融投资、商贸等，分、子公司遍布全国及越南、菲律宾、孟加拉、印度尼西亚、柬埔寨、斯里兰卡、新加坡、埃及、美国等 20 多个国家和地区。

2011 年 11 月，公司农牧资产重组获中国证监会批准，农牧产业整体上市后其饲料年生产能力达 2000 万吨（居中国第一位），年家禽屠宰能力达 10 亿只（位居世界第一）。2015 年，公司实现销售收入 615 亿元，控股的分、子公司 500 余家，员工达 5.7 万人。在 2015 年《财富》杂志评选的中国企业 500 强中位列第 85 位。公司先后获得国家和有关部门及投资者授予的多项殊荣，拥有 8 个中国名牌，4 个中国驰名商标，"新希望""美好""六和""国雄"为中国驰名商标。

企业技术中心获得"国家认定企业技术中心"称号，2 个检测中心均通过国家实验室 CNAS 认可。60 多项技术成果获得省级以上奖励，其中 3 项创新技术获国家科学技术进步二等奖。目前公司通过了 ISO 9001 质量管理认证、ISO 22000 食品安全认证、ISO 14001 环境认证、GAP 良好农业规范认证、18001 职业健康安全认证等。

十六　新疆宇飞国际渔业有限公司

新疆宇飞国际渔业有限公司初创于 1999 年，并于 2009 年正式成立克拉玛依宇飞商贸有限公司，在克拉玛依乃至新疆取得了良好的知名度，成为地方该行业的龙头企业。

2017 年初，由原旗下"克拉玛依雪花冷链物流公司"名称及股权变更成立了"新疆宇飞国际渔业有限公司"，主营海产品生产、仓储、物流等业务。该公司于 2017 年全资投资巴基斯坦瓜达尔港，成立了"中国宇飞海洋科技（瓜达尔）有限公司"，在瓜达尔港租赁土地 32626 平方米，建设万吨冷库及渔业加工厂，形成远洋捕捞、冷库仓储物流、海产品加工、进出口贸易的专业完整产业链公司。项目于 2017 年 5 月初奠基，目前已进入施工阶段。

十七　内蒙古燕谷坊生态农业发展（集团）有限公司

内蒙古燕谷坊生态农业发展（集团）有限公司，是国内一家高端燕麦胚芽米专业生产厂商，注册资本 3000 万元，先后在中国内蒙古和上海建设有生产基地和大中华区市场服务中心，已发展成为地方裸燕麦产业化农牧业盈利模式领先企业。该公司依托中国裸燕麦产业化开发，已发展为集基地种植、生产加工、设备研发、终端销售和健康管理服务于一身的全产业链综合体。通过对裸燕麦全产业链经营，打造特色优势全谷物产品，弘扬中华千年食养文化，传播全谷物消费新价值。

历经多年科研攻关，燕谷坊人自主研发的双涡流研碾创新工艺突破了裸燕麦成米的加工瓶颈，已经掌握了裸燕麦去壳、去芒、去糙、破壁的四大核心工艺技术，其中"裸燕麦分层破壁"技术已处于国内一流国际领先水平。目前，该公司在中国"燕麦故乡"内蒙古武川县建有万亩种植基地和规模化加工生产流水线，可实现年产值上十亿元。

十八 徐州一统食品工业有限公司

徐州一统食品工业有限公司于 1993 年 10 月成立，与中国食品添加剂和配料协会同期建立，迄今为止经历了 20 多年的发展历程。1999 年，公司被评为"中国食品添加剂和食品配料行业百强企业"，是中国乳制品工业协会最早一批的会员单位。一统公司整合全球领先的专业技术资源和创新的产品，服务于奶粉、液态奶、冰淇淋与营养健康餐饮食品产业。

2013 年 7 月 11 日，徐州一统公司与英国泰莱公司（Tate & Lyle）——一家全球领先的专业食品配料及解决方案的公司——签署协议，共同投资成立一家中外合资企业"江苏泰莱豪蓓特食品有限公司"。

目前，一统公司代理国内外领先的功能、营养食品添加剂和配料，专业从事进出口贸易业务和提供创新加工工艺的干果制品。技术团队包括江南大学、北京林大、东北农大、国家级检测机构在内的科学家、博士、教授等各类人才 16 人；年总收入 10％ 的研发投入，是公司保持技术领先的原动力；拥有国际一流的实验设备和分析检测设备，为客户提供食品特定成分的分析检测服务。

十九 北京顺鑫控股集团有限公司

北京顺鑫控股集团有限公司是集生物酿造、营养肉食、安全农品、健康地产、生态建筑、科技种植、金融服务、综合等产业于一身的综合性大型企业集团。顺鑫控股的北京顺鑫农业股份有限公司于 1998 年 11

月 4 日在深圳证券交易所挂牌上市，是北京市第一家农业类上市公司，注册资本 57059 万元。公司先后荣获"农业产业化国家重点龙头企业""中国 500 强""中国制造业 500 强"和"中资食品上市公司 50 强"等荣誉称号。

顺鑫控股自成立以来，充分发挥自身优势，产业规模不断扩大，经济效益大幅提高，企业综合竞争力显著提升。作为立足中国首都发展和以食品生产加工为主的农业企业，顺鑫控股始终坚持"食品安全第一责任人"的理念，长期以来承担着保障北京市"菜篮子"供应的重要使命。积极参与重大活动，是北京奥运会、残奥会、国庆 60 周年大阅兵、南京青奥会等重大活动的供应商，是第七届中国花卉博览会的投资方和建设方。展望未来，公司将依托资本市场优势，大力发展主导产业，通过资源掌控和资本运作，将顺鑫控股打造成为投资控股型产业集团，成为中国农业产业化龙头企业航母。

◇◇ 第四节　信息

一　中国移动通信集团公司

中国移动通信集团公司于 2000 年 4 月 20 日成立，注册资本 3000 亿元人民币，资产规模达到万亿元人民币，基站总数超过 220 万个，客户总数超过 8 亿户，是全球网络规模、客户规模最大的移动通信运营商。2014 年，中国移动位居《财富》杂志"世界 500 强"排名第 55 位，并连续七年入选道·琼斯可持续发展指数。

中国移动全资拥有中国移动（香港）集团有限公司，由其控股的中国移动有限公司（简称"上市公司"）在国内 31 个省、自治区、直辖市和香港特别行政区设立全资子公司，并在香港和纽约上市。主要经营移动话音、数据、宽带、IP 电话和多媒体业务，并具有计算机互联网国际联网单位经营权和国际出入口局经营权。近年来，中国移动通过全面推进战略转型，深入推动改革创新，加快转变方式、调整结构，经营发展整体态势良好，经营业绩保持稳定。2014 年，中国移动建成全球规模最大的 4G 网络，基站数量超过 70 万个，客户数超过 9000 万。中国移动多年来一直坚持"质量是通信企业的生命线"和"客户为根，服务为本"的理念，不断提升质量，改善服务，客户满意度保持行业领先，百万客户申诉率连续多年全行业最低。

同时，中国移动注重履行社会责任，积极支持社会公益事业，追求企业与利益相关方在经济、社会与环境方面共同可持续发展。作为联合国全球契约正式成员，中国移动认可并努力遵守全球契约十项原则。中国移动上市公司连续五年入选恒生可持续发展指数，公司连续五届荣获民政部颁发的"中华慈善奖"，在国务院国有资产监督管理委员会举办的中央企业管理提升活动中，被选为企业社会责任管理提升标杆企业，并被评为"企业社会责任管理提升先进单位"。

2007 年 2 月，中国移动成功收购 Millicom 所持有的 Paktel 公司 88.86% 的在外发行股份，同年 5 月完成小股东收购，持有 100% 的股份，并更名为 CMPak（China Mobile Pakistan）。CMPak 成立于 2007 年，是中国移动的巴基斯坦子公司，中文名叫"辛姆巴科公司"。2007 年 1 月 22 日，中国移动花费 8 亿美元成功收购时，其用户低于 150 万，为巴基斯坦移动最小的 GSM 运营商；2008 年 3 月，经过一年多的准备 CMPak 推出品牌名为 Zong，市场开始发力。2009 年 3 月，PTA 公布 CMPak 用户数为 598 万；2012 年底，CMPak 的用户数增至 1900 万，用户年增长速度为 34.1%。

二　中国联合网络通信集团有限公司

中国联合网络通信集团有限公司于 2009 年 1 月 6 日在原中国网通和原中国联通的基础上合并组建而成，在国内 31 个省、自治区、直辖市和境外多个国家和地区设有分支机构，是中国唯一在纽约、香港、上海三地同时上市的电信运营企业，连续多年入选"世界 500 强企业"。

中国联通主要经营 GSM、WCDMA 和 FDD-LTE 制式移动网络业务，固定通信业务，国内、国际通信设施服务业务，卫星国际专线业务，数据通信业务，网络接入业务和各类电信增值业务，与通信信息业务相关的系统集成业务等。2009 年 1 月 6 日，原中国联合通信有限公司与原中国网络通信集团公司重组合并，新公司更名为中国联合网络通信集团有限公司。为与合并前的中国联通相区分，业界常以"新联通"进行称呼。

中国联通拥有覆盖全国、通达世界的通信网络，积极推进固定网络和移动网络的宽带化，为广大用户提供全方位、高品质信息通信服务。2009 年 1 月，中国联通获得了当今世界上技术最为成熟、应用最为广泛、产业链最为完善的 WCDMA 制式的 3G 牌照，拥有"沃 3G/沃 4G""沃派""沃家庭"等著名客户品牌。

2013 年，中国联通启动 4G 设备建网，采购了 TD-LTE 基站。中国联通宣布在 2014 年 3 月 18 日启动 4G 的正式商用。

2015 年 2 月 27 日，中国联通正式获得世界上采用的国家及地区最广泛的 FDD-LTE 牌照。

三　中国电信集团公司

中国电信集团公司成立于 2000 年 5 月 17 日，注册资本 2204 亿元人民币，资产规模超过 7000 亿元人民币，年收入规模超过 3800 亿元人民币。中国电信是中国三大主导电信运营商之一，位列 2014 年度《财富》杂志全球 500 强企业排名第 154 位，多次被国际权威机构评选为亚洲最受尊敬企业、亚洲最佳管理公司等。作为综合信息服务提供商，中国电信为客户提供包括移动通信、宽带互联网接入、信息化应用及固定电话等产品在内的综合信息解决方案。

中国电信在国内的 31 个省、自治区、直辖市以及欧美、亚太等区域的主要国家均设有分支机构，拥有全球规模最大的宽带互联网络和技术领先的移动通信网络，具备为全球客户提供跨地域、全业务的综合信息服务能力和客户服务渠道体系。中国电信旗下拥有"天翼领航""天翼 e 家""天翼飞 Young"等著名客户品牌，以及"号码百事通""翼支付"等多个知名产品品牌。中国电信拥有庞大的客户资源，截至 2014 年底，宽带互联网接入用户规模 1.21 亿户，移动用户规模 1.86 亿户，固定电话用户规模约 1.49 亿户。

2012 年，中国电信整合国际业务资源和人才队伍，在原香港公司、美洲公司、欧洲公司以及总部海外拓展事业部的基础上组建中国电信国际有限公司，总部设于香港。

中国电信国际有限公司在全球 26 个国家和地区设立了分支机构，建设海外 PoP 节点 32 个，拥有国际传输出口频宽达 1900G，与 11 个接壤国家有陆缆直连，参与了 10 余条海缆建设，服务网点与网路能力的全球布局已基本形成。

四　中国电子科技集团公司

中国电子科技集团公司是经国务院批准、在原信息产业部直属电子研究院所和高科技企业基础上组建而成的国有重要骨干企业，是中央直接管理的十大军工集团之一。主要从事国家重要军民用大型电子信息系统的工程建设，重大装备、通信与电子设备、软件和关键元器件的研制生产。

中国电科所属二级成员单位58家，上市公司7家，分布在全国18个省市区。现有职工11万余人，其中，中国工程院院士11名。拥有国防科技重点实验室15个，国防研究应用中心6个，研究中心7个，博士后科研工作站27个，流动站1个，拥有一批国内一流的中试线、生产线、装配线和机加工中心，形成了国内电子领域最完整的研究、设计、试制、生产及试验能力体系，有完备的质量保证体系，取得了一批领先或接近国际水平的重大科技成果，在一些关键技术领域始终保持着国内领先、国际先进的地位。2002年成立以来，中国电子科技集团公司作为军工电子国家队和信息产业主力军，拼搏奋进，勇于创新，共获得最高国家科技奖1次，国家科技进步特等奖8项，国家科技进步一等奖12项，二等奖37项；国防科技进步特等奖10项，一等奖86项，发明专利授权量3307件。在国务院国资委中央企业负责人2004—2013年经营业绩考核中，连续十次夺得A级和三次夺得任期考核连续A级。

在60周年国庆阅兵活动中，中国电科研制生产的以空警2000、空警200预警机为代表的7型装备首次分别组成空中方阵、雷达方阵、通信方阵的三个独立方阵接受检阅。在载人航天工程中，中国电科作为副总指挥长单位，在载人航天工程七大系统中承担了重要任务，负责测控通信系统设备、雷达探测设备、太阳能电池和大量关键元器件的研制任务。在探月工程中，中国电科作为副总指挥长单位，在卫星、运载火箭、发射场、测控通信和地面应用等五大系统中承担研制生产任务，并圆满完成任务。在国家公布的16个重大专项中，中国电科在多个专项中承担重要攻关任务。在中国自行研制的北斗卫星导航系统中，中国电科参与承担了卫星定位综合服务系统、电源系统、地面终端系统以及检测认证服务等多项任务，并圆满完成各项任务。

中国电科坚持军民融合式发展道路，积极参与国民经济信息化建设和国家重点工程建设。先后承担国家公共突发事件应急平台系统、北京奥运会安保指挥中心系统、上海世博会安保项目以及博鳌亚洲论坛、广州亚运会、深圳大运会安保解决方案等大型公共安全系统工程，承建国家电子政务网、全国气象雷达网、空中交通管理系统和轨道交通系统等一大批国家重大信息系统工程。形成"电子信息产品与装备制造""行业信息化应用系统工程""现代信息服务"三大产业群和安全电子、能源电子、软件与信息服务、电子制造装备与仪器仪表、新型元器件等五大产业板块。

五　华为技术有限公司

华为技术有限公司是一家生产销售通信设备的民营通信科技公司，总部位于中国广东省深圳市龙岗区坂田华为基地。华为的产品主要涉及通信网络中的交换网络、传输网络、无线及有线固定接入网络和数据通信网络及无线终端产品，为世界各地通信运营商及专业网络拥有者提供硬件设备、软件、服务和解决方案。华为于 1987 年在中国深圳正式注册成立。

2007 年合同销售额 160 亿美元，其中海外销售额 115 亿美元，并且是当年中国国内电子行业赢利和纳税第一。截至 2008 年底，华为在国际市场上覆盖 100 多个国家和地区，全球排名前 50 名的电信运营商中，已有 45 家使用华为的产品和服务。

华为的产品和解决方案已经应用于全球 170 多个国家，服务全球 1/3 的人口。

华为聚焦 ICT 基础设施领域，围绕政府及公共事业、金融、能源、电力和交通等客户需求持续创新，提供可被合作伙伴集成的 ICT 产品和解决方案，帮助企业提升通信、办公和生产系统的效率，降低经营成本。

华为将继续以消费者为中心，通过运营商、分销和电子商务等多种渠道，致力于打造全球最具影响力的终端品牌，为消费者带来简单愉悦的移动互联应用体验。同时，华为根据电信运营商的特定需求定制、生产终端，帮助电信运营商发展业务并获得成功。

华为还将对网络、云计算、未来个人和家庭融合解决方案的理解融入各种终端产品中，坚持"开放、合作与创新"，与操作系统厂家、芯片供应商和内容服务商等建立良好的合作关系，构建健康完整的终端生态系统。

六 北京百度网讯科技有限公司

百度是全球最大的中文搜索引擎、最大的中文网站。2000 年 1 月由李彦宏创立于北京中关村，致力于向人们提供"简单、可依赖"的信息获取方式。"百度"二字源于中国宋朝词人辛弃疾的《青玉案·元夕》词句"众里寻他千百度"，象征着百度对中文信息检索技术的执着追求。

百度拥有数千名研发工程师，这是中国乃至全球最为优秀的技术团队，这支队伍掌握着世界上最为先进的搜索引擎技术，使百度成为中国掌握世界尖端科学核心技术的中国高科技企业，也使中国成为美国、俄罗斯和韩国之外，全球仅有的 4 个拥有搜索引擎核心技术的国家之一。

从创立之初，百度便将"让人们最平等、便捷地获取信息，找到所求"作为自己的使命。成立以来，公司秉承"以用户为导向"的理念，不断坚持技术创新，致力于为用户提供"简单、可依赖"的互联网搜索产品及服务，其中包括：以网络搜索为主的功能性搜索，以贴吧为主的社区搜索，针对各区域、行业所需的垂直搜索，MP3 搜索，以及门户频道、IM 等，全面覆盖了中文网络世界所有的搜索需求，根据第三方权威数据，百度在中国的搜索份额超过 80%。

在面对用户的搜索产品不断丰富的同时，百度还创新性地推出了基于搜索的营销推广服务，并成为最受企业青睐的互联网营销推广平台。如今，中国已有数十万家企业使用了百度的搜索推广服务，不断提升企业自身的品牌及运营效率。通过持续的商业模式创新，百度正进一步带动整个互联网行业和中小企业的经济增长，推动社会经济的发展和转型。

为推动中国数百万中小网站的发展，百度借助超大流量的平台优势，联合所有优质的各类网站，建立了世界上最大的网络联盟，使各类企业的搜索推广、品牌营销的价值、覆盖面均大面积提升。如今，百度已经成为中国最具价值的品牌之一，英国《金融时报》将百度列为"中国十大世界级品牌"，成为这个榜单中最年轻的一家公司，也是唯一的互联网公司。而"亚洲最受尊敬企业""全球最具创新力企业""中国互联网力量之星"等一系列荣誉称号的获得，也无一不向外界展示着百度成立数年来的成就。

七　阿里巴巴网络技术有限公司

阿里巴巴网络技术有限公司是一家基于电商的综合集团，业务和关联公司的业务包括：淘宝网、天猫、聚划算、全球速卖通、阿里巴巴国际交易市场、1688、阿里妈妈、阿里云、蚂蚁金服、菜鸟网络等。2014年 9 月 19 日，阿里巴巴集团在纽约证券交易所正式挂牌上市，股票代码"BABA"，创始人和董事局主席为马云。2014 年全年，阿里巴巴总营收762.04 亿元人民币，净利润 243.20 亿元人民币。2015 年 11 月 12 日，阿里巴巴入选 MSCI 中国指数。

淘宝网是阿里巴巴的核心业务，也是亚太地区最大的网络零售、商圈，拥有近 5 亿的注册用户数，每天有超过 6000 万的固定访客，同时每天的在线商品数已经超过了 8 亿件，平均每分钟售出 4.8 万件商品。随着淘宝网规模的扩大和用户数量的增加，淘宝也从单一的 C2C 网络集市变成了包括 C2C、团购、分销、拍卖等多种电子商务模式在内的综合性零售商圈。目前已经成为世界范围内的电子商务交易平台之一。

八　腾讯计算机系统有限公司

腾讯成立于 1998 年 11 月，是目前中国最大的互联网综合服务提供商之一，也是中国服务用户最多的互联网企业之一。成立 10 多年以来，腾讯一直秉承"一切以用户价值为依归"的经营理念，始终处于稳健发展的状态。2004 年 6 月 16 日，腾讯控股有限公司在香港联交所主板公开上市。

腾讯把为用户提供"一站式在线生活服务"作为战略目标，提供互联网增值服务、网络广告服务和电子商务服务。通过即时通信工具 QQ、移动社交和通信服务微信和 WeChat、门户网站腾讯网（QQ. com）、腾讯游戏、社交网络平台 QQ 空间等中国领先的网络平台，腾讯打造了中国最大的网络社区，满足互联网用户沟通、资讯、娱乐和电子商务等方面的需求。截至 2014 年第二季度，QQ 的月活跃账户数达到 8.29 亿，最高同时在线账户数达到 2.06 亿；微信和 WeChat 的合并月活跃账户数达 4.38 亿。腾讯的发展深刻地影响和改变了数以亿计网民的沟通方式和生活习惯，并为中国互联网行业开创了更加广阔的应用前景。

目前，腾讯 50% 以上员工为研发人员，拥有完善的自主研发体系，在存储技术、数据挖掘、多媒体、中文处理、分布式网络、无线技术六大方向都拥有了相当数量的专利申请，是拥有最多发明专利的中国互联网企业。

腾讯一直积极参与公益事业，努力承担企业社会责任，推动网络文明。2006年，腾讯成立了中国互联网首家慈善公益基金会——腾讯慈善公益基金会，并建立了腾讯公益网。秉承"致力公益慈善事业，关爱青少年成长，倡导企业公民责任，推动社会和谐进步"的宗旨，腾讯的每一项产品与业务都拥抱公益，开放互联，并倡导所有企业一起行动，通过互联网领域的技术、传播优势，缔造"人人可公益，民众齐参与"的互联网公益新生态。

九　泰豪集团有限公司

泰豪集团创立于1988年，是在江西省政府和清华大学"省校合作"推动下发展起来的科技型企业。公司秉承"自强不息，厚德载物"的清华校训，坚持走"承担、探索、超越"的创业之路，并以"技术＋品牌"的发展模式，致力于信息技术的研发和应用，连年进入中国电子信息百强企业和中国民营制造企业500强。2002年7月3日，泰豪科技在上海证交所挂牌上市。

公司用将近8年时间走完了初创发展阶段，围绕信息技术应用开展计算机软件开发、系统集成服务，成为江西省最有竞争力和影响力的IT企业；1996—2003年，公司进入产业发展阶段，探索高新产业发展之路，积极引进战略投资，促进经营规模快速扩大，同时积极参与国有企业的改制重组，先后对江西三波电机总厂、湖南衡阳四机总厂等国有大中型企业进行整体重组，成为当地有影响的国企改制成功案例；自2004年始，公司开启品牌发展之路，积极参与国际化产业分工，通过与ABB等世界500强企业的合资合作加快开拓国际市场。公司品牌日具影响，成为国家工商总局首批命名的"重合同守信用"企业，被认定为中国驰名商标、中国名牌产品、中国最有价值商标500强，产品与解决方案应用于全球 50 多个国家和地区。

在"创导智能技术、产品和服务，以提高人类生活的品质"的企业使命引领下，公司业已形成以智慧城市、智能电网业务开展为主导，以军工装备和文化创意产业发展为两翼的发展格局。

十　文思海辉技术有限公司

文思海辉技术有限公司的前身分别是文思信息技术有限公司和海辉软件（国际）集团公司。2012 年 8 月 11 日，文思信息与海辉软件宣布合并；2013 年 10 月 17 日，文思海辉被黑石集团以 6.25 亿美元收购。

文思海辉技术有限公司（Pactera Technology International Ltd.）是咨询与科技服务提供商，公司拥有超强的全球运营能力、严格的质量标准和高效的交付流程，致力于成为全球企业"新时代的合作伙伴"，为客户成功保驾护航。

1995 年以来，文思海辉一直致力于为全球客户提供世界领先的商业/IT 咨询、解决方案以及外包服务，在金融服务、高科技、电信、旅游交通、能源、生命科学、制造、零售与分销等领域积累了丰富的行业经验，主要客户涵盖众多财富 500 强企业及大中型中国企业。凭借专业的交付能力，文思海辉帮助客户在全球市场中赢得成功，并且获得合作伙伴和行业分析师的高度认可。通过的业界领先的质量与安全认证包括 CMM Level 5、CMMI-SVC Level 3、六西格玛、ISO 27001、ISO 9001：2008、SAS 70 和 PIPA 等。

十一　用友软件集团

用友软件集团是中国领先的企业及政府、社团组织管理与经营信息化应用软件与服务提供商，专注于软件主业发展，为客户提供优秀的应用软件产品、解决方案和服务。

用友是中国最大的管理软件、ERP 软件、集团管理软件、人力资源管理软件、客户关系管理软件、小型企业管理软件、财政及行政事业单位管理软件、汽车行业管理软件、烟草行业管理软件、内部审计软件及服务提供商，也是中国领先的企业云服务、医疗卫生软件、管理咨询及管理信息化人才培训提供商。

目前，中国及亚太地区 120 多万家企业与机构通过使用用友软件，实现精细管理、敏捷经营。用友软件股份有限公司连续多年被评定为国家"规划布局内重点软件企业"，2010 年获得工信部系统集成一级资质企业认证。"用友 ERP 管理软件"系"中国名牌产品"。2001 年 5 月 18日，用友软件股份有限公司成功在上海证券交易所发行上市。

用友拥有中国和亚太实力最强的企业管理软件研发体系，规模最大的支持、咨询、实施、应用集成、培训服务网络以及完备的产业生态系统。用友拥有包括总部研发中心（北京用友软件园）、南京制造业研发基地、重庆 PLM 研发中心、上海先进应用研究中心、上海汽车行业应用研发中心、深圳电子行业应用开发中心等在内的中国最大的企业应用软件研发体系。在日本、泰国、新加坡等亚洲地区，用友建立了分公司或代表处。

十二　广联达科技股份有限公司

广联达科技股份有限公司成立于 1998 年，2010 年 5 月在深圳中小企业板成功上市，成为中国建设工程领域信息化产业首家上市软件公司。

广联达立足建设工程领域，围绕工程项目的全生命周期，提供以专业应用为核心，以大数据为支撑，以征信服务为基础，以互联网金融服务为增值的具有独特优势的一流产品和服务，打造建筑产业新生态，促进建筑产业现代化发展。经过十几年发展，广联达从单一的预算软件扩展到工程施工、工程信息、工程造价、工程教育、电子政务、电子商务、互联网金融与投资八大业务板块，近百款产品。目前，广联达的 PC 端专业应用产品企业用户数量达到 16 万余家，其中工具类产品直接使用者 50余万，管理类产品直接使用者百余万；移动端 App 专业应用产品直接使用者 200 余万；硬件端专业应用产品则覆盖 3000 余项目部，直接使用者3 万余人；大数据服务覆盖 27 个省市自治区，拥有近 7 年的行业数据；2015 年起正式运营的电商拥有 73 类、300 余种产品，超过 1 万部品构件信息向会员企业免费开放；互联网金融方面业务涵盖小贷、保理与保函。

广联达建立了完善的自主研发和技术管理体系，主要产品均具有自主知识产权及自主创新的软件架构，公司掌握核心技术 30 余项、软件著作权近 200 个、专利近 20 项，其中 3D 图形算法居国际领先水平，在针对建筑全生命周期的 BIM 解决方案、云计算、管理业务技术平台以及大数据方面，均有深厚积累。

目前，广联达产品被广泛使用于房屋建筑、工业工程与基础设施等三大行业，在建设方、设计院、施工单位、中介咨询、设材厂商、物业公司、专业院校及政府部门等八类客户中得到不同程度的应用。在奥运鸟巢、上海迪士尼、广州东塔等各地各类工程中，广联达产品均得到深入应用，并赢得用户好评。

广联达拥有员工 4300 余人，在中国 32 个省市建立 50 余家分、子公司，销售与服务网络覆盖 200 余个地市。2009 年起广联达开始国际化进程，目前正以美国子公司、芬兰子公司和英国子公司为核心辐射欧美市场，以新加坡子公司、中国香港子公司和马来西亚子公司的区域优势带动中国台湾、印度尼西亚、泰国等东南亚市场的发展。

十三　亿赞普（北京）科技有限公司

亿赞普集团成立于 2008 年，是全球领先的互联网跨境贸易及大数据应用公司，是我国唯一在海外（89 个国家和地区）部署有大数据平台的公司，在多数据源的采集与并发处理领域处于国际领先地位，连续两年承担国家"863"大数据项目的单位，并连续 2 年全程服务于"两会"，通过全球大数据洞察"两会"动态，在央视《新闻联播》等黄金节目中连续播出"大数据看两会"。2014 年独家大数据支撑央视《据说APEC》。

亿赞普集团通过与全球运营商及互联网网站合作，基于自主创新的大数据智能处理技术，正在全球互联网上部署一张跨多个国家、多个地区、多个语言体系，覆盖面最广的电子商务平台和互联网媒体。目前，亿赞普已在欧洲、拉美、东南亚设立了三个海外运营中心，已有欧洲、拉美、亚太等地区 21 个跨国电信运营商和数十万网站加入亿赞普的平台，覆盖89 个国家的 8 亿互联网用户，其中50% 以上是国外的网民。

亿赞普集团主营业务覆盖跨境电子商务、大数据挖掘与分析、大数据广告营销等方面。

在跨境电子商务领域，亿赞普基于大数据技术与商业模式创新，在行业首提领先于 B2C 的"F2C"模式（Factory to Consumer），为企业提供信息流、物流、资金流的端到端解决方案。

在信息流方面，在亿赞普全球大数据营销网络，一方面可以准确地将商品信息呈现给全球 8 亿的消费者，另一方面发挥经济雷达作用，指导企业按需生产、按需备货，解决了在跨境电子商务中最难的信息流到达的问题。

在物流方面，亿赞普订单生产中心连通海关系统，通过 BOM 编码实现商品全程端到端的 SLA 管理、预报关及快速通关服务，通过在全球关键贸易节点布置的保税仓体系帮助提供企业保税仓前置保税备货服务，降低企业在物流环节的成本。收购意大利帕尔玛机场，将其作为欧洲和中国的快速物流通道，提升跨境物流速度。

在资金流方面，通过亿赞普集团旗下的钱宝跨境结算系统为商户的跨境收单结算、结汇保驾护航。钱宝跨境支付系统是目前亚洲最大的海外收单平台，2014 年已支持 20 多种小语种在线支付，可以保障商户及时收款、规避金融汇率风险。携手 eCard、GemPay 等，满足本币化、虚拟化等多种需求，未来，平台还将依据不断积累的运营数据，为商户提供快速、便捷的互联网金融服务。

基于"F2C"模式，亿赞普构建了面向全球的跨境电子商务平台，帮助我国企业产品低成本、短渠道货销全球。

十四　传神语联网网络科技股份有限公司

传神是大数据和移动互联时代新型的多语信息处理服务商，首创了"语联网"模式，其语言服务能力亚洲第 3 位、全球第 19 位，已在国际工程、装备制造、影视传媒、文化旅游、服务外包、跨境电商等十多个方向形成嵌入式应用。服务的客户包括中石油集团、中石化集团、中国电力、中铁集团、中船集团、一汽集团、东风集团、阿里巴巴、亚马逊、Paypal 等，以及军工类、媒体类等上千个大型集团客户，同时成功地服务于北京奥运会、上海世博会、广州亚运会、深圳大运会、北京国际电影节、世界审计组织大会等重要国际性活动，并成为 CCTV4 唯一免检合作伙伴。

作为国家文化和科技融合重点企业，传神公司具有国际领先的核心技术和商业模式创新优势，已申请和获得了 130 余项专利、60 余项软件著作权，被评为国家首批"现代服务业创新发展示范企业"，建立了全国首个"多语信息处理产业基地"，拥有全国唯一的省级多语工程技术研究中心，自主研发的"云翻译服务平台"被工信部 CSIP 列为典型的云计算解决方案，同时入选国家文化出口重点企业，传神"国际影视平台"入选国家文化出口重点项目。

目前，传神公司通过语联网类电网模式，已聚集全球 70 余万名译员、1000 余家翻译公司，在 30 多个语种形成了独特的竞争优势，日均产能达 1000 万字，形成大型企业客户解决方案、微语言服务平台和跨境电商服务平台三大业务方向。

大型企业客户解决方案是面向大型企业集团提供语言整体解决方案，利用强大的语言能力支撑中国大型企业客户的海外工程、国际制造业引进，以及重大的跨国合作和国际会议等，提供全面的语言解决方案，使得客户在"走出去、引进来"的过程中，可以最大限度地降低成本和提升国际竞争力。

微语言服务，是解决具体场景化需求的系列语言服务应用统称，通过深植于应用场景，使得用户可以享受如水电一样方便的语言服务。截至目前，已经推出的微语言服务有全球畅邮（母语邮件系统）、拍拍易、小尾巴（旅行真人译）、公证语言一体化方案、云游（多语旅游助手产品）等多个示范应用。

跨境电子商务服务平台——"跨境云"服务中小外贸企业，该平台通过传神强大语言优势整合全球各地优质电商，形成无语言障碍的全球跨境电商营销网络，使得中国企业的商品轻松直达全球各地市场。"跨境云"平台已整合全球 39 个国家 179 个当地平台，实现用中文全球开店、邮件全球营销推广、各区域本地化搜索等基于多语大数据的营销支撑服务功能，真正实现企业用中文谈全球生意。

十五　博看科技（北京）有限公司

博看科技的科技核心业务为建立国家移动互联网人才培养体系，编写移动互联人才国家标准，输出国家移动互联网应用人才培养与园区工程示范模式，引导建立移动互联网人才培养、服务外包、产业集聚生态环境。为我国高端人力资源资源储备和产业对接提供专业运营与解决方案。

博看科技正式提出中国移动互联网人才产业园区建设思路，国家移动互联网工程将在2—3年内完成在我国移动互联网人才培养规划中的整体布局。工程目前已经得到中国信息产业发展研究院、中国教育学会、中国中小企业协会、清华大学国家人力资源研究院的战略合作支持，并且与展讯科技、华为公司等知名企业达成专项合作协议。

博看科技是中国教育学会信息化支撑我国教育发展、人才培养的战略合作单位，是清华大学国家人力资源研究院移动互联网服务外包人才标准的共同建设单位，是中国信息产业发展战略研究院移动互联人才培养课题共建单位，也是中国移动互联网IT实训系统设计、研发、培训整体解决方案的创建单位。

博看科技在移动互联网专业应用领域成果丰富，是中华医学会在国内独家指定的健康新媒体研发、运营机构，并受中华医学会的独家委托与三大电信运营企业（中国移动、中国联通、中国电信）进行健康新媒体合作的传播机构，也是中国最具专业度的健康内容制作和移动互联网软件发布提供商。

十六　北京易知路科技有限公司

北京易知路科技有限公司是专业从事远程教育解决方案模式的互联

网企业。"268 教育"隶属于北京易知路科技有限公司，2010 年开始便与国内知名的教育专家进行沟通和探讨，并与国外专家学者进行紧密合作，在深入研究未来互联网教育发展态势之后，以最前沿的教育理念为需求，以最先进的互联网软硬件设施为根本，凭借着强大的技术团队做后台支撑，成为目前国内最具影响力、最为专业的教育平台解决方案提供商。

北京易知路科技有限公司是专业从事远程教育解决方案模式的互联网企业，有多年的教育行业经验。立足于以技术为先驱，用户体验至上的理念，提供教育企业远程互联的产品方案。专业服务过学而思机构网校、尚德机构嗨学网网校等，针对网校系统建立的技术力量雄厚、经验丰富，具备复杂项目定制和个性化需求满足的能力，可服务于大、中、小型的公司。公司定位为国内最专业、最早进入网校系统建立领域的公司。

268 教育产品线主要包括在线教育学习系统、跨场景学习宝、代理商运营系统、在线作业练习考试系统、O2O 排课系统、教育社区系统、多平台移动 APP、网络营销 CRM 系统、自适配 CMS 资讯系统等在线教育系统。

成功案例包括世纪名家讲堂、恒企会计在线、长征教育、父母大学堂、仁和会计在线，以及得意门生、劢克偲教育、罗德国际教育和大家网等。

十七　斯坦德云科技股份有限公司

斯坦德云科技股份有限公司是一家企业私有云整体服务和运营提供商，公司"以领先的云计算技术，助力中小企业腾飞"作为企业使命，产品和技术达到国际领先水平。

斯坦德基于自主知识产权系列软硬件产品，提供中小企业私有云整体服务解决方案（云平台、云桌面和云应用），降低企业信息化建设和运维成本；云平台在企业内部，保证数据安全；同时支持移动办公、信息共享，形成数据资产；平台建设和运维可采用购买服务模式。

斯坦德是"国家高新技术企业""国家云计算标准、智慧城市标准成员单位""江苏省民营科技企业30强"，江苏省"博士集聚计划"入选企业。公司拥有"工业与信息化部云计算应用与服务平台""国际高性能计算委员会（HPC）－STD联合实验室""江苏省南京市物联网行业应用云计算平台"等基地。

十八 山东泰盈科技有限公司

山东泰盈科技有限公司（纳斯达克：CCRC）是中国呼叫中心及电商后台服务外包行业领跑者，在全国包括北京、上海、山东、重庆、江苏、河北、安徽、广西、江西、新疆等省市设立近20家外包运营基地，与国内外互联网、电子商务、通信、金融、物流、制造业等行业中的近30家领先企业建立了战略合作关系。全面为合作企业提供客户服务整体解决方案、呼叫中心运营外包、电商后台运营外包、呼叫中心及电商后台人才培训派遣、营销服务外包、企业云客服等核心外包服务。

公司将秉承"创外包之泰、享服务之盈"的核心价值观，抓住国家"一带一路"和产业升级的历史机遇，加速全国互联网与电子商务后台基地、金融业后台处理基地、通信业后台处理基地、制造业后台处理基地的规模扩张，依托"泰盈云"战略，进一步提升核心竞争力，争做全球BPO行业领军企业。

公司获得的荣誉包括：中国信息技术服务产业联盟常务副理事长单位、国家工信部中国呼叫中心与电商后台专委会理事长单位；商务部"重点联络服务外包企业"、国标委"呼叫中心服务标准化试点单位"、中华全国中工会"模范职工小家"、共青团中央"青年就业创业见习基地"、中国呼叫中心与电子商务研究院"中国最佳客户中心"、工信部软件与集成电路促进中心"中国最佳外包客户联络中心"。

通过的认证包括：高新技术企业、双软企业、ISO 9001 国际质量体系、ISO 27001 国际信息安全体系。

十九　乐视网

乐视是一家致力于打造基于视频产业、内容产业和智能终端的"平台＋内容＋终端＋应用"完整生态系统的企业。乐视垂直产业链整合业务涵盖互联网视频、影视制作与发行、智能终端、应用市场、电子商务、互联网智能电动汽车等；旗下公司包括乐视网、乐视致新、乐视移动、乐视影业、乐视体育、网酒网、乐视控股等；2014 年乐视全生态业务总收入接近 100 亿元。

乐视拥有乐视网、乐视影业、花儿影视等内容公司，其中乐视网成立于 2004 年 11 月，是国家级高新技术企业，2010 年 8 月 12 日在中国创业板上市，是行业内全球首家 IPO 上市公司，中国 A 股最早上市的视频公司。目前乐视网影视版权库涵盖 100000 多集电视剧和 5000 多部电影，并正在加速向自制、体育、综艺、音乐、动漫等领域发力。

乐视影业定位为"互联网时代的电影公司"，在出品、发行优秀影片的同时，旨在在互联网 2.0 时代背景下建立"一定三导"和"五屏联动"的 O2O 电影市场系统，为观众提供从线上到线下全方位的观影及增值服务。

乐视智能终端由超级电视、超级手机、乐视盒子、EUI 及 Leme 智能配件等共同组成。乐视智能终端由 CP2C 模式打造，秉承"千万人不满、千万人参与、千万人研发、千万人使用、千万人传播"的理念，从最初的乐视 TV·3D 云视频超清机 S10 到"乐视盒子"C1、C1S，超级电视 Max70、X60、X60S、X50 Air、S50 Air、S40 Air L 等，在线销量屡创佳绩，一举结束了 3SL（三星、索尼、夏普、LG）等国际巨头垄断市场的局面。目前超级电视已经进入美国市场。

2015 年 4 月 14 日，乐视推出全球首个生态手机品牌乐视超级手机，上市不到三个月超级手机销量突破百万台。超级手机采用量产成本定价模式，开创了智能手机生产厂商公布 BOM（物料成本清单）的先河，超级手机引领已经手机行业进入硬件免费时代，并且乐视打造的以服务为核心的生态型终端，已经让手机跨入生态时代。

乐视集团还构建起云视频开放平台、电商平台、广告平台、大数据平台等。其中，云视频平台拥有 10T 带宽，超过 600 个节点遍布全球各个角落。乐视商城已经位列中国十大 B2C 电商第七。

二十　北京易华录信息技术股份有限公司

北京易华录信息技术股份有限公司成立于 2001 年 4 月，是华录集团旗下控股的上市公司。易华录紧紧把握政府管理创新需求，发挥央企优势，将金融资本和产业资本相结合，应用物联网、云计算、大数据等先进技术，以智慧城市、智慧交通、公共安全三大产业为主体，以网络支付、信息安全为两翼，将科技与文化、线上与线下相整合，打造城市互联网运营商，为政府、社会、公众提供公益和增值服务，成为政府社会化服务的主要提供商。

易华录旗下拥有 10 余家子公司及 20 余家分公司，业绩覆盖全国 30 个省、自治区、直辖市及多个海外城市，已为国内 230 多个城市及海外多个国家提供了技术服务，足迹横跨亚欧，拥有"中国智慧城市最具影响力企业""中国智能交通领军品牌"等殊荣。

二十一　科南软件有限公司

科南软件有限公司是一家专门从事新一代企业互联网应用开发及云服务的专业厂商，公司的宗旨是"利用新一代信息技术，实现便捷的协作，更高的效率，更低的成本，让信息化告别传统，步入移动互联时代"。

公司潜心研发了国内第一套全面支持移动互联网和云计算的企业管理平台，在核心技术上实现自主可控，并在企业人财物和项目管理等核心业务领域，彻底改变传统 ERP 的局限，是我国互联网从个人消费领域向企业应用领域发展的代表性产品，是传统 ERP/HR/OA 等信息化系统升级换代的平台。

公司研发的产品改变传统 ERP 是基于制造业的流程生产和资源计划为基础的设计理念，以项目管理为核心的成本管控与资源协调，以人为中心构建互联网的服务，特别适合于科研院所事业单位，设计院、建筑施工、工程承包、咨询服务、型号研制型军工企业等组织的信息化需求。

二十二　浪潮集团

浪潮是中国领先的云计算整体解决方案供应商，已经形成涵盖 IaaS、PaaS、SaaS 三个层面的整体解决方案服务能力。凭借浪潮高端服务器、海量存储、云操作系统、信息安全技术为客户打造领先的云计算基础架构平台，基于浪潮政务、企业、行业信息化软件、终端产品和解决方案，全面支撑智慧政府、企业云、垂直行业云建设。

浪潮集团拥有浪潮信息、浪潮软件、浪潮国际三家上市公司。浪潮业务涵盖系统与技术、软件与服务、半导体三大产业群组。服务器销量全球第五、中国第一，并成为全球第五家掌握关键应用主机技术的公司。浪潮拥有 IT 领域唯一设在企业的国家重点实验室——浪潮高效能服务器和存储技术国家重点实验室。

浪潮国际化业务目前已拓展至全球 85 个国家和地区，在美国、日本、拉美等多地设立研发中心和工厂，在海外 26 个国家设立分公司和展示中心。全球拥有 8000 多家大中型渠道代理商，合作伙伴数量达到四位数，产品和方案广泛应用于全球数据中心、超算中心、税务、教育、智慧政府等领域。

浪潮与微软、思科、LG、爱立信等世界 500 强设立了合资公司，与 Intel、IBM、SAP、VMWARE、NIVIDIA、REDHAT 等建立了战略合作伙伴关系，与印度 UPTEC 合资共同发展软件实训产业。

浪潮先后加入 Open Stack、SPEC、TPC 等国际权威组织。2014 年 5 月，浪潮集团成功加入 SPEC 组织，正式成为国际标准化测试俱乐部的一员，跻身国际一线厂商行列。同年 7 月正式宣布加入国际云计算权威组织——Open Stack 基金会，成为全球最有活力的开源云平台管理项目的重要成员。同年 8 月国际标准化测试权威机构 TPC 组织宣布吸收浪潮为该组织的会员。浪潮服务器超能 3000 在 TPC – H 测试中获得当时的最好成绩，创造了中国服务器厂商第一个国际测试世界纪录，迄今为止，浪潮先后 16 次打破 TPC – E、TPC – H 以及 SPECj App Server、SPEC Power 等一系列国际权威测试纪录。

二十三　宝驾（北京）信息技术有限公司

宝驾（北京）信息技术有限公司成立于 2014 年 3 月，是一个自驾汽车租赁社区。在这里人们可以通过网站或手机发布、挖掘和预订全国各地的独特车源。通过互联网，帮助人们更好地分享和分配闲置汽车资源，无论用户的预算是多少，无论用户想去中国的哪个角落，都能在宝驾找到独一无二的当地驾行。

宝驾租车所倡导的"汽车共享模式"源于美国，现已风行全球。宝驾租车的"汽车共享模式"提供了一种全新出行的解决方案。

"汽车共享"则意味着拥有一辆私家车的车主可以依靠爱车多挣一份外快。而需要用车的人可以有更丰富的选择，无论是日常出行需要的经济型高尔夫、宝来或者科鲁兹；抑或是自驾游时更为合适的别克 Encore 或本田 CR－V。即用户可以拥有不止一台车，只需要去选择自己喜欢的车。

加入宝驾租车会员，通过宝驾租车平台的网站和手机客户端，车主可以很轻松地将闲置车辆租借给急需用车的租客，并且获得额外收入。而租客则可以随时搜索附近的车辆，并通过手机完成鸣笛寻车、开锁等操作，用比市场低30%的价格不出社区就能租到更加满意的车型，完全实现了自助式汽车租赁。

二十四　北京证联信通科技发展有限公司

北京证联信通科技发展有限公司是在行业资深技术人员倡导下建立起来的。主要从事信息安全相关行业应用开发和技术推广。公司目前研发人员有20多人，主要是关于数字签名的相关应用研发。

公司主要产品有数字统一认证平台管理系统、一网通平台系统等。公司还发起参与了基于 Android 系统的移动代码签名应用规范的标准制定和控件开发等。

二十五　青岛众恒信息科技股份有限公司

青岛众恒信息科技股份有限公司是一家专注基于云计算平台的物联

网信息系统企业。公司主营业务是视频监控管理平台以及视频数据分析。

2013年，众恒发布自主知识产权的vPaaS物联网平台、物联网云终端、oakcloud云计算操作系统。2014年公司在蓝海股权交易中心挂牌，建立vPaaS+合作伙伴联盟，发布了消防和农业物联网大数据服务平台。2015年在"互联网+"和"中国制造2025"的大背景下，公司发布"机器云"——工业物联网大数据服务平台，并荣获2015年度中国工业互联网领军企业。

众恒自2013年开始潜心研发物联网云终端产品、物联网云计算操作系统、物联网vPaaS系统，整个系统是目前国内企业中唯一涵盖了从云到端全面的物联网技术，而且系统各个层面均拥有自主知识产权，其中vPaaS系统填补了国内云计算技术空白。

二十六　北京辰安科技股份有限公司

北京辰安科技股份有限公司是一家源于清华大学，由清华控股的高科技企业，创业板上市公司。

辰安科技基于清华大学成熟的"产学研用"相结合机制，在应急平台关键技术系统与装备方面，拥有完整的独立自主知识产权和核心技术，取得近百项软件著作权和国内外专利，荣获"国家科学技术进步一等奖"。

辰安科技下辖政府与行业应急、城市公共安全、国际业务三大业务板块，提供的产品和服务包括公共安全综合应急、监测监控、预防预警、救援指挥、城市生命线监测防控、环境监测与安全应急等相关系统和装备。其中现场在线会商、移动应急平台、应急测控飞艇、应急个人装备、多旋翼应急飞行器、应急物联网等设备，分别在北京、武汉、合肥建有规模化研发生产基地。

辰安科技的用户群包括各级政府，以及人防、公安消防、安全监管、核与辐射应急、铁路运输、民政救灾、海洋海事、电监电力、石油化工等部门与行业，得到了政府和社会各界的认可和赞誉。

辰安科技在公共安全与应急方面的核心软硬件和整体解决方案已走向海外，为厄瓜多尔、委内瑞拉、新加坡、巴基斯坦、哈萨克斯坦、印度尼西亚、文莱等多个国家提供产品和服务，为各国构建完整的公共安全一体化平台、应急接处警与指挥控制系统等公共安全系统。

二十七　广东一一五科技股份有限公司

广东一一五科技股份有限公司（简称"115 科技"），是一家拥有自主知识产权，为企业和个人提供云服务的国家高新技术企业，同时也是国内起步最早、实力最强、用户最多的创新型云计算互联网企业之一。115 科技企业总部位于广东省东莞市松山湖国家高新技术产业开发区，在广州、深圳设有分公司，北京设有子公司，共有员工近 200 人，技术研发人员占员工总数近 70%，是国内极少数的纯内资型互联网企业。

截至 2016 年，115 科技已深耕云计算领域 7 年，拥有海量数据处理经验和亿级用户技术解决方案，有强大的数据加密技术和信息安全机制，并获得国际信息安全领域极具权威的 ISO 27001（信息安全体系）认证。

七年来，115 科技一直专注于技术研发与产品打磨，目前已推出"115"和"115＋"两大产品体系。其中"115"产品是国内最早一批云存储项目，目前已在云存储的基础上发展为一款跨平台、多端同步的云应用；"115＋"是帮助政府部门、协会、企业等组织实现精细化管理的云管理工具。"115＋"的推出，将推动万千中小微企业降本增效，提升组织信息化水平，引爆云计算带来的管理革命。

二十八　乐辰科技有限责任公司

乐辰科技有限责任公司是集医疗卫生、电子政务和 IT 职业教育于一身，国内率先发展起来的医疗云计算企业之一。公司现已经在北京、天津、大连、南京、银川、美国洛杉矶等地设立分支机构，业务拓展至欧美、日韩、中国内地和香港地区。通过几年国际市场开拓，公司先后与微软、IBM、SK 等世界 500 强公司，以及华为、联想等国内行业巨头公司建立了稳定的合作伙伴关系，同时通过国际化的管理，吸引了一批海外归国人员加入乐辰，打造了一个国际化的领军团队。现已获得国际 ISO 9001、ISO 27001、ISO 20000、CMMI 3 认证，国内高新技术企业认定，技术先进型企业及双软认证，项目实施实现了标准化正规化管理。公司多项产品入选国家科技部火炬计划、星火计划、支撑计划、惠民计划等，是科技部认定的国家第一批现代服务业创新发展示范企业，荣获 2012 年中国医药卫生信息化"智慧医疗创新典范"称号。

乐辰科技自主研发的基于云计算的 E - MHUB 区域医疗信息管理平台、电子病历系统、哈尔滨市卫生服务信息系统等医疗卫生软件系统已成功在美国洛杉矶、哈尔滨、南京、大连等地应用。

二十九　安世亚太科技股份有限公司

安世亚太科技股份有限公司成立于 2003 年，是我国工业企业研发信息化领域的领先者、新型工业品研制者、企业仿真体系和精益研发体系创立者，在虚拟仿真行业排名第一。公司坚持"以助推中国工业发展为己任"，紧跟我国工业发展的迫切需求，伴随中国工业发展而发展，深入践行《中国制造 2025》。2015 年开启了公司新的发展战略：从"工业软件及服务提供者"走向"新型工业品研制者",致力于工业软件开发、先进设计体系研究和智慧工业体系研究。

公司拥有 14 家分、子公司,客户 3000 多家,是国家规划布局内重点软件企业、北京市重点总部企业、"瞪羚计划"企业、"十百千工程"重点培育企业、北京市企业技术中心、两化融合管理体系贯标咨询服务机构、中国创新方法研究会副理事长单位和北京生态设计与绿色制造促进会主席团单位,2013 年获批建立北京市综合仿真工程实验室,2015 年经工信部批准成立"国家工业软件与先进设计研究院"。

安世亚太是第一家提出协同仿真理念的企业,是精益研发理念、方法、技术和平台的创立者。面对工业企业日益智能化的生产设施和云计算、大数据等智能科技的发展,提出了基于工业云的智慧工业体系和技术框架,创建以客户为中心的智慧化和自治化工业形态的支撑体系,针对工业 PaaS、智慧研发、智能制造和智慧工业提出相应解决方案。该体系可为"中国制造 2025"和智能制造战略目标的实现提供技术支撑。

公司广泛参与和支持了大飞机、航空发动机、运载火箭、飞船、坦克、船舶、高速机车等国家重大项目和工程的建设工作,多次主持或参与了"863""973"等国家重大课题研究工作。

三十 中国移动巴基斯坦公司

中国移动巴基斯坦公司(CMPak,商业品牌 Zong)是中国移动在巴基斯坦的全资子公司。2007 年,中国移动在巴基斯坦成功收购 Paktel,变更为全资子公司。

目前公司劳动用工总量为 3121 人,其中 80% 为本科或本科以上学历。公司总部设有 21 个部门和中心,总部在各省下设 8 个区域营销中心、3 个区域网络运维中心。至 2016 年 11 月,公司共有 2G 基站数 9043

个（行业五家，排名第三），3G 基站数 6872 个（行业第二），4G 基站数 4848 个（行业第一）。总客户数约 2709 万，行业份额约 19.5%（行业第三）。其中 3G 客户数 661 万，行业份额约 20%（行业第三）；4G 客户数 160 万，行业份额约 73%（行业第一）。2016 年 1—11 月，公司实现收入 507 亿卢比（约 33 亿元人民币），行业份额约 16%（行业第三）。公司一直致力于本地信息化建设，助力中巴经济走廊战略项目的落地。

三十一　北京汇真科技股份有限公司

北京汇真科技股份有限公司自创立以来专注于人工智能系统研发、超大规模数据分析，提供互联网数据增值服务。公司拥有顶尖的科研团队。目前应用于全球量化广告、商务智能、量化金融等行业领域，未来将应用于医疗、资源勘探、军工等其他垂直行业领域。

汇真科技的人工智能系统是基于卡耐基梅隆大学开发的 Petuum 计算框架搭建的可以处理千亿特征的深度学习系统和基于逻辑演绎的专家系统相结合的方法搭建的平台，其内部含有大量的领域专家水平的知识与经验，模拟人类专家的决策过程，进行推理和判断，既可以充分利用深度学习技术来处理海量数据，也可以在处理海量数据的时候，利用分层贝叶斯网络模型挖掘数据背后隐藏的关系和关系节点，在不确定结果的状态下也具有一定的推理能力，使用演化算法和群体智慧，以合作和竞争的方式达成一定的目标，具有广泛的市场价值。

三十二　科大讯飞股份有限公司

科大讯飞股份有限公司成立于 1999 年，是一家专业从事智能语音及语言技术、人工智能技术研究、软件及芯片产品开发、语音信息服务及电子政务系统集成的国家级骨干软件企业。2008 年，科大讯飞在深圳证券交易所挂牌上市。

科大讯飞作为中国智能语音与人工智能产业领导者，在语音合成、语音识别、口语评测、自然语言处理等多项技术上拥有国际领先的成果。科大讯飞是我国唯一以语音技术为产业化方向的"国家 863 计划成果产业化基地""国家规划布局内重点软件企业""国家高技术产业化示范工程"，并被原信息产业部确定为中文语音交互技术标准工作组组长单位，牵头制定中文语音技术标准。

科大讯飞两次荣获"国家科技进步奖"，两次获得中国信息产业自主创新最高荣誉"信息产业重大技术发明奖"。随着移动互联网时代的到来，科大讯飞率先发布了全球首个提供移动互联网智能语音交互能力的讯飞开放平台，并持续升级优化。基于该平台，科大讯飞相继推出了讯飞输入法、灵犀语音助手等示范性应用，并与广大合作伙伴携手推动各类语音应用深入到手机、汽车、家电、玩具等各个领域，引领和推动着移动互联网时代大潮下输入和交互模式的变革。

三十三　三胞集团有限公司

三胞集团有限公司是一家以信息化为特征、以现代服务业为基础，"新金融、新消费、新健康、新科技、新置业"五大板块协同发展的大型民营企业集团。

集团现拥有宏图高科、南京新百、万威国际、金鹏源康、富通电科等多家上市公司，以及宏图三胞、乐语通讯、宏图地产、广州金鹏、天下金服、中国新闻周刊、安康通、麦考林、拉手网、英国 House of Fraser、美国 Brookstone、以色列 Natali 等国内外重点企业，下属独资及控股企业超过 100 家，全球员工总数超过 10 万人，其中海外员工达 4 万人。

集团旗下"宏图""宏图三胞""金鹏""新百"商标系"中国驰名商标"，品牌家喻户晓、享誉全国。

目前，集团总资产已突破 1200 亿元，年销售总额达 1300 亿元，连续第 13 年入围"中国企业 500 强"（第 132 名），并被全国工商联评为"中国民营企业 500 强"第 19 名、"中国民营服务业企业 100 强"第 10 名。

在多年的发展历程中，集团秉承"向上、自省、平衡""厚道、讲理、明目"为核心的企业文化，努力践行"为客户创造价值，为员工提供机会"的企业宗旨，形成了企业独特的感召力和凝聚力。

在创造社会财富的同时，集团积极参与慈善公益事业，在抗击自然灾害、支持教育事业、救助弱势群体、促进社会和谐等方面做出了突出的贡献，多年来捐赠金额已超过 3 亿元。

◇◇ 第五节　服务

一　中国电子信息产业发展研究院

中国电子信息产业发展研究院（赛迪集团）是直属于国家工业和信息化部的一类科研事业单位。

成立 20 多年来，一直致力于面向政府、面向企业、面向社会提供研究咨询、评测认证、媒体传播与技术研发等专业服务。形成了政府决策与软科学研究、传媒与网络服务、咨询与外包服务、评测与认证服务、软件开发与信息技术服务五业并举发展的业务格局。

研究院总部设在北京，并在上海、重庆、广州、深圳、海南、云南等地设有分支机构。现有员工 2000 余人，其中各类专业技术人员 1200

余人（含高级职称人员 110 人）。

二　清华大学国际传播研究中心

清华大学国际传播研究中心是清华大学校级重点研究机构，是在汪道涵先生和王大中校长的倡议下，由清华大学校务委员会于 1999 年夏决定成立的，李希光教授任主任。18 年来，中心在全球传播、健康传播、国家软实力建设、公共品牌塑造、新闻发言人制度建设与人才培养、危机传播管理、新闻改革和新闻教育等领域积累了深厚的科研实力和大量的实践经验。中心已形成政策、学术、媒体多边互动的研究构架，被政界、学界和传媒界视为中国在国际传播和舆论研究方面的新型智库，在一些重要决策上参与咨询。

三　北京大学国家战略传播研究院

北京大学国家战略传播研究院是专门致力于现代国家信息和舆论治理问题研究的科研教学机构。研究院的主要研究和咨询领域涉及国家的对外传播和形象建设、国际政府间和民间的公共外交、中国地方政府的媒体沟通和对外联络、中国大型企业国际化发展中的传播战略、国家互联网治理和传媒产业发展政策的制定等。

研究院采取大型企业和高等院校共建的形式，既能够集纳各方资源，发挥各方优势，又能够做到信息共享、协同创新，贡献出真正符合中国国家战略实际需要的智力资源。

研究院的筹备和发展已经得到了国家领导人的亲自批示和关注，并责成教育部和北京大学的有关部门协助创建和培育。

在政府资源支持方面，研究院的核心成员有着与国家新闻宣传部门、国务院各部委新闻宣传机构和地方政府的长期合作关系，在研究院成立之前就已经积累了大量的研究成果，并与这些政府机构形成了会议、项目、培训等各种长期联合工作机制。

在人员构成方面，研究院集纳了一批海内外中青年高水平学者参与日常的研究、咨询和培训工作，并邀请国内外一流的中国问题研究专家和传播问题研究专家担任学术顾问和特聘研究员，充分重视研究团队的国际视野和专业水准。

研究院计划在3—5年时间内办成国际一流的智库机构和公共外交机构。一方面构建成熟而高质量的国家传播政策预案体系和研究体系，领导构建现代国家传播治理体系的建设；另一方面建成一个有国际声誉和国际视野的公共外交平台，充分利用北京大学的优势，广泛开展各种国际合作和对外传播。

四　国浩律师事务所

国浩律师事务所创立于1998年6月，是目前中国最大的综合性律师事务所之一，在北京、上海、深圳、杭州、广州、昆明、天津、成都、宁波、福州、西安、南京、南宁、济南、重庆、苏州、香港及巴黎、马德里、硅谷等20地设有执业机构。作为THEINTERLEX GROUP在中国内地的唯一成员，国浩律师事务所还与近50家国际顶级律所建立了紧密的合作关系，执业范围可扩展到59个国家及地区的155个城市。

国浩律师事务所现有合伙人260余人，执业律师及各类专业辅助人员近2000人。其中90%以上的合伙人具有硕士、博士学位或高级职称，且多为中国某一法律领域及相关专业的顶尖律师或专家学者。

国浩律师事务所设有证券与资本市场专业委员会、公司与商业专业委员会、银行与金融专业委员会、国际投资专业委员会、基础设施建设专业委员会、知识产权专业委员会等六个专业化法律服务机构，开创了中国律师业规模化、专业化、团队化之先河。

国浩律师事务所系香港联合交易所、美国纽约证券交易所、美国纳斯达克证券交易市场、澳大利亚悉尼证券交易所、新加坡证券交易所等境外证券交易机构认可的可为证券发行上市及公司并购项目出具法律意见的中国律师事务所。

国浩律师事务所业务领域广泛，服务范围涵盖金融证券、公司商务、并购重组、跨境投资、国际贸易、知识产权、私募融资、争议解决等各项法律业务。尤其是在资本市场，国浩在境内外 IPO、再融资、重大资产重组、收购兼并等综合指标上几乎每年均排名行业第一。

国浩的服务对象多为国内外知名的跨国公司、大型国有企业及大中型民营企业，并为 300 余家上市公司提供过包括上市、并购重组、债券发行在内的法律服务。在国浩已完成的项目名单中，包括国家核电技术公司、中国航天信息、中国五矿有色、中国有色矿业集团、中国远洋运输集团、中粮集团、中国航空集团、中国东方航空、中国铝业、中国华能集团、江南重工、上海电气集团、上海百联集团、上海建工集团这样的大型国企，也有像腾讯、盛大网络、巨人集团这样的著名民营企业。近期完成的重大项目有以 245.3 亿港元集资规模荣膺港股"集资王"的中国核电巨头"中广核电力"香港发行上市项目、交易金额达到 30 亿美元的巨人网络私有化项目、中国南车与中国北车吸收合并项目、腾讯公司收购四维图新股权项目、阿里巴巴入股银泰商业项目、斑马技术公司收购摩托罗拉系统企业部项目等数十起。

五　北京德恒律师事务所

北京德恒律师事务所原名中国律师事务中心，1993 年 1 月经中华人民共和国司法部批准创建于北京，1995 年更名。现有分支机构 30 个，律师专业人员 1700 余人，已形成遍布中国和世界主要城市的服务网络和客户群，为中国最大规模的合伙制律师事务所之一。

据全球最大的财经通讯社美国彭博社统计，2008 年度在企业重组改制及首次公开发行股票上市（IPO）法律顾问服务领域，德恒在中国内地市场及香港市场均位居第二位。2010 年度德恒担任发行人律师的 IPO 项目募集金额约 1721 亿元，占国内企业 IPO 融资总额的 23.7%，占全球 IPO 融资总额的 9.4%。2011 年度 ALB 中国法律大奖评选中，德恒担任发行人律师的中国农业银行 IPO 获"年度最佳股票市场项目大奖"。2012 年 12 月 4 日，德恒获 21 世纪经济报道"2012 年度（PE/VC）最佳 IPO 律师事务所"大奖。2013 年 10 月，德恒凭借在反垄断领域的出色表现，荣获 2013 年度"优秀内资反垄断律师"称号。

据 Mergermarket 统计，在 2009 年，德恒代理了总价值 190 亿美元的重大资产重组并购业务，列 Mergermarket 2009 年亚太地区（日本除外）重组并购业务排行榜（按金额）的第二名。

据 ALB《亚洲法律杂志》公布的排名，自 2007 年起，德恒在全国律所规模 20 强中排名一直位居前列。2010 年 7 月，在《亚洲法律杂志》（ALB）评定的"全国律所规模 20 强"中，德恒位居第三，稳居国内法律服务机构的第一梯队。

德恒拥有一流的律师队伍，全球员工 1700 余人，80% 以上具有硕士、博士学位，具有在国内外立法、司法、行政机关、跨国公司、大型国企、金融证券机构的工作经历和经验。历经 20 年的磨砺，德恒在公司、金融、证券、并购、诉讼仲裁、基础建设与房地产、知识产权、科技法律、国际贸易等业务领域累积了丰富经验，形成了核心竞争力。

六　中国国家认证认可监督管理委员会认证认可技术研究所

国家认证认可监督管理委员会是国务院授权的统一管理、监督和综合协调全国认证认可工作的行政管理部门。

国家认证认可监督管理委员会认证认可技术研究所是由中央机构编制委员会批准的独立法人事业单位，直属国家认证认可监督管理委员会。是我国认证认可研究国家层面的社会公益类科研机构，是以认证认可政策理论、学术研究为主要职责的技术支撑服务机构。

研究所由综合技术研究中心、认证技术研究中心、认可技术研究中心、认证认可机构发展研究中心和办公室组成，其技术服务工作由中认国证（北京）评价技术服务有限公司承担。

根据国家事业单位登记管理局授权，研究所主体业务包括承担认证认可/合格评定理论研究；承担认证认可/合格评定标准研究；承担认证认可/合格评定专业培训与咨询；承担认证认可/合格评定技术开发与服务；承办国家质检总局、国家认监委委托事项。

主要职责为：围绕国家认证认可的方针政策，开展认证认可发展的前瞻性研究，承担国家认证认可科研课题和科研攻关项目，依据认证认可国际准则和我国认证认可工作发展需要，开展认证认可技术研究；根据认证认可客户需求，开展认证认可相关业务的培训和研讨活动；提供认证认可国内和国际相关信息，承担认证认可方针政策及相关技术的咨询服务等。

七　国家机床产品质量监督检验中心（山东）

国家机床产品质量监督检验中心（山东）（简称"国家机床质检中

心"）是于 2010 年在滕州市产品质量监督检验所（事业法人单位）基础上经国家质检总局批准筹建的第三方实验室。2012 年通过实验室 CNAS "三合一"认证，项目覆盖金属切削机床、锻压机床、特种机床等机床产品。2012 年参加由中国机械工业联合会与中国合格评定国家认可委员会联合组织的立式加工中心位置精度检测能力验证。2013 年通过国家质检总局现场验收，能力建设现状被评为"国际先进，国内领先"等级水平。国家机床质检中心机床产品检测实验室面积约 3000 平方米，包括样品处理室、常规检测室、化学性能检测室、物理性能检测室、精密检测室、三坐标测量室，其中建有 1400 平方米的恒温（20℃ ± 0.5℃）、低尘、减震的精密机床检验车间；拥有先进的仪器设备 200 余台套，其中德国蔡司三坐标测量机、金相显微镜，英国雷尼绍激光干涉仪、球杆仪，丹麦 B&K 动态信号分析仪、动平衡仪，日本三丰圆度仪、表面轮廓测量仪，瑞士丹青 WYLER 电子精密水平仪等均为现阶段国际领先检验设备。

中心在为国际贸易提供技术支持、为仲裁委司法裁定提供技术支持、服务国家重大专项课题验收、为政府部门决策提供数据支持等方面开展了大量的工作。

国家机床质检中心近两年对 20 余个国家重大专项项目的试制样品进行了性能检测，检测结果作为国家重大专项项目验收的重要依据。其中包括大族激光的三维五轴联动激光焊接机床，中国机械科学研究总院的数字化无模铸造精密成形机、三维织造成形机等项目。

国家机床质检中心还多次承担了机床产品机械、电气等安全方面的政府指令性抽查工作，并结合抽查结果和行业发展趋势向政府提交了机床产品质量分析报告，为政府对经济宏观调控以及制定产业政策提供技术参考。

八 国信招标集团股份有限公司

国信招标集团股份有限公司（简称"国信招标集团"）成立于1999年，注册资本金15210.6084万元人民币，是国内最大的招标采购咨询综合性服务企业，由神华集团金瓷科技实业发展有限公司、北京首都创业集团有限公司、新华房地产开发公司（国家发改委基建办）、新产业投资股份有限公司等股东共同出资组建。

国信招标集团业务资质齐全。拥有各类招标甲级、工程咨询甲级、造价咨询甲级、工程监理甲级和进出口经营权证书等最高资质。

国信招标集团服务范围广泛。十几家子公司、参股公司及30多家分公司构成了覆盖全国主要省区的经营服务网络，可以向客户提供招标代理、工程咨询、项目管理、造价咨询、工程监理、投融资咨询与服务、国际贸易、信息技术服务等覆盖建设项目全产业链的综合服务。

国信招标集团经营业绩居业界首位。累计承接项目超过3万项次，委托金额近2万亿元，项目范围涵盖各行各业，连续多年获得"中国招标代理机构十大顶级品牌"及"中国最具竞争力招标代理机构"第一名的殊荣。

国信招标集团综合管理体系先进。经过十几年的发展，形成了一套管理制度化、程序规范化、办公自动化的科学管理体系；打造出一支素质过硬、德才兼备的员工队伍；在承办的各类业务中，严格执行国家法律法规，努力为客户实现综合效益最大化，赢得社会各界的高度评价。

国信招标集团是行业标准制定者，参与了《招标投标法》《政府采购法》及《招标投标法实施条例》等法律法规的起草，参与了发改委、财政部、建设部、商务部等行业部门招投标管理规范及标准的制定，参与了招标师职业水平考试大纲及辅导教材的编写，为推动国家招标投标事业发展发挥了积极作用。

九 中外友好国际交流中心

中外友好国际交流中心是经中国人民对外友好协会批准改制设立的独立实体。中心的工作得到中国各级党政部门的支持，内外网络不断强化、国别优势不断扩展，组织多领域、多门类、多学科、多专业、多形式国际交流活动的能力不断增强。中心将努力架起国际交流的桥梁，为中外友好的崇高事业做出应有的贡献。

中心积极承办中共中央宣传部、国务院新闻办公室主办的国家对外形象推广工程"感知中国"活动；中心积极服务国家外交工作，努力为重大外交活动营造文化氛围，承担外交部、文化部、全国友协、驻外使馆交办、批准、委托的重要项目。

中心积极推动中外文化交流，为不同文明、不同文化的对话互鉴，为中国文化的国际传播，为中外艺术家的合作搭建平台、开辟渠道；中心积极制订实施"世界艺术殿堂计划""国际著名艺术展览合作计划""中国文化使者计划""世界著名高校中国艺术传播计划""中外优秀艺术家合作创展计划"；中心注重与中外媒体的合作；中心通过设立文化交流基金的方式，积极培育展现国家文化形象的品牌交流项目。

中心积极服务企业"走出去"的国家战略和"一带一路"倡议，发挥桥梁作用，促进政府、智库、商协会组织、媒体、企业之间的交流沟通；发挥传播作用，诠释国家政策、方针，发布研究成果；发挥整合作用，凝聚内外资源，形成国别、行业投资合作优势。

十 中国标准化研究院

中国标准化研究院直属于国家质量监督检验检疫总局，是从事标准化研究的国家级社会公益类科研机构，主要针对我国国民经济和社会发展中全局性、战略性和综合性的标准化问题进行研究。

全院现有职工 500 余人，包括研究员 30 名、博士及博士后 80 名，主要开展标准化发展战略、基础理论、原理方法和标准体系研究。承担节能减排、质量管理、国际贸易便利化、视觉健康与安全防护、现代服务、公共安全、公共管理与政务信息化、信息分类编码、人类工效、食品感官分析等领域标准化研究及相关标准的制修订工作。承担相关领域的全国专业标准化技术委员会、分技术委员会秘书处工作。承担相关标准科学实验、测试等研发及科研成果的推广与应用工作。组织开展能效标识、顾客满意度测评工作，承担地理标志产品保护研究及技术支持工作。负责标准文献资源建设与社会化服务工作，承担国家标准文献共享服务平台运行和标准化基础科学数据资源建设与应用工作。同时工作直接支撑着国家质量监督检验检疫总局以及国家标准化管理委员会的相关管理职能，包括我国缺陷产品召回管理、国家标准技术审查、全国工业产品和食品生产许可证审查等。

作为国家级社会公益类科研机构，中国标准化研究院一直致力于积极参与并主导国际组织活动，维护国家利益，承担了国际地理标志网络组织（ORIGIN）副主席职务，承担了国际标准化组织（ISO）的技术委员会副主席、秘书等 13 个关键职务，主持制定 ISO 标准 20 项。

十一　E20 环境平台

E20 环境平台起始于 2000 年中国水网的创建，现正转型成为生态型产业服务平台公司，以产业预判能力、顶层设计能力及协同创新能力为核心竞争力，践行"用平台力量助力优秀企业跨越式发展，促进环境产业的转型和升级"的企业使命。平台以公信力为基础，领导力为导向，影响力为驱动，商业逻辑为准则，滋养优秀环境企业，提供深度系统的产业服务。

E20 环境平台旗下包括中国水网、中国固废网、中国大气网、E20 研究院、E20 论坛、E20 俱乐部、中国供水服务促进联盟、污泥处理处置产业技术创新战略联盟、垃圾焚烧产业促进联盟、中宜 E20 环境医院等子品牌、子平台和机构。

E20 环境平台依托 17 年来对环境产业的专注积累与核心资源能力，以坦诚开放、合作共赢的蓝色理念和平台思维整合产业和社会的智慧与力量，开展相关业务。目前，已有近 200 家各环境子领域 TOP 20% 的优秀企业加盟 E20 生态合作的产业第一圈层；数万专业人士深度参与平台各项基础服务互动；并成为政府有关部门的环境产业顾问和助手伙伴。

为了适应生态型平台公司的业务体系，E20 环境平台采取事业合伙人制度，引入不同业务领域的顶尖人才担任事业合伙人，并通过生态协同实现平台业务之间的价值流转。E20 环境平台已于 2015 年 11 月 11 日在新三板挂牌。

十二　大余章源生态旅游有限公司（丫山风景区）

丫山景区为大余章源生态旅游有限公司于 2007 年保护性开发的生态

景区,占地面积 3 万余亩。景区依托原住民与大龙山区丰富的生态资源,斥巨资陆续规划建设了九成山舍、道源书院等特色的乡村休闲度假区。第六届中国环鄱阳湖国际自行车大赛序幕赛、2015 环球小姐中国大赛澳门赛区丫山专场等众多国内外的重大活动均在大余丫山圆满举办。丫山已初步形成了一个集休闲度假、旅游观光、养生保健、户外运动于一身的生态度假胜地。其间荣获国家 4A 级景区、国家全民户外活动基地、国家森林公园、中国传统文化养生基地、国家登山基地、全国青少年户外体育活动营地、中国养生食品研究基地、国家居家养老示范基地、江西十大旅游新景区、江西省重点风景名胜区、江西省优秀旅游企业等美誉。

2015 年,在市、县政府"精准扶贫,旅游惠农"的政策指引下,为建一个"和谐乡村,幸福丫山",丫山对整个山区进行了全面规划、转型升级与重新定位,将生态度假旅游、深度乡村体验、乡村特产产业链等完美结合。未来,丫山将继续以乡村旅游形成联动效应,打造中国生态乡村旅游标杆,与周边村落形成强有力的轻奢慢生活生态圈,把丫山打造成中国最具特色的户外运动景区、中国最具特色的自然影视基地、中国最宜养生养寿的颐养基地,从而带动大龙山区乃至赣南地区的全产业开发。

十三 重庆刘一手餐饮管理有限公司

重庆刘一手集团公司创立于 2000 年,是专业从事连锁火锅产业生态系统平台构建的国际化大型知名企业。旗下囊括了餐饮管理、底料研发与生产、绿色食材开发、新品牌孵化、餐饮人才教育培训暨管理咨询等数十家全资或控股子公司。

公司自成立以来,坚持走"奉献创业,学习创新,竞合创效,诚信创牌"的发展之路,致力于构建全球火锅第一品牌。历经十七载的快速发展，刘一手集团已经把一个几百平方米的街边火锅小店锻造成一个全球 500 多家分店，遍及中国 31 个省、市、自治区及美国、阿联酋迪拜、新加坡、澳大利亚、加拿大、法国、老挝、印度尼西亚等多个国家和地区，旗下包含"刘一手火锅、刘一手心火锅、六十一度老火锅、Hot More、老堂菜、心饺、森林童话"等多个品牌，在 2015 年中国餐饮百强企业名列第六、2015 年中国火锅餐饮十强名列第二、是年创营业总额超过 37 亿元的国际化餐饮集团。先后荣获中国火锅十佳著名品牌、中华名火锅、中华餐饮名店、全国绿色餐饮企业、重庆名火锅、重庆市著名商标、中国连锁企业 50 强、消费者最佳信赖品牌等诸多殊荣。

高速发展的刘一手，在发扬传统美食的同时，更致力于为顾客打造有文化品位、生活品位、健康品位的餐饮名店，注重为顾客创造舒适的就餐环境和浓郁的文化氛围，将智慧刘一手、服务刘一手、放心刘一手、生态绿色刘一手等多品牌形象深植于全球消费者心中。未来的刘一手将开创火锅产业生态圈，建立火锅产业生态标杆，健全全产业链生态食材体系＋火锅事业全方位解决方案，最终实现全球火锅产业第一平台的愿景目标。

十四 北京大学海洋研究院

在国家"海洋强国战略"的大背景下，北京大学于 2013 年 12 月建立北京大学海洋研究院。海洋研究院采用新体制、新机制，是北京大学在海洋领域唯一的、独立的校级实体科研机构，统一负责全校海洋学科的规划协调和海洋产业及相关领域的对外合作工作。研究院将致力于大学改革和科技体制创新工作，先行先试，积极探索，争取为北京大学乃至全国高校改革，为大学科研乃至全国科研工作改革摸索道路，积累经验。

研究院定位为立足深海大洋事业和现代海洋科技，以海洋战略、海洋人文社科、海洋科学和海洋工程为重点研究领域，致力于建设成为国内顶尖、国际一流，具有全球影响力的综合性海洋研究机构。

研究院使命是成为国家实现海洋强国战略的重要智库；成为深海远海科学、工程与技术的发源地和核心研究机构；成为北京大学扎根中国蓝色国土、建设世界一流大学、服务国家战略与社会发展的重要平台。

十五　巴基斯坦中资企业服务有限公司

巴基斯坦中资企业服务有限公司（Chinese Enterprises Service Private Limited）坐落在素有"巴基斯坦之魂"称号的历史名城拉合尔。公司借助"一带一路"以及"中巴经济走廊"的东风，凭借对中国和巴基斯坦两国的企业组织、文化背景、风土人情、法律法规等都了解的优势，竭力架起一座为中国企业快速、有效进入巴基斯坦，以及巴基斯坦企业寻求中国合作伙伴的桥梁。

公司愿景是成为中国、巴基斯坦两国政府、组织间最专业、最诚信的合作方案供应商，以及中国企业在巴基斯坦创业、发展的全过程、全方位、最专业、最诚信、最高效的服务提供商。

公司主要服务内容包括提供一站式双向市场考察服务；与政府有关部门与相关机构合作，提供最新的巴基斯坦技术信息、政策法规和市场调查研究；积极为企业牵线搭桥，寻找合作项目，介绍合作伙伴；对落地项目进行跟踪、落实，确保项目健康发展；协助政府相关部门，策划并组织中国企业和巴基斯坦企业相互间的业务交流和展览、展销活动；企业注册、税务咨询、财务管理、员工代聘代管等服务等。

公司成立以来，已先后接待政府、商会、企业来巴考察团数十组，接待中方企业考察人员数百人。

十六 中国能源建设集团浙江省电力设计院有限公司

中国能源建设集团浙江省电力设计院有限公司（简称"中国能建浙江院"）始建于1956年，是中国能源建设集团旗下一家具有国家工程设计综合甲级资质的高新技术企业，拥有电力工程全过程咨询、总承包甲级资格及进出口企业资格证书、核电咨询资质证书。

中国能建浙江院在百万千瓦燃煤机组、特高压、燃气—蒸汽联合循环发电、大跨越输电、智能变电站、软土地基处理、烟气清洁排放等众多设计技术方面走在全国前列。完成了中国第一座30万千瓦级燃机电厂——浙江镇海燃机电厂、第一座9F级天然气电厂 华电半山燃机电厂、国内第一个成套出口印度尼西亚的60万千瓦电站——印度尼西亚苏娜那亚项目的勘察设计；参与了我国第一座百万千瓦超超临界燃煤电厂——华能玉环电厂的勘察设计；首个全过程自主设计的百万千瓦级燃煤电厂——浙能嘉兴发电厂三期工程创造了当时国内百万机组22个月零6天的最短建设工期纪录，获国家优质工程金质奖；完成了国内首台新建"超低排放"燃煤发电机组——神华国华舟山电厂二期4号机组、国内首台新建"超低排放"百万千瓦燃煤发电机组——浙能六横电厂1号机组的勘察设计；参与了国家电网公司1000千伏特高压交流输电示范工程的建设、±800千伏特高压直流输电示范工程的勘察设计，成为首家承担国家电网特高压交流变电站A包、直流换流站A包设计的省级电力设计院；完成了国内第一个500千伏智能型数字化变电站——500千伏兰溪变电站、舟山与大陆联网工程世界第一输电高塔、亚洲第一大跨越工程的勘察设计。连续四年在国家电网公司输变电工程设计承包商资信评价中排名第一。

近年来，中国能建浙江院先后被授予全国勘察设计单位综合实力"百强"、全国勘察设计和工程咨询行业总承包"百强"、ENR中国工程设计企业 60 强、全国文明单位、中国优秀勘察设计企业、全国实施卓越绩效模式先进企业特别奖、全国电力行业质量管理奖等荣誉称号。

十七　蓝天救援队

"蓝天救援队"是中国民间专业、独立的纯公益紧急救援机构，成立于 2007 年，中文名：蓝天救援，英文全称：Blue Sky Rescue（BSR）。

蓝天救援已在全国 31 个省、市、自治区成立品牌授权的救援队，全国登记在册的志愿者超过 30000 名，其中有超过 10000 名志愿者经过了专业的救援培训与认证，可随时待命应对各种紧急救援。蓝天救援是以志愿服务为原则、以建立和推动国内民间救援体系的发展，使每个国民享有免费紧急救援服务为宗旨，以专业化、国际化救援机构建设为目标。BSR 的任务是协助政府应急体系展开防灾、减灾教育培训，参与各种灾害事故救援行动，减少灾害和事故造成的财产和生命损失。经过多年的发展与实际救援，BSR 已经形成了一个建立在风险处理及预防基础上的综合性应急管理体系，成为一个涵盖生命救援、人道救助、灾害预防、应急反应能力提升、灾后恢复和减灾等各个领域的专业化、国际化的人道救援机构。

蓝天救援队成立以来参与了 2007 年以后国内所有大型灾害的救援工作，每年救援案例超过 1000 起。2017 年，在蓝迪国际的推动下，蓝天救援队参与了斯里兰卡自然灾害的救援，获得了斯里兰卡政界和宗教界的高度评价。

十八　三川智慧科技股份有限公司

三川智慧科技股份有限公司由江西三川集团有限公司发起设立，是国内首家以水表为主业的上市公司，注册资本 10 亿人民币。公司是中国移动物联网产业联盟副理事长及秘书长单位、中国计量协会水表工作委员会副主任委员单位、中国城镇供水排水协会常务理事单位。

公司以"紧紧围绕着水做文章"为战略，以"为人类科学用水、健康饮水而努力"为使命，以涉水的相关产业链为发展目标，以物联网和大数据技术为载体，构建综合性的智慧水务数据云平台，为供水企业乃至整个城市提供包括用水计量、管网监控、产销差管理、水资源监测、水质检测在内的水务运营整体解决方案，致力于成为领先的物联网数据服务型企业。

公司主要经营理念是技术驱动，把技术进步作为推动企业发展的最主要手段。公司是"国家高新技术企业""国家技术创新示范企业"，设立了行业首家博士后科研工作站和院士工作站，建立了行业唯一的国家级企业技术中心。截至目前，公司共计拥有核心专利 108 项，其中发明专利 13 项，拥有软件著作权 108 项，同时参与了 13 个国家或行业标准的起草、制定和修改，具有引领行业技术进步和产品创新能力。

◇◇ 第六节　文化

一　天洋控股集团

天洋控股集团（简称"天洋"）创立于 1993 年，全球总部位于中国香港，并在洛杉矶和北京设立了北美总部和中国总部。目前，天洋已发展成为横跨文化产业、科技产业、互联网金融、产业地产四大产业的大型控股集团，旗下拥有香港上市公司——天洋国际控股（HK.00593）。

天洋正在全力实施以文化和科技两大产业为核心的战略转型，并创立了文化品牌"梦东方"和科技品牌"超级蜂巢"。天洋整合全球最优秀资源，以"互联网思维"颠覆传统模式，跨界融合发展，力争在十年内成为世界一流的文化、科技集团。

梦东方的使命就是要把中国文化推向世界，并成为中国文化产业的一面旗帜。中国要有强大的文化自信，梦东方将通过拥有自主知识产权的文化作品，成为中国与世界沟通的桥梁，让全世界更多的人了解中国、热爱中国。

超级蜂巢在全球率先提出打造线上硅谷平台，把全球的原创技术引入中国这个巨大的市场，集聚全球智慧，推动世界变革。

天洋控股集团始终秉持"生之于天、容之于洋、爱之于人"的核心理念，以"创新·共赢"为经营思想，以"人与社会价值的创造者"为己任，成就"百年天洋"的梦想。

二　野马集团有限公司

野马集团有限公司前身是 1993 年在阿勒泰注册的阿勒泰野马实业有限公司，2003 年迁至乌鲁木齐，2009 年更名为野马集团有限公司。

野马集团经历了近 20 年的发展，是一家涉及外贸外经、金融投资、文化旅游等跨行业、多元化发展的民营企业集团。随着新疆进入新的大发展的历史时期，野马集团也进入了快速健康发展的轨道。2011 年，被自治区评定为"100 户优强企业"。

野马集团传统主业为进出口贸易，主营业务为工程机械、建筑机械、重型车辆、成套设备的出口。在哈萨克斯坦、乌兹别克斯坦、俄罗斯均设有机械设备展销维修服务中心。在国内市场，与东风新汽、中国重汽、徐工集团、鸿达重工等大型生产企业建立了良好的合作关系，取得了外贸授权，成为上述企业产品出口中亚和俄罗斯的总经销商。作为传统主业，野马集团已形成了完善的外贸出口流通体系，拥有一大批优秀的外贸人才，具备较强的核心竞争力。多年来野马集团一直处于新疆维吾尔自治区外贸出口龙头地位，曾经是中国百强民营出口企业之一。公司注册商标"野马国际"在国内及中亚市场具有很高的知名度。近三年，公司累计实现进出口贸易额近15亿美元，基于长期良好的业绩和信誉，野马集团被评为"新疆银行业信贷诚信企业客户"。

2009年，野马集团在新疆首家推出外币兑换业务，迈出了进军金融产业的第一步。8年来，以新疆野马小额贷款公司、新疆野马股权投资公司、新疆野马资产管理公司为主导的金融板块，已成为集团发展的重要支撑。在海通证券的指导下，新疆野马小额贷款公司将登陆新三板；新疆野马金融板块将继续向资产收购、资产管理领域扩张，打造出融"小额贷款、股权投资、资产管理"为一体的金融企业。

三 迪岸双赢传媒集团

迪岸双赢传媒集团成立于2005年，在全国拥有9大分支机构，员工400多名，年销售额突破20亿元，是国内一流的高端户外传媒集团。

迪岸双赢传媒集团秉承"客户第一，资源领先，合作双赢"的经营理念，以"坚持创新，勇于进取，以人为本"为核心价值观，专注于媒体营销十余年，主要业务范围覆盖全国机场媒体资源运营、全国城市户外广告媒体营销、数字媒体营销等范畴。

迪岸双赢传媒集团从2005年开始进驻全国机场，拥有国内较为强势的机场媒体网络，资源网络辐射北京、上海、广州、武汉、成都、重庆、西安等全国30多个机场，是北京首都国际机场T3航站楼、广州白云国际机场T1航站楼以及武汉天河国际机场T3航站楼最大的媒体供应商。目前，迪岸双赢传媒集团是国内唯一能覆盖北京、上海、广州等顶尖机场的广告运营商。

迪岸双赢传媒集团是一家综合性高端户外广告传媒集团，囊括户外大牌、户外 LED、地铁、高铁、户外灯箱、公交车身、社区海报、影院、候车亭、校园等主流户外广告媒体形式，媒体资源覆盖 60 多个城市，300 多个市场，能深入下探到四线、五线城市及市场，单客户投放市场最多超过 280 个。另外，迪岸双赢传媒集团是一个创新型的户外营销机构，长期关注新技术、新营销趋势，着力发展数字新媒体业务，为广告客户提供数字广告、SEO 优化、内容营销、娱乐营销等营销咨询服务，为客户提供更多富有创意、更具口碑效应、更具价值的营销服务。

迪岸双赢传媒集团服务过数百家全球 500 强企业，也长期与业界一流 4A 公司及媒体机构保持良好的合作关系。客户行业类型包括奢侈品、汽车、金融理财、互联网、文化旅游等热门行业，历史累计客户超过2000 个，平均每年获得的广告需求超过 300 单，广告需求预算超过 200亿元，获得了众多认可和赞誉。

迪岸双赢传媒集团一直以传播传统文化、传递公益理念为己任，多年来一直积极参与公益事业，开拓公益客户，与国际爱护动物基金会、腾讯公益、中国扶贫基金会、野生救援协会、韩红爱心慈善基金会、中华慈善总会、中国宋庆龄基金会、中国国际慈善基金会等众多公益组织建立了良好的关系。

一直以来，迪岸双赢传媒集团紧跟时代潮流，掌握了前沿的营销传播资源，既拥有卓越的营销智库，也拥有丰富的成功经验，秉承专业合作的精神与态度，不断为客户创造双赢的价值和服务。

未来，迪岸双赢传媒集团将继续抢占以机场、高铁、地标商圈为主的优质广告媒体资源，加强新媒体、新技术、新营销方面的探索，打造更加智能化、高品质、创新型的全面覆盖生活出行的智慧型媒体生态，实现与众多国内外高端品牌客户及合作伙伴的共赢，成为国内首屈一指的综合性媒体营销机构和传播集团。

◇◇第七节　贸易、物流

一　中电科技国际贸易有限公司

中电科技国际贸易有限公司是中国电子科技集团公司的全资直属子公司，是从事电子信息产品国际贸易的综合性公司，以国际市场为先导，融产品供应、系统集成、解决方案、售后服务、国内外展览为一体，以中国电子行业科研院所及高科技企业的雄厚科研、生产和服务力量为后盾，广泛服务于国民经济各个行业。

二　江苏省海外企业集团有限公司

江苏省海外企业集团有限公司（JOC）是 1995 年经江苏省人民政府批准组建的国有独资公司，大型一类企业，注册资本人民币 5 亿元，1996 年被列为江苏省重点企业集团。经省政府授权，集团公司具有授权范围内国有资产的投资、经营和管理职能。经过不断发展壮大，集团目前已成长为年营业额超 150 亿元，进出口总额超 16 亿美元，总资产超 80 亿元，净资产超 20 亿元，集进出口贸易、实业投资、现代服务业和境外投资于一身的综合性投资集团。

JOC 是江苏最大的省属进口企业，已有 22 年国际贸易史，2001—2015 年累计进口 110 亿美元。进口产品主要是设备与原材料两大类，设备包含城市交通、纺织机械、医疗器械、船用设备、成套设备及市政基础设施等相关设备；原材料主要包含铁矿砂、钢铁制品、化工原料、纺织原料、造纸原料、木材、轻工原料和化工中间体等。

JOC 是江苏最大进出口企业之一。2001—2015 年，集团累计完成进出口达 185 亿美元。出口产品主要是机电设备及成套设备、电力设备、船舶、金属与化工产品、纺织服装与轻工产品、宠物用品等。

JOC 及各成员企业目前在国内员工超过 2000 人。集团所属有 5 个进出口贸易企业、6 个服务业企业、2 个仓储物流基地、11 个境内生产研发基地、11 个海外窗口公司、海外生产研发基地与海企分支机构，并已在柬埔寨、缅甸和坦桑尼亚建立了纺织服装生产基地，境外企业雇员超过1800 人，已成为江苏企业"走出去"的一支生力军。

三　中国外运长航集团有限公司

中国外运长航集团有限公司（简称"中国外运长航"）由中国对外贸易运输（集团）总公司与中国长江航运（集团）总公司于 2009 年 3 月重组成立，总部设在北京。中国外运长航是国务院国资委直属管理的大型国际化现代企业集团，是以物流为核心主业、航运为重要支柱业务、船舶重工为相关配套业务的中国最大的综合物流服务供应商。

中国外运长航的物流业务包括：海、陆、空货运代理、船务代理、供应链物流、快递、仓码、汽车运输等。在物流领域，中国外运长航是中国最大的国际货运代理公司、最大的航空货运和国际快件代理公司、第二大船务代理公司。中国外运长航的航运业务包括：干散货运输、石油运输、集装箱运输、滚装船运输、燃油贸易等。在航运领域，是中国三大船公司之一、中国内河最大的骨干航运企业集团、中国唯一能实现远洋、沿海、长江、运河全程物流服务的航运企业。船舶工业形成以船舶建造和修理、港口机械、电机产品为核心的工业体系，在国内外享有知名声誉，年造船能力超过 400 万载重吨。

2012 年，中国外运长航集团的营业收入为 1066.78 亿元，截至 2012 年底，资产总额为 1229.33 亿元，企业员工总数 7 万余人。中国外运长航集团自有车辆 5700 余辆，仓库堆场占地面积 1200 余万平方米，铁路专用线 47 条、55 公里，自有码头 90 余个、泊位 300 余个、岸线 75 公里，拥有和控制各类船舶运力达 1300 余万载重吨。中国外运长航控股三家 A 股上市公司（外运发展、长航油运、长航凤凰），两家香港上市公司（中国外运、中外运航运），下属境内外企业 730 余家，网络范围覆盖了全国 30 个省、自治区、直辖市，以及中国香港、中国台湾、韩国、日本、加拿大、美国、德国等 50 余个国家和地区，与 400 多家知名的境外运输与物流服务商建立了业务代理和战略合作伙伴关系。

中国外运长航是中国物流标准委员会审定的、中国唯一的集团整体 5A 级（中国最高级）综合服务型物流企业。中国外运长航致力于成为服务全球、世界一流的中国综合物流企业。

四　广东省五金矿产进出口集团有限公司

广东省五金矿产进出口集团有限公司成立于 1953 年，是一家专业经营外贸进出口业务的公司。历经半个多世纪的拼搏和发展，集团公司始终遵循"质量第一、信誉第一、优质服务"的宗旨，与世界各大洲的 120 多个国家和地区的上千家知名企业建立了密切的贸易关系。

集团主要经营各类钢材、建筑材料、非金属矿产品、五金制品、有色金属等的进出口贸易，同时还开展国内贸易、生产加工、物业租赁、仓储运输、合作经营、转口贸易等多种经营。拥有"五羊"牌水泥、"长城"牌水磨石粉、"GRAND"牌镀银器皿及不锈钢洗涤槽、"钻石"牌铸铁制品等在国内外享有盛名的品牌群，其中"GRAND"被评为"广东省著名商标"以及"重点培育和发展的广东省出口名牌",在同行业中领先并具明显的竞争优势。自1990年至今,集团公司一直位居"全国进出口额最大的500家企业"行列,年进出口总额3亿—5亿美元,年销售收入达到40多亿元人民币。

2000年公司通过ISO 9001：2008国际质量体系认证,2002年全面实施ERP系统管理,建立和完善了现代企业制度,多次被授予"全国质量效益型先进企业"及"中国广州最具诚信度、最具竞争力服务业"等荣誉称号,并被评为"连续十年守合同重信用企业",连年获得省级表彰奖励,赢得各界的信赖和赞誉。

为贯彻实施国家"走出去"的发展战略,集团公司于2007年11月与合作方签订了合资经营协议,共同出资1.5亿元人民币在越南投资建设钢铁厂项目圣力(越南)特钢有限公司,生产销售钢坯、螺纹钢等钢材产品,使集团公司由国内经营走向国际化经营,在转型发展上取得重要进展。

五　中国有色金属进出口江苏公司

中国有色金属进出口江苏公司于1984年12月经中国有色金属工业总公司批准成立,2010年7月进入江苏国信集团,注册资本2.6亿元。公司的主营业务为进出口贸易,经营冶金、有色金属产品及设备的进出口业务和进料、来料加工业务。2005年公司全资收购了中国冶金进出口江苏公司,并于2007年8月将其改制更名为江苏冶金进出口有限公司。

公司经营的主要产品包括稀土类,钢铁系列,铜、铝、铁合金类,锗、钨、钼、铟、钴、锶、铋等稀有金属及其加工产品。围绕主营业务,公司积极实施多元化发展战略,先后投资参股四家生产企业,坚持走内外贸相结合的道路。

经过 30 多年的发展，公司已经具备一定的综合实力，在全国有色金属行业同类企业中各项经济指标领先，连续 17 年被中国银行江苏省分行评为 A 类特优企业。

六　中国石油国际事业有限公司

中国石油国际事业有限公司作为中国石油天然气股份有限公司全资子公司，于 2002 年 1 月 18 日注册成立，注册资金 140 亿元人民币。公司主要职责是经营原油、成品油、天然气、石化产品进出口及转口、节能减排等国际贸易业务，负责组织实施中国石油境外除勘探开发项目以外的石油加工、储运码头设施、终端销售网络的建设和经营管理，以及境内沿海沿边口岸原油、成品油商业储备库和原油码头的建设与经营管理。

公司依托中国石油雄厚实力，积极开拓国际市场，增加贸易技术含量，延长贸易价值链，创新贸易方式，丰富贸易手段，国际贸易业务获得快速稳健发展。贸易方式包括进出口、转口、海外委托加工、油品炼制、调兑、仓储、运输和批发零售等多种形式。国际贸易业务已涉及 80 多个国家和地区，交易品种上百种。

公司积极搭建营销网络，在全球资源集散地和金融中心及境内主要沿海和陆路口岸设置多家分支机构，为拓展国际贸易创造了有利条件。

公司积极开展融仓储设施、炼制加工、油库码头、运输为一体的海外油气运营中心建设，通过兼并、收购、投资、参股等多种形式在境内外主要资源地、消费地建设石油仓储、运输等设施，为国际贸易稳健发展提供有力支持。

七 新疆三宝实业集团有限公司

新疆三宝实业集团是自治区骨干外贸企业之一，在国内外拥有 20 余家全资或控股企业。三宝一直与中亚各国特别是哈萨克斯坦开展进出口业务，目前已发展成为以对外贸易为主，融对外国际工程总承包、生产加工、仓储物流、旅游购物为一体的综合性外贸企业。具有商务部批准的对外承包工程业务经营权，是中国在哈萨克斯坦"中国工业园区建设项目"的承办方。

近年来，三宝累计对哈出口车辆及工程机械 4000 余辆（台），多项产品填补了中国出口中亚市场的空白。先后承接国外大型工程项目 21 项：其中年产 30000 吨聚丙烯、25000 吨/年 MTBE 项目填补了哈萨克斯坦国石油化工领域的空白，开创了新疆大型石油化工成套设备出口并在国外建设工程项目的先河。

2003 年三宝涉足哈国和中亚及俄罗斯油气田石油勘探开发项目合作、石油工程技术服务，与哈国石油公司共同开发阿克纠宾斯克州拜加宁油田，出口配套车装钻机开展钻井技术服务。

2004 年三宝出口的 5000Nm³/h 空分设备目前仍是哈萨克斯坦先进的空气分离装置，该项目对哈国的冶金工业具有积极助推作用。

2006 年三宝与国内钻机生产厂合作共同参与研制开发的低温耐寒石油钻机出口俄罗斯西伯利亚地区托木斯克油田（ZJ50L 一台，ZJ40L 三台），奠定了公司向俄罗斯出口大型设备的基础，近期又向哈国出口 3 台交流变频电驱动拖挂式钻机。

2008 年三宝承建的"科克其套"水泥厂项目是哈萨克斯坦国家级重点项目，也是目前中亚生产能力、技术水平最高的水泥厂。同年，在乌鲁木齐市经济技术开发区和高新区开始建造铝制品和石油钻机及配套设备的两家生产型企业，其产品将全部销往中亚各国。

目前，三宝已投入运营的博尔塔拉蒙古自治州三宝生物科技有限公司的卤虫卵产品达到国际先进水平，占国内销售市场份额的 2/5 左右。

集团 2013 年进出口额 10.98 亿美元，是中国外贸 200 强企业之一，连续十年被自治区外经贸厅评为"先进外贸企业""十佳边贸企业"，是海关总署核定的"A 类通关企业"和"红名单"企业，被税务机关核定为"A 类纳税企业"，被金融系统授予"AAA"级信誉企业，2007 年 1 月被评为新疆十大知名商贸企业，2008 年 1 月被授予全国商务系统先进集体，是自治区"百强优势企业"。

八　新疆八钢国际贸易股份有限公司

新疆八钢国际贸易股份有限公司成立于 1996 年 9 月，原为新疆八一钢铁集团有限责任公司的全资子公司——新疆中钢冶金进出口阿拉山口公司，2002 年 8 月经改制设立为新疆阿拉山口口岸工贸股份有限公司，2009 年 7 月更名为新疆八钢国际贸易股份有限公司。公司现为宝钢集团新疆八一钢铁有限公司的控股子公司，注册资本为 9000 万元人民币。

公司主要经营各类冶金原燃料的进口和钢材出口，目前客户已涉及中亚、俄罗斯、南亚、东欧等 10 多个地区和国家。进口品种主要包括球团矿、铁精粉、铁矿石、硅锰合金、高碳铬铁、锰矿、热压块、铬矿、焦煤等，在保障八钢公司、宝钢集团生产所需的基础上，还实现了对外销售；出口钢材主要包括建材、窄带钢、热轧板、冷轧板、镀锌板和彩涂板等产品，客户分布在俄罗斯、哈萨克斯坦、乌兹别克斯坦、土库曼斯坦、吉尔吉斯斯坦、阿富汗、伊朗、印度、阿联酋、尼泊尔、波兰等国家。

公司具有自理、代理国际货运资质，在新疆的阿拉山口、霍尔果斯、老爷庙、青河等口岸以及内蒙古的满洲里口岸通过陆运货物进口和通关，并在北仑、镇江、防城港、京唐港、青岛、天津等海运港口开展进出口业务。经过多年与哈萨克斯坦、乌兹别克斯坦、俄罗斯供应商的合作，在上述三国客户中树立了良好的信誉，并在当地设有办事机构。

随着宝钢集团、八钢公司战略布局的调整，新疆八钢国际贸易股份有限公司将利用独特的地缘优势，成为八钢公司乃至宝钢集团一个有力的资源支撑点。公司也将积极利用宝钢集团、八钢公司的平台，立足中亚和蒙古国以及俄罗斯等周边地区不断做大、做强，实现跨越式发展，打造成为国内十大钢铁资源进口公司之一。

九　淮北皖宏贸易有限公司

淮北皖宏贸易有限公司是以煤炭、焦炭物流为主的企业，年贸易额近2亿元。公司下属2个二级公司，分别经营印刷包装和建筑工程产业。目前，公司为了响应国家淘汰过剩产能企业，正着手转型向新能源产业迈进。公司将紧跟"一带一路"的投资建设，在国际化进程中加快企业的发展。

十　新疆亚欧国际物资交易中心有限公司

新疆亚欧国际物资交易中心有限公司于2010年8月由新疆新西亚石油化工有限公司、商务部中国国际电子商务中心、新疆农资集团北疆农家乐股份有限公司共同出资组建。

亚欧国际致力于在"上合组织"框架内寻求区域贸易便利化。开通了"中国—乌兹别克斯坦"网上跨境商品竞拍所集成的各种商品交易系统，实现在线买卖乌兹别克斯坦大宗商品物资；实现了"跨境竞价拍卖""跨境征信""跨境结算""跨境物流"等贸易金融服务，并以"中—乌"跨境交易系统为起点，将逐步接入俄、哈等国；其保税物流园区配套项目获得乌鲁木齐海关批准，并于2008年开工建设，2009年4月正式封关运营。保税物流园区将成为地区性的出境物资集货基地、进口物资的转运基地、生产资料的供应和配送基地、货品储存基地和综合配送中心、快速通关的物流基地。保税物流中心为大宗商品交易提供了硬件支撑，有力地支撑了奎屯市国家电子商务示范基地建设。

2012年，"亚欧国际物资交易平台"中俄文系统完成对接，与俄罗斯、哈萨克斯坦等中亚国家实现电子商务合作，奎屯市也在当年被商务部确定为首批国家电子商务示范基地（全国唯一的县级基地）。

2014年，在国家出口形势严峻的情况下，企业积极开拓内地市场，平台完成交易额7800多万元。

2014年6月，作为亚欧国际跨境交易平台配套服务，奎屯公共保税物流园区（509亩）建成并投入使用，"一关两检"封关运营。

为把新疆奎屯市真正打造成面向中亚国家的物流集散地，自治区联合国家有关部委，于2015年1月29日，开通了"奎屯—格鲁吉亚"首趟西行班列。2015年3月11日，首趟发往吉尔吉斯斯坦比什凯克专列成功出港。西行班列的开通，为亚欧国际大宗国际物流服务提供了有力的支撑。

目前，亚欧国际物资交易平台正在与国家"一路一带"进行对接，借助国家对新疆经济发展的大力支持，借助中乌经委会达成的共识，按照互联互通、西进东出的战略规划和模式，全力打造跨境大宗商品电子交易中心的升级版，辐射中亚五国和欧洲，成为架起中国企业和国外企业合作共赢的桥梁。

十一　天津世纪五矿贸易有限公司

天津世纪五矿贸易有限公司是由公司本部、出口生产基地、境内外营销公司及境外代表处构成的大型专业化进出口公司。天津世纪五矿前身是天津五矿，2004 年改为股份制企业，主要出口焊材、五金制品、耐火材料等。公司的自主品牌——"永久"牌是中国驰名商标。公司在国际上声誉良好，销售市场遍及东南亚、中东、拉美、非洲、大洋洲和欧美。

天津世纪五矿的主项商品均通过了国内外权威机构的质量认证，其中"永久"牌、"MT－12"牌电焊条在中国率先通过了美国船级社（ABS）、法国船级社（BV）、中国船级社（CCS）、挪威船级社（DNV）、英国劳埃德船级社（LR）、德意志劳埃德船级社（GL）和日本海事协会（NK）共七国船级社的质量认证。

天津世纪五矿不仅拥有自己的生产基地，还与国内外数百家厂矿企业建立了长期稳定的合作关系，并且在东南亚、中东、澳大利亚和拉丁美洲等地区设立有子公司和境外代表处，形成了覆盖国内外市场的完整的销售体系。同时，公司还与科研机构保持着技术和信息共享，积极进行产品研发。凭借优质的产品和服务，公司与世界上众多国家和地区的客户保持着良好的业务往来，建立了长期互惠互利的合作关系。

天津世纪五矿始终将满足客户需求作为经营宗旨，已通过挪威船级社（DNV）ISO 9001：2008 质量管理体系认证。公司按照现代企业制度要求建立了新型的企业管理体系，实现了现代化、信息化、规范化管理，企业核心竞争力不断提高。

十二 中国电子进出口总公司

中国电子进出口总公司（CEIEC）成立于1980年4月。CEIEC具有国际贸易、国际工程总承包、招标代理、对外劳务合作、展览广告等多种业务的甲级经营资质。2015年底，CEIEC总资产达298.91亿元人民币，当年实现销售收入375.3亿元人民币，已与全球160多个国家和地区建立广泛的业务合作。当前，CEIEC的战略重点立足于打造防务系统集成、公共安全集成、海外工程集成、贸易服务集成四大主业。

防务系统集成业务为客户顶层设计、集成和建设现代化电子防务系统，集综合产品验证、大型系统项目集成、关键软件与核心设备研发生产、海外高技术人员培训于一身，防务电子海外工程集成业务是CEIEC为响应国家"走出去"战略的号召而打造的核心业务。通过十多年的打拼，CEIEC目前已拥有工程规划、设计和监理、成套设备采购、项目建设和管理的综合集成能力。在能源开发、基础设施、文体会展、工业安装、信息工程和现代化农业等领域拥有丰富的项目管理经验。2008—2015年，CEIEC多次被国际工程领域权威杂志《工程新闻纪录》（ENR）评为全球250家最大的国际工程承包商之一。

贸易服务集成业务整合了CEIEC招标代理业务、国际贸易业务、展览广告和现代物流业务，通过为用户提供一体化的、量身定制的解决方案，在商品流通价值链的多个环节同步提升运作效率，实现多方共赢。信息系统顶层设计和集成领域正发挥着不可估量的作用。

十三 中国成套设备进出口（集团）总公司

中国成套设备进出口（集团）总公司（简称"中成集团"，COM-

PLANT）成立于 1959 年 11 月，是国家开发投资公司的全资子公司。

公司注册资本 10.14 亿元。拥有 8 家全资子公司、6 家控股子公司、2 家分公司。控股中成进出口股份有限公司（A 股上市公司），控股华联国际糖业公司（H 股上市公司）。

公司主要业务一是国际合作（包括援外，国际承包工程、劳务，成套设备出口及相关服务业务）；二是境外糖业的投资与租赁经营（包括以糖联业务为基础的产业链延伸）；三是符合国家开发投资公司发展战略的国际市场开发业务。

自公司成立以来，长期受政府委托统一组织实施中国政府对外经济技术援助项目，同世界上 100 多个国家和地区的政府及工商界建立了良好的关系，建成了一大批各类对外工程成套项目，赢得了广泛赞誉。公司业务分布在 50 多个国家和地区。境外糖联业务主要分布在多哥、贝宁、塞拉利昂、马达加斯加和牙买加，拥有 8 家糖联投资与租赁经营企业。

十四　安徽省外经建设（集团）有限公司

安徽省外经建设（集团）有限公司是以经营国际工程承包、境外矿产资源开发、房地产开发、珠宝加工、连锁超市、连锁酒店、建材加工和温泉旅游度假等业务为主的大型综合性企业，具有房屋建筑工程总承包和机电安装工程总承包一级、装修装饰专业承包一级、公路工程施工总承包二级和房地产开发二级等企业资质，并通过了 ISO 质量管理体系、环境管理体系和职业健康安全管理体系认证。

公司自成立以来，积极响应国家"走出去"的战略号召，先后在非洲、欧洲、亚洲、中南美洲和大洋洲等地区近 30 个国家圆满承建了近百个中国大中型援外项目、驻外使馆和经商处项目、中国优惠贷款项目和一系列国际工程承包项目。

公司还先后在马达加斯加、莫桑比克、多哥、科特迪瓦、津巴布韦、格林纳达、法国、比利时等 20 多个国家注册成立了分支机构，分别在相关国家投资开展房地产开发、宾馆酒店和大型连锁超市经营等业务。2009 年，公司迈入了一个全新的领域——境外矿产资源开发，先后在津巴布韦、赞比亚、莫桑比克、刚果金等非洲国家获得了钻石矿、金矿、祖母绿矿、钛锆矿和铜矿等矿产资源的特许勘探和开采权，其中在津巴布韦已建成投产了安津和津安两大矿区。近年来，公司连续四届被评为"全国文明单位"，连续多年位列 ENR 全球最大 250 家国际承包商排行榜，并被评为全国优秀施工企业、全国外经贸先进企业、全国商务系统先进单位、中国建筑业竞争力百强企业、感动非洲十大中国企业、中国企业海外投资 100 强、对外工程承包及劳务输出"AAA"级信用企业、中国进出口银行"两优两贷最佳执行企业"、安徽省先进企业、安徽省百强企业、安徽省优秀建筑施工企业等称号。

十五　中国河南国际合作集团有限公司

中国河南国际合作集团有限公司（CHICO）是一家国有独资大型外经外贸企业，公司注册资本为 2 亿元人民币。主要经营：国际承包工程、劳务合作、进出口贸易，提供技术服务、对外投资、承担国家对外经援项目。公司具有组织全省力量对外开展经济技术合作的职能，先后在 60 多个国家和地区开展了业务，并获得了优良的经营业绩。

经过 30 年的努力和发展，公司已经拥有了一支雄厚的包括项目工程管理、国际贸易、外语以及包括机电、纺织、粮油、轻工等各行业的高级工程师在内的技术力量队伍。国际承包工程方面，能胜任各类工业和民用建筑、道路桥梁、农田水利、电力、地质勘探、打井、城市公共设施等建设领域的工程承包业务。已经在亚洲、非洲的 20 多个国家和地区完成了 100 多个国际承包工程和对外经援项目。劳务合作方面，向 30 多个国家和地区提供各类劳务合作服务，建有设备配套、管理规范的外派劳务培训中心，能够根据业务需要培训各类合格的劳务人员。国际贸易方面，公司与全世界 50 多个国家和地区建立了密切的贸易合作关系。公司 2002 年的对外经营额达到 8000 万美元。为了大力开展国际贸易，广泛开辟国际市场，公司还在塞内加尔、尼泊尔、坦桑尼亚、尼日利亚等国设立了分公司。同时，公司还积极开展代理进出口业务，为企业提供全面周到的代理服务。

公司素以诚信为本，拥有良好的商业信誉和银行信用，已连续三年被中国银行授予 AAA 级单位，被郑州海关授予 A 类企业。

十六 威海国际经济技术合作股份有限公司

威海国际经济技术合作股份有限公司是经中华人民共和国商务部批准的具有对外业务经营权的综合性企业。经过 20 多年的开拓进取，形成了国际工程承包、国际劳务合作、国际船务合作、房地产开发、矿产资源开发、资本运营、国际物流等多项产业协调发展的跨国经营格局，业务遍及世界 30 多个国家和地区，并在日本、韩国、刚果共和国、刚果民主共和国、莫桑比克等十几个国家和地区设立了分支机构，综合实力位居全国同行业前列。

公司先后被国家商务部授予"全国商务系统先进集体"，中国对外承包工程商会授予"中国对外劳务合作优秀企业奖"、对外承包工程和劳务合作"企业信用评价 AAA 级信用企业"、"中国对外承包工程企业社会责任绩效评价领先型企业"，山东省政府授予"对外承包劳务最佳企业"，中国银行授予"一级（AAA）信用企业"等荣誉称号。凭借在国际工程承包领域的骄人业绩，公司自 2007 年起连续入选美国 ENR 评出的全球最大 250 家国际承包商榜单。

十七　烟台国际经济技术合作集团有限公司

烟台国际经济技术合作集团有限公司是由国家商务部授权经营，主营业务涵盖日本技能实习生、国内外建筑工程、房地产开发、教育、金融投资、国际贸易、运动健身等，实行集团化运营。

公司成立 30 年来，矢志不渝地致力于"赴日研修、改变人生、出国劳务、富民强国"事业的追求和发展，在行业内享有盛誉。作为行业龙头，公司蝉联"全国对外劳务合作行业企业信用评价 AAA 级信用企业"（烟台市唯一一家），是中日研修生、技能实习生合作优秀派遣机构，连续多年获评"山东省外经贸优秀企业"，并荣获"烟台市对外开放 30 年功勋企业"等荣誉称号。

面向未来，公司将继续秉承"创造无限、诚信永远"的经营宗旨，全面加快"走出去"步伐，依托和服务于"一带一路"倡议，不断拓展新的发展领域，努力打造长青基业，让"烟台国际"品牌走出中国，走向世界。

十八　中国江苏国际经济技术合作集团有限公司

中国江苏国际经济技术合作集团有限公司（简称"中江国际"）是经国务院批准成立的大型外经贸企业。

中江国际具有商务部授予的对外承包工程和劳务合作经营权、进出口贸易经营权，对外援助成套项目施工任务和对外援助物资项目 A 级实施企业资格。国家住房和城乡建设部颁发的房屋建筑工程施工总承包特级资质、市政公用工程总承包一级资质和建筑装修装饰工程、机电设备安装、钢结构工程、建筑智能化工程、建筑幕墙工程专业承包一级资质，消防设施工程、地基与基础工程专业承包二级资质。拥有国家中央投资项目招标代理、国家机电产品国际招标代理、中央单位政府采购招标业务代理、工程招标代理机构等四项招标代理甲级资质。

中江国际始终坚持实施"走出去"战略，大力开展国际经济技术合作，推进国际化、多元化经营，逐步形成以国际国内工程承包、工程咨询服务、房地产开发、对外劳务合作、进出口贸易为主体的业务构架。已在海外设立30多家办事处、分公司，在世界上近100多个国家和地区开展业务。中江国际连续19年被美国《工程新闻纪录》评为"全球最大的225家承包商"之一，近年先后被评为全国"对外承包工程和劳务合作"双优奖企业、"中国建筑业竞争力百强企业"、"中国对外劳务合作十大优秀企业"、"中国500家最大服务行业企业"、"江苏省服务业名牌企业"、"全国守合同重信用企业"、"对外承包工程和对外劳务合作行业AAA级信用企业"。

十九　中国大连国际经济技术合作集团有限公司

中国大连国际经济技术合作集团有限公司是经中华人民共和国国务院批准成立，是以对外经济、技术合作业务为主的综合性大型国有企业集团。

公司业务涉及工程承包、国际劳务合作、房地产开发、远洋运输、国际贸易、远洋渔业、生物制药等领域，在新加坡、苏里南、俄罗斯、加蓬、几内亚、塞拉利昂、阿根廷、西班牙、韩国和日本等国进行投资并设立了分支机构，与世界30多个国家和地区的数百家客户建立了友好、稳定的经贸合作关系。

公司构建了公司制的现代企业管理体制，拥有一支千余人的高素质、专业化员工队伍，形成了"携手合作、立业五洲"的企业精神。经过多年发展，公司逐步树立起良好的品牌形象，被评为国家级"守合同重信用"单位。

二十　中国山东国际经济技术合作公司

中国山东国际经济技术合作公司是经国务院批准成立的大型外经企业集团，2008年成为山东省最大的国有企业山东高速集团的全资子公司，主营业务涵盖境外投资、国际承包工程、国家经援项目承建、人力资源合作与交流、留学、培训等多个领域，在境外投资建设的基础设施项目遍及五大洲106个国家和地区，在国际市场上具有较高声誉。

多年来，公司依托山东高速集团雄厚的实力背景，凭借一批优秀的国际商务、工程、投资管理人才，以及多年积累的对外经济合作经验，积极开拓国际市场，广泛开展国际合作，通过转方式、调结构，深化转型升级，在经济发展的浪潮中迅速崛起。作为山东高速集团实施国际化战略的平台和窗口，正积极开拓国际港口、路桥、能源、农业、国际人才交流和培训等领域业务。

公司通过了ISO 9001质量管理体系、ISO 14001环境管理体系、OH-SAS 18001职业健康安全管理体系国际认证，先后获得"中国500家最大服务企业第41名""海关信得过企业""中国对外承包劳务最大50家公司之一""山东省最佳对外承包劳务企业"等荣誉称号。公司作为中国对外承包工程商会理事和国际公司工作委员会副会长、山东省对外承包劳务商会会长，为推动中国与世界各国经济技术合作做出了重要贡献。

二十一　中国江西国际经济技术合作公司

中国江西国际经济技术合作公司是1983年经国务院批准成立，隶属于江西省人民政府的大型综合外向型国有企业。公司主要经营境内外工程承包、境内外房地产开发、对外劳务合作、矿产资源开发、对外贸易、建筑设计和设计咨询，承担国家对外经济援助项目等。

具有建筑工程、市政公用工程施工总承包一级资质和中国政府对外援助项目实施 A 级资质，具有水利水电工程、市政公用工程、机电设备安装工程、电梯安装工程、体育场地设施工程等十余项施工总承包和专业承包资质，在博茨瓦纳、津巴布韦、赞比亚、肯尼亚、加纳等国家取得水利工程、设计、土建工程、道路桥梁等十余项当地最高等级总承包资质。

公司在国际工程承包领域享有较高的知名度，连续两次获得中国对外承包工程和劳务合作两个"AAA"级信用等级评价，荣获中国对外承包工程企业履行社会责任金奖。2015 年，公司获评对外承包工程企业社会责任绩效评价领先型企业。自 2003 年以来连续 12 年入选全球 250 家（2012 年以前为 225 家）最大国际承包商行列，且位次不断前移，2015 年列第 112 位。

二十二　中国沈阳国际经济技术合作有限公司

中国沈阳国际经济技术合作有限公司于 1984 年经中华人民共和国国务院批准成立，为沈阳市人民政府直属国有企业。公司是沈阳市唯一一家开展综合类对外经济技术合作业务的专业公司。主要从事国内外承包工程、国家援外工程、境内外投资经营、对外劳务合作、进出口贸易等业务。

公司具有中国政府对外援助项目实施 A 级资质，对外援助物资项目实施 B 级资格。获得国家建设主管部门颁发的房屋建筑工程施工总承包、市政公用工程总承包、机电安装工程总承包、建筑装修装饰工程、建筑智能化工程、钢结构工程等一级或专业承包资质；在塞舌尔、喀麦隆、科摩罗、多哥、阿尔及利亚、布基纳法索、蒙古、越南、柬埔寨等国具有房建、路桥的总承包资质。公司通过了质量管理体系 ISO 9001：2008、环境管理体系 ISO 14001：2004、职业健康安全管理体系 GB/T 28001—2001 认证。

公司自成立以来，以其自身的实力和特色同世界 70 多个国家、地区的客户建立了经济技术合作关系，在亚、非、拉等 30 多个国家承建了 200 余项工业民用建筑、水利电力、港口、市政公用工程等国际承包和国家援外工程项目，先后向日本、韩国、新加坡、约旦、沙特、美国、俄罗斯、澳大利亚等国家和地区派遣各类劳务人员 7 万余人次，与多个国家开展了境外合资合营、进出口贸易业务。近年来公司大力开展国内工程开发、建设，境内外业务累计实现营业额 30 多亿美元。并连续多年入选全球 225 家最大国际承包商，所承担的国家援外工程均被评为优良工程。

二十三　江阴恒阳化工储运有限公司

江阴恒阳化工储运有限公司是一家专业石化仓储企业，公司紧邻长江并配有 5 万吨级的石化码头，水陆交通便捷。

恒阳化工罐区总占地 13 万平方米。目前共有储罐 49 座，库容 139600 立方米。恒阳罐区占地 6 万平方米，建有储罐 27 座，总容量 6.8 万立方米，单罐容量从 900 立方米到 5700 立方米，储罐材质有碳钢、316L 和 304 不锈钢，有自动氮封罐、加热保温罐和内浮顶罐，可以储存各类化工产品。

恒阳化工库区采用全新专业信息化管理，具有远程实时查询功能，客户可以随时查询自己租用储罐的库存及发货情况。库区由国外著名专业公司协助管理，设有专业的产品质量检验设备、高精度多头自动灌桶机等一系列先进设备。

恒阳化工库区配套码头是一类国际开放码头，最大靠泊能力可达5万吨，通向罐区的管道为配有加热保温装置的不锈钢管，可输送各类液体产品，未来将积极向"一带一路"国家推广并发展。

二十四　中国国际海运集装箱（集团）股份有限公司

中国国际海运集装箱（集团）股份有限公司（简称"中集集团"）成立于1980年，是世界领先的物流装备和能源装备供应商，总部位于中国深圳。公司主要业务覆盖集装箱、道路运输车辆、能源化工及食品装备、海洋工程、物流服务、空港设备等，为客户提供高品质与可信赖的装备和服务。作为一家为全球市场服务的多元化跨国产业集团，中集在亚洲、北美、欧洲、澳大利亚等地区拥有300余家成员企业及3家上市公司，客户和销售网络分布在全球100多个国家和地区。2016年，5万名优秀的中集员工，创造了511.12亿元的销售业绩，净利润约5.4亿元。

中集集团于1980年1月创立于深圳，由招商局与丹麦宝隆洋行合资成立，初期由宝隆洋行派员管理。1994年公司在深圳证券交易所上市，2012年12月在香港联交所上市，目前是A＋H股公众上市公司，主要股东为招商局集团、中国远洋海运集团和弘毅投资等。

二十五　中腾时代集团

中腾时代集团是以古典红木家具研发制作销售、木材销售流通、文化创意产业为主，融投资、专业建材市场开发、贸易、金融等为一体的多元化企业。

公司始建于 1993 年，在陈雪峰董事长的带领下，经历 24 年的发展，从一家名不见经传的木材经销店，发展成为立足国际木业，揌阖金融、文化地产、电商投资、中式家居五大商业板块的大型集团化企业。集团旗下现辖企业分别为：中腾时代投资有限公司、北京瑞祥安古典家具有限公司、福建瑞祥安古典家具有限公司、北京瑞祥安木业贸易有限公司、北京金瑞海国际贸易有限公司、北京风雅佳商贸有限公司。

集团在华北、东北及周边 9 省市建立了完善的销售网络，是包括北京在内的华北、东北地区木材销售流通领域的龙头企业。集团旗下著名红木家具品牌"瑞祥安"各类佳作多次获得国家级、省部级奖项，是中国京作家具品牌企业、中国京作红木传承企业、中国古典家具十大品牌、2015 年"中国木业 30 年（百家）突出贡献企业"、2013 年中国泛家居发展中企业 500 强、2012 年中国红木家具十大品牌、2012 年中国红木家具行业十大诚信品牌。同时，公司还是国家商务部红木行业标准《红木商用名称》和《红木制品的等级》两个标准的制定起草单位之一。

二十六　信洋国际物流有限公司

信洋国际物流有限公司是一家提供进出口海运、空运、铁路、陆运、散货拼箱、报关报检、进出口代理及代办相关进出口单证等专业服务的国际物流公司。目前可办理国内至世界各港口的国际海运集装箱整箱、拼箱的出口运输代理业务，订舱，报关，办理产地证、商检证、装箱、散货拼箱、快递国内外单证等，具备严格和完整的业务操作流程，从提货到货物运达目的地全程标准操作。

公司拥有物流仓储中心，可同时容纳 23 个高柜，满足多种仓储需求。公司拥有一支优秀而忠诚的管理干部队伍和专业的作业队伍，管理科学、严谨，作业规范，服务安全快捷。

◇ 第八节　基建

一　中国铁建股份有限公司

中国铁建股份有限公司（CRCC）前身是铁道兵，由中国铁道建筑总公司独家发起设立，于 2007 年 11 月 5 日在北京成立，为国务院国有资产监督管理委员会管理的特大型建筑企业。2008 年 3 月 10 日、13 日分别在上海和香港上市。

中国铁建拥有经中国建设部核准的施工总承包特级资质 19 项，铁路工程施工总承包特级资质 17 项，高居行业首位；中国建设部核准的施工总承包一级资质 251 项，专业承包一级资质 324 项；中国建设部核准的施工资质专业类别 44 个，覆盖面广泛。中国建设部核准的水利水电一级资质 20 项，是中国少数拥有众多该等资质的大型企业之一。在海外，中国铁建在中国香港、尼日利亚、阿拉伯联合酋长国、阿尔及利亚、以色列、土耳其、肯尼亚、沙特阿拉伯、坦桑尼亚和博茨瓦纳等国家和地区均取得了当地经营的最高资质。

中国铁建是中国乃至全球最具实力、最具规模的特大型综合建设集团之一，2014 年《财富》"世界 500 强企业"排名第 79 位、"中国企业 500 强"排名第 11 位，2013 年度"全球最大 250 家工程承包商"排名第 1 位。公司业务涵盖工程建筑、房地产、工业制造、物资物流、特许经营、矿产资源及金融保险。经营范围遍及除台湾以外的全国 31 个省、市、自治区和香港、澳门特别行政区以及世界 80 多个国家和地区。

二 中国交通建设股份有限公司

中国交通建设股份有限公司成立于 2006 年 10 月 8 日，是经国务院批准，由中国交通建设集团有限公司整体重组改制并独家发起设立的股份有限公司，并于 2006 年 12 月 15 日在香港联合交易所主板挂牌上市交易，是中国第一家成功实现香港整体上市的特大型国有基建企业。2012 年 3 月 9 日，中国交建在上海证券交易所挂牌交易。

中国交建是世界 500 强企业，主要从事公路、桥梁、港口、码头、航道、铁路、隧道、市政等基础设施的勘察、设计、建设、监理，港口和航道的疏浚，海洋重型装备与港口机械、筑路机械的制造，以及交通基础设施投资、城市综合体开发运营和房地产开发业务等，拥有 60 多家全资、控股子公司，业务足迹遍及世界 120 余个国家和地区。在 2015 年 7 月 22 日美国《财富》杂志最新公布的 2015 年世界 500 强排行榜中，中国交建以 601.19 亿美元的营业收入列第 165 位，比上年提升了 22 位，继续保持在世界 500 强企业的中前列位置；在入选的中国企业（包括香港、台湾）中排名第 30 位，在国务院国资委监管的中央企业中排名第 17 位。目前，中国交建位居 ENR 全球最大 250 家国际承包商第 5 位，首次跃入前 5 名行列，连续 9 年位居中国上榜企业第 1 名。在全球最大 150 家设计企业排名中列第 8 位。在国务院国资委监管的 113 家中央企业中，营业收入列第 17 位，利润总额列第 16 位，净利润列第 14 位，连续 10 年获评国务院国资委经营业绩考核 A 级企业。公司是全国创新型企业，连续三个中央企业考核任期获"创新企业奖"。

中国交建是中国最大的港口设计及建设企业，设计承建了新中国成立以来绝大多数沿海大中型港口码头；是世界领先的公路、桥梁设计及建设企业，参与了国内众多高等级主干线公路建设；是世界第一疏浚企业，拥有世界最大的疏浚船队，耙吸船总舱容量和绞吸船总装机功率均排名世界第一；是全球最大的集装箱起重机制造商，集装箱起重机业务占世界市场份额的 78% 以上，产品出口 86 个国家和地区的近 200 个港口；是中国最大的国际工程承包商，中国交建（CCCC）、中国港湾（CHEC）、中国路桥（CRBC）、振华重工（ZPMC）等标志性品牌享誉全球；是中国最大的设计公司，拥有 13 家大型设计院、8 个国家级技术中心、18 个省级技术中心、5 个交通行业重点实验室、8 个博士后科研工作站；是中国第三大高速公路投资运营商，投资高速公路里程已超过 2000 公里；是中国铁路建设的主力军，先后参与了武合铁路、太中银铁路、哈大客专、京沪高铁、沪宁城际、石武客专、兰渝铁路、湘桂铁路、宁安铁路等多个国家重点铁路项目的设计和施工。公司创造诸多世界"之最"工程，公司设计承建了全球 10 大集装箱码头中的 5 个、世界 10 大斜拉桥中的 5 座、世界 10 大悬索桥中的 4 座和世界 10 大跨海大桥中的 5 座，上海洋山深水港、苏通长江大桥、杭州湾跨海大桥，以及正在实施的港珠澳大桥等工程，均代表了世界最高水平。

三　中国建筑股份有限公司

中国建筑股份有限公司是由中国建筑工程总公司、中国石油天然气集团公司、宝钢集团有限公司、中国中化集团公司等 4 家世界 500 强企业共同发起，于 2007 年 12 月 10 日正式创立，并于 2009 年 7 月 29 日在上海证券交易所成功上市。

中国建筑传承了中国建筑工程总公司的全部资产和企业文化。主营业务包括房屋建筑工程、国际工程承包、房地产开发与投资、基础设施建设与投资以及设计勘察五大领域。

中国建筑是中国最大的建筑房地产综合企业集团，中国最大的房屋建筑承包商，长期位居中国国际工程承包业务首位，是发展中国家和地区最大的跨国建筑公司以及全球最大的住宅工程建造商。

中国建筑是中国专业化经营历史最久、市场化经营最早、一体化程度最高的建筑房地产企业集团之一，截至 2014 年 5 月，中建股份及所属子公司拥有各类施工、勘察、设计、工程监理、工程造价、工程咨询等经营资质共计 770 个。中国建筑股份有限公司具有房屋建筑、公路工程、市政公用总承包 3 个特级资质，是国内唯一同时拥有"三特"资质、"1 + 4"资质和建筑行业工程设计甲级资质的建筑企业，在资质方面位列全国建筑行业之首。

中国建筑始终以科学管理和科技进步作为企业发展的两个重要推动，截至 2013 年底，中国建筑获得国家科学技术奖 60 项，詹天佑土木工程大奖 45 项，国家级工法 141 项。授权专利 4396 项，其中发明专利 333 项。主编国家和行业标准 57 项，组织通过验收国家级科技推广示范工程 64 项，承担国家科研课题 108 项，获得经费支持 5.2 亿元。

四　中国海外集团有限公司

中国海外集团（China Overseas Holdings Limited, COHL）1979 年 6 月在香港成立，隶属于中国建筑工程总公司，业务领域以建筑、地产和基建投资为主体，经营地域遍布中国香港、中国澳门、中国内地、阿联酋和印度的许多城市，现有员工 14000 余人。

截至 2009 年 6 月，累计承接各类工程 816 项，合约总额 5816 亿港元；发展房地产、投资基建及实业 239 项，计划总投资 2080 亿港元；累计完成营业额 2415 亿港元；累计实现利润 190 亿港元；资产总值 997 亿港元，资产净值 318 亿港元。

1992 年 8 月，本集团的旗舰中国海外发展有限公司（中国海外：

HK.00688）在香港联合交易所公开上市。2005 年 7 月，本集团成功分拆建筑业务，旗下中国建筑国际集团有限公司（中国建筑：HK.03311）在香港联合交易所公开上市。2007 年 12 月，中国海外（HK.00688）正式纳入香港恒生指数成分股。

中国海外集团在香港承接建设了许多具有历史价值的规模性工程项目，兴建了无数与市民生活息息相关的公营房屋、私人住宅楼宇、医疗机构、文化设施、公共建设、酒店、桥梁、道路等。

中国海外集团拥有可以竞投投标额不受限制的楼宇建筑、海港工程、道路与渠务、地盘开拓和水务工程五项最高级别的施工牌照（简称"5块 C 牌"）。其中，被国际权威机构评为 20 世纪全球十大建筑的香港新机场客运大楼、香港西九龙填海造地、中国人民解放军驻香港海军基地、中环填海、后海湾干线、迪士尼基建等，均为香港同期同类项目中最大的工程。

五 中建钢构有限公司

中建钢构有限公司是中国建筑股份有限公司旗下研发、设计、制造、安装、检测业务一体化发展的大型全产业链钢结构专业集团企业，是国家高新技术企业。公司是国家建筑钢结构工程制造、安装定点企业和中国建筑金属结构协会副会长单位。具有房屋建筑工程施工总承包一级、钢结构工程专业承包一级、钢结构制造特级、建筑金属屋（墙）面设计与施工特级、钢结构工程设计专项甲级资质，取得中国进出口经营权资格证书，通过了 ISO 9001、ISO 14001、OHSAS 18001 "三标一体"认证。

中建钢构以承建"高、大、新、尖、特、重"工程著称于世，并创造了国内钢结构施工史上"最早""最高""最大""最快"的业绩。1985 年承建的深圳发展中心大厦是国内第一座超高层钢结构建筑，上海环球金融中心是中国已建成的最高建筑，武汉绿地中心是中国在建第一高楼，中央电视台新台址主楼是世界上面积最大的钢结构办公楼和中国最大的单体钢结构建筑。在深圳地王大厦和广州国际金融中心（西塔）施工中先后创造了"两天半一层楼"和"两天一层"的世界高层建筑施工新纪录。

中建钢构经营区域覆盖全国，并进入了我国港澳地区、南亚、中东、北非、澳大利亚、北美市场。承建了一大批体量大、难度高、工期紧的标志性建筑，形成了以上海环球金融中心、广州西塔等为代表的商业大厦系列，以深圳宝安国际机场、广州白云国际机场、武汉火车站等为代表的空港车站系列，以北京奥林匹克体育中心主体育场、深圳第26届世界大学生夏季运动会主体育场为代表的体育场馆系列，以重庆国际博览中心、深圳会展中心、广州白云会议中心为代表的会展中心系列，以中国电影博物馆、广州歌剧院、深圳文化中心为代表的文化设施系列，以河南广播电视塔、澳门观光塔为代表的塔桅构筑系列，以广州飞机维修库、深圳IBM厂房为代表的工业厂房系列，以重庆江津粉房湾长江大桥、武汉江汉六桥为代表的路桥工程系列。此外，还承建了以香港环球贸易广场、澳门新葡京酒店、迪拜地铁、巴基斯坦贝·布托国际机场、阿布扎比国际机场、阿尔及利亚大清真寺、科威特国民银行为代表的海外工程。公司在江苏、广东、湖北、四川、天津等地投资设立了五大现代化钢结构制造厂，并正在打造国家级研发设计院以及国家级钢结构实验检测中心。

六　中国中铁航空港建设集团有限公司

中国中铁航空港建设集团有限公司是世界双500强企业——中国中铁股份有限公司的全资子公司，由原中铁一局集团一公司、中铁三局集团一公司、中铁建工集团北京公司和原中国航空港建设总公司通过重组整合，于 2010 年 10 月转型升级为大型综合性建筑企业集团。

公司下辖一、二、三、北京、辽宁、颐和监理、中铁润达、天翔房地产公司等 8 个子公司，机场、深圳、杭州、四、五、六、七、八、设计分公司等 9 个分公司和东北、华北、华中、西北、华东、西南、华南等 7 个区域指挥部。在册员工 8000 余人，一、二级注册建造师 460 余人，专业技术和管理人员近 4000 人，具有房屋建筑工程施工总承包特级、铁路工程施工总承包特级资质；公路、市政公用、机电设备安装工程施工总承包一级资质；城市轨道交通工程专业承包资质；公路路基、路面、桥梁、隧道、土石方、钢结构、机场场道工程专业承包一级资质；建筑装饰装修工程设计与施工一体化一级资质；矿山工程施工总承包三级资质；建筑行业设计甲级、铁道行业设计甲 II 级资质；测绘乙级资质、房屋建筑工程监理甲级和航天航空工程监理甲级资质。公司可承建房建、公路、铁路、市政公用、城轨、港口与航道、水利水电、矿山工程施工总承包、工程总承包和项目管理及开展设计主导专业人员齐备的施工图设计业务。具有对外承包工程资质和进出口贸易权。通过了 ISO 9001 质量管理体系、ISO 14001 环境管理体系、GB/T 28001 职业健康安全管理体系认证，拥有 AAA 级资信，具备年营业额 200 亿元以上的施工能力。

公司所属子、分公司均为共和国基本建设战线的劲旅，先后参加了国内外 120 余项长大铁路干线、客运专线及高速铁路工程建设，新建、改建、扩建铁路 4300 余公里；参加了国内外 140 余项高等级和高速公路工程建设，完成新建、改建、扩建公路 700 余公里；承建了国内外数百项工业与民用建筑及国家重点公共设施工程；承建了 30 多项机场新建、改建、扩建工程，以及 40 多项市政工程、地铁工程和城市轨道交通工程，30 多项大跨度、高难度、新工艺的钢结构工程，50 多项装饰装修工程和 10 余项大型水利水电工程，为国内外铁路、公路、城市交通、军用及民用机场、工业与民用建筑、水利水电工程建设做出了卓越的贡献。

七 中铁十七局集团有限公司

中铁十七局集团有限公司前身为铁道兵第七师，是中国铁建股份有限公司全资的大型建筑施工企业。

中铁十七局集团公司是铁路工程和房屋建筑工程施工总承包特级企业，并具有公路、市政公用、水利水电工程施工总承包一级资质和路基、桥梁、隧道、机场场道工程专业承包一级资质及城市轨道交通工程、地质灾害治理甲级等资质；拥有承包境外工程、勘测、设计、监理项目、设备材料进出口和对外派遣劳务等经营权。

集团公司累计建成铁路 5100 公里、公路 4000 公里、隧道 500 公里、桥梁 2930 公里，各类房屋 400 万平方米，在铁路客专、高铁施工及城市轨道建设领域具有较强技术装备实力。近年来，先后参加了宁杭、京沪、郑西、杭甬、成都至重庆等 25 条铁路客运专线和高速铁路建设。近几年，设备更新投入达 21.96 亿元，全集团拥有 16 套 32 米 900 吨箱梁预制生产线、4 套 T 梁预制生产线，拥有 10 套桥梁提运架设备、12 套移动模架、5 套无砟轨道板生产线、33 条（4 种类型）无砟轨道板铺设作业线、12 套城市地铁盾构施工设备和一大批先进的大型专业施工设备。铁路历次质量信用评价保持 A 类企业地位。

企业在长大隧道、高难度桥梁、大型市政、房屋建筑、铁路"四电"、水利水电、机场工程等领域具有良好的经营业绩和竞争优势。修建了亚洲第一长隧、全长 27.8 公里的石太客运专线太行山隧道，兰新铁路 20 公里长的乌鞘岭隧道等 800 多座隧道；修建了世界上第一座同桥面公轨两用桥——重庆鱼洞长江大桥、融集多项复杂技术为一体的中宁黄河特大桥、亚洲第一公路高桥龙潭河特大桥、亚洲最高铁路桥内昆铁路花土坡特大桥等高精尖桥梁工程 2600 多座；修建了海口美兰国际机场、浙江赵山渡引水工程、贵州大花水水电站等大型水利、机场工程建设和青岛火车站地下综合工程、福建登云高尔夫球场、山西省国税局大楼、厦门东浮建筑群、广州大学城、山西省图书馆等一大批市政、房屋建筑工程。

企业在科技研发和技术自主创新等方面保持优势地位。近年来先后完成科技攻关项目 106 项，推广"四新技术" 108 项，所建工程质量合格率均为 100%，荣获"中国工程建筑鲁班奖"工程 15 项、"国家优质工程奖" 18 项、省（部）优质工程 124 项、詹天佑土木工程大奖 3 项，荣获国家科技进步特等奖 1 项、二等奖 2 项，省部级以上科技进步奖 29 项，获得国家专利 58 项，开发先进实用工法 158 项。

八　青建集团股份公司

青建集团股份公司成立于 1952 年，注册资本为 8.003 亿元，是一家大型综合跨国企业集团，是中国国际工程承包商中排名第一的民营股份制企业。

青建集团股份公司的主营业务包括工程总承包、房地产开发、经营；投资管理、经营；对外承包工程和劳务合作业务；进出口贸易；工程设计、施工、科研、检测、监理、咨询服务；技术开发、转让及技术咨询服务；建筑机械设备、材料、构件、料具的生产、销售、租赁、安装；物业管理等。

青建是全国首批通过房屋总承包特级资质重新就位的 15 家企业之一；在国际多个国家拥有当地施工承建最高资质。

青建连续 12 年入选"中国企业 500 强"，2014 年排名第 261 位；连续 11 年入选"中国承包商 80 强"，2014 年排名第 19 位；连续 10 年入选

"ENR 全球最大 250 家国际承包商"，2015 年排名第 81 位；获选 2014 年中国最具国际拓展力承包商，排名第 6 位，是排名最高的地方企业；2012 年获青岛市市长质量奖，这是青岛市组织的首届规格最高的综合性质量类奖项评定。

1998 年初，通过 ISO 9001 质量管理体系认证；2000 年，通过 ISO 14001 环境管理体系认证；2001 年，通过 OHSAS 18001 职业健康安全管理体系认证；2003 年起，开始推行卓越绩效管理模式。2005 年获得全国质量管理奖，是全国第三家获奖的建筑企业；并于 2008 年顺利通过全国质量管理奖的复评。

青建 2014 年营业额 468 亿元，海外营业额为 13.15 亿美元，列"2014 年我国对外承包工程业务完成营业额前 100 家企业"第 16 位，在国内地方施工企业中位居第一。

九 北京建工博海建设有限公司

北京建工博海建设有限公司是由北京建工集团与青岛建设集团共同出资、强强联手、重组改制的新企业。具有房屋建筑工程总承包一级资质、装饰装修工程专业承包一级资质、机电设备安装工程专业承包一级资质；获得了 GB/T 19001—2008 质量管理体系、GB/T 24001—2004 环境管理体系和 GB/T 28001—2001 职业健康安全管理体系认证。是一家施工技术先进、专业人才济济、管理职能配套的综合建筑施工企业。下属有四个投资子公司：北京建工博海置业有限公司、北京恺建建筑工程有限公司、北京信远博恒检测科技有限责任公司、北京博海国际贸易有限公司。下属单位有：六个土建分公司、五个直属项目经理部、国际事业部、区域分公司、机电分公司及装饰分公司。

北京建工博海建设有限公司具有辉煌的历史、雄厚的实力和显著的业绩。在不同的历史时期先后承建了人民大会堂、民族文化宫、中国科技会堂、北京西站、中国银行金融大楼、中国大百科全书出版社、北京月坛体育馆、北京东方广场、北京奥林匹克公园（B区）国家会议中心、北京电视中心、北京当代 MOMA、山西太原丽华苑小区及公建酒店、黑龙江哈医大二院和三院、青岛府新大厦、青岛广播电视中心、青岛第一体育场改建工程等一系列国家及省市级重点工程和标志性工程。

建工博海建设有限公司始终秉持"质量第一，塑造精品工程；用户至上，提供优质服务"的质量方针，近年来累计竣工建筑面积 450 余万平方米。获得中国建筑工程鲁班奖 5 项，中国土木工程詹天佑大奖 2 项，国家优质工程 1 项，国家级工法 4 项，全国用户满意工程 7 项；被评为全国优秀施工企业、全国质量效益型企业、全国用户满意施工企业、北京市优秀建筑企业和北京市质量管理规范单位。

十　中国海外工程有限责任公司

中国海外工程有限责任公司（简称"中海外"）系中国中铁股份有限公司（中国中铁，CREC）全资子公司，1991 年正式成立，原隶属对外贸易经济合作部。2003 年 12 月，在国资委部署下，经国务院批准，中国海外工程总公司重组并入中国铁路工程总公司，改名为中国海外工程有限责任公司，成为中国铁路工程总公司全资子公司。

中海外是最早进入国际工程承包市场和劳务输出领域的中国国有企业，在国际工程承包、对外经援、资源开发、境外实业投资、劳务输出和进出口贸易、基建物资、房地产开发等领域具备雄厚实力，尤其在项目的运作、实施、管理及融资等方面优势显著。

中国海外工程有限责任公司（COVEC），原名中国海外工程总公司，

20 世纪 90 年代中期以来，中海外连年入选美国《工程新闻纪要》全球最大 225 家国际工程承包商行列，在国际工程承包市场上树立了良好的企业信誉和知名度，在非洲、南部太平洋和东南亚等区域市场上，"COVEC"已成为著名的国际工程承包商品牌。

十一　中南建设集团有限公司

中南建设集团有限公司起步于 1988 年，已发展成为拥有各类员工 50000 余人、总资产 890 亿元、2015 年综合产值 518.93 亿元的大型集团化上市企业。目前拥有"房地产业""建筑产业""商业产业"等产业板块，以及金控事业部、资本事业部、工业事业部、土木事业部。业务涉及房地产开发、造城、工程总承包、市政工程、地铁轨道交通、安装、装潢、钢结构、能源、机械、矿产、金融投资等领域。

中南建设集团旗下设有中南城市建设投资有限公司、南通市中南建工设备安装有限公司、金丰环球装饰工程（天津）有限公司等 158 家独立法人企业、93 家子分公司。业务拓展到 18 个省、45 个地县级城市及海外市场。集团现有各类经济技术管理人才 7600 余人，其中博士 20 人，硕士 200 余人，本科及大专学历人才 5200 余人，各类中、高级职称人员 2000 人。

2015 年中南建设获评"亚洲品牌 500 强"，刷新中国《财富》500 强第 238 位、中国企业 500 强第 259 位。中南地产获评"中国最具价值地产上市公司"、"中国蓝筹地产企业"、房地产企业品牌价值 26 强。中南建筑获评 ENR 全球最大总承包商第 42 名、中国建筑企业 500 强第 9 名。中南工业环宇获评省"高新技术企业"，NPC 生产线外销实现突破，承接文莱首个海外项目。中南商业荣膺中国商业地产新锐、商业地产百强第 30 名、商业地产百强成长性 TOP 10。

房地产业是中南建设目前重点发展的业务领域，重点从事房地产开发、销售、物业管理、酒店商业运营等多种业务，年开发面积400万平方米。与同行业相比，中南专注大盘开发，形成融住宅地产、商业地产、旅游地产、文化地产、养老地产及工业地产为一体的中国新兴城市综合运营商。

江苏中南建筑产业集团有限责任公司为中南建设旗下全资核心子公司，中国自有工人最多的民营工程总承包企业，现有职工人数超过40000余人。是江苏省第一家地产施工综合类上市公司，地下工程施工的龙头企业。公司承建的工程先后获鲁班奖15项，詹天佑奖4项，"泰山杯""扬子杯""长城杯""白玉兰杯"等省级优质工程奖50余项，获市优质工程奖100多项。公司连续多年被各级政府和主管部门评为"明星企业""优秀企业"，被美国ENR《工程新闻纪录》评为全球最大250家工程承包商和中国承包商80强企业，被中国施工协会授予全国优秀企业，被中国建筑业协会授予竞争力百强企业。

十二　中铁三局集团有限公司

中铁三局集团有限公司的前身是铁道部第三工程局，成立于1952年，2000年11月改制为有限责任公司，2007年作为世界"双五百强"中国中铁股份有限公司的全资子公司同步在沪港上市。中铁三局主要从事交通基础设施工程建设施工，是全国首批工程总承包建筑企业，具有铁路工程施工总承包特级资质，是可承接房屋建筑、公路、铁路、市政公用、港口与航道、水利水电各类别施工总承包、工程总承包和项目管理业务的大型综合性建筑施工企业。中铁三局经营范围涵盖：国内外土木工程施工、机械租赁、地方和专用铁路运营与管理、投资及BT项目建设、房地产开发、建筑工程勘测设计咨询服务等。

建局 60 多年来，中铁三局先后承建了 600 余项国家重点工程和国外工程，累计完成国家投资 1200 多亿元，建成铁路里程总长度超万公里，占我国铁路通车里程的 1/10。进入 21 世纪以来，先后参加了 80 余条铁路新线、复线建设、技术改造工程，特别是在新一轮高标准铁路建设中，先后参加了石太、合宁、郑西、武广、京沪、石武、杭甬、杭长、沪昆、大西等多条重点客运专线和高速铁路工程的建设。在城市轨道工程施工中，承建了北京、上海、广州、天津、重庆、成都、西安、南京等大城市地铁工程，积累了多种复杂地质条件下车站、区间浅埋暗挖、整体道床铺轨、长轨焊接、换铺无缝线路和电力通信等综合施工的丰富经验。在高速公路、市政工程施工中，参加了北京—珠海、北京—上海、石家庄—太原等数十条高速公路工程及上海南浦、杨浦大桥等市政工程的施工。在高层建筑施工中，先后承建了山西医科大学住院部大楼、郑州车站主体以及南配楼等工程。公司还先后承建了新加坡、印度、阿联酋、坦桑尼亚、尼日利亚、埃塞俄比亚等十几个国家和地区的建设工程，积累了丰富的国外工程施工管理经验。

中铁三局在册员工总数 2.6 万余人，管理、技术人员占员工总数的一半以上，拥有高级技术职称的人员已达千人，具有设计、施工及其他相关专业类别注册执业资格人员 600 多人。本部设有 21 个职能部门，下设 18 个子公司、4 个分公司，8 个地区工程指挥部，3 个直管办事（联络）处。截止到 2011 年底，企业拥有授权专利共 129 项，其中发明专利 27 项；研发国家级工法 16 项，省部级工法 186 项；获省部级科技进步奖 82 项、中施企协科学技术奖 10 项，全集团公司科技创新能力不断增强。全集团总资产 203.58 亿元。集团公司拥有各类机械设备 5754 台套，企业装备实力雄厚，年施工生产能力达到 400 亿元。

十三　中国上海外经（集团）有限公司

中国上海外经（集团）有限公司是经国家商务部和上海市人民政府批准成立的综合涉外国有企业。净资产近 8 亿元人民币，总资产 35 亿元人民币，拥有 6 家全资子公司、3 家控股公司和 10 个常驻境外机构，业务涉及 138 个国家或地区。

集团以国际工程承包为核心业务，主要有五大产品：民用房屋土木工程、工业成套设备工程、现代农业工程、工程配套咨询、工程配套服务贸易。其中，成套设备工程是集团五大拳头产品之一，分别承接了缅甸照济电站、蒙古都日根电站、越南山洞电站、泰国 BNS 钢厂、巴基斯坦液化气储罐等超过 600 个项目。

自 1993 年至今，集团已连续入选全球最大 225 家承包商，被授予ENR 荣誉牌，并成为中国服务企业 500 强、全球华人企业 500 强、上海企业 100 强；同时也被中国对外承包商会评为中国对外承包工程企业信用等级 AAA 级，对外劳务合作企业信用等级 AAA 级，是上海市唯一的一家获得双 AAA 级的外经企业。

公司经营范围包括境内外工业与民用建筑、路桥等土木工程项目承包：劳务技术合作、研修人员派遣；境内外投资，兴办中外合资、合作及独资企业；国际招标、国际采购、政府项目采购及科技咨询；货物进出口贸易、转口贸易，技术进出口贸易，来料加工、来样装配、来样加工、补偿贸易，代理报关；外商来沪投资的咨询代理，在沪外资工程的代为转分包及施工人员招用；国内贸易批发、零售；房地产开发、经营、室内装潢、旧房置换等不动产业务；石油制品经营，为油、气开采提供各项服务。

公司荣获国家商务部（原外经贸部）"中国国外经济合作五星奖"银

奖，全国外经贸企业管理先进奖和外经贸优秀企业，上海市优秀企业。多次被国务院发展研究中心的 11 个国家部委评为中国最大 500 家服务企业和中国 60 家最大外经企业。

十四　中国石油西部钻探工程有限公司

中国石油西部钻探工程有限公司（简称"西部钻探公司"）隶属于中国石油天然气集团公司，是按照集团公司集约化、专业化、一体化思路组建的第一家专业化钻探公司。公司是融钻井、测井、录井、固井等石油工程技术服务、石油工程技术研究为一体，跨国、跨地区的大型国有企业。公司总部设在新欧亚大陆桥中国西段的桥头堡、以西部明珠闻名世界的乌鲁木齐市。

公司具备支撑西部和中亚地区油气业务发展的雄厚实力，作业区域主要分布在新疆、甘肃、青海、内蒙古、四川等五省区，以新疆、吐哈、青海、玉门、塔里木等西部油田为重点。国外主要分布在哈萨克斯坦、乌兹别克斯坦、沙特、埃及等四个国家。其中，公司配套工程技术服务在哈、乌两国具有主导优势，社会和品牌影响力不断增强。

公司坚持自主研发，特色技术优势突出。拥有完善的科研机构，建成了中石油深井超深井科研试验基地、博士后科研工作站等 13 个国内一流的实验院所。公司专业研发人员近 600 人，先进的科研设备 300 余台（套），自主研发了雪狼型综合录井仪和井下套管阀等拳头产品，形成了比较完善的深井、超深井、特殊工艺井配套技术系列，适应西部和中亚地区复杂地表和地质构造的钻探需求，培育了以垂直钻井系统为代表的"十大利器"和"十大特色技术"。近三年来，获得国家科技进步成果奖 2 项，国家专利优秀奖 1 项，自治区科技成果奖 12 项，集团公司技术创新成果奖 5 项。

十五 中国石油集团工程设计有限责任公司

中国石油集团工程设计有限责任公司（CPE）是中国石油天然气集团公司（CNPC）的全资子公司，是一家致力于油气田上游地面工程建设的专业化国际工程公司。业务涵盖油气田地面工程、长输管道、LNG 和 LPG 工程、油气储备终端、基础设施和市政工程等，提供包括勘察、设计、采购、施工、工程总承包、工程咨询、项目管理和撬装设备、药剂供货等全套服务。

CPE 总部位于北京，国内下设 8 个分、子公司，并在海外设有 12 家分支机构，业务遍布中东、中亚—俄罗斯、非洲、亚太、美洲，涉及伊拉克、伊朗、土库曼斯坦、坦桑尼亚等近 30 个国家。公司在册员工总数 6748 人，其中，教授级高级职称人员 53 人，高级职称人员 564 人，高级技师 10 人，拥有国家级专家 14 人、享受政府特殊津贴专家 13 人、全国勘察设计大师 1 人、集团公司（省）级专家 60 人。公司海外用工总数 801 人，其中外籍员工 409 人，国内聘用外籍高级技术专家 30 余名。

CPE 连续三年上榜 ENR 排名，2015 年在国际工程设计公司 225 强榜单中列第 70 位，在全球工程设计公司 150 强榜单中列第 92 位，并成功跻身中华人民共和国商务部对外援助成套项目实施企业名单。

十六 江苏燕宁建设工程有限公司

江苏燕宁建设工程有限公司成立于 1994 年，是上市公司苏交科集团股份有限公司的全资子公司，是按照国际标准管理体系运作的一家现代企业。公司设有投资部、国内部、海外部三大业务部门，致力于基础设施投资建设及整体区域开发运营，业务覆盖交通、市政、新材料新技术等行业，向海外延伸到非洲、中东、东南亚、中亚等地区，成立了燕宁顺通科技发展有限公司、燕宁国际、江苏兆通路桥工程有限公司、燕宁交通智慧产业园管理有限公司等子公司。

主要资质包括：公路工程总承包一级、市政工程总承包二级、对外承包工程资格等。

十七　中国中铁股份有限公司

中国中铁股份有限公司是集勘察设计、施工安装、工业制造、房地产开发、资源矿产、金融投资和其他业务于一身的特大型企业集团，总部设在中国北京。作为全球最大建筑工程承包商之一，中国中铁连续十年进入世界企业500强，2015年在《财富》世界500强企业中排名第71位，在中国企业500强中列第11位。2007年9月12日，中国铁路工程总公司独家发起设立中国中铁股份有限公司，并于2007年12月3日和12月7日，分别在上海证券交易所和香港联合交易所上市。

中国中铁具有中国国家住房和城乡建设部批准的铁路工程施工总承包特级资质、公路工程施工总承包一级资质、市政公用工程施工总承包一级资质以及桥梁工程、隧道工程、公路路基、路面工程专业承包一级资质，城市轨道交通工程专业承包资质，拥有中华人民共和国对外经济合作经营资格证书和进出口企业资格证书。

中国中铁先后参加了百余条铁路建设，新建、改建、扩建铁路占中国铁路总里程的2/3以上；建成电气化铁路占中国电气化铁路的90%；参与建设的高速公路约占中国高速公路总里程的1/10；参与建设了中国3/5的城市轨道工程。

中国中铁业务范围涵盖了几乎所有基本建设领域，包括铁路、公路、市政、房建、城市轨道交通、水利水电、机场、港口、码头，等等，能够提供建筑业"纵向一体化"的一揽子交钥匙服务。中国中铁在特大桥、深水桥、长大隧道、铁路电气化、桥梁钢结构、盾构及高速道岔的研发制造、试车场建设等方面，积累了丰富的经验，形成了独特的管理和技术优势。桥梁修建技术方面，有多项修建技术处于世界先进水平；隧道及城市地铁修建技术处于国内领先水平，部分技术达到世界先进水平；铁路电气化技术代表着当前中国电气化最高水平。

中国中铁机械装备领先。拥有国内数量最多的隧道掘进机械（盾构、TBM）、亚洲起重能力最大的吊装船、整套深海水上作业施工装备、国内数量最多的用于铁路建设的架桥机及铺轨机，以及国内数量最多的用于电气化铁路建设的架空接触线路施工设备。公司能够自行开发及制造具有国际先进水平的专用重工机械，同时公司是世界上能够独立生产TBM并具有知识产权的三大企业之一。

中国中铁现有员工28万余人，其中中高级技术人员69314名，中国工程院院士2名，国家有突出贡献中青年专家8名，全国工程勘察设计大师5名，享受国务院政府特殊津贴专家人员309名。同时，拥有高技能人才5.27万人。

十八　中铁国际集团有限公司

中铁国际集团有限公司（简称"中铁国际集团"）是由世界企业500强、世界品牌500强企业——中国中铁股份有限公司（CREC）为实施"大海外"战略、加快"走出去"步伐、整合系统内外经资源而设立的专业化外经公司。

中铁国际集团作为专业的外经公司，承担着"履行做大做强中国中铁外经事业责任，成就中铁国际人精彩人生"的使命与责任。公司的总体发展目标是："建设主业突出、多元经营、联合发展、具有较强国际竞争力的学习型、效益型国际工程承包商。"项目运作主要以设计、施工、采购总承包（EPC）、带资承包（EPC + F：出口信贷、资源项目贷款一揽子合作、双边和多边合作）、特许经营（BOT、PPP）和海外投资等业务模式为主，形成施工承包业务、EPC 总承包和投资业务有效互补协调、可持续发展的格局，工程项目建设中充当计划者、组织者、融资者、设计者和管理者的角色。

目前，中铁国际集团下辖 8 家全资子公司、8 家分公司、3 家控股子公司、9 个境外办事处，业务范围遍及亚洲、非洲、南美洲、大洋洲和中东欧等区域的多个国家和地区。在委内瑞拉、中国香港、马来西亚、印尼、南非、尼日利亚等 17 个国家和地区均有在建项目。

十九　中国葛洲坝集团股份有限公司

中国葛洲坝集团股份有限公司（CGGC）是由中国葛洲坝集团公司控股的上市公司，于 2007 年 9 月上市。

截至 2013 年底，中国葛洲坝集团股份有限公司共有各类资质 200 余项。在职员工 4 万余名，各类专业技术人员 1.65 万余名，各类施工设备 5.1 万余台（套）。具有年土石方挖填 2.5 亿立方米、混凝土浇筑 1800 万立方米、金属结构制造安装 21 万吨、装机总容量 900 万千瓦等综合能力。

中国葛洲坝集团股份有限公司拥有多家产值规模过百亿元、专业实力领先的大型建筑企业，广泛涉足铁路、公路、核电、机场、港口、风电、桥梁、轨道交通等领域，建筑板块呈现大建安格局。凭借独家承建葛洲坝工程形成的核心竞争优势，公司完成了标志当今世界建筑施工最高水平的工程——三峡工程 65% 以上的工作量，建成了世界最高面板堆石坝——水布垭大坝、世界最高双曲拱坝——锦屏一级大坝、世界最高碾压混凝土大坝——龙滩大坝等一系列世界顶尖级工程，确立了行业领先地位。

中国葛洲坝集团股份有限公司积极稳健拓展产业链相互依托的投资业务，拥有资产规模达 200 亿元的专业投资公司，积极介入水务等环保领域，向高附加值、资源型业务延伸，形成上下游一体化、业务之间紧密关联的产业链，产业协同效应及抗经营风险能力显著增强；水泥板块拥有全国最大特种水泥基地，水泥年产能达 2100 万吨，业界技术领先，节能减排各项指标优良，区域优势明显，行业排名全国前列；凭借科技优势积极介入矿渣处理、垃圾处理等节能环保产业，发展前景广阔；民爆板块既拥有民用爆炸物品生产、销售、进出口资质，又拥有完整工程施工类资质，工业炸药年产能 20 万吨，通过引进海外技术提升产品附加值，实现跨区域增长，行业排名稳居前三；公司海外投资步伐加快，投资的利比里亚邦矿重油电站、莫桑比克水泥等项目经济效益良好，投资回报丰厚。

二十　中国土木工程集团有限公司

中国土木工程集团有限公司前身是铁道部援外办公室，1979 年 6 月经国务院批准成立，是中国最早进入国际市场的外经企业之一，目前已发展成为拥有中国铁路工程施工总承包特级资质的大型国有企业，连续 17 年入选 ENR 国际承包商排行榜百强行列。

自 20 世纪 60 年代承建中国最大的援外项目坦赞铁路开始，中土集团公司不断发展壮大，目前经营领域涵盖工程承包、设计咨询、房地产开发、进出口贸易等，经营范围遍及亚洲、欧洲、非洲、美洲、大洋洲近 50 多个国家和地区。近年来，公司先后承揽并实施了一大批铁路、公路、桥梁、房建、市政等重点工程，企业实力不断提升，多次获得"中国对外承包工程优秀企业""中国对外承包工程和对外劳务合作 AAA 级信用等级企业""中国境外成套工程 AAA 级信用企业"等荣誉称号。

中土集团公司是拥有"中国铁路工程施工总承包特级资质"且连续 17 年被国际承包工程领域权威刊物——美国《工程新闻纪录》（ENR）杂志评为全球最大 225/250 家国际承包商之一，并在入选中国企业中名列前茅。

中土集团公司还多次获得"中国对外承包工程优秀企业奖""中国建筑业功勋企业""全国最大 500 家服务企业""国有企业 500 强""中国对外承包工程和对外劳务合作 AAA 级信用等级企业""中国境外成套工程 AAA 级信用企业""对外承包工程企业社会责任奖"等荣誉称号。

二十一 中信建设有限责任公司

中信建设有限责任公司成立于 1986 年，为中国中信集团公司旗下从事国内外工程总承包及相关业务的全资子公司。公司依托中信集团雄厚的综合实力和良好的国际声誉，坚持"以投资、融资和为业主前期服务为先导取得工程总承包，以工程总承包带动相关产业发展"的经营战略，成功跨入全球最大国际工程承包商百强行列。2015 年，中信建设有限责任公司入选中国建筑施工企业联合会评选的中国建筑 500 强，排名第 9 位。公司致力于在 EPC 工程总承包、PPP、BOT 融资建设、项目管理等方面成为国内领先、国际知名的大型国际工程承包商。公司先后承揽了众多大型、特大型工程项目和基础设施项目。公司拥有国家颁发的房屋建筑工程施工总承包、公路工程施工总承包、市政公用工程施工总承包、装修装饰工程专业承包、公路路基工程专业承包五项一级资质；具有楼宇建筑工程、机械工程咨询和设计资质，电力系统咨询、设计和项目管理资质；并成为香港机电工程承包商协会唯一的中资会员，同时是香港中国企业协会会员、香港中国总商会会员。公司先后通过了 ISO 9001 质量体系、ISO 14001 环境体系和 GB/T 28001 职业健康安全管理体系的认证。2005 年、2006 年公司两次荣获"全国用户满意服务"企业；2007 年，公司被评为"全国质量管理优秀企业"。

2009 年，中信建设成为国内首批 15 家荣获中国对外承包企业社会责任金奖的企业之一。

二十二　中国化学工程集团公司

中国化学工程集团公司（China National Chemical Engineering Group Corporation）是国务院国有资产监督管理委员会直接管理的大型工业工程建设企业集团，是一家融勘察、设计、施工为一体，知识技术相对密集的国际工程建设集团。

公司主要从事化工、石油化工、电力、市政、建筑、环保等工程建设、服务及相关业务。半个多世纪以来，承建了中国绝大部分化工、部分石油化工和炼油项目及一大批电力、建筑、市政、环保、医药、机械、轻工、纺织等领域的工程项目。先后建设了吉林、大连、太原、南京、兰州、乌鲁木齐等一大批化工和石油化工基地，为构筑共和国的工业体系打下了基础，为促进国民经济的发展以及我国化工、石油化工整体水平的提高做出了重要贡献，开辟了我国以工程总承包带动成套设备出口的先河。业务范围遍及世界 40 多个国家和地区，公司品牌在国际市场上具有一定的影响力。

公司拥有国家级企业技术中心 6 家、国家能源研发中心 1 家、省级企业技术中心 8 家、博士后工作站 3 家、高新技术企业 17 家。拥有包括中国工程院院士、全国工程勘察设计大师等在内的一大批优秀管理和技术人才队伍，集中了我国石油化工、煤化工、天然气化工和化学工业以及其他工程建设领域的主要力量。业务范围遍及世界 50 多个国家和地区。

二十三　中石化炼化工程（集团）股份有限公司

中石化炼化工程（集团）股份有限公司［Sinopec Engineering（Group）Co., Ltd., SEG］是由中国石油化工集团公司控股的、面向境内外炼油化工工程市场的大型综合一体化工程服务商和技术专利商，是目前国内最大的工程建设企业之一。

公司持有国家发改委、住房和城乡建设部、商务部、安全生产监督管理总局、环境保护总局，以及英国劳氏船级社、国际咨询工程师联合会等国际国内政府部门和权威机构颁发的资格证书，并形成了全方位、多层次、宽领域的人才架构。凭借高素质的人才、丰富的工程设计和建设经验、雄厚的技术实力，可在石油炼制和石油化工、煤化工、天然气化工、环境工程与公用工程等诸多领域为境内外客户提供优质全面的服务。

公司从 1990 年开始成功进入国际市场，建立的业务平台覆盖了中东、中亚、亚太、非洲、南美等全球炼油和石油化工工程业务资本支出较多的地区，在科威特、沙特、卡塔尔、哈萨克斯坦、尼日利亚、新加坡、孟加拉国等国家和地区承担了多个炼油和石油化工工程项目，取得了良好的国际声誉并形成了固定的客户群。

二十四　中地海外集团有限公司

2014 年 12 月 5 日，中地海外建设集团有限公司更名为中地海外集团有限公司。中地海外建设集团有限公司是由国内大型石油化工、矿业勘察、工程建设、投资基金共同投资组建的跨国集团，在十余个国家主要从事工程建设、贸易租赁、投资运营、代理咨询业务。集团凭借长期扎根海外的团队优势，秉承"合作创造财富，创新谋求发展"的经营理念，为所在国的经济和社会发展以及中国资本和技术"走出去"提供优质服务。咨询服务依托集团在海外多年的积累和沉淀，与已在海外形成品牌和影响力的咨询公司及世界知名的智库、一流的经济学家合作，深度研发发展中国家愿望和需求，对接中国资本，引领中国资本和中国发展模式"走出去"，为发展中国家政府客户提供经济社会发展的整体规划，为中国企业客户的国际化发展提供一揽子的咨询服务。中地海外公司主要在现代农业、工业、房地产、清洁能源、矿业领域有投资业务。在过去的 30 年里，中地海外建设集团有限公司在多个国家成功实施了数千个基础设施项目。

作为中国众多知名制造品牌在海外多个国家的总代理，公司致力于为海外客户提供优质的产品和极为专业的售后服务。同时，中地海外建设集团有限公司积极地将国际优秀商品引入中国内地市场。利用在海外多年建立的商业网络，为广大客户累计提供了数万台（套）的中国装备，是中国装备对外出口的重要平台。此外，中地海外建设集团有限公司利用深植于海外的商务网络和业务平台，延伸发展出国际物流业务。目前在多个国家成立了物流公司并迅速发展壮大。中地海外汉盛集团是承接中地海外集团实业与贸易物流相关业务的专业化平台。

二十五　上海建工集团

上海建工集团（简称"上海建工"）是中国建设行业的龙头企业，承担了中国城市现代化建设的重任。60 年来，上海建工多次刷新中国乃至世界工程建设史上的纪录。在积极参与中国城市化进程中，为各地奉献了众多工程精品，包括超高层建筑、大型桥梁工程、轨道交通工程、宾馆商贸楼宇工程、公共文化体育工程、工业工程、环保工程等。同时，在全球 30 多个国家和地区，承担了近百项工程。

上海建工打造完整的产业链，从规划、设计、施工到运行保障维护；从工程建设全过程到高性能商品混凝土和建筑构配件生产供应；从房地产开发到城市基础设施项目的投资、融资、建设、运营。一大批专业技术能力强、经营管理素质高的企业在为社会提供全面服务的同时，塑造了"上海建工"优质品牌的形象。上海建工的"SCG"商标获得国家工商总局认定的"中国驰名商标"称号。

上海建工具有国家有关工程设计、施工和房地产开发等方面的最高等级资质，具备对外承包经营、外派劳务、进出口贸易等资格；集团优势使上海建工具备工程总承包能力、成套施工技术研发和集成能力、工程设计咨询和技术研发和集成能力、工程配套服务集成能力、产业集成能力和社会资源整合能力，形成了强大的综合实力。上海建工坚持"科技兴企""人才强企"的发展战略，依托国家级技术中心、博士后工作站以及多层次的技术研发体系，取得了一批具有行业领先水平的科技成果，其中国家科技进步奖一等奖 4 项、二等奖 7 项和 200 多项部市级奖项。由一大批专业技术人员、管理人员、技术工人组成的人才高地，包括中国工程院院士、国家级中青年专家、享受国务院特殊津贴专家、勘察设计大师以及一批学科带头人和专业领军人才。

二十六　北京建工集团有限责任公司

北京建工集团是一家跨行业、跨所有制、跨地区、跨国发展的大型企业集团。年综合经营额超过 500 亿元，年新签工程合同额近 800 亿元。

集团拥有全资企业、控股企业、参股企业 50 家，拥有总承包部、国际工程部、物业部等多个直属经营型事业部；集团拥有 1.8 万名员工，其中专业技术人才 1.3 万名，高级以上职称专家千余名。北京建工集团的业务格局为"双主业多板块"。"双主业"为工程建设和房地产开发、物业管理，"多板块"包括节能环保、工业和服务业等。集团集生态评估、城市规划、环境改造、建筑设计、工程技术研发、投资开发、施工建造、低碳运营维护等于一身，可以提供全过程"交钥匙"服务。北京建工集团在国内外各领域拥有一批颇具实力的战略合作伙伴，使集团在整个产业链的每个环节，都可以充分整合企业内外各种优势资源，为客户提供最优质的服务。北京建工集团的经营地域遍布中国国内以及世界各地。

公司工程遍布国内 30 多个省、自治区、直辖市、港澳地区，在全球 20 多个国家和地区设立区域分公司或办事机构。其中 63 项工程荣获"中国建设工程鲁班奖"，29 项工程荣获中国土木工程（詹天佑）大奖（含优秀住宅小区金奖），45 项工程获中国国家优质工程称号。取得部市级以上重大科技成果 315 项，国家级工法 47 项。在 20 世纪 50 年代、80 年代、90 年代以及北京当代四次"北京市十大建筑"评选中，共有 22 项工程出自北京建工集团之手；有 8 项工程当选"新中国成立 60 周年百项经典暨精品工程"；在中国"百年百项杰出土木工程"评选中，北京建工集团建设了其中 7 项。

二十七　中国中原对外工程有限公司

中国中原对外工程有限公司（CZEC）是 1983 年 4 月 25 日经国务院批准成立的国际经济技术合作企业，是中国核工业集团的全资子公司，总部设在北京。

公司拥有中华人民共和国商务部颁发的国际工程 A 类资质和 A 类对

外劳务合作经营资格，以及中华人民共和国建设部颁发的建筑业企业四个一级总承包资质和三个二级专业承包资质。

公司贯彻"以核为本，多种经营"的经营理念，跻身于国际市场，致力于国际经济技术合作，不断发展和扩大海外及国内市场，业务范围涵盖工程承包、工程监理、进出口贸易、设计咨询、技术服务、劳务合作和物业管理等领域，业务涉及地域遍及五大洲30多个国家和地区。

在中国政府与中国核工业集团公司的领导下，中国中原对外工程有限公司成功地开创了中国核技术以及中国核电站"走出国门，走向世界"的先河。公司具有丰富的工程建设和管理经验，以其精湛的技术和优质的服务在国际工程承包市场赢得了良好的信誉。公司曾获得"国家科学技术进步奖""中国行业100强""优秀新技术企业"等荣誉和称号。

自1996年以来，公司连年入选美国权威杂志《工程新闻纪录》（ENR）评选的全球最大225家工程承包商，排名逐年上升。公司拥有一支完善的工程技术和项目管理队伍，在国际工程项目承包、设备采购和现场土建安装分包管理等方面具有丰富的运作经验。公司建立了符合现代化管理要求的计算机局域网，开发了以设备共享、信息共享、方便信息交流为特点的公司管理信息系统，实现了公司管理的科学化、现代化。公司坚持"以人为本"的管理理念，建立健全科学规范管理体系，打造可持续性发展的开放型企业。

二十八 新疆生产建设兵团建设工程（集团）有限责任公司

新疆生产建设兵团建设工程（集团）有限责任公司是1952年组建的一家科研、设计、道路、桥隧、铁路、水利、电力、工民建施工、设备安装、建材生产、房地产开发、商贸物流等多元经营的企业集团，现为建筑工程施工总承包特级资质，国家公路、铁路、水利、工业施工总承包一级资质。

集团公司总部在中国新疆乌鲁木齐市，下设12个子公司、3个分公司，并在北京、上海、成都、巴基斯坦等地设有分支机构。2006年获北京世标质量/环境/职业健康安全体系认证中心质量体系认证证书；银行资信AAA级。注册资金10.18亿元，净资产10.59亿元，资产总额44亿元。

公司承建了多项国家、自治区重点建设工程项目，获得了包括"鲁班奖""詹天佑大奖""火车头金奖""国家市政工程金奖""国家科技进步特别奖"等上百项国家、自治区级优质工程殊荣。连续四年跻身于全球225家最大国际承包商之列，连续两年荣获国家商务系统先进集体和全国优秀施工企业。公司社会信誉良好，经济实力雄厚，是新疆道路、桥隧、铁路、水利、电力、工民建等工程建设的主要施工力量。

二十九　中国地质工程集团公司

中国地质工程集团公司（简称"中地集团公司"，CGC）系国务院国有资产监督管理委员会管理的全民所有制二级大型企业集团公司。总部设在北京，在亚洲、非洲近30个国家和地区设分公司，在国内有20余个子公司、分公司。

集团公司拥有对外经济合作经营资格证书、对外承包工程劳务合作经营许可证、进出口经营资格证书和地质勘查资格证书，具有房屋建筑工程施工总承包一级资质、公路工程施工总承包一级资质、地基与基础工程专业承包一级资质、市政公用工程施工总承包一级资质、桥梁工程专业承包一级资质、水利水电工程施工总承包二级资质、甲级工程设计证书、甲级工程勘察证书、甲级工程监理证书、地质灾害防治工程甲级勘察、甲级施工单位资质证书等多项甲级资质。

中地集团公司实力雄厚，拥有一批具国际水准的高级专家，具有中、高级专业技术职称的员工占员工总数的 80%；拥有上千台（套）先进精良的各类大型施工设备与机具。在国际工程市场，先后在 60 多个国家和地区完成各类大、中型工程项目数百项，均以"守约、优质、高效"而受到有关国际金融机构、业主、所在国政府和人民的高度赞誉，与西方知名公司如德国的 WABAG 公司、西门子公司，法国的木松乔公司等建立了战略伙伴联盟。

三十　安徽建工集团有限公司

安徽建工集团有限公司是中国企业 500 强、ENR 国际承包商 250 强，拥有房屋建筑和建筑工程施工总承包两项特级资质以及境外承包工程、劳务经营权和对外援助成套项目施工任务实施企业资格。同时，具有各类总承包或专业承包资质 151 项，其中一级资质 75 项。集团注册资本 5.2 亿元，现有近 20 家子、分公司和 1 家事业单位，其中安徽水利是安徽省建筑系统第一家上市公司（股票代码：600502）。

集团技术中心被评为国家级技术中心，并拥有一家博士后科研工作站。集团主营业务为：建筑工程及工程技术服务、水电及工程项目投资运营、房地产开发经营。安徽建工始终恪守"重合同、守信誉"和"质量第一、用户至上"的服务宗旨，先后承建了大批国家、省、市重点工程和"高、精、尖、特"建设项目。在国际市场上，凭借丰富的跨国施工和投资管理经验、雄厚的国际市场业务操作能力和良好的国际品牌信誉，所承揽和投资建设的工程遍布五大洲 40 多个国家和地区，一大批工程获得外交部、商务部通报嘉奖和国外客户的高度评价。集团先后获鲁班奖 13 项、国家土木工程詹天佑奖 4 项、国家优质工程奖 3 项、全国市政金杯示范工程 5 项、大禹奖 4 项，200 余项省部级建筑工程质量奖；先后荣获国家、省部级科技进步奖 40 余项；主编参编国家、行业标准近10 项，国家级工法 16 项；拥有自主知识产权的专利 136 项，其中发明专利 21 项。伴随着企业的发展，安徽建工连续七年荣获中国企业 500 强称号，最新排名第 359 位；连续七年荣获 ENR 全球最大 225 家国际承包商称号和中国承包商 80 强称号；先后获得"全国守合同重信用企业""全国工程总承包先进企业""全国建筑业诚信企业""全国建设系统先进集体""中国最具成长性的承包商""中国最具国际拓展力的承包商""全国五一劳动奖状"等荣誉称号。

三十一　江西中煤建设集团有限公司

江西中煤建设集团有限公司（简称"中煤集团"）隶属于江西省煤田地质局，是一家"立足江西，跨省、跨地区、跨国经营"的国际知名企业集团，是全球最大国际工程承包商 250 强（2012 年前为 225 强）和最具创新力"走出去"50 强。公司总部地处历史文化名城南昌。

中煤集团以国际化的视野展开了全球的谋篇布局，清晰地勾勒出了充分利用两种资源、两个市场，打造国内、外市场板块的美好蓝图，在国内、外拥有分支机构 67 家，在册正式编制职工 1500 余人，从业人员近 2 万人。

中煤集团拥有多位一体的工程资质 50 余项，拥有国家批准的 5 个施工总承包一级资质，对外承包工程经营权和援外工程 A 级等资质，是江西省唯一拥有城市轨道交通资质的企业。公司长期致力于发展多位一体的产业板块，积极培育拓展房地产市场、宾馆旅游业，施工产业链上游的设计、咨询、监理和项目开发以及投融资业务。积极在国内、外市场上承揽实施大型总承包工程、资源开发、实业投资、房地产开发、进出口贸易等业务。

三十二　中鼎国际建设集团

中鼎国际建设集团是在原中鼎国际工程有限责任公司的基础上于2011年组建，旗下核心企业中鼎国际工程有限责任公司属全球最大国际承包商225强，业务涉及工业与民用建筑、矿山隧道建设、机电设备安装、煤矿采选、地质勘探、水利电力、污水处理、道路桥梁施工、人防工程、工程设计与咨询、房地产开发、对外投资、劳务输出、国际贸易等各专业领域。

公司具备国家对外工程承包经营资格（中国对外承包工程商会理事单位）、国家对外援助成套项目A级实施企业资质、房屋建筑工程施工总承包一级、矿山工程施工总承包一级、市政公用工程施工总承包一级、隧道工程专业承包一级、钢结构工程专业承包一级、房地产开发企业二级、公路工程总承包二级、矿山隧道设计甲级、建筑设计乙级、桥梁工程专业承包二级、机电安装工程施工总承包二级、电力工程总承包三级、防腐保温工程专业承包三级等资质。

公司于20世纪90年代初走出国门，开创海外事业，是第一家到海外承包工程的煤炭企业，第一家在海外成功开办合营医院，第一家在海外投资煤矿的中国企业，以及第一家成功在印度尼西亚以井工方式开采煤矿的企业。连续五年入选"ENR全球最大国际承包商225强"，从2002年起连续评为江西省"走出去"先进企业、江西省外经工作先进单位，连续多年获得"全国煤炭行业优秀施工企业""江西省优秀企业""全省先进建筑业企业""全国煤炭行业优秀工程造价管理企业"等称号，当选"全国煤炭施工前10强企业"，被中国对外工程承包商会评为AAA级信用企业，授予社会责任银奖。

三十三 浙江省建设投资集团有限公司

浙江省建设投资集团是成立最早的浙江国有企业，也是浙江最大的建筑业企业集团。

历经 66 年，集团已发展成为产业链完整、专业门类齐全、市场准入条件好的大型企业集团。现拥有各类建筑业企业资质近 120 项，其中房建施工总承包特级资质 4 项，钢结构制造特级资质 1 项，施工总承包和专业总承包一级资质 47 项，甲级设计资质 5 项，获得资质为行业内最高资质的共计 48 项。同时拥有对外经营权、外派劳务权和进出口权，是浙江省建筑业走向世界参与国际建筑和贸易市场竞争的重要窗口，生产经营业务遍布国内 31 个省、市、自治区和阿尔及利亚、尼日利亚、日本、新加坡、中国香港等全球 10 多个国家和地区。集团多年来综合经济技术指标保持全国各省、区、市同行业领先地位，连续入选 ENR 全球 250 家最大国际承包商、中国承包商 60 强、中国企业 500 强、浙江省百强企业和纳税百强企业。荣获"全国五一劳动奖状""全国先进建筑施工企业"和"全国建设系统精神文明建设工作先进单位"等多项省部级称号。拥有 1 家博士后科研工作站和 6 家省级技术中心，获鲁班奖 30 项，国家优质工程奖 39 项，詹天佑大奖 2 项，"省级杯"近 400 项。自参评以来，连续 23 年蝉联浙江省建设工程钱江杯奖桂冠，承建的华能玉环电厂还入选新中国成立 60 周年"百项经典暨精品工程"，系浙江省唯一的入选精品工程。共获国家发明专利、实用新型专利、国家级工法、全国建筑业新技术应用示范工程等近 400 项国家级技术进步成果。

三十四 沈阳远大铝业工程有限公司

沈阳远大铝业工程有限公司（简称"远大公司"）业务开展于1993年初。历经20多年迅猛发展，远大公司以优化的法人治理结构、雄厚的资本实力、规范化的企业运作、社会化的品牌形象，使企业得到了超常规发展，成为世界幕墙领军企业。根据思纬2010年度行业调查报告，远大公司依据营业收入计算，已成为全球第一的建筑幕墙公司。

远大公司是中国国家建设部首批授予的建筑幕墙甲级设计和施工一级企业，是国家建设部命名的建筑幕墙定点企业。遵循"服务、质量、成本"的产品理念，公司向客户提供最优质的一站式幕墙解决方案，服务范围包括幕墙系统的设计、材料采购、制造及装配幕墙产品、性能检测、安装以及售后服务。1996年，远大公司率先通过ISO 9001国际质量体系认证；1998年，投资并建立国家合格评定认可委员会批准的、全球互认的"工程实验室"，检验检测能力全面满足并符合国标、美标、英标、欧标四大标准体系的建筑幕墙检测，卓越的工程品质和完善的服务体系成为中国建筑幕墙行业超越世界先进水平的标志。以人为本，科技当先，人才是远大发展的原动力。远大公司目前在全球拥有1.27万名员工，其中各类经营管理和科技研发人才6278人，包括技术研发团队1546人，产品高级研发人员632人。

三十五 南通建工集团股份有限公司

南通建工集团股份有限公司前身为南通市建筑安装工程总公司，2004年整体改制为股份制民营企业，现为国家房屋建筑工程施工总承包特级资质企业，同时拥有国家房屋建筑和市政公用工程施工总承包一级资质，建筑装饰装修、机电设备安装、起重设备安装、地基与基础、钢结构、消防工程等专业承包一级资质，以及建筑装饰设计甲级资质和多项二级资质，并拥有对外承包工程资格和对外援助成套项目 A 级实施企业资格。公司业务遍及全国大部分省、市、自治区，在苏丹、津巴布韦、莫桑比克、塞内加尔、坦桑尼亚、肯尼亚等海外地区设有分支机构和业务基地。现有 8 个子公司、29 个土建和专业分公司；拥有各类专业技术人员 2400 余人，其中研究员级高工 15 人、高级职称 125 人、中级职称 215 人，一级注册建造师 200 人、二级注册建造师 225 人；公司拥有各类机械设备 4000 余台（套），年施工能力 200 亿元以上。

多年来，公司始终坚持继承与创新并举，改革与发展同步，两个文明建设协调发展。先后荣获"ENR 全球最大国际承包商 225 强""中国民营企业 500 强""中国承包商 60 强""中国建筑业竞争力百强企业""全国建筑业先进企业""全国优秀施工企业""全国模范劳动关系和谐企业""全国用户满意施工企业""全国建筑业诚信企业""全国企业信用评价 AAA 级企业""江苏省建筑业竞争力百强企业"等荣誉称号。

三十六　江苏南通三建集团有限公司

2004 年，南通三建由国有企业改制重组成为股份制企业，现注册资本金 5.0128 亿元人民币，已发展成为以建筑施工为主业，集投资、房屋开发、工程管理、运营服务于一身的大型综合性现代建筑集团，下辖分公司及全资、控股子公司 40 多家，拥有建筑工程甲级设计公司，施工范围涵盖房建、机电、市政、公路工程等领域。建筑主业拥有房屋建筑施工总承包特级资质，9 个一级资质以及多个其他施工资质；具备对外承包工程和劳务合作经营权、对外援助成套项目施工 A 级实施企业资格。施工队伍遍及全国 28 个省、市、自治区的北京、上海、广州、青岛、大连、沈阳等120多个大中城市以及世界五大洲俄罗斯、科威特、安哥拉、也门等30多个国家和地区。

公司先后创获铁人王进喜纪念馆、青海省电信公司办公大楼、上海市闸北区文化馆、镇江皇冠假日酒店等30多项鲁班、国优奖工程，参建了北京奥运会场馆、上海虹桥机场航站楼、东方明珠电视塔、上海金茂大厦、杨浦大桥、卢浦大桥、南京紫峰大厦、世博会意大利馆、苏州东方之门，以及欧洲第一高楼——俄罗斯联邦大厦、科威特皇宫等一大批标志性建筑。2013年，荣登"中国驰名商标"榜首。2015年度，公司在建施工面积逾3300万平方米，经济总量突破550亿元，荣列"中国企业500强"第216位、"中国民营企业500强"第34位、"中国承包商80强"第14位、"中国建筑业竞争力百强企业"第10位、"ENR全球最大250家工程承包商"第48位，获"中国建筑业行业标杆"称号。公司连续多年被评为"全国建筑业先进企业""全国优秀施工企业""全国重信用守合同企业""全国AAA级工程建设企业"，还荣获"全国创鲁班奖特别荣誉企业""全国创鲁班奖突出贡献企业""国家优质工程奖设立三十周年先进单位""全国实施用户满意工程先进单位""中国品牌文化影响力十大最具价值品牌"等称号。

三十七　江苏南通六建建设集团有限公司

江苏南通六建建设集团有限公司创建于1956年10月，1994年晋升为一级资质企业，1998年取得外经贸部境外工程承包签约权，2005年晋升总承包特级资质，2011年顺利通过住建部特级资质就位考评验收。

经过60多年的风雨耕耘，公司发展为以房屋建筑工程施工总承包、市政公用工程、机电安装工程、园林古建筑工程、地基与基础工程、建筑装修装饰工程、钢结构工程、公路工程、桥梁工程、消防设施工程设计与施工等专业承包为主业的大型建筑施工企业。公司现下辖15个区域公司和4个工程处，拥有施工人数3.5万余人，各类经济技术人员4000余名，总资产28亿元，各类大、中型机械12000台（套）；具有独立承建境内外各类高、大、难工程的综合施工能力。公司全面贯彻执行质量、环境、职业健康安全管理体系标准，近年来，获实用新型专利24项、发明专利9项，国家行业标准4项，华夏建设科技奖2项；获鲁班奖、国优等国家级奖项12项，全国用户满意工程1项，国家级工法4项，全国QC成果14项，全国新技术应用示范工程1项；国家AAA级安全文明标准化诚信工地5项，得到业主和各级主管部门的高度赞扬。

公司先后荣获全国守合同重信用企业、全国优秀施工企业、全国建筑业科技进步与技术创新先进企业、全国模范职工之家、全国工人先锋号、全国青年文明号等称号。连续多年获中国建筑业企业竞争力百强企业、ENR国际知名承包商250强、江苏省建筑业最佳企业、江苏省建筑业百强企业综合实力50强、江苏省建筑业百强企业建筑外经10强、江苏省民营企业纳税大户、江苏省建筑业企业安全生产先进单位、江苏省建筑业科技进步和技术创新先进单位等荣誉称号。

三十八　云南建工集团有限公司

云南建工集团有限公司是融投融资、房地产开发和工程建设总承包为一体的大型建设企业集团，业务覆盖国际工程投资与总承包、基础设施投资建设、房地产开发、城市建设投资开发，机电设备、路桥市政、钢结构、水利水电、铁路、轻轨、机场、港口、地基等工程施工，商品混凝土生产、建材与设备供销、建筑科研、勘察设计、建筑劳务等范围，是云南省政府国资委履行出资人职责的15户省属重要骨干企业之一。现有全资子公司、控股公司和直管企事业单位37个，职工18300余人，各类专业技术人员 12000 余人，其中高级职称 1278 人。

近年来，在省委省政府和省国资委的正确领导下，在社会各界的关心和支持下，云南建工坚持"筑牢房建主业，打造房地产第二主业，做强做大专业板块"发展思路，大力推进"转方式、调结构"工作，集团投融资能力、施工总承包能力和"走出去"能力显著提高。2014年完成经营额 864.38 亿元，合同额 539.48 亿元，产值 438.34 亿元，完成竣工面积 728.35 万平方米，实现利润 12 亿元，营业收入利润率高达 2.7%，遥居行业领先水平，投融资能力得到空前提升。截至 2014年，集团累计获得全国建筑工程鲁班奖 24 项，国家优质工程金奖 1 项，国家优质工程银质奖 41 项，中国土木工程詹天佑奖 1 项，省部级优质工程奖 390 余项，国家级工法 21 项，发明专利 11 项、实用新型专利117 项，主编国家行业标准 6 项。现有国家级企业技术中心 1 个，院士工作站 2 个，博士后工作站 1 个，全国和省级以上科技进步奖励及成果430 余项。

2014 年，集团连续 23 次入选中国企业 500 强，位列第 295 名；连续5 次入选 ENR 250 强（美国《工程新闻纪录》杂志），位列第 166 位；在中国承包商 80 强中位列第 13 位；在中国 100 大跨国公司及跨国指数排名中位列第 72 位，有较强的综合竞争实力、品牌影响力和社会信誉度。集团已成功转型为融投融资、房地产开发、工程施工总承包为一体的大型建设企业集团。

三十九　烟建集团有限公司

烟建集团有限公司是主要从事国内外工程总承包、房地产开发、资本运营、商业贸易等业务的大型综合企业集团。

公司拥有建筑工程施工总承包特级资质，建筑工程设计甲级资质，市政公用工程、公路工程和机电安装工程施工总承包一级资质，房地产开发一级资质，建筑装修装饰工程、建筑幕墙工程、钢结构工程、建筑智能化工程、消防设施工程设计与施工一体化一级资质，以及地基与基础工程、机电设备安装工程、园林绿化等20多项专业承包资质；拥有中华人民共和国对外承包工程经营资格、对外劳务合作经营资格、商务部对外援助成套项目总承包企业资格、对外技术援助项目（技术保障专业）实施企业资格。施工范围已延伸到青岛、济南、淄博、潍坊、临沂、莱芜、威海等省内市场和上海、北京、天津、浙江、安徽、四川、河北、河南、福建、内蒙古、新疆等省外市场，先后在南美洲、非洲、大洋洲、西亚、中亚、南亚等地区的30多个国家承建工程。

公司曾受到国务院嘉奖，荣获7项"鲁班奖"、12项"国家优质工程奖"、40多项"国家优质样板工程"和"泰山杯奖"；多次被评为"中国建筑业竞争力百强企业""全国优秀施工企业""全国用户满意施工企业""全国建筑业 AAA 级信用企业""创鲁班奖工程特别荣誉企业""创建鲁班奖工程突出贡献奖""中国优秀企业（公众）形象十佳单位""中国最具社会责任感企业""全国企业文化建设百佳贡献单位""全国企业文化建设百家重诚信单位""全国践行社会主义核心价值观企业文化模范单位""全国企业文化创新优秀单位"等；被中央精神文明建设指导委员会授予"全国文明单位"，被人力资源和社会保障部、国家发改委、解放军总政治部联合授予"汶川地震灾后恢复重建先进集体"荣誉称号；被中国对外承包商会评为"企业信用评价 AAA 级信用企业"；荣登 ENR/建筑时报"中国承包商和工程设计企业双60强"榜单，连续三年入选"ENR 全球承包商250强"和"ENR 国际承包商250强"；是烟台市首家被国家工商总局授予"全国守合同重信用企业"荣誉称号的企业，并被中国建设银行审定为总行级重点客户，被多家银行审定为"AAA 级信用等级客户"；烟建商标被认定为"山东省著名商标"。

四十　北京城建集团

北京城建集团是以工程承包、地产开发、城轨建设、园林绿化、物业经营、投资融资为六大支柱产业的大型综合性建筑企业集团，从前期投资规划至后期服务经营，拥有上下游联动的完整产业链。"中国企业500强"之一，"ENR全球及国际工程大承包商250强"之一，荣获"中国最具影响力企业""北京最具影响力十大企业""全国优秀施工企业""全国思想政治工作先进单位""全国建设系统企业文化建设先进企业"等荣誉称号。

北京城建集团现有总资产1054亿元，自有员工24500人。2015年营销额1016亿元，营业收入502亿元，开复工面积4000万平方米以上，自营房地产开发面积500万平方米以上，主要经济技术指标在北京市属建筑企业中均排名第一。集团现有120余家法人企业、42家分公司，包括境内（A股）上市公司1家，境外（H股）上市公司1家，全资、控股子公司29家。北京城建集团具有房屋建筑工程、公路工程施工总承包特级，工程设计综合甲级和市政公用工程、机电安装、地基与基础、钢结构、公路路面、城市轨道交通工程等一批专业总承包一级资质。在工业与民用建筑、市政工程、城市轨道交通、高速公路、园林绿化、深基础、长输管线等领域的设计和施工业务遍及全国，并涉足东南亚、中东、南美和非洲多国。地产开发业务秉承"品质·人生"理念，在全国多个省市拥有地产开发项目。城轨建设拥有全国轨道交通创新平台，形成了设计引领、产品研发、市场推广的一体化发展模式。连续30年承担天安门广场摆花任务，园林绿化形成了融集团设计、施工养护、苗木花卉研发、古建建设为一体的大园林业务格局。

四十一　重庆对外建设（集团）公司

重庆对外建设（集团）有限公司是重庆对外经贸（集团）有限公司的骨干子企业，成立于 1985 年，注册资本金 6.2 亿元人民币。拥有对外工程承包、对外劳务输出、进出口贸易经营权，具有对外援助成套项目实施企业 A 级、市政公用工程施工总承包一级、房屋建筑工程施工总承包一级、公路工程总承包二级、港口与海岸工程专业承包二级、装饰及装修专业承包二级、机电安装专业承包二级、土石方专业施工一级等资质。在苏丹、坦桑尼亚、乌干达、约旦、利比里亚设有海外分公司，在国内拥有 5 个全资或控股子公司和 12 个分公司，业务覆盖海内外工程承包、进出口贸易、劳务输出、设备租赁、项目咨询、工程监理、建筑设计、机电安装和建筑材料生产等相关领域。集团先后在亚、非国家和地区承建了近 60 个大、中型国际工程项目，其中多个项目以进度快、质量优受到业主、监理、世行代表及驻外使馆的好评。集团还在国内承建了近 200 多项工程项目，工程一次性交验合格率达到 100%，多个项目荣获鲁班奖、国家优质工程奖、重庆市巴渝杯和重庆市市政工程金杯奖等。

近年来，集团秉承讲诚信、重合同、守信誉的优良传统，连续 5 年被评为重庆市优秀建筑企业，连续 4 年进入美国《工程新闻纪录》杂志全球最大 250 家国际承包商排行榜，近 3 年入选重庆百强企业，连续两年荣获重庆市发展开放型经济先进单位，被评为重庆市最佳诚信企业。

在未来的发展过程中，重庆对外建设（集团）有限公司将以打造差异化、国际化的组织为目标，把管理、创新和社会责任融入一流的建筑产品为己任，坚持"创新至上，责任唯先；内外兼修，品牌构建"的管理理念，愿为中国企业实施"走出去"战略并不断发展壮大做出更大的贡献！

四十二　中国电建集团中南勘测设计研究院有限公司

中国电建集团中南勘测设计研究院有限公司（简称"中南院"）前身为原国民政府资源委员会全国水电发电工程总处华中勘测处，始建于1949年5月20日，于1980年在长沙重新合并组建电力工业部中南勘测设计院。2014年6月5日，公司正式更名为"中国电建集团中南勘测设计研究院有限公司"。

中南院注册资本金6.3亿元，主要涉足水电水利工程、新能源工程、环境保护与水务工程、市政交通与建筑工程等四大主营业务领域；主要从事工程规划与勘测设计、工程总承包与设备成套、投资开发与运营等三大业务板块。

自1993年以来连续位居"中国勘测设计单位综合实力百强""中国工程设计企业60强""中国设计行业综合实力50强"前列，2012年、2013年均位于"中国承包商及工程设计企业"双60强第18名，并获全国水利水电勘测设计行业信用等级AAA级等荣誉称号。公司先后荣获国家科技进步奖21项，国家优秀工程设计和优秀工程勘察金奖7项、银奖3项，FIDIC（国际咨询工程师联合会）百年工程奖1项，国家质量银奖1项，湖南省省长质量奖1项。

中南院现有在职职工1867人。其中，培养了2位中国工程院院士，拥有享受国务院政府特殊津贴的专家14人，教授级高级工程师296人，高级工程师562人，持有各类注册执业资格证书员工人数约1300人。2006年5月，被人力资源和社会保障部全国博士后管理委员会授予博士后工作站单位。

中南院1998年通过了ISO 9001质量管理体系认证和世行DACON信

息中心资格认证。2009 年获得"质量、环境、职业健康安全管理体系"认证证书。

中南院目前拥有全资经营性子公司 3 家，投资性项目公司 9 家，设有14 个管理服务部门、9 个生产处和 9 个分公司。

四十三　盈创建筑科技（上海）有限公司

盈创建筑科技（上海）有限公司系一家专业从事建筑新材料研发、生产的高新技术企业，公司目前拥有 100 多项国家专利证书。

公司专注于 3D 打印新绿色建筑，致力于创建世界上最大的共赢产业联盟生态平台；专注研发大型、连续 3D 打印机和打印油墨，成为3D 打印应用领域的领跑者；改变建筑、建材装饰、传统制造对环境的破坏。

公司研发与生产的 GRG、SRC、FRP、盈恒石产品能够满足建筑室内外墙面、地面的各种造型的装饰，已从 2002 年开始在市场实践检验应用了 12 年，取得了丰硕的工程业绩和客户认可。

公司是中国国内第一家特殊玻璃纤维强化石膏板（GRG）生产企业，主要运用于大剧院、体育场、会议厅、商业综合体、高端会所、酒店、售楼处的室内装饰。从 2002 年至今，公司已成功完成了 400 多项国内大剧院项目，国内大剧院采用率达到 95%，为政府节约了大量成本，是中国 GRG 行业的发起者和领跑者。

2004 年以来，公司先后承接了国家大剧院、国家游泳中心（水立方）、中国京剧院（梅兰芳大剧院）、上海世博中心、上海东方艺术中心、上海国际汽车博览中心等百余项大型公共建筑中造型复杂、功能多样的GRG 装饰工程。

四十四　中国港湾工程有限责任公司

中国港湾工程有限责任公司，是中国交通建设股份有限公司的全资子公司，代表中交股份在国际工程市场开展业务，业务涵盖 70 多个国家和地区，在建项目合同额约 75 亿美元，全球员工总数超过 6000 人。中国港湾经过 30 年，开辟了广阔的海外市场，目前在世界各地设有 30 个分公司和办事处。

中国港湾的业务主要集中在交通基础设施建设方面，包括海事工程、疏浚吹填、公路桥梁、轨道交通、航空枢纽以及相关的成套设备供应与安装。此外，在房建、市政环保、水利工程、电站电厂、资源开发等领域也有着丰富的资源和经验。

中国港湾从创建初始，便跻身于风云变幻的国际市场。以一体化服务为己任，形成了针对不同需求和细分市场的服务阵列，以及适应经济全球化和产业快速发展变革的公司运行机制。核心事业拓展到海事工程、疏浚吹填、公路桥梁、港口机械、勘察设计五大业务领域，涉及沿海及内河的港口港湾和船坞与船台、疏浚、路桥、隧道、机场、水利、环保、市政、工民建、港口机械、航标制造安装、勘察设计、工程监理、外经外贸等多项业务。依靠中国港湾的信誉和实力，充分发挥融资功能，形成以一体化服务为基础，涉及设计总承包、工程建造总承包、BT、BOT、EPC、MPC 等多种服务模式。

中国港湾一直致力于提供交通建筑领域一体化服务。随着业务的不断拓展，在世界 20 多个国家和地区设立了分支机构，形成高效经营管理网络，业务涉及亚洲、非洲和美洲的数十个国家和地区，"CHEC"已成为国际工程业知名品牌。早在 20 世纪 80 年代就成功设计建造了马耳他 30 万吨干船坞及毛里塔尼亚友谊港项目；90 年代作为总承包商承建了澳门国际机场工程；近年来，又先后承建了巴基斯坦的瓜达尔深水港和卡拉奇 OP－5 液品码头及潮汐通道工程、孟加拉吉大港、澳门友谊大桥、泰国八世皇大桥、香港新机场平台和葵涌九号货柜码头及 T7 马鞍山道路工程、马来西亚沙巴州 K.K 吹填工程、科威特舒艾拜油品码头、哥伦比亚费罗达吹填工程、尼日利亚卡拉巴航道疏浚、苏丹港等一大批有影响的工程。

四十五　中国海外港口控股有限公司

中国海外港口控股有限公司（简称"中国港控"）是一家在香港成立的新兴、快速发展的公司，其在巴基斯坦的子公司负责自由区、港口、海事服务和物流领域的开发和经营。

中国港控于 2013 年接管了瓜达尔港及 923 公顷自由区的开发权和运营权。作为巴基斯坦的第三大港，瓜达尔港是南亚和中东地区的重要深水港，具备极其重要的战略位置，也是中巴经济走廊（CPEC）和 21 世纪海上丝绸之路的重要节点和旗舰项目。中国港控致力于将瓜达尔港及自由区发展成为区域范围内物流和加工制造的重要枢纽。

中国港控目前下设四家子公司，包括中国港控（巴基斯坦）公司、瓜达尔码头公司、瓜达尔海事服务公司、瓜达尔自由区公司，系统化为前往瓜达尔港参与开发的公司提供服务。

四十六　广东龙浩集团有限公司

广东龙浩集团有限公司于 2003 年 1 月 16 日在广东省工商行政管理局登记成立，总部位于广州珠江新城广晟国际大厦，是一家以高速公路等大型基础设施和航空产业投资建设为主业，集市政工程、影视传媒、高新技术开发应用于一身，业务遍及多个国家和地区的跨行业、多元化、国际化大型企业集团。旗下拥有广东浩邦建设投资集团有限公司、广东龙浩航空集团有限公司、龙浩国际建设集团有限公司、广东浩锦投资集团有限公司等 4 家子集团。

集团投资建设、经营管理的高速公路项目包括广西梧贵、广东从莞、湖南岳望、湖北洪利、广东汕揭、云南曲靖东过境、云南昆曲、广东佛清从高速公路等 8 个，总里程约 1000 公里，总投资超 1000 亿元。

为响应国家"一带一路"倡议及新兴产业规划，集团全面进军航空产业，并组建了广东龙浩航空集团有限公司，业务领域包括机场投资建设运营、中远程公共运输、短途客货运输、飞行培训、低空服务、航空港经济区建设运营等。

四十七　中铁十八局集团有限公司

中铁十八局集团有限公司，作为世界 500 强企业中国铁建的核心企业，其前身是铁道兵第八师，组建于 1958 年 10 月。是全国首批工程施工总承包特级企业，并具有对外承包工程资质和对外经营权，可承担铁路工程、房屋建筑工程施工总承包特级；公路、水利水电、市政公用工程施工总承包一级；隧道、桥梁、城市轨道交通、机场场道、公路路面工程专业承包一级，地质灾害防治工程施工甲级资质，建筑行业甲级设计资质经营范围的施工和设计项目。

集团下辖十个全资子公司（国际工程公司，第一、第二、第三、第四、第五、第六工程有限公司，建筑安装工程有限公司，中铁大都工程有限公司，房地产开发有限公司）、三个专业分公司（科研设计院、隧道工程公司、轨道工程公司）以及若干个工程指挥部。

中铁十八局集团现有职工 1.8 万余人，其中有职称的各类专业技术人员 8000 余人，中、高级工程技术人员 3300 余人，有资质项目经理（建造师）600 余人。全集团注册资本金 23.2 亿元，年营业收入超过 200 亿元，多年被评为 AAA 级信用企业和诚信纳税企业，在国内建筑施工企业中具备较大的经济规模，拥有较强的经济实力。集团公司拥有 TBM 全断面隧道掘进机、盾构机 10 台（套），以及 900 吨架桥机等生产机械设备共 6000 多台（套），总功率约 70 万千瓦，综合机械化程度达到 90% 以上，年施工能力 300 亿元以上。

在 50 多年的历程中，中铁十八局集团承建了京津城际、京沪、武广、石武高铁，成昆、襄渝、京九、青藏等 100 多项国家大型重点铁路工程；京沈、京福、京沪、太旧、铜黄等 200 多项高速公路工程；引滦入津、清江隔河岩水利枢纽、太平驿电站、四川锦屏电站等 40 多项水利水电工程；厦门翔安海底隧道、青岛胶州湾海底隧道、天津滨海新区中央大道海河隧道、天津彩虹大桥、南京双桥门大桥、南宁市仙葫大桥、呼和浩特鼓楼立交桥、南京市污水处理厂、天津开发区净水厂等 500 多项市政、环保工程；大连、北京、天津轻轨，北京、天津、沈阳、深圳、重庆、南京、昆明地铁等 40 多项城市轨道交通工程；北京京通新城、京洲花园小区、通典铭居小区，天津华林小区、开发区御景园、南开大学泰达学院，汕头华能电厂、云南曲靖电厂、通辽宝龙山风电场等 500 多项工业民用建筑及火电、风电工程；沙特麦加轻轨、泰国曼谷轻轨，阿曼、伊拉克、尼日利亚公路、沙特南北铁路、尼日利亚铁路改造、迪拜喜瑞福大厦、迪拜国际城，巴基斯坦上斯瓦特引水工程等 100 多项海外工程。

四十八　岚桥集团

岚桥集团位于新亚欧大陆桥东方桥头堡——山东省日照市，是一家以基础设施和能源产业为核心，拥有多个产业实体的综合性企业集团。岚桥集团重点围绕基础设施和能源产业，依托"前港后厂"产业模式，进行产业链的优化整合，打造企业核心竞争力，已形成港口物流、石油化工、文化旅游等主要产业，国内外总资产价值 516 亿元，是山东省大型民营企业集团之一。

岚桥集团坚持合作共赢的理念，主动走出国门，参与国际竞争，为世界经济贡献"中国力量"。2014 年成功收购澳大利亚上市公司——西部能源公司，2015 年通过竞标方式获得澳大利亚达尔文港 99 年产权。岚桥集团开启了国际化发展新篇章。

◇◇ 第九节　医药

一　国药集团药业股份有限公司

国药集团药业股份有限公司是由中国医药集团总公司作为主发起人，并联合国药集团上海医疗器械有限公司、天津启宇医疗器械有限责任公司、广州南方医疗器材公司、北京仁康医疗器材经营部共同发起设立的股份有限公司。

国药的经营范围包括批发中成药、化学药制剂、化学原料药、抗生素、生化药品、生物制品、疫苗、麻醉药品和第一类精神药品（含原料药）、第二类精神药品、蛋白同化制剂和肽类激素、医疗用毒性药品（注射用 A 型肉毒素）、麻黄素原料药（小包装）的批发；组织药品生产；销售医疗器械（Ⅱ类、Ⅲ类）；保健食品、定型包装食品。一般经营项目：进出口业务，与上述业务有关的咨询，销售日用百货、化妆品。

国药股份经营范围：组织药品生产；化学原料药、西药制剂、生化药品、生物制品及中成药的销售；自营和代理各种商品及技术的进出口业务；进料加工和"三来一补"业务；对销贸易和转口贸易；保健食品的销售及与上述业务有关的咨询。

国药股份积极拓展国际市场，自营和代理各类商品和技术的进出口业务，2004年进出口额8860万美元。公司在北京和天津开展了进口保税业务，可实现大批量进口分批报关，更利于保证合理库存。公司以良好的信誉于2004年6月被北京海关授予最高等级的AA类管理认证，这必将促进公司国际贸易业务的进一步拓展。

二　石药集团有限公司

石药集团有限公司是我国医药行业的龙头企业之一，总资产200亿元，员工18000人。在港上市公司（HK.01093）市值400亿元港币，是香港知名医药上市企业之一，也是香港恒生红筹股指数成分股。

石药集团拥有原料药、成药、创新药、抗肿瘤药、医药商业和大健康六大业务板块，主要从事医药及相关产品的开发、生产和销售，产品主要包括抗生素、维生素、心脑血管、解热镇痛、消化系统用药、抗肿瘤用药和中成药等七大系列近千个品种。石药集团有维生药业、中诺药业、欧意药业、恩必普药业、银湖制药等30余家下属公司，分别位于冀、吉、晋、辽、鲁、苏和香港等地，其中设在香港的控股子公司——香港石药集团有限公司是中国医药行业首家境外上市公司，是目前香港最大的制药上市公司之一，同时也是香港恒生红筹股指数成分股之一，连续两次被世界著名的《福布斯》杂志评为全球亚洲区营业额10亿美元以下的100家优秀上市公司之一。

2014年，全集团实现不含税销售收入203亿元（含非上市板块），同比增长 13%；实现利税、利润分别为 21 亿元和 13 亿元，同比增长 55% 和 40.6%，一举成为河北省首家销售收入破 200 亿元、利税破 20 亿元的制药企业。

石药集团是国家科技部等三部委认定为"国家创新型企业"，新药研发实力位居全国药企最前列。依托于企业的博士后科研工作站、国家级企业技术中心、"863"计划高技术产业化基地、药物制剂及释药技术国家重点实验室和国家手性药物中心，目前石药集团在研的新药项目有 170 项，仅国家一类新药就有 25 个，涉及心脑血管、精神神经、内分泌、抗肿瘤等七大领域。集团已成功上市的具有自主知识产权的国家一类新药"恩必普"是脑卒中治疗领域的全球领先药物，是我国第三个拥有自主知识产权的国家一类新药，并在全球 86 个国家受到专利保护。目前，企业已与美国和韩国两家知名公司，签署了恩必普软胶囊在欧美和韩国市场的专利使用权转让协议，开创了中国医药企业向世界最发达国家转让药品知识产权的先例，为国家和民族赢得了荣誉。

石药集团建立了完备的三级质量管理体系，所有药品都通过了 GMP 认证，所有下属企业都通过了 ISO 9000、OHSAS 18000 和 ISO 14001 认证，产品市场检验合格率始终保持 100%。同时，企业以技术提升质量内涵，目前集团共取得了 16 张 CEP 证书和 33 个 DMF 登记号，有 15 个产品顺利通过美国 FDA 现场检查，这标志着石药集团的产品已经可以拿到国外高端市场参与竞争，固体制剂可以直接摆上美国的药房和柜台，也标志着石药集团的药品质量已与国际先进水平实现对接。

三 江苏康缘集团有限责任公司

江苏康缘集团有限责任公司是以大健康产业为主线，以现代制药为核心，融医药工业、医药商业、生态农业、地产投资、国际贸易、科研为一体的高科技健康产业集团。集团现有从业人员 6800 余人，下属 11 家企业，资产总额达 88 亿元，综合经营业绩连续十多年排名全国医药行业前列，跻身"中国民营企业 500 强""中国医药工业 50 强""全国中药行业 5 强"。

集团核心企业——江苏康缘药业股份有限公司，于 2002 年在上海证券交易所挂牌上市，是国家创新型试点企业、国家技术创新示范企业、国家中药现代化示范企业、国家重点高新技术企业、中国制药工业百强企业。拥有中药制药过程新技术国家重点实验室、国家重大新药创制企业大平台、国家博士后科研工作站等国家级科研创新平台。是中国中药行业当中获得新药证书最多、拥有发明专利最多的企业，以及推进中药国际化最为深入的企业之一。公司核心产品热毒宁注射液获得第十五届中国专利奖金奖，国内妇科血瘀证首选用药——桂枝茯苓胶囊 2000 年被国家科技部推荐申报美国 FDA 认证，目前已进入三期临床研究准备阶段。"康缘"牌商标为中国驰名商标。

公司建成了中国第一个中药数字化提取工厂——康缘现代中药数字化提取精制工厂。拥有国内第一条中药智能化提取精制生产线，年产提取物达 1500 吨，入选国家工信部智能制造试点示范项目。康缘现代中药数字化提取精制工厂将引领中药产业转型升级，开启制药工业智能化时代，为中国药品制造工业 4.0、中药先进制造 2025 树立了标杆。

四　浙江永太科技股份有限公司

浙江永太科技股份有限公司是专业研发、生产含氟精细化学品的国家火炬重点高新技术企业。总部位于浙江台州临海的国家级化学原料药基地。公司 2009 年 12 月在深圳交易所上市，代码 002326。公司在江苏和浙江共计建设了三个主要的生产基地，总占地面积 40 万平方米，全职员工共计 1700 余名。公司共计生产四大系列 80 多种氟苯化合物，是全球产品链最完善、产能规模最大的氟苯精细化学品制造商。公司服务于国内外的液晶、医药和农药等多个创新性化学子行业，产品远销美国、欧洲、日本和印度等主要国际市场。经过十来年的创业，公司已经发展成为专业研发、生产和销售氟精细化学品的国家级重点高新技术企业和上市公司。

永太科技含氟精细化工品下游领域具有容量大和多元化的特征：21世纪，液晶显示和数字化浪潮是新媒体发展的必然方向，而氟苯化合物是单晶的必备关键原料，永太科技已经和全球三大液晶厂商德国默克、日本智索和永生华清均建立战略业务关系，占据氟化工价值链高端市场；含氟专利医药和农药具有高效、广谱、低毒、低残留等特点，越来越多的重磅专利医药和农药含有氟苯片段，永太科技已经多次成功为国际专利医药公司和专利农药公司提供百吨级的定制加工服务，成为专利创新性跨国企业全球供应链上不可或缺的关键一环。

依托现有的综合性氟化产业化技术和生产研发平台，永太科技对氟精细化学品领域进行了持续深耕。2010 年永太科技直接投入研发费用2187.78 万元，比 2009 年增长 61.56%，连续三年保持 50% 以上的增长。2010 年，公司已完成 75 个产品的小试开发工作，产品涵盖液晶、医药高级中间体、原料药等。

五　江阴天江药业有限公司

江阴天江药业有限公司创建于 1992 年，是中药配方颗粒的研制者和行业开创者。1992 年 6 月，江阴天江借鉴国内外中药复方颗粒研发经验，提出组建专门公司创制系列单味"免煎中药颗粒"的设想（后正式命名为"中药配方颗粒"）；同年 12 月，"江阴天江制药有限公司"成立；1998 年，中药配方颗粒项目取得重大突破，江阴天江通过了"国家高新技术企业"认证；2001 年，天江获国家药监局批准，成为全国第一个"中药配方颗粒试点生产企业"；2002 年，天江在业内率先通过国家 GMP 认证；2008 年，"江阴天江"并购另一配方颗粒试点企业"广东一方"为旗下子公司，成为中药配方颗粒领域规模最大的企业，年销售额占全国同行业的 60%；2015 年 10 月，中国中药收购天江药业，将"江阴天江"和"广东一方"并列为旗下两个独立法人。

公司首次在国内集成、创新多种先进技术与装备，研制了 600 多种中药单味配方颗粒，建立了科学的制备工艺并实现了产业化，创建了中药配方颗粒质量标准与质量控制体系，通过多中心、多学科协作，揭示了中药配方颗粒的相关药理活性和临床效应。迄今为止，其产品已在国内 32 个省、自治区、直辖市、特别行政区及国际亚、非、欧、美等 30 多个国家和地区不同程度地得到了临床应用。公司先后承担和完成国家省部级重点科研课题 18 项，取得配方颗粒发明专利授权 13 项，获"国家科技进步二等奖" 1 项，省部级科技进步一、二、三等奖和地市级科技奖多项，在国际上首次出版发行了《中药配方颗粒薄层色谱彩色图集》2 册，配方颗粒临床研究著作 2 部，发表学术论文 260 多篇，编集临床应用研究总结 900 多个。

目前，江阴天江建有全国最先进的中药配方颗粒全自动生产线，拥有规模化现代中药生产设备和高级分析仪器 300 多台套，设有"中药配方颗粒研究院""博士后科研工作站""中药配方颗粒工程技术研究中心"，是一个在中药配方颗粒生产规模、工艺技术、质量标准和科学研究等方面具有领先优势的国家重点高新技术企业。

六　华兰生物工程股份有限公司

华兰生物工程股份有限公司是从事血液制品研发和生产的国家级重

点高新技术企业，并于 1998 年首家通过了血液制品行业的 GMP 认证。

通过近 20 年的发展，目前华兰生物拥有 20 余家全资控股子公司，总市值超过 280 亿元，是国内拥有产品品种最多、规格最全的血液制品生产企业，血浆处理能力居国内乃至亚洲前列，这标志着公司已成为亚洲大型血液制品生产企业。其中主导产品国内市场占有率居同行业前列，主要财务指标连续多年高速增长，公司综合实力进入中国国家医药工业行业 30 强。

作为国家定点大型生物制品生产企业，华兰先后承担多项国家、省、市级科技攻关项目，其中外科用冻干人纤维蛋白胶被列入国家"863"项目。华兰博士后科研工作站、河南省生物医药工程技术中心和中国科学院生物技术创新与产业化共同基金及中国科学院的多个联合实验室的成立，为企业的高成长性和核心竞争力奠定了坚实的基础。

七　佩兰生物科技（上海）股份有限公司

佩兰生物科技（上海）股份有限公司秉承"健康、天然，让肌肤吸收自然精髓，芳香世界"的理念，专注于纯植物防腐除霉技术开发、种植、萃取、产业转化和应用，皂料、精油、香皂等产品生产销售的芳香全产业链布局。佩兰带动了香草园当地的观光旅游，致富了当地贫困农民。佩兰管理层将产品品质和企业信誉作为发展的基石，传承"佩兰为爱，以香筑家"的企业文化。香链农工商，打造中国芳香科技龙头股。

佩兰联合上海交通大学和吉林农业科技学院，建立上海交大佩兰特色植物健康资源和研究中心，形成强有力的研发体系。同时与上海交通大学联合开设全国首个农业 EMBA 课程，培养农业产业化人才。

佩兰以上海安亭大众创意工业园为大本营，汇聚了上海市嘉定区安亭郊野公园、浦东新区周浦花海、崇明横沙生态岛，江苏省苏州市太湖西山香满庭，浙江省杭州市萧山绿科秀，安徽省黄山市休宁齐云山，吉林省延边市安图长白山，新疆伊犁薰衣草，马来西亚吉隆坡热带雨林，印度尼西亚棉兰等香草园基地，采用佩兰品牌定制形式完善标准体系，美丽中国，芳香世界。

八　广誉远中药股份有限公司

广誉远为现存历史最悠久的中药企业，2006年被中华人民共和国商务部认定为首批"中华老字号"。其主导产品龟龄集、定坤丹都为国家保密配方，国家级非物质文化遗产。

2003年，广誉远由全国著名的大型现代化医药企业——西安东盛集团投资控股。结合现代管理运营理念，广誉远这一百年老字号，发展成为集中成药研发、生产、销售于一身的高科技现代化制药企业。

475年来，广誉远秉承"修合虽无人见，存心自有天知"的古训，严苛制药，精益求精；遵循"非义而为，一介不取；合情之道，九百何辞"的准则，诚信自律，以义制利，铸就了百年老店的辉煌。

传承有自，反本开新，今天广誉远以"尊德贵生、传承创新"为企业理念。尊德贵生，体现着中华优秀传统文化以德为本、注重生命的思想文化，更承载着中医药文化仁德济世的胸怀与心志。传承创新，400余年广誉远不断实践着中医药文化的方剂学、制药学，反复锤炼着秘不外传的道家炉鼎升炼技术，对炮制古法精益求精，在今天推出系列养生精品中药，开创智慧养生的新纪元。为振兴传统中医药文化，贡献应尽的社会责任与历史使命。

九　深圳易特科集团

易特科集团创立于 2003 年，注册实收资金 2 亿元人民币，是业内领先的从事"互联网+医疗+健康+养老"服务的高新技术企业，是国内外领先的生物传感器、生命搜索与定位技术、医学物联网、健康管理、网络医院的技术提供商和服务运营商。2015 年度易特科集团营业收入达到 9.1951 亿元人民币，利润达到 8104 万元人民币，业务拓展到加拿大、美国、日本等全球多个国家和地区，在加拿大、法国拥有专门研发机构。

易特科（前海安测）依托集团互联网和物联网技术，以连锁化经营模式，提供 O2O 健康管理服务，现已成为首家拥有一级综合门诊部医疗机构牌照的互联网医疗公司。集团产品已广泛应用于医疗信息化、移动健康管理、智慧养老和慢病干预等领域，精心打造的一站式自助健康管理服务平台、社区医疗工作站、"治未病中心"服务系统、慢病管理系统、乳腺肿瘤筛查整体解决方案、医养护理中心整体解决方案等产品和服务赢得了广大客户的青睐。目前，易特科（前海安测）不仅在线下拥有和运营 12 家 O2O 健康管理中心、24 家社康合作店和 3 家干休所合作店，在线上自主研发的安测健康 APP 也受到了各界广泛关注，下载量高达 3340 万人次，注册用户达到 855 万人次。此外，易特科（前海安测）在医疗大数据挖掘方面也拥有强劲实力，已与南方医科大学、都柏林城市大学以及海南医学院建立了长期紧密合作关系，拥有"广东省互联网医疗工程中心"和"广东省医疗大数据研究应用示范基地"等资质和荣誉。

集团人才荟萃，拥有一支一流的国际化专业团队，包括院士 5 名、教授 10 名、博士 28 名、硕士 16 名以及 10 名欧洲顶级生物分析和传感器科学家。截至目前，易特科已申请/拥有各类知识产权 1600 多项，行业技术覆盖了生物 IT、O2O 医疗服务、网络医院、健康管理、慢病干预、中医养生、智慧养老、军民融合等多个领域。

十　微医贝联集团

微医贝联是中国最大的互联网妇幼医疗平台，由妇幼医疗大数据、互联网妇幼医院、妇幼医疗产业基金三块构成，现拥有 1900 家三甲医院的妇幼挂号平台，在 1500 多家妇幼机构投资建设 WiFi，并拥有全国唯一一张互联网妇幼医院牌照，有 4 万名妇幼专家在线开展诊疗服务，同时已在全国建立六个妇幼医疗中心为妇幼人群服务。

微医贝联投资人包括腾讯、复星、高翎、高盛、红杉、景林、唯品会、开物等。微医贝联发起的妇幼医疗产业基金拥有 100 亿元的资金规模，专注于妇幼医疗机构的投资。

十一　北京万泰生物药业股份有限公司

万泰生物药业股份有限公司隶属于养生堂有限公司，是从事生物诊断试剂与疫苗研发及生产的高新技术企业，以"科学为本，关注健康"为理念，以"质量求生存，科技创新求发展"为宗旨，以"为人类的健康事业做出贡献"为追求，将生物技术成果转化为优质产品服务于社会大众。

公司成立于 1991 年，经过 20 多年的发展积累，从设立之初的小规模实验室发展到目前占地面积达 3.5 万平方米、建筑面积达 2 万平方米的现代化诊断试剂生产基地，企业员工总数超过 800 人，并成为亚太最大的艾滋病诊断试剂生产基地、中国最大的免疫诊断试剂及国家生物高新技术产业化示范工程基地。

公司产品线逐渐增加，除生产酶免及金标法快速诊断试剂外，亦致力于化学发光、核酸、临床生化等检测试剂和临床检验质控品以及疫苗等百余种产品的研发、生产和销售。

十二　南京世和基因生物技术有限公司

世和基因生物技术有限公司是致力于癌症个体化医疗诊断的生物技术公司，由一批在生物医药领域有突出贡献的北美华人科学家于 2008 年创建。世和北美总部坐落于加拿大多伦多，中国总部落户于南京，并在美国斯坦福设有科研分部。

世和的信心来自生物领域中的多年经验和身体力行。世和基因的核心团队拥有多名专攻癌症的生物学博士和生物信息学博士，以及具有丰富企业及资本市场经验的高级企管，成员均来自北美和中国著名高校，如斯坦福大学、多伦多大学、哥伦比亚大学和北京大学等。世和的科学顾问团队由多位国际顶级肿瘤专家组成，包括来自哈佛大学、麻省理工学院、多伦多大学和中国科学院的专家学者，与国内外多所著名医院以合作方式进行临床诊断以及开展转化医学研究。

世和核心技术流程研发在北美进行，与多伦多大学及多家国际知名医院合作，如多伦多综合医院、多伦多玛丽公主肿瘤医院等。世和基因北美总部已入驻加拿大 MaRS 孵化园。

世和美国分部位于世界高科技产业的中心美国"硅谷"，依托科研人才群集的斯坦福大学（Stanford University）。世和生物信息平台研发实验室坐落于斯坦福大学，与斯坦福大学医学院合作，完全自主开发核心技术，并已申报多项专利保护。

十三　微医集团

微医是中国领先的移动互联网医疗健康服务平台，由廖杰远及其团队于 2010 年创建。借助互联网技术，微医为中国上亿用户提供可信赖的预约挂号、在线问诊、远程会诊、电子处方、药品配送等互联网医疗和会员服务。

截至 2016 年 10 月，微医已经覆盖 29 个省份，与 2400 多家重点医院的信息系统实现连接，拥有超过 1.5 亿实名注册用户和 26 万名重点医院的专家，累计服务人次超过 8.5 亿，为国人节省了 6400 万个工作日。

微医以"就医不难，健康有道"为使命，自创建以来一直致力缓解中国百姓的看病难题。2010 年微医从上海起步，专注院内就医流程优化，为百姓提供预约挂号、院外候诊、诊金支付等便捷的就医服务。据统计，6 年来，微医平均为每位患者节省了 1 小时的排队时间。

2015 年，微医开创性提出"团队医疗"概念，通过组建同学科、跨区域的线上协作组织，将大牌医生的品牌和技术下沉到基层，提升基层医生的医疗技术和服务能力，助力国家分级诊疗体系落地。每天，数万基层医生通过微医，获得大牌医生的实时在线指导和培训。

2016 年，微医专注于构建"责任医疗组织"（微医 ACO），通过整合线上线下医疗资源，携手全球药企和保险金融公司，为会员提供专属的健康医疗服务，帮助会员从被动的"疾病治疗"转向主动的"健康管理"，乐享健康人生。

微医目前在"医、药、险"全产业链布局，主营业务涵盖互联网医院、健康消费、健康金融、会员服务和家庭医生等领域。

十四　江苏苏云医疗器材有限公司

江苏苏云医疗器材有限公司成立于1994年，位于江苏省连云港市，是国内生产一次性医疗器材、技术设施先进的企业。

公司通过ISO 13485质量体系认证，数十个产品通过CE认证。欧美及北美地区一直是公司主要的国际市场，包括西亚、俄罗斯等30个国家和地区；在中国国内，产品主要销往20多个省、自治区、直辖市的大中城市大医院及各大军区所属医院。

公司遵循"以现代医学为指导，发展医疗器械科学技术，致力于国际医疗水平的提高"的质量方针，竭诚为医疗事业和人类健康奉献优质的产品及服务。

十五　正大天晴药业集团

正大天晴药业集团是融科研、生产和销售为一体的创新型医药集团企业，是国内知名的肝健康药物研发和生产基地，为国家重点高新技术企业、国家火炬计划连云港新医药产业基地重点骨干企业，2015年列中国医药工业百强企业榜第17位。

正大天晴始终将科技创新作为企业发展的重要战略，是国内创新药物研究投入较多的药企之一。正大天晴以研究院为创新载体，"江苏省新型肝病药物工程技术研究中心""博士后科研工作站""国家认定企业技术中心"等高层次研发平台相继建立，自主创新能力不断增强。随着企业的发展和研发能力的提升，正大天晴的研发费用投入每年已超过10亿元，并将逐步向跨国公司看齐。目前，研究院在研项目270多个，其中一类新药45个，生物药25个。

正大天晴在连云港建有三个生产基地，总占地面积 800 余亩，包括占地 160 亩的孵化基地，占地 200 多亩的原料药基地，占地 480 亩的制剂基地。正大天晴制剂基地按照欧盟和美国 FDA 标准设计建设，小容量注射剂获得了全国首张 GMP 证书，口服固体制剂获得了江苏省首张 GMP 证书。2014 年 6 月，制剂基地通过欧盟认证，获得了德国药品管理局颁发的欧盟认可的 GMP 认证证书。这些证书的取得标志着企业药品生产质量和管理水平走在了全国医药行业前列。目前，正大天晴正在为四大拳头产品进军国际市场做准备，未来这些药物将成为正大天晴敲开国际市场的新利器。

正大天晴产品治疗领域涉及肝病、肿瘤、呼吸、感染、消化等多种疾病领域。14 个年销售过亿元的产品形成了"亿元产品群"，其中年销售额过 20 亿元产品 2 个，分别为国家一类新药异甘草酸镁注射液（天晴甘美）和国内首家上市的恩替卡韦分散片（润众）。除强势肝病领域，抗肿瘤领域也形成了独特的产品线，血液肿瘤产品地西他滨、伊马替尼、达沙替尼为国内首仿；实体瘤产品卡培他滨获批上市，一类新药安罗替尼三期临床揭盲，被国家食品药品监督管理局优先评审，有望成为肿瘤领域的重磅产品。呼吸、抗生素、内分泌等领域，也将是企业未来发展的重点方向。

未来发展中，正大天晴药业将继续强化核心竞争力的打造，建立健全科学高效的研发体系，使公司的研发水平始终与国际前沿接轨。将企业发展为科研实力位居全国医药企业五强、综合实力全国十强的大型医药集团；并启动国际化战略，把企业打造成为科技型、以制药为核心的国际化公司。

十六　上海安翰医疗技术有限公司

上海安翰医疗技术有限公司专业从事医疗器械研发、生产、销售及服务，是世界上第一家也是迄今为止唯一研制成功"主动精确控制消化道胶囊内镜机器人系统"并实现商业化的公司。

安翰团队由国内极具高科技孵化经验的专家牵头，集聚了中组部"千人计划"特聘专家和多位留学硅谷杰出博士，自主研发拥有磁场控制、光学成像、芯片集成及相关软件等多项专利技术，从而真正实现了胶囊内镜在消化道尤其是胃部的全方位高精度运动和成像。其消化道健康云平台可以让医生轻松实现远程阅片，切实推进胃部健康分级诊疗。

安翰公司形成了美国硅谷，中国上海、武汉、无锡的四大研发中心，建立了武汉和上海两大百万级生产线。9年间，公司获得了各类国际及省部级奖项，2013年7月习近平总书记、2011年6月胡锦涛总书记莅临考察指导，对这支自主创新的高科技团队开发新产品造福民生寄予了厚望。

目前，安翰胶囊胃镜机器人已经在全国近500家医疗机构投入大规模临床应用，并已销往欧洲。安翰公司已成为上海张江和武汉东湖两大国家级科技创新基地的标杆企业，并继续为自主创新、健康中国和分级诊疗服务。

十七　昂科生物医学技术（苏州）有限公司

昂科生物医学技术（苏州）有限公司成立于2010年，是开发用于实体肿瘤诊治及预防技术的高科技生物医学专业公司，投资总额1800万美元，注册资本884.798309万美元。主要从事生物医药试剂（体外诊断试剂）的研发、生产、销售，技术转让，技术咨询服务。昂科生物孕育于美国北卡州RTP高科技园地，落户太仓，采用全球最新的基因变异和癌症特异蛋白检测技术以及炎症外泄蛋白检测技术，旨在开发新型的、非侵入性的、基于体液的肿瘤及炎症特异检测平台和试剂盒。

昂科公司拥有全球原创产品：前列腺小体外泄蛋白（PSEP）检测试

剂盒（酶联免疫法）。该试剂盒采用基于尿液的非侵入性前列腺炎分子检验诊断方法，简便可靠，灵敏度达到85%以上，特异性达到82%以上，可用于普通临床参照和中青年男性普查。2014年7月7日，PSEP项目获市场准入［注册号：苏食药监械（准）字2014第2400891号］，现收费项目申报获批已有10余个省市，其他省市也在申报中，并已进入全国多家三甲专科医院使用。另外公司产品：前列腺小体外泄蛋白（PSEP）检测试纸（胶体金法），其市场应用将不仅限于医院临床，它快速便捷、无须专业设备的使用特点，使其也更适用于患者的自我诊断和即时诊断。昂科公司首批PSEP胶体金试纸已销往印度，这也是昂科公司创新产品走向海外的里程碑。与此同时，昂科生物也重视基于体液的疾病诊断和治疗研究，原创性地推出了基于尿液环连蛋白LTCa25检测技术用于前列腺癌早期诊断，另外公司还致力于基于尿液的脑膜炎诊断和抑制癌症转移的药物研发。

公司已经申请中国发明专利4项，其中2014年6月20日获得"一种Cdc42抑制剂及其应用"中国国家知识产权局授予发明专利权，并申请PCT，已获得日本、德国以及美国专利授权；2016年1月13日获得"一种检测或诊断前列腺癌的试剂盒"中国国家知识产权局授予发明专利权。

十八　武汉兰丁医学高科技有限公司

武汉兰丁医学高科技有限公司成立于2000年，是以孙小蓉博士为首的留学归国人员团队创建，位于武汉市东湖新技术开发区生物城。

公司主要从事于人工智能癌细胞诊断研究、生产、销售、临床筛查服务等业务，其自主研发的人工智能宫颈癌筛查诊断技术与互联网结合，已为中国千万妇女提供高质量低成本的宫颈癌筛查服务。兰丁率先在世界范围内将宫颈癌筛查引入 AI + 互联网的新时代。

十九　北京世康口腔门诊

北京世康成立于 2004 年，主要从事口腔医疗健康的防护诊治以及健康教育等，倡导用最好的技术和治疗方法来适应人们的根本需求，即尽最大可能保留我们牙齿的原生态，尽最大可能减轻治疗痛苦，将治疗关口前移，关注预防和护理。

在创始人伍淑兰的带领下，公司摒弃了传统的治疗理念和方法，尤其在口腔医疗领域，拥有自己独特的发明专利技术和护理理念，取得了修复技术上的突破，使口腔疾病的治疗不再像过去那样复杂、痛苦而漫长。

伴随医疗领域对无创和微创治疗方法的青睐，伍淑兰发明的"人体口腔光固化义齿一次成型美容方法"（简称"专利技术"），在很多方面吸取了国际上新技术的精华，攻克了树脂修复义齿容易脱落的难题，在松动牙固定、牙齿缺失、断牙再接、关闭牙缝、缺损修复、畸形牙修复、快速牙齿美容修复等常见疾病上开创了全新的治疗方法，并实现了专利修复与常规修复的完美衔接。其技术操作实现了无创伤，治疗过程更细腻、更简捷、更舒适。

◇◇第十节　房地产

一　中融国投集团公司

中融国投集团公司创建于 2000 年，目前公司资产规模逾 100 亿元，是一家多重股份制形式的具有雄厚资产规模的大型企业集团。现已发展成为覆盖科技创意园区、主题文化小镇、城市住宅综合开发与服务产业为主要业务运营模块，跨国及地区的专业化的大型企业集团。

旗下全资拥有 ZRT 中融国投置业株式会社、ZRGT Group DWC_ L. L. C、CCG TECHNICAL WORKS L. L. C、HongKong DeJun Investment. co. Ltd. 等多家海外公司，以及中融国投置业有限公司、中视雅典文化传媒有限公司等数十家国内控股或参股公司，多家子公司位列"中国服务业企业 500 强""中国房地产企业 500 强""中国房地产年度社会责任感企业"。

一直以来，中融国投集团以增强城市综合竞争力，实现城市的可持续发展为目标，业务范围涉及国有资本运营、城市建设及房地产开发等领域，包括城市功能性公益性项目投资融资、城市基础设施施工建设、土地一级开发、保障性住房建设、大型工程的施工建设以及城市功能性公益性设施的经营管理等。

中融国投集团一直在积极探索适合自身的发展之道。2009 年 6 月，中融国投正式开拓海外业务，先后成立 ZRT 中融国投置业株式会社、ZRGT Group DWC_ L. L. C、CCG TECHNICAL WORKS L. L. C 等海外公司，拥有从产品技术研发、勘察设计、工程承包、地产开发、设备制造、物业管理等完整的建筑产品产业链条。中融国投集团先后进入马来西亚、新加坡、韩国市场，实现了在地产、文化领域的稳步发展。

二 中冶置业集团有限公司

中冶置业集团有限公司（简称"中冶置业集团"）是中国中冶独资的大型国有房地产开发企业，也是中国中冶房地产业务的核心企业，拥有国家一级房地产开发资质。

2005 年国务院国资委批准房地产作为中国中冶主营业务之一，由此掀开了中冶置业集团创新提升、做强做优的新篇章。历经风雨洗礼，公司凭借专业化运营管理、集团全产业链优势及资源有效整合能力，实现跨越式发展，全面完成以长三角、环渤海、珠三角为重点发展区域并辐射全国的战略布局，开创了统一品牌与区域化经营相结合的发展新纪元，成为业务涵盖房地产开发、酒店管理、物业管理、资产运营在内的多层次、专业化经营的房地产企业。

中冶置业集团坚持多业态经营的发展路线。企业发挥中国中冶高水准的全产业链优势，以精益求精、追求完美的态度，打造品质人文住宅；企业联合全球行业优势资源，以放眼世界、尊重传统的智慧，实施城市综合开发；企业运用中国中冶领先的工程施工技术经验，以敢肩风雨、勇担责任的豪迈，开发高质量的保障性住房等民生工程。企业以科技创新为依托，以人文精神为内涵，研发更加节能环保、自然舒适的人性化产品，营造可持续发展的自然条件，将高品质和人文精神的元素源源不断地灌输到企业开发的每一类产品中，致力于为客户缔造美好舒适的生活工作环境。

三 青岛政建投资集团有限公司

青岛政建投资集团有限公司，是以地产投资开发为主业，融商业市场运营、酒店管理、餐饮连锁、物流贸易、医疗机构、教育及投资为一体的大型综合性集团。

截至目前，公司已成功开发了中韩国际小商品城（25 万平方米）、世纪美居家居建材园（23 万平方米）、青岛国际动漫游戏产业园（12 万平方米）、多瑙河四星级国际大酒店（3 万平方米），投资兴建北京电影学院（青岛）现代创意媒体学院项目，占地 510 亩，建筑面积 25 万平方米。

集团目前正在开发的项目：城中城商业综合体，规划建筑面积约 30 万平方米，集五星级酒店、中型超市、电影院、餐饮/娱乐/休闲、主题商业、酒店式公寓、住宅于一身的区域综合体；青岛星河湾项目，是集团控股与国内高端住宅开发商广州星河湾集团联合投资开发的高端项目，占地面积约 1200 亩，规划建筑面积 200 万平方米，项目总体以精装住宅为主，商业、五星级酒店的综合项目；同时，集团正在筹建占地 2000 亩，投资 15 亿元的影视基地项目。至此，公司已完成或正在开发的面积超过 400 万平方米。

集团公司目前在青岛、济南、河北投资了三家专科医院，以小专科、大综合逐步进入医疗领域。同时，参与投资企业及项目有：支付宝（阿里巴巴集团创办的第三方支付平台）、欧陆之星钻石上海有限公司（全球最大的钻石生产贸易商）、北京德美艺嘉文化产业有限公司（融艺术解决方案、艺术推广、艺术金融、艺术公益为一体的全产业链商业模式的专业机构）。

在集团多年成功地产开发的基础上，正逐步向酒店服务、商业运营、医疗、教育、影视文化服务、收藏和投资为主转型。

四　贵州黔中铁旅文化产业发展有限公司

贵州黔中铁旅文化产业发展有限公司是中国中铁旗下的核心企业之一。公司注册资本金为 2 亿元人民币，拥有 12 家全资子公司，与美国、瑞典、日本、中国台湾等地区国际公司合作，主要承担中铁国际旅游度假区内太阳谷养生养老项目的整体开发，项目占地面积 1600 亩，总投资约 100 亿元。

五　中国新兴（集团）总公司

中国新兴（集团）总公司于 1989 年经国务院批准成立，为全军最大的企业集团，1998 年与军队脱钩重组，1999 年 3 月列为国务院管理的中央企业，2009 年 10 月新兴集团战略重组整体并入国有重要骨干中央企业——中国通用技术（集团）控股有限责任公司，成为其全资子公司。

中国新兴（集团）总公司的经营范围包括建筑地产、贸易物流、医药制造三大主营业务，同时还兼营煤炭开采、宾馆餐饮、物业出租、资产管理等业务。集团在长期的发展建设中，形成了鲜明的企业个性。一是在国家和军队重点工程建设上具有独特的优势；二是具有国务院、中央军委授予的军需后勤装备出口专营权；三是国家军援、军贸任务的重点承担单位；四是国家和军队特殊装备进口任务的重点承担单位；五是国家军事交通运输战略预备保障单位；六是国家血液制品定点生产单位。

新兴集团建筑企业有 60 年服务军队和建设祖国的光荣历史，被建设部首批核准为国家房屋建筑工程施工总承包特级资质，拥有公路工程和机电安装两个总承包一级和装修装饰、钢结构等六个专业承包一级，以及建筑装饰、建筑幕墙、钢结构三个设计甲级资质，拥有对外承包工程经营资格证书，营业资质达到了国家建筑施工行业的顶级水平。

新兴集团所属进出口贸易企业，长期担负对外军援军贸任务，在国家计划单列，是国家工商总局和海关 A 类管理企业，享有国务院、中央军委授予的军需与后勤装备出口专营权。与全球 100 多个国家和地区建立了稳定的军品贸易关系，在海外军需品市场上形成了良好的声誉和影响。

新兴集团所属血制品生产企业，是国家批准的国内 30 余家定点生产企业之一，具备年 300 吨血浆处理能力，设有博士后工作站，科研和新产品开发能力处在国内同行业前列。企业主导产品被列入国家火炬计划，并被认定为国家重点新产品、上海市新产品和上海市高新技术成果转化项目。

截至 2010 年 12 月，新兴集团总资产 114.54 亿元，2010 年度实现营业收入 141.21 亿元，净利润 2.24 亿元。

六　建业住宅集团（中国）有限公司

建业住宅集团（中国）有限公司，是香港建业住宅集团有限公司于 1992 年 5 月在国内创办的专注住宅产业开发的独资企业。公司具有国家房地产开发一级资质，是香港上市公司——建业地产股份有限公司的全资子公司。

建业住宅集团定位为中原城市进程和社会全面进步的推动者，坚守"让河南人民都住上好房子"的企业理想与使命，并逐渐形成了"森林半岛""联盟新城""壹号城邦""桂园"及"建业十八城"等产品系列，提升了河南各城市的人居水平，为河南城镇化进程的推进做出了重要贡献。与此同时，公司整合相关物业、教育、酒店、足球、商业、绿色基地等资源，构建"私人订制"式大服务体系，开启由城市综合开发企业向城市居民新型生活方式服务企业的转型。

目前，建业住宅集团已进入河南的 18 个地级城市和 22 个县级城市。截至 2014 年 12 月 31 日，公司开发项目累计竣工建筑面积约 1380 万平方米，拥有在建项目共 43 个/期，在建总建筑面积约 446 万平方米，土地储备建筑面积约 1996 万平方米，其中权益建筑面积约 1695 万平方米。报告期内新开工面积约 284 万平方米，销售面积约 218 万平方米。

建业连续十多年蝉联河南省房地产行业纳税冠军，2014 年企业纳税总额突破 23 亿元人民币，在国税和地税纳税排名中双双位居河南省房地产行业榜首，系唯一入评河南省国地税纳税总额前十的房地产企业。2014 年 3 月 19 日，2014 中国房地产 500 强评测成果发布，建业获评 2014 中国房地产开发企业 500 强第 26 位，并连续六年位居区域运营十强第一名，蝉联中国房地产上市公司经营绩效五强；2014 年 9 月 17 日，2014 年中国房地产品牌价值测评成果发布，建业品牌价值以新高的 68.36 亿元继续位居河南房企第一品牌，也是入围榜单 50 强的唯一河南本土房企。

七　中国武夷实业股份有限公司

中国武夷实业股份有限公司（简称"中国武夷"）是以房地产业为基础、投资开发为重点、外向型经济为主导的资金、技术、管理密集型国有控股大型企业；由福建建工集团总公司独家募集设立，于 1997 年 7 月 15 日在深圳交易所挂牌上市的股份公司（股票代码：000797）。经营范围涵盖国内外房地产投资开发、物业管理；国内外工程承包；境内外投资、兴办实业；资本运营、融资、BOT；高新技术开发、合作；装饰装修；国际贸易、建筑材料、设备进出口；国际经济技术、劳务合作等。

中国武夷先后在中国香港、澳门以及菲律宾、马来西亚、澳大利亚、美国、加拿大、肯尼亚、赤道几内亚、坦桑尼亚、南苏丹、加纳等国家和地区以及北京、南京、长春、重庆、福州、厦门、泉州、漳州、南平等城市设立子公司、合资公司和分支机构，在境内外承接了大量道路桥梁、机场、医院、会议中心、市政建设等当地有影响力的大型公共基础设施、大型房屋建筑、装饰装修等工程，投资并开发了房地产项目。1994 年以来，中国武夷连续每年被美国《工程新闻纪录》评为国际最大 225 家承包商之一并荣获"国际知名承包商"奖牌，先后多次受到国家部委、福建省政府表彰，连续被福建省工商局评为"守合同、重信用"

单位，1998 年通过 ISO 9002 国际质量管理体系认证。公司拥有国家建设部批准的一级房屋建筑工程施工总承包资质和国家一级房地产开发资质。

八　山东天泰建工有限公司

山东天泰建工有限公司创建于 1965 年，现为房屋建筑工程施工总承包一级企业。主要承包工程为房屋建筑、装饰装修、机电设备安装、钢结构、建筑幕墙和起重设备安装等工程。

公司拥有总资产 2.3 亿元，注册资本金 5120 万元，在册职工 3600 人，其中：技术工人 2744 人（四级以上技工 1474 人），管理人员 856 人，其中高级工程师 12 人，工程师 71 人，助理工程师 172 人，会计、经济师 10 人。大、中专毕业生 346 人，技术员 245 人。固定资产净值 7082 万元，主要施工机械设备 445 余台，其中：大型起重机械 QTZ - 60 自升式起重机 5 台，QTZ - 40 塔式起重机 26 台，QTZ - 31.5 塔式起重机 30 台，HBT40 砼输送泵 2 台，JZS350 砼搅拌机 56 台，WY - 100 挖掘机 5 台，解放 20t 自卸王 13 辆，解放 8t 自卸车 8 辆，总功率达 7004.44 余千瓦，人均技术装备率 7100 余元。设备齐全、工种配套、技术精良是建筑之乡和全镇的支柱企业。能承揽化工、机械、纺织、商业、文教等系统的各种工艺复杂、超高层、大跨度的工业与民用建筑及工业设备安装工程。

九　卓达房地产集团有限公司

卓达房地产集团有限公司创建于 1993 年 7 月，现净资产超过千亿元，企业员工达 1.5 万余人。卓达集团业务涵盖新型材料、养老健康产业、现代农业、卓达物业、旅游产业、文化产业、创意产业、低碳智慧城市建设、港口建设及运营等实业，拥有新型材料、竹钢、木钢、养老等方面数千项专利与技术，项目遍及全国二十几个省市，并且走出了国门，分别在马来西亚、俄罗斯等国进行大开发。

以国际视野统揽海内外市场，以大需求规划集团大战略，是卓达集团高速发展的保障。瞄准国际国内30万亿元绿色建材、绿色建筑市场旺盛需求，卓达集团创新科技，填补世界空白，自主研发高科技绿色新型材料和模块化组装式绿色建筑，掀起建筑业、建材业和房地产业革命，被国家住建部确定为"国家住宅产业化基地"。产品风行世界，仅在俄罗斯，卓达新型材料一举通过联邦合格认证、防火认证、卫生检疫合格认证等三项国家认证。

经过8年探索，卓达集团独创"居家＋社区＋机构"三位一体的全龄化养生养老社区模式，集团在京东南开发建设了中国首家养老示范基地——卓达太阳城养老示范社区，共建集养老、文化、生态休闲、健康、教育等于一体的养老社区，目前已被列入民政部确定的五大养老基地之一。卓达集团也已成功走向海外。在马来西亚麦迪尼开发总面积达100万平方米的国际高端住宅项目，开创国际化发展的新兴之路。

◇◇ 第十一节　金融

一　嘉实基金管理有限公司

嘉实基金管理有限公司，是由广发证券有限责任公司、北京证券有限责任公司、吉林省信托投资公司、中煤信托投资有限责任公司共同发起设立，经中国证监会批准成立的基金公司，旗下已有十几个基金产品。嘉实基金是中国知名的基金管理公司，目前总共管理规模近6000亿元。

2002 年初与英国保诚集团公司签订技术合作协议。英国保诚集团是拥有 150 余年历史的英国最大规模的金融服务集团之一，该公司旗下管理的全球基金规模超过 2500 亿美元。

2003 年 10 月，经中国证监会证监基金字 2003〔55〕号文批准，公司股东广发证券股份有限公司将其所持公司出资额转让给中煤信托投资有限责任公司，公司增加注册资本 600 万元，公司新增股东——立信投资有限责任公司。

嘉实投资是嘉实基金旗下的私募股权管理公司，2014 年以创新方式 150 亿元领投中石化销售公司混合所有制改革，2015 年以来先后投资中国顶级科技孵化企业、医药企业、城市租车等，并将继续围绕科技创新和国企混改开展股权投资，支持中国"一带一路"等重大战略。

二 亚洲基础设施投资银行

亚洲基础设施投资银行（Asian Infrastructure Investment Bank，AIIB，简称"亚投行"）是一个政府间性质的亚洲区域多边开发机构，重点支持基础设施建设，成立宗旨旨在促进亚洲区域的建设互联互通化和经济一体化的进程，并且加强中国及其他亚洲国家和地区的合作。总部设在北京。亚投行法定资本 1000 亿美元。

2013 年 10 月 2 日，习近平主席提出筹建倡议；2014 年 10 月 24 日，包括中国、印度、新加坡等在内 21 个首批意向创始成员国的财长和授权代表在北京签约，共同决定成立亚洲基础设施投资银行。

2015 年 4 月 15 日，亚投行意向创始成员国确定为 57 个，其中域内国家 37 个、域外国家 20 个。

2015 年 6 月 29 日，《亚洲基础设施投资银行协定》签署仪式在北京举行，亚投行 57 个意向创始成员国财长或授权代表出席了签署仪式。

2015 年 12 月 25 日，亚洲基础设施投资银行正式成立，全球迎来首个由中国倡议设立的多边金融机构。

2016 年 1 月 16—18 日，亚投行开业仪式暨理事会和董事会成立大会在北京举行。

亚投行初期投资的重点领域主要包括五大方向，即能源、交通、农村发展、城市发展和物流。

三 万贝科技发展集团（天津）有限公司

万贝科技发展集团（天津）有限公司成立于 2011 年，集团注册资本 3.7 亿元。集团业务涉及保险金融、国际保险经纪、互联网电商、国际贸易、国际货运代理、平行进口车、企业咨询、融资租赁经纪服务等众多行业。已在印尼、泰国、巴基斯坦、坦桑尼亚等国及北京、上海、广州、深圳等国内城市设立分支机构，未来将在国内外陆续设立超过 100 家分支机构。

集团以国际保险经纪业务、平行进口车业务两大主营业务为核心，同时发展保险金融、互联网电商、国际贸易、国际货代、企业咨询、融资租赁经纪服务等业务。

万贝国际保险经纪公司是经中国保险监督管理委员会批准的一家全国性专业保险经纪公司。公司成立以来与瑞士再保险、人保、平安、太平洋等国内外 40 余家保险（集团）公司签订战略合作协议，先后为国家海外大型水电项目、国内外大型建设工程项目以及银行金融产品等提供保险经纪服务，累计保费超过 300 亿元。

平行进口车业务是万贝集团与天津天保控股（国企）合作共同打造的进口车质保、延保、三包服务平台。是目前国内能承接平行进口车"三包"服务技术实力最强、网络覆盖最广的唯一平台，也是唯一能实现平行进口车免费"首保"的售后网络，将平行进口车从单一销售产业向汽车销售、售后服务、保险金融、配件零售等综合性、多元化、链条式产业发展。

四　复星集团

复星集团创建于1992年。作为一家致力于成为全球领先的专注于中国动力的投资集团，复星先后投资复星医药、复地、豫园商城、建龙集团、南钢联、招金矿业、海南矿业、永安保险、分众传媒、Club Med、Folli Follie、复星保德信人寿等。2007年，复星国际（HK. 00656）在香港联交所主板上市。2011年，复星投资企业纳税89亿元，提供就业岗位8.9万个，年度员工薪酬超50亿元人民币。20多年来，复星已累计向社会捐赠超6亿元。

复星坚持扎根中国，投资于中国成长根本动力，积极践行其"中国动力嫁接全球资源"的投资模式，矢志向"以保险为核心的综合金融能力"与"植根中国、有全球产业整合能力"双轮驱动的世界一流投资集团大步迈进。目前，复星的业务包括综合金融和产业运营两大板块。

在实践中，复星持续打造发现和把握中国投资机会的能力，优化管理提升企业价值的能力和建设多渠道融资体系对接优质资本的能力，形成了以认同复星文化的企业家团队为核心，以上述三大核心能力为基础的价值创造链的正向循环，成为复星业务稳定高速增长的坚实基础。

在追求经济发展的同时，复星也不忘与员工、社区、合作伙伴分享自身的发展，积极回馈社会，并一直积极投身于中国商业生态和自然生态的改善，支持中国经济和中华文化的复兴。

五 昆仑银行

昆仑银行前身为成立于 2005 年 12 月 31 日的克拉玛依市商业银行，经中石油集团两次增资控股。中石油将其收购（92% 股权）后，2009 年 4 月 20 日正式更名为昆仑银行，总部计划迁往北京。截至 2010 年底，昆仑银行总资产为 826.04 亿元，同比增长 2.82 倍，是重组前的 21 倍。2012 年 7 月 31 日，美制裁伊朗的新措施殃及昆仑银行。

昆仑银行股份有限公司原来系经中国人民银行克拉玛依市中心支行批准，于 2002 年 12 月 9 日设立的克拉玛依市城市信用社。经中国银行业监督管理委员会克拉玛依监管分局及中国银行业监督管理委员会新疆监管局批准，于 2006 年 6 月 6 日整体改制为克拉玛依市商业银行股份有限公司，并承继原克拉玛依市城市信用社的全部资产、负债和业务。2009 年 4 月，中国石油天然气集团公司对克商行注资重组。经中国银行业监督管理委员会新疆监管局批准，克商行于 2010 年 4 月再次增资，增资后克商行注册资本变更为 420387 万元。2010 年 4 月 20 日，经中国银行业监督管理委员会批准，克商行更名为昆仑银行股份有限公司。

2009 年 4 月 20 日，昆仑银行正式更名。2009 年 12 月乌鲁木齐分行开业，2010 年 6 月 9 日大庆分行挂牌开业，2010 年 7 月 13 日吐哈分行成立，2010 年 7 月 15 日库尔勒分行成立，2010 年 12 月 16 日西安分行正式开业。另外，2010 年 12 月 10 日在四川成立了昆仑银行乐山村镇银行，2011 年 8 月 24 日在新疆成立了塔城昆仑村镇银行。

昆仑银行正在全力健全公司治理、完善管理基础、加强风险管理、强化内控建设、拓展主营业务，经营呈现跨越式发展态势，主要指标保持在优良水平。依托石油石化能源产业，昆仑银行的特色业务初见规模。服务于石油石化产业链，贸易融资贷款模式已经形成规范。面向央企等大型优质客户，银团贷款业务正在多个市场展开。服务于石油企业区域化资金管理，提供资金清算、结算、担保等集中化管理服务。与代发工资业务相结合，提供多样化高附加值的理财服务。与改善矿区建设、改善职工住房条件相结合，开展多样化的个人住房贷款和住房开发融资服务。与石油天然气终端销售战略、大型石化基地建设、储运港口码头建设战略相协同，积极向上下游客户提供金融服务。与加油站网点结合，打造结算、信用、加油一体的"昆仑卡"的战略性项目已经启动。

昆仑银行已经在克拉玛依、独山子、乌鲁木齐、库尔勒、吐哈、大庆、西安等地开办了分支机构，北京、沈阳、哈尔滨、成都等分行也在筹建之中。昆仑银行通过特色业务和金融服务，为油气主业发展提供支持，为地方经济发展做贡献，为驻地居民生活提供便捷优质的服务。

六 香港招商局集团有限公司

招商局集团（简称"招商局"）是国家驻港大型企业集团，经营总部设于香港，亦被列为香港四大中资企业之一。招商局业务主要集中于交通（港口、公路、能源运输及物流、修船及海洋工程）、金融（银行、证券、基金、保险）、房地产等三大核心产业。

招商局是内地和香港交通基建产业的重要投资者和经营者，已基本形成全国性的集装箱枢纽港口战略布局，旗下港口分布于珠三角的香港、深圳，长三角的上海、宁波，渤海湾的青岛、天津，厦门湾的厦门及西南沿海的湛江，并在国际化战略上迈出了坚实的步伐。目前，在全球14个国家和地区拥有27个港口。2014年，招商局旗下港口集装箱吞吐量为8084万TEU（其中内地港口集装箱吞吐量为5956万TEU，占全国市场份额约30%）；散杂货吞吐量达到3.63亿吨。招商局同时在北京、上海、江苏、广东等18个省市投资有总里程7437公里的高等级公路、桥梁、隧道。

招商局物流业积极、审慎地进行了全国性的网络建设工作。截至2014年底，招商局物流在全国重要城市设立了72个物流网络运作节点，全国性物流网络布局粗具规模。招商局还通过收购澳大利亚路凯（Loscam）公司成功进入托盘共享租赁行业，并与全球最大冷链物流服务商AmeriCold建立合资公司"招商美冷"，构建综合性冷链物流网络体系。

招商局的金融业包括银行、证券、基金及基金管理、保险及保险经纪等业务领域。招商局发起、目前又是作为最大股东的招商银行，是中国领先的零售银行。目前，在国内110个大中城市设有分支行，2420家自助银行；在香港设有香港分行，并拥有永隆银行及招银国际两家全资子公司；在台湾设有代表处；在美国设有纽约分行和代表处；在英国设有伦敦代表处。招商证券为国内AA级券商之一，目前，招商证券在全国60个城市（不包含香港）开设了100多个营业网点。2014年，招商证券股基权交易量市场份额为4.36%，市场排名第7位。2012年，招商局成立招商局资本，推进集团内部基金整合，建立直投基金管理的统一平台。

招商局在工业、贸易、科技产业投资等领域也都有着雄厚的实力。招商局拥有香港最大规模的修船厂；2008年投资的世界一流的大型修船基地在深圳孖洲岛建成投产；2013年完成收购江苏海新重工船厂资产，进一步壮大了海工建造实力。招商局创办并为其第一大股东的中集集团是世界最大的集装箱及机场设备制造商；旗下香港海通有限公司在中国交通海事贸易领域内有着成熟的市场网络和丰富的经验；招商局在高科技风险投资领域也走在了全国的前列。

七　中国平安财产保险股份有限公司

中国平安财产保险股份有限公司是中国平安保险集团长期以来经营

和发展的基础，27 年来，平安产险业务规模逐年攀升，业务发展稳健。2014 年，公司获中国保监会核准同意，股本达到 210 亿元人民币。经营区域覆盖全国，在国内各省市、自治区设有 41 家分公司，2200 多个营业网点；此外，还在世界 150 个国家和地区的近 400 个城市设立了查勘代理网点，与中国再保险集团公司、汉诺威再保公司、安联再保公司、慕尼黑再保公司、瑞士再保公司等国内外 160 多家保险公司、再保公司建立了业务往来。

2014 年，平安产险实现保费收入 1428.57 亿元，同比增长 23.8%。依据中国保监会公布的 2014 年中国保险行业数据计算，平安产险的保费收入约占中国产险公司原保险保费收入总额的 18.9%。以保费收入衡量，平安产险是中国第二大财产保险公司。车险保费收入首次突破 1000 亿元，成为车险第一品牌。面对竞争日趋激烈、行业盈利能力面临下行压力的产险市场，平安产险坚持创新发展，持续提升专业技术水平，盈利能力保持良好，综合成本率为 95.3%。

平安产险经营业务范围涵盖车险、企财险、工程险、货运险、责任险、信用险、家财险、意外及健康险等一切法定产险业务及国际再保险业务，近年又适时开发推出了电话营销专用车险、环境污染责任险、食品安全责任险、安全支付责任险、董事及高级职员责任险、光伏组件能效损失补偿责任险、诉讼财产保全责任险、国内贸易信用保险、移动通信费用信用险、运动员失能保险、境外旅行意外伤害保险、个人账户资金损失险、非机动车综合险、宠物保险、装修类保险、租房类保险、奶粉保险等符合市场需求的新险种。截至 2014 年底，经营的主险已达 642 个。

八　启迪控股股份有限公司

启迪控股股份有限公司是清华科技园的开发、建设、运营单位，是清华控股有限公司旗下的国有控股混合所有制企业，是启迪桑德（000826）、启迪古汉（000590）、启迪国际（00872）、世纪互联（VNET）的第一大股东，是紫光股份（000938）、中文在线（300364）、汉邦高科（300449）等的重要股东。公司旗下控参股企业200多家，管理总资产逾1500亿元。

经过22年的发展与探索，启迪控股积累了丰富的科技园开发与运营经验，形成了一支高素质的经营管理队伍，积极推动创新资源与区域经济的有机互动，成功构建起辐射全国的以科技园区为载体的创新体系，辐射网络覆盖50多个城市及地区，并已在美国、中国香港、韩国、俄罗斯、以色列等地建立了国际化的孵化网络基地群，成为中国创新体系中的一支生力军。

作为启迪控股的旗舰产品，清华科技园北京主园区是目前世界上单体最大的大学科技园，已经成为清华大学社会服务功能的重要平台，成为推动区域自主创新的重要平台，成为中国乃至世界科技园行业的知名品牌。

启迪控股响应国家创新驱动发展战略，落实清华大学服务社会职能，在"致力于成为科技服务业的中国引领者和全球典范"这一总体目标下，依托已经形成的科技创新创业服务平台、园区与新型城镇化建设平台、金融资产管理平台，逐步形成了以启迪科技服务、启迪科技城投资开发、启迪科技园及孵化器运营管理、启迪科技金融平台为核心，教育、传媒、酒店等为支撑的业务架构，已经成为中国新型城镇化进程中的一支生力军，成为拥有丰富经验和智慧、具备全面业务能力的科技服务提供商。

启迪控股通过整合内部的孵化器、创业投资和科技实业等业务，同时并购重组了桑德环境和紫光古汉等外部知名企业，组建了启迪科技服务集团。启迪科服集团业务聚焦节能环保和大健康领域，建立了中国独特的具备"孵化+金融+云服务"生态概念的中国新经济生态系统——

科技服务生态系统；并通过整合内部地产资源，成立了启迪科技城集团，负责利用创新思维推进科技新城的开发建设、运营。

九　湖南高新创业投资集团有限公司

湖南高新创业投资集团有限公司（简称"高新创投"）成立于 2007 年 9 月，注册资本 20 亿元，系湖南创新财政管理模式、推动高新技术产业发展的重要载体。集团秉承"服务科技，发展高新，促进新型工业化"的经营宗旨，主要从事创业投资、基金管理、资本运营、资产管理等业务。

经过 10 年的发展，集团已成为国内少数几家覆盖创业投资全产业链的综合性投资控股集团，在全国多省均设有分支机构，拥有全资、控股或控制二级公司 7 家，投资类业务涵括天使投资、VC、PE、并购基金、定增基金，累计投资项目 200 多个。其中 15 家已投资企业成功上市，22 家企业在"新三板"挂牌，14 家企业实现成功退出；累计支持 300 余项科技成果产业化。

通过联合社会资本，高新创投先后设立各类基金和基金管理公司 60 余家，总规模超过 200 亿元。其中，受托管理的湖南省创业投资引导基金实现了近 9 倍的杠杆效应。在项目投资方面，高新创投通过国有资本市场化运作，引导社会资本跟进投资累计 140 亿元。针对湘电新能源项目的投资，集团通过出资 4200 万元，向社会融资 6.47 亿元，对湘电新能源完成 6.89 亿元的股权投资，放大倍数达 17 倍，首开湖南结构化融资进行股权投资之先河。

十　中国华夏文化遗产基金会

中国华夏文化遗产基金会是享有海内外募资资格的公募基金会，是我国文化遗产发现研究、保护的社会组织之一。基金会于 2007 年 8 月 28 日在民政部正式注册登记，由文化部作为业务主管单位，以"唤醒公民保护文化遗产的意识及责任，配合政府调动民间力量修缮和保护中国文化、历史遗迹，推动社会发展和经济建设"为宗旨，以"取之于民、用之于民、造福人类"为原则而成立。

基金会发挥优势平台效应，自成立之初便致力于同与中国友好的各个国家进行深层次的国际文化交流活动，基金会品牌活动"东方之韵"已成为中国对外友好活动的一张亮眼名片。同时，基金会还积极探索"一带一路"下的民间文化交流。基金会自 2014 年开始，已连续两年举办"两岸四地青年牵手丝绸之路行"活动，通过组织香港、澳门、台湾及大陆十几所高校的百余名师生重走甘肃、新疆的古丝绸之路，获取深入体验与感受，建立属于青年人互动、交流的新丝绸之路，主动承担起振兴丝绸之路的文化责任。

通过深耕"一带一路"沿线地区和国家，针对"一带一路"文化及文化产业，基金会已累积深厚的学术研究和文化项目生产能力，首先提出了"中巴文化走廊"的概念，并得到了巴方的认可，更好地为"一带一路"的发展打下坚实的根基。

十一　宝能集团

宝能集团创始于 1992 年，总部位于深圳，历经 20 余年稳健经营和高效发展，现已发展成为涵盖物业开发、科技园区、现代物流、综合金融、医疗健康等五大核心产业的大型现代化企业集团。目前产业布局覆盖长三角、珠三角、环渤海和东盟自贸区以及"一带一路"的核心节点城市。集团资产规模超过 4000 亿元，净资产逾 1000 亿元，市值逾 5000 亿元，2015 年实现净利润 213 亿元。宝能集团旗下包括五大板块：

（1）物业开发板块。凭借"开发、经营、管理"一体化的运作模式，深度布局中国最具活力的珠三角、长三角、环渤海湾等多个区域，发展至深圳、北京、天津、合肥、扬州、沈阳、石家庄、南宁、无锡等20多个重点城市，形成立足深圳、辐射全国的发展态势。

（2）科技园区板块。以园区为平台，以金融为纽带，推动产业升级，提供从企业创立、孵化、加速成长到总部基地的全周期、全方位服务。

（3）现代物流板块。旗下深业物流集团是中国最早开展现代物流服务的企业之一，在产业、商业、物流综合运营等领域积累了专业且丰富的服务经验，多个产业园区和专业市场的规模及效益均位居深圳行业前列。

（4）医疗健康板块。着力打造中高端以三级综合医院为主的医疗服务体系，启动广州、南宁、西安、石家庄等地综合性医院的建设项目，整合优质养老服务资源，为大众提供高端的养老服务。

（5）综合金融板块涵盖人寿保险、财产保险、公募基金、私募基金、互联网金融、第三方支付、小额贷款、战略投资等业务，目前已粗具规模。公司已成为万科、中炬高新、南玻集团、广东韶能四大上市公司的第一大股东，并同时作为华侨城、中国金洋、南宁百货、合肥百货等企业的重要股东。

十二　深圳盛世华房股权投资基金管理有限公司

深圳盛世华房股权投资基金管理有限公司总部位于深圳，是一家致力于文化旅游、健康养生养老、商贸物流和环境环保等核心领域投资的基金管理公司。

盛世华房以基金牵头，控制稀缺资源，精选各产业价值链的领军企业为合作伙伴，共同量身定制细分板块的战略投资运作规划，强强联合、专业分工，重资产开发与轻资产运营相结合，实体经营与资本运作双轮驱动，打造契合未来发展趋势的生态圈。

盛世华房以真正股权的形式投资于符合四大产业的高成长型企业，在所控制及所影响范围内，为其提供包括但不限于资金、市场、渠道、独家授权等各项资源，帮助其成长、孵化，并通过产业并购、IPO、反向收购上市公司等方式，实现项目的顺利运营、价值的整体提升及增值退出，最终实现股东回报最大化。

十三 华侨基金

华侨基金管理有限公司（简称"华侨基金"）成立于 2013 年 5 月，注册资本 2.8 亿元，是中国领先的政府跟投型基金，由剑桥和耶鲁等海归精英联合创办。

华侨基金响应"浙商回归"口号，带领海外华侨、海内侨眷回国参与家乡建设，跟投地方政府产业引导基金，积极投资实体经济。华侨基金专注于投资国企、央企和地方政府类优质项目，设立五大领域主题投资基金，即中国新型城镇化基金、旅游酒店基金、科技创新基金、健康产业基金、绿色能源基金。同时，下辖资产管理、投资银行、兼并收购和金融咨询等四大板块业务，深耕财富管理领域。

华侨基金现已拥有一支 300 余人组成的专业投研团队，管理规模超100 亿元人民币，先后获得由中国证券投资基金业协会颁发的基金管理人牌照和由新加坡金融管理局（MAS）颁发的注册基金管理公司牌照，是国内为数不多的拥有海内海外双牌照的基金管理公司。

华侨基金立足浙江，辐射全国，放眼全球，以浙江杭州为总部，在北京、上海、江苏（南京、无锡）、浙江（丽水、绍兴）、福建、广西、贵州、香港、新加坡等地设立分公司，形成海内外双向布局。

十四　深圳博林集团有限公司

深圳博林集团有限公司成立于 1997 年，前身为深圳市创意实业发展有限公司。历经 20 年的发展，博林集团拥有控股、参股企业 16 家。

博林集团以深圳为基地，投资遍布深圳、广州、南京、芜湖、滁州、池州、黄山、长沙等主流发展城市及热点区域，已经发展成为融金融、房地产、商业、酒店、餐饮、物业管理等多元化产业经营为一体的综合性企业。

博林集团旗下的深圳博林文创股份有限公司于 2015 年成立，是一家融文化创意、文化投资、创意创业孵化为一体的文创企业。现有 HelloKongzi 全球文化巡展、体验空间、影视娱乐及文化演艺四大业务板块。在 2016 年度深圳文化创意产业大会中荣获"十佳企业"称号。

十五　横琴金融投资集团有限公司

横琴金融投资集团有限公司（简称"横琴金投"）注册于中国（广东）自由贸易试验区珠海横琴新区片区，于 2014 年 1 月 28 日成立，实缴注册资本金 40 亿元，是横琴管理委员会深化对澳合作、加速产业培育、探索国有资本市场化运营新模式而设立的国有独资企业，是横琴新区投融资的首要平台。

公司以投融资手段促进横琴产业培育，推动经济社会发展的有力抓手；探索国有资本运营新模式，助力横琴产业发展的核心载体；横琴自贸试验片区开展金融创新，建立金融服务平台的重要布局。业务板块包括产业项目投融资、引导基金、横琴·澳门青年创业谷、融资租赁业务、金融要素平台、投融资服务平台。

十六　聚力集团

聚力集团总部设在北京，业务涉及教育、游戏、影视、金融、投资等领域。集团由一批一流的技术专家、管理团队共同打造，集聚了投资、文化领域、教育行业、手机游戏行业的顶尖人才。

集团着力推进文化教育、游戏、影视、金融投资几大板块协同发展的模式，在游戏领域方面，集团旗下公司美生元拥有点我游戏、晶石互娱、苹果核研发、爱付平台等优秀游戏品牌。公司以研发、发行移动网络游戏为主，同时还提供互动娱乐业务、移动互联网增值等业务。美生元公司已于2016年完成A股上市。

在教育方面，集团在全国范围内征集优质教育资源；多家子公司作为内容运营商在全国开展市场拓展工作，形成融版权征集、资源加工、内容运营、产品规划、渠道分销为一体的高科技公司。教育板块也已与国内知名大学建立广泛合作，正在创建各类教育产业园区。

在影视方面，集团已经与中国一线电视台建立深度合作，投拍多款知名综艺、影视剧。通过早期参与来达成全IP产业链的打造。集团通过构建"互联网＋泛娱乐"模式，打造"大文化"生态圈。

在金融领域，随着公司各项业务的不断整合，已逐步形成以产业园区为核心，提供配套各类金融服务，使该板块业务得以大幅提升。投资板块已在近年逐显成效，广泛投资游戏、影视、教育、科技领域。

整合产业链已成为集团最重要的战略，通过整合，逐步把集团打造成为教育、游戏、移动互联网、影视、投资等多板块既协同又独立运营的综合体。

◇◇第十二节　园区港口

一　杭州东部软件园

杭州东部软件园位于中国东部经济最为发达的长江三角洲区域城市——杭州，成立于 2001 年，园区以"企业化管理、市场化运作、专业化服务、国际化道路"的运行模式，实施专业化园区开发、投资、管理、服务，将政府政策的导向功能与企业的市场提升能力有效结合，赋予园区以思想与生命力。阿里巴巴、神州数码、中兴通讯、华为杭研所、联想科技、Amdocs、CSK、Webex 等国内外著名的高科技企业云集于东部软件园，天夏科技、中正生物、家和智能、星软科技、国芯科技等一大批中小型科技企业在东软得到快速成长。整个园区呈现出科技企业集聚、科技氛围浓厚、创业环境优良、创新活力强盛、中小企业快速成长、创新服务显著的生动局面。东部软件园已成为国内具有相当影响力的高科技聚集辐射中心。

杭州东部科技投资有限公司创立于 2006 年，是一家按照国家颁布的《创业投资企业管理办法》《公司法》等有关法律法规所组建的科技创业投资公司。

公司以具有市场发展前景的高新技术企业为核心投资方向，以初创成长型高新企业为投资重点，为中小高新技术企业的快速成长提供资源、资本、管理、推广等各方面的支持，帮助投资企业实现市场价值的最大化，致力于成为高科技企业走向资本市场的桥梁，成为各方投资者整合资源优势、发挥行业特长的载体，为高新技术企业实现市场价值，为投资合作者获得最大投资回报。

二 克拉玛依云计算产业园

克拉玛依云计算产业园区于 2012 年 11 月 15 日经新疆维吾尔自治区人民政府正式批准成立，2013 年 5 月 19 日开园奠基，是自治区"天山云"计划的核心基地，也是自治区目前批准的唯一云计算产业园区。2014 年，园区建设项目被列为国家重点项目；2015 年，园区管委会获得工信部颁发的首届"云帆奖"之"2014—2015 年推动云计算产业发展突出贡献单位"。

园区近期规划用地 10.84 平方公里（起步区 3.5 平方公里），中期规划用地 20 平方公里，远期规划用地 30 平方公里。将重点发展云计算、大数据、服务外包、电子商务、软件研发、物联网、地理信息等产业集群。预计到 2020 年，将建成拥有 3.5 万个机柜数的大型云计算数据中心和灾备中心聚集区。

目前，园区已聚集了华为云服务数据中心、中国石油数据中心（克拉玛依）、新疆维吾尔自治区重要信息系统异地灾难备份中心、中国移动集团（新疆）数据中心等大型数据中心项目以及国家信息中心电子政务外网西北数据中心和灾备中心、国家天地图克拉玛依数据中心暨北方灾备中心、中国航天集团西北卫星通信网基地、新疆亿赞普科技有限公司"亚欧跨境电子商务平台"、中兴通讯、清华同方、北京超图等国家重点项目和业内重要企业。

今后，园区将通过推进全球云计算数据中心基地、全国大数据应用基地、全国云计算应用示范基地、中亚信息服务外包基地建设，支撑市"石油中心"建设以及新疆丝绸之路经济带核心区建设，同时，向丝绸之路经济带沿线上的国家和地区提供优质、低廉的云服务。最终将克拉玛依建成丝绸之路经济带信息中心。

三　日照港集团有限公司

日照港是国家重点发展的沿海主要港口，新亚欧大陆桥东方桥头堡，"一带一路"重要支点。1982 年开工建设，1986 年投产运营。2006 年吞吐量突破 1 亿吨，2015 年完成 3.37 亿吨，居中国沿海港口第 8、世界第 11 位，现拥有石臼、岚山两大港区，53 个生产泊位，年通过能力超过 3 亿吨。

日照港集团有限公司成立于 2003 年 5 月，现有固定员工 9000 余人，拥有各类子、分公司 47 家，业务涵盖港口业务、物流贸易、建筑制造、金融服务四大板块，总资产超过 500 亿元。2006 年 10 月，日照港股票在上海证交所首发上市，实现了港口发展生产经营与资本运作的"双轮驱动"。秉承"合作凝聚力量，携手创造价值"的理念，日照港与中石化、中石油、新加坡裕廊港、亚太森博、山东钢铁等 70 多家中外大型企业成功合作。日照港集团成立以来，先后荣获全国文明单位、全国质量奖、山东省长质量奖等荣誉称号。

日照港区位优势显著。地处中国海岸线中部，山东半岛南翼，环太平洋经济圈、黄（渤）海经济圈和新亚欧大陆桥经济带的接合部，"一带一路"交会点，隔黄海与韩国、日本相望，在中国生产力布局和全球能源、原材料运输格局中具有重要战略地位，是中国中西部地区乃至中亚、西亚国家和中蒙俄经济走廊主要出海口。

日照港建港条件得天独厚。湾阔水深，陆域宽广，建港条件优越，适宜建设包括 20 万—40 万吨级在内的大型深水泊位 200 余个，是难得的天然深水良港。后方陆域平坦开阔，可为临港工业和现代物流业务发展提供广阔空间。

日照港集疏运便捷高效。海上航线可达世界各港，已与 100 多个国家和地区通航。陆上通过新菏兖日铁路、陇海铁路向西经新疆阿拉山口和霍尔果斯出境可达中亚、西亚国家及荷兰鹿特丹，通过瓦日铁路向西经甘其毛都出境直达蒙古；日兰、沈海 2 条高速和 4 条国道干线直连港口，通往全国各地。日照至江苏仪征、日照至山东东明和已列入规划的日照至河南洛阳 3 条输油管线年总运力 7600 万吨，直接连通原油码头与石化企业。港口码头与临港企业通过皮带机相互连接。日照港已形成整合航运、铁路、公路、管道、皮带等多种运输方式、大进大出、集疏运便捷的综合运输格局。

四　巴中苏斯特口岸有限公司

巴中苏斯特口岸有限公司（简称"苏斯特干港"）是经中华人民共和国商务部和巴基斯坦政府有关部门批准，由中外运长航集团新疆有限公司与巴基斯坦丝路口岸有限公司合作建立。注册地址：巴基斯坦吉尔吉特。主要经营范围：汽车运输，海、陆、空国际化货运代理，进出口贸易，仓储，集装箱（货柜）中转，专业报关，宾馆、旅游。

苏斯特干港是由中方控股的中巴贸易口岸，于 2004 年竣工，2005 年 5 月正式营业。巴中苏斯特口岸干港项目，是两国企业间的经济项目，更是关系到国家利益的政治战略项目。苏斯特干港与瓜达尔、卡拉齐、卡斯木港为贯穿巴国南北的重要陆港和海港。

苏斯特干港有力改善了中巴陆路口岸的通关环境，辅助中巴企业更顺利地进行跨境贸易，对促进巴基斯坦北部地区的经济发展、扩大就业，以及促进中巴友好交流都起到重要的纽带作用。

五　鲁巴经济园区

2006 年 11 月 26 日，在巴基斯坦旁遮普省省会拉合尔访问的中国国家主席胡锦涛和巴基斯坦总理阿齐兹共同为巴基斯坦和中国境外经济贸易合作区暨巴基斯坦海尔—鲁巴经济区揭牌，这是我国在境外正式挂牌的首个经济贸易合作区。

该合作区以现有的巴基斯坦海尔工业园为基础进行扩建，海尔集团与巴基斯坦鲁巴集团合资建设，中巴股比为 55：45。双方均以现金方式出资，共同购买土地、进行园区建设。规划面积 1.03 平方公里，分三期建设，总投资约 2.5 亿美元，建设期 5 年。合作区的产业定位以家电产品为主，包括相关配套产业和营销网络，吸引优秀家电企业入驻，形成品牌家电产业集群。

六　巴基斯坦瓜达尔港

瓜达尔港位于巴基斯坦俾路支省西南部，为深水港。中国政府应巴方的请求为该港口建设提供资金和技术援助。该港口于 2002 年 3 月开工兴建。2015 年 2 月，瓜达尔港基本竣工，于 2015 年 4 月中旬全面投入运营。中国石油运输路程将缩短 85%。瓜达尔港地理坐标为 25.2°N、62.19°E，地区面积 12637 平方公里，人口 8.5 万人。

2015 年 9 月中国获租巴基斯坦瓜达尔港 2300 英亩（约 9.23 平方公里）土地，为期 43 年。巴基斯坦瓜达尔深水港位于俾路支省瓜达尔镇，东距卡拉奇 460 公里，西距巴基斯坦伊朗边境 120 公里。该深水港是巴基斯坦的第三个主要港口，对巴基斯坦西部、北部地区的经济发展起到重要作用。瓜达尔港口一期项目工程包括三个泊位兼顾滚装的多用途码头。设计吞吐量为 10 万标准集装箱/年、杂货散粮 72 万吨/年。码头结构按 5 万吨集装箱船设计，总长度为 702 米，采用高桩预应力梁板结构。

七 陕西西咸新区发展集团有限公司

西咸新区是经国务院批准设立的首个以创新城市发展方式为主题的国家级新区。新区位于陕西省西安市和咸阳市建成区之间，区域范围涉及西安、咸阳两市所辖7县（区）23个乡镇和街道办事处，规划控制面积882平方公里。西咸新区着力建设丝绸之路经济带重要支点，建设成为我国向西开放的重要枢纽、西部大开发的新引擎和中国特色新型城镇化的范例。2015年，国家发改委出台《关于推动国家级新区深化重点领域体制机制创新的通知》，其中明确要求西咸新区2015年要重点围绕推进"一带一路"建设的有效途径开展探索。

陕西西咸新区发展集团有限公司（简称"西咸集团"）成立于2011年9月，是由陕西省人民政府批准，西咸新区开发建设管理管委会组建的大型国有企业。注册资本100亿元人民币，业务范围涵盖土地开发和整理，基础设施、生态及水利工程建设，文化产业、农业、旅游、房地产项目的开发和经营管理，资本运营等。公司重点围绕"一带一路"沿线国家开展"一园两地"模式的园区开发建设及作为省级层面的跨境合作平台。

按照《西咸新区贯彻落实〈陕西省"一带一路"建设2015年行动计划〉实施方案》，西咸集团将从促进互联互通、加强科教合作、深化经贸合作、创新金融合作等七个方面，发挥西咸新区"一带一路"中心区域作用。为此，专门组建了以做实、做成、做精为核心竞争力，以促进互联互通、加强科教合作、深化经贸合作这三个方面为重点，以培育、参与、融合为抓手，以"抢在前、走在前"为精神指引的信息平台、资源平台、整合平台和服务平台的混合所有制的西咸新区"一带一路"商务咨询有限公司，公司已成为推动"一带一路"建设的串联机构和资源整合平台。

八 中新苏州工业园区开发集团股份有限公司

中新苏州工业园区开发集团股份有限公司（简称"中新集团"）由中国、新加坡两国政府于 1994 年 8 月合作设立，作为中新合作载体，为苏州工业园区开发建设做出了重大贡献。

中新集团以"筑中国梦想、建新型城镇"为己任，确立了以新型城镇化建设业务为主体板块，以房产开发和市政公用事业为两翼支撑板块，实现板块联动、资源集聚的"一体两翼"协同发展格局。目前集团旗下拥有中新置地、中新公用、中新教服、中新苏通、中新苏滁等 40 多家子公司，员工约 2600 人，总资产 200 亿元。

中新集团不断输出苏州工业园区成功经验，已在宿迁市、南通市、安徽省滁州市、常熟市海虞镇、张家港市乐余镇和凤凰镇等地实施新型城镇化建设项目。集团旗下中新置地专注于房地产开发，精心打造各类住宅、工业载体及商业地产项目，积极推进城市功能配套建设。集团旗下中新公用长期致力于水务、燃气、热电、环境技术等城市公用事业的运营，并围绕"绿色公用"发展方向，着力开发新型环保事业。

中新集团将不断聚集新型城镇化建设的核心资源要素，搭建战略合作平台，致力成为中国新型城镇化领军企业。

九 珠海横琴新区

横琴新区位于珠海市横琴岛所在区域，地处广东省珠海市南部，毗邻港澳。2009 年 8 月 14 日，国务院正式批准实施《横琴总体发展规划》，将横琴岛纳入珠海经济特区范围，逐步把横琴建设成为"一国两制"下探索粤港澳合作新模式的示范区。2009年12月16日，"横琴新区"管委会在珠海市横琴岛正式挂牌成立，为广东省人民政府派出机构并委托珠海市人民政府管理。2015年3月24日，中共中央政治局审议通过广东自由贸易试验区总体方案，横琴被纳入广东自贸区范围。

横琴新区的金融业发展迅猛，新区成立8年以来，金融业呈现跨越式发展态势，从只有1家农信社分社，发展成为横琴新区重要支柱产业。2009—2015年，全区金融业增加值从0.3亿元增加到7.7亿元，年均增速91.4%；金融类机构从1家增加到2018家，年均增速350%。截至2016年8月末，金融类企业达3077家，占全市金融机构数量的94.5%，注册资本达4350亿元。2016年1—7月，金融业纳税26.85亿元，占全区税收比重为34.54%。2016年上半年，横琴金融业增加值5.86亿元，占全区GDP的9.2%。

十　青岛欧亚经贸合作产业园区

青岛欧亚经贸合作产业园区设立于2016年底，将按照"政府引导、企业主体、市场运作"的原则，通过设立面向欧亚地区的产业园区，加快推进与欧亚国家的经贸合作，深入融入国家"一带一路"倡议。

园区的设立，一是培育面向欧亚、对接日韩的国际多式联运转口贸易通道。依托胶州多式联运海关监管中心，对接新亚欧大陆桥和泛亚铁路大通道。开展与匈牙利、罗马尼亚在海外仓和海港、内陆港合作，拓展中东欧贸易通道。与新疆阿拉山口、霍尔果斯陆路口岸合作建设口岸物流集散基地，与新疆喀什陆路口岸合作对接中巴经济走廊、孟中印缅经济走廊，拓展巴基斯坦、柬埔寨等南亚、东南亚贸易通道。发挥青岛港国际多式联运综合贸易枢纽功能，发展多边转口贸易。

二是建设面向欧亚市场的现代国际贸易集聚平台。借助欧亚关税联盟一体化的政策优势，引进"丝绸之路经济带"沿线的国际贸易平台、区域结算中心、服务外包机构、国际金融机构及中介机构集聚发展，打造欧亚大市场贸易集聚中心。结合中国青岛跨境电子商务综合试验区建设欧亚互联跨境商务平台，推动青岛西海岸亿赞普跨境交易结算中心、京东电商产业园建设。

三是深化与欧亚国家的国际产能双向合作。支持海尔、海信、澳柯玛等有实力的企业在俄罗斯圣彼得堡市和鞑靼共和国喀山市、白俄罗斯中白工业园、吉尔吉斯斯坦比什凯克市合作建设家电加工装配园区；支持双星、永诺皆美等企业在哈萨克斯坦阿拉木图市合作建设橡胶轮胎、现代农业产业园区；与匈牙利中欧商贸物流中心、罗马尼亚康斯坦察港合作建设境外品牌展示、装配加工和港口物流基地；支持海尔、海信、青建、华通等企业与德国曼海姆市合作建设面向欧洲的技术研发、维修服务、品牌中心和海外仓基地。引进中亚国家的航天科技、新材料等高端制造和技术创新项目，推动科技成果转化、智慧创新等产业发展。用好青岛财富管理金融综合改革试验区有关政策措施，拓展与日韩金融机构合作。

四是境内外统筹搭建欧亚经贸合作产业园区联盟。加强与俄罗斯圣彼得堡保税区、哈萨克斯坦阿拉木图工业园、吉尔吉斯斯坦比什凯克工业园、匈牙利中欧商贸物流中心、巴基斯坦旁遮普省青岛工业园、柬埔寨青岛产业园等境外产业园区的对接合作，建立欧亚经贸合作园区合作联盟。建设欧亚产能合作平台和欧亚技术转让互助平台，推动国际产能合作和高新技术合作。

十一　南京经济技术开发区

南京经济技术开发区（简称"南京开发区"）成立于 1992 年。自成立以来，累计引进企业 3500 家，总投资 2080 亿元，其中外资企业 460 家，总投资 110 亿美元，世界 500 强企业 65 家。南京开发区综合发展水平位居全国国家级经开区前 10 位。经过 20 多年的发展，南京开发区形成了光电显示、高端装备、生物医药、现代服务业四大主导产业。

近年来，南京开发区抢抓"一带一路"、长江经济带等国家战略机遇，加快经济转型升级，大力发展创新型、服务型、枢纽型、开放型、生态型"五型经济"，做到招项目与引技术双管齐下，先进制造业和现代服务业同步推进，攻坚克难、逆势而上，各项事业发展呈现蓬勃态势。2015 年，南京开发区实现工业总产值 3711 亿元，地区生产总值 850.1 亿元，进出口总额 216.5 亿美元。

下一步，南京开发区将围绕进入全国国家级经开区第一方阵和争当苏南自主创新示范区建设排头兵的目标，按照"产业引领、城市提整，东中西三片联动，产城融合发展"的总体思路，努力把开发区打造成"产城融合示范区、宁镇扬同城化核心区和南京东部城市副中心"。

十二 湖州莫干山高新技术产业开发区

湖州莫干山高新技术产业开发区前身为德清经济开发区，2010 年 6 月经浙江省人民政府批准增挂为德清高新技术产业园区，2015 年 2 月更名为湖州莫干山高新技术产业园区，同年 9 月经国务院批准升级为国家高新技术产业开发区，并于 2016 年 2 月正式挂牌。

湖州莫干山高新技术产业开发区核准规划面积 6.65 平方公里，管辖区域总面积 74.74 平方公里，包括城北高新区、康乾科教区、地理信息产业园和通用航空产业园。

◇◇第十三节　矿业

一　中国五矿集团公司

中国五矿集团公司是一家国际化的矿业公司，公司主要从事金属矿产品的勘探、开采、冶炼、加工、贸易，以及金融、房地产、矿冶科技等业务，主要海外机构遍布全球 34 个国家和地区，拥有 17.7 万员工，控股 7 家境内外上市公司。2014 年，中国五矿实现营业收入 3227.57 亿元，列世界 500 强第 198 位，其中在金属类企业中排名第 4 位。

中国五矿成立于 1950 年，总部位于北京，曾长期发挥中国金属矿产品进出口主渠道的作用。进入 21 世纪，公司深入推进战略转型，通过富有成效的国内外重组并购和业务整合，已从过去计划经济色彩浓厚的传统国有企业转变为自主经营、具有较强竞争力的现代企业，从单一的进出口贸易公司转变为以资源为依托、上下游一体化的金属矿产集团，从单纯从事产品经营的专业化公司转变为产融结合的综合型企业集团。目前，公司拥有有色金属、黑色金属流通、黑色金属矿业、金融、地产建设、科技六大业务中心，其中在金属矿产三大核心主业方面，公司上中下游一体化产业链基本贯通，形成了全球化营销网络布局；在三大多元化主业方面，公司优化产业结构，推进产融结合，加速经营布局，逐步提升对核心主业的协同与支撑能力。

作为联合国全球契约组织成员，中国五矿积极践行"全球契约"十项基本原则，勇于承担社会责任，"十一五"期间纳税总额 233 亿元，累计对教育、赈灾、扶贫等慈善公益事业捐款捐物总值过亿元。中国五矿长期坚持互利共赢，持续为利益相关方创造多元价值，努力实现企业与利益相关方的共同发展。

二 中国石化阿达克斯石油公司

2009 年 8 月，中国石化以 76 亿美元从多伦多和伦敦股票市场整体收购原阿达克斯石油公司，这是中国迄今为止规模最大的海外油气资产并购之一。中国石化阿达克斯公司总部位于瑞士日内瓦，资产主要分布在尼日利亚、加蓬、喀麦隆等国家以及英国北海和伊拉克库尔德地区。公司共有 67 个勘探开发区块，剩余可采储量（2P + 2C）1.2 亿吨，员工1135 名，来自 36 个国家和地区。其中，外籍员工占 98%，主要来自欧美等国，具有壳牌、雪佛龙、道达尔、埃克森美孚等国际石油公司工作背景；中方员工 23 名，占 2%，以高级管理人员为主。公司资产横跨陆地和海洋，海上的产量占 65%，是典型的高度国际化的油气勘探开发公司。

在国务院的关怀下，在国家部委的支持下，阿达克斯公司立足中国石化"国际化战略、资源战略和差异化战略"，积极实施国际化经营，全力促进中国石化海外上游业务的快速增值发展，实现了内涵式高效发展和外延式快速扩充：权益油产量稳步增长，年产原油近 1000 万吨；效益大幅提升，五年来向中国石化上缴了 30 多亿美元；资产快速扩充，并购壳牌喀麦隆资产实现增值发展，并购塔利斯曼英国公司，实现中国油企首次进入北海富油区。阿达克斯公司成为中国石化海外上游产量规模最大的原油生产基地和效益最好的公司之一，也是中国石化国际化程度最高的油气勘探开发公司。

阿达克斯公司注重国际化声誉管理，通过开展多元文化融合，积极落实社会责任，对环境、安全和员工的利益负责，得到了资源国政府、当地人民以及员工的高度认可。通过中国石化阿达克斯基金会积极参与公益事业，提升了中国石化高度负责任的国际化品牌和声誉。

2011 年和 2013 年，阿达克斯公司的文化融合和高效管理案例先后两次成为国资委中央企业海外并购整合发展经验交流材料；2012 年，瑞士洛桑国际管理学院（IMD，世界排名前三、欧洲排名第一）将中国石化成功并购整合阿达克斯公司经验编写为 MBA 全球经典案例；2013 年 7 月 6 日，阿达克斯公司荣获"瑞士 2013 年度最佳中国投资者奖"。

根据中国石化国际化战略和集团公司党组的要求，阿达克斯公司将会继续充分利用好自身高度国际化的平台优势，坚定不移地走"集群化、区域化、规模化"发展之路，加快打造中国石化海外开放式的国际化资产增值发展平台，成为具有世界领先水平的中国石化海外国际油公司。

三　中国有色金属建设股份有限公司

中国有色金属建设股份有限公司（简称"中色股份"，NFC）1983 年经国务院批准成立，主要从事国际工程承包和有色金属矿业资源开发。1997 年 4 月 16 日进行资产重组，剥离优质资产改制组建中色股份，并在深圳证券交易所挂牌上市（证券代码：000758）。公司连续数年被《美国工程纪录》杂志评选为全球 225 家承包商和 200 家设计公司之一，2008 年获评中国机电产品进出口商会首批大型成套设备 AAA 级信用等级企业和中国对外承包工程 AAA 级信用等级企业。连续荣登年度中国主板上市公司价值百强榜；累计 13 次当选深证 100 指数样本股；以优异成绩荣获"第十届（2007 年度）中国上市公司金牛奖百强、成长性百强和股东回报百强"3 项大奖；2008 年，入选中国最具竞争力的上市公司 20 强（第 16 名）。

中色股份是国际大型技术管理型企业，在国际工程技术业务合作中，本着"诚信为本、创新为实、追求卓越"的企业宗旨，凭借完善的商务、技术管理体系，高素质的工程师队伍以及强大的海外机构，公司的业务领域已经覆盖了设计、技术咨询、成套设备供货、施工安装、技术服务、试车投产、人员培训等有色金属工业的全过程，形成了"以中国成套设备制造供应优势和有色金属人才技术优势为依托的，集国家支持、市场开发、科研设计、投融资、资源调查勘探、项目管理、设备供应网络等多种单项能力于一身"的资源整合能力和综合比较优势。在有色金属矿产资源开发过程中，中色股份把环保作为主要考虑因素，贯彻于有色金属产品生产的各个环节，使自然资源得到更加合理有效的利用，促进社会经济发展，使人与自然更加和谐。

◇◇第十四节　商会协会

一　中国五矿化工进出口商会

中国五矿化工进出口商会于1988年9月1日在北京成立，是在国家民政部注册的商务部的直属单位。中国五矿化工进出口商会有会员6000多家，集中了本行业经营进出口贸易的企业。会员的经营范围涵盖了黑色金属、有色金属、非金属矿产及制品、煤炭及制品、建材制品、五金制品、石油及制品、化工原料、塑料及制品、精细化工品、农用化工品和橡胶及制品等五矿化工商品。会员企业每年进出口总额在本行业中占据了近30%的比重，每年有250多家会员企业进入全国进出口额500强之列，基本代表了我国五矿化工行业的整体实力和水平。

中国五矿化工进出口商会的主要职能是：遵守法律、行政法规，依照章程对会员的进出口经营活动进行协调指导；维护进出口经营秩序和会员企业的利益；组织对国外反倾销案的应诉工作；进行国内外市场调研，为会员企业提供信息和咨询服务；公正地调解会员企业之间的贸易纠纷；向政府积极有效地反映会员企业的要求和意见，并主动对政府制定政策提出建议；认真监督和指导会员企业守法经营；根据主管部门授权，组织进出口商品配额招标的实施；海外能矿投资的协调与促进；参与组织出口商品交易会；向政府有关执法部门建议或直接根据同行协议规定，采取措施惩治违反协调规定的会员企业；履行政府委托或根据会员企业要求赋予的其他职责。

二　清华房地产总裁商会

清华房地产总裁商会由全联房地产商会和清华大学联合发起成立，其核心成员由清华大学房地产总裁班学员构成。自 2003 年成立以来，迄今已有 10 多年历史。

目前，商会拥有房地产开发、投资、运营等各类企业会员 4000 余名，其中国有企业、上市公司、集团控股企业 400 多家，会员企业所在区域遍及国内 200 多个核心城市。商会已成为目前国内规模最大、直属会员最多、联系最紧密的行业商会之一，是"推动中国房地产产业升级的一支新军力量"。商会由班级分会、区域分会、专业委员会构成。现有班级分会 50 多个，区域分会 6 个，专业委员会 12 个。服务体系涵盖金融投资、联合（土地）开发、国际合作、专业服务等内容，已经形成了"培训＋俱乐部＋投资基金"三位一体的成熟发展模式。

商会下设华房商学院已开发清华大学房地产总裁高级研修项目、清华大学房地产总裁专题研修项目、清华大学房地产职业操盘手高级研修班、"华房国际房地产投资基金"全球精选课程等项目，培训内容涵盖房地产金融、产业地产、土地一级开发等与房地产行业密切相关的内容，积累了丰富的办班经验，严谨的课程体系，雄厚的师资力量，铸就"中国房地产高端教育项目首选品牌"，成为中国房地产高端培训的引领者。

自 2007 年起，商会与全国几十个城市展开深度战略合作，成功运营多个土地一级开发项目。在新城镇化建设的背景下，面向产业地产发起深入合作，在文化创意、工业园物流园建设、农庄经济、养老地产、旅游地产等多个方向，积聚了一批领头企业和众多的优质专业服务企业，也在与地方政府合作方面积累了大量经验。

自 2009 年起，商会下设的"华房系"基金已在香港、成都、重庆、海南、北京、深圳、上海等 7 个城市成功落地，投资运作项目 100 余个，每年投资金额逾百亿元，是目前房地产行业内成立最早、发展十分稳健的基金公司，已成为国内房地产私募基金的先行者、创新者与实践者。

自 2011 年起，商会发起全国范围内的百城联动计划，重点布局新型城镇化建设背景下的地产投资开发战略转型。目前，商会区域联合开发投资成员企业已超过百家。此外，商会还为广大会员企业提供集中采购、战略投资、项目咨询评估、法律事务顾问等多方面的专业技术服务和平台支持。

三　中国开发性金融促进会

为促进开发性金融社会化，建立开发性领域的广大企业与各级政府、金融机构、科研院所的交流合作平台，更好地运用开发性金融方法推动市场建设、信用建设和制度建设，服务我国工业化、信息化、城镇化和农业现代化同步发展，服务我国开发性金融领域的各类市场主体，促进政府、市场、企业、金融合作，共同推进开发性金融事业发展，国家开发银行发起成立中国开发性金融促进会。2013 年 4 月，中国开发性金融促进会正式成立。

国家开发银行在近 20 年的实践中，把中国国情与国际先进金融原理相结合，探索出一条有中国特色的开发性金融之路，形成一套独特的开发性金融理念和方法，成为我国经济社会发展全局和金融体系中不可替代的重要力量。今天的开行发展成为我国最大的中长期投融资银行、最大的债券银行、最大的对外投融资合作银行和全球最大的开发性金融机构。

第十二届全国政协副主席陈元任促进会会长。成立以来，根据陈元会长"上为国家分忧，下为会员解愁，与开行协同发展"的办会方针，积极探索支持经济社会发展的新模式：一是开展"融资、融智、融商"综合服务，把促进会"融商"（招商、投资、并购等）与开行"融资、融智"相结合，协助企业完善产业链，帮助地方政府打造产业生态圈。目前，内蒙古包头、浙江台州等地"三融"试点效果显著。二是创办并连续举办六期开发性金融大讲堂，包括与中国城投公司联络会举办的"开发性金融与中国城市化"，与中国新闻文化促进会举办的"以开发性金融助推文化发展"研讨会，以及中法养老产业合作洽谈会等，大讲堂已成为融研究、宣介、项目对接等为一体的综合平台。三是以上海远东资信评估有限公司为平台，为会员企业提供规划、咨询、评级等服务，汇聚标普、穆迪、联合信用等国内外评级机构举办信用建设论坛，为构建民族品牌评级机构、服务民族企业评级需求奠定了基础。四是深化与行业协会、社团组织合作，与中国新闻文化促进会签署《合作备忘录》，与中国扶贫开发协会推进产业扶贫等领域合作。促进会还将设立城市发展和产业基金，参与多层次资本市场建设等领域不断创新，为会员提供更丰富的综合服务。

中国开发性金融促进会实施会员与开行客户一体化管理，推动符合条件的会员向开行客户转化；在开发性金融理论和实践研究、开发性金融社会化与国际化、产学研交流、银政企合作等领域与开行协同发展，共同为开发性领域的广大企事业单位提供规划、投融资、信息咨询、信用评级、产业链合作等综合服务。

促进会发挥"提供服务、反映诉求、规范行为"功能，通过与其他行业协会、社团组织合作，创办论坛、投资洽谈会等社会平台，组织培训、讲座、经验交流等活动，为会员间的合作铺路搭桥；通过调查研究，向政府和有关机构建言献策，为会员发展争取更有利的政策环境。同时，促进会将建设信息化便捷高效的会员交流与合作平台，以社团自律引导和规范会员稳健经营和健康发展。

四　中国医药创新促进会

中国医药创新促进会成立于1988年，是经国家民政部登记注册的非营利性全国一级社会团体组织。

目前，中国药促会有会长及会员单位60多家，主要由三方面的成员构成：一是在医药创新方面具有代表性的民族医药企业；二是从事医药研发的高等院校和科研院所；三是在新药临床研究领域具有较高水平、特别是承担"重大新药创制"科技重大专项新药临床评价研究（GCP）技术平台的临床医疗机构。中国药促会将努力建设成为以研发为核心，以创新为宗旨，以临床需求为导向，"产学研用"紧密结合的促进医药科研开发的社会团体。

中国药促会的工作内容主要包括：一是通过举办各种论坛、发布会、大型会议等促进会员单位乃至整个医药产业互相交流、创新发展；二是通过与美国药品研发和制造商协会（PhRMA）等国外协会和外国驻华使馆合作，共同寻求推动中外医药产业领域的合作交流，为会员单位搭建国际交流平台；三是为会员单位提供医药信息搜集、整理、评价、咨询的服务，包括编辑双月刊刊物《医药科研开发信息》和《医药信息简报》《国际医药产业发展动态与研发信息简报》《行业热点评析》等内部电子刊物，以及建设药促会官方网站等内容；四是开展医药政策研究工作，在卫生部、商务部、工信部、国家食品药品监督管理局等有关政府部门和医药科研学术机构和企业的支持下，为医改事业和医药产业发展建言献策。

五　北京律师协会

北京律师协会是依法成立的社会团体法人，是北京律师的自律性行业组织，依据《中华人民共和国律师法》《律师协会章程》，对北京执业律师实行行业管理。

北京律师协会始建于 1952 年，恢复于 1979 年 8 月 10 日，1982 年 4 月召开了第一次北京律师代表大会，宣告北京律师协会正式成立，通过了北京律师协会第一个《章程》。这是北京律师制度发展史上的一座里程碑。

从第一次北京律师代表大会到第三次北京律师代表大会，每届为 4 年，律师协会的领导都由司法行政官员担任。1995 年第四次律师代表大会进行了改革，改为每届为 3 年，律师协会的会长、副会长、常务理事和理事全部由经代表大会选举产生的执业律师担任。2005 年 3 月，第七次律师代表大会对律师行业管理体制进行调整，取消了常务理事会，会长由全体代表直接选举产生，形成了以律师代表大会、理事会、会长会议为主的三级组织构架，建立了代表常任制。截止到 2008 年底，协会共有团体会员 1211 家，个人会员 18635 人。

北京律师协会的宗旨是：团结和教育会员维护宪法和法律的尊严，忠实于律师事业，恪守律师职业道德和执业纪律；维护会员的合法权益，提高会员的执业素质；加强行业自律，促进律师事业的健康发展，为依法治国，建设社会主义法治国家，促进社会的文明和进步而奋斗。

六　新疆律师协会

新疆律师协会始建于 1980 年。1982 年召开了新疆第一次协会代表大会。协会建立之初只有律师事务所 71 家、律师 204 人，新疆律师的业务基本以刑事诉讼案件为主。自新疆第五届、第六届、第七届律师代表大会以来，新疆律师协会加强了自身建设，积极开展了各项工作。

新疆律师协会于 2012 年 4 月召开了第八次律师代表大会，选举产生了由 69 人组成的理事会和 23 人组成的常务理事会，首次由执业律师担任会长。现有会长 1 人、副会长 6 人。截至目前，已经成立了 15 个地方律师协会，一个律协联络部，一个直属分会。

加强各专门、专业机构建设。新疆律师协会现有专门委员会 18 个：律师事务所规范建设指导委员会、律师参政议政工作协调委员会、复查委员会、扶持发展基金管理委员会、互助金管理委员会、青年律师工作委员会、宣传联络委员会、规章制度建设委员会、直属分会（新疆律师协会直属工作委员会）、行业发展战略委员会、会员事务及文体福利委员会、律师权益保障委员会、律师业务指导及继续教育委员会、执业纠纷调处委员会、新疆女律师联谊会、惩戒委员会、财务管理委员会、少数民族律师工作委员会。专业委员会 12 个：民商专业委员会、刑事专业委员会、行政专业委员会、建筑房地产专业委员会、金融专业委员会、知识产权专业委员会、涉外法律专业委员会、公司及证券专业委员会、未成年人权益保障专业委员会、法律援助专业委员会、劳动法与社会保障专业委员会、消费者权益保障专业委员会。目前，参与各专门、专业委员会工作的律师达 260 人。

七　北京江苏企业商会

北京江苏企业商会是由江苏省在京企事业单位自愿联合发起成立，2006 年 5 月经北京市社会团体登记管理机关核准注册登记的非营利性社会团体，接受业务主管单位江苏省人民政府驻北京办事处、社会团体登记管理机关北京市民政局的业务指导和监督管理。

北京江苏企业商会作为依法注册的社会团体法人，遵照中华人民共和国相关法律、北京市相关法规和商会章程，本着"自愿入会、自聘人员、自筹经费、自理会务"的原则，由加入商会的企业家自主管理、资助运作。现有团体会员四个（北京苏州企业商会、北京无锡企业商会、北京徐州企业商会、北京江阴企业商会），分会六个（建筑分会、靖江分会、淮安分会、金坛分会、沛县分会、兴化分会），会员企业 2000 余家。另设五个专门委员会为会员企业提供针对性专业服务：金融投资专委会、科教卫专委会、文化艺术专委会、法律维权专委会、商务合作专委会。

北京江苏企业商会始终遵循"凝心聚力，创新共赢"的宗旨；引导会员企业遵守宪法、法律、法规和国家政策，遵守社会道德风尚；以诚信为本，服务为基，团结全体会员企业，通过开展合作交流，开展各项活动，服务会员企业、服务家乡、服务社会，促进江苏、北京两地经济发展、社会和谐、文化繁荣；努力成为北京、江苏两地经济技术合作的桥梁和纽带。

八　北京浙江企业商会

北京浙江企业商会，由在京浙籍企业家代表组成，经北京市民政局社团管理办公室登记注册，于 2001 年 3 月 11 日成立的非营利性社会团体，主管部门为浙江省人民政府驻北京办事处，指导部门为浙江省经济技术协作办公室。商会以"服务企业、服务会员"为宗旨，以"民主办会、两级办会"为方针，致力于推动京城50万浙商的共同发展。经过10多年的发展，商会不仅成为浙商共同议事解难的桥梁和维护浙商合法权益的平台，也成为凝聚浙商共同价值观、促进浙商紧密团结，连接京浙两地的桥梁和纽带。商会现有遍布北京各个区县的会员单位4000多家（含四个分会组织和一个团体会员单位）。会员单位涉足房地产开发、专业市场批发、服装、餐饮、珠宝、百货、建筑、钢铁、能源、文化产业、矿产等各个行业和领域，现已形成了市场专业化、产业规模化的投资特色。在商会"义利兼顾，德行并重"的倡导下，各会员单位不仅为首都经济增长和市场发展贡献了智慧和力量，而且在与京城商业文化的对接与融合中，成为既有自身人文传承又与全球接轨的商业文明模范，成为新商业文明的积极塑造者和促进首都经济发展的一支重要力量。

九　中国对外承包工程商会

中国对外承包工程商会是由在中华人民共和国境内依法注册从事对外承包工程、劳务合作、工程类投资及提供相关服务的企业和单位依法自愿组成的全国性、行业性、非营利性的社会组织、代表行业，具有社会团体法人资格。

中国对外承包工程商会遵守国家宪法、法律和法规，遵守社会道德风尚，执行国家方针、政策，致力于促进我国对外承包工程、劳务合作、工程类投资及相关服务行业的发展。

商会职责包括：

（1）代表行业利益，表达行业意愿。参与相关法律法规、产业政策、技术标准和行业发展规划的制定，向政府反映会员的合理建议。代表行业进行对外交涉，维护会员企业及劳务人员的合法利益。

（2）实施行业自律，维护经营秩序。制定行业行为规范和公约，协调会员业务和会员关系，开展行业信用体系和社会责任建设，维护国家利益，维护经营秩序，保护公平竞争。

（3）开展专业服务，满足企业需求。开展行业研究，提供信息、咨询、培训服务，协助企业解决业务问题，组织市场考察和开拓活动。

（4）加强国际交流，促进同行合作。代表本行业参加国际同行业组织，出席有关国际会议，与相关国际组织和地区、国家同行业组织建立联系，促进行业的国际合作。

（5）履行政府委托的、会员共同要求的及行业发展所需要的其他职责。

十　中国石油和化学工业联合会

中国石油和化学工业联合会（简称"联合会"，CPCIF），是由石油和化工行业的企业、事业单位、专业协会、地方协会等自愿联合组成的自律性、非营利性的社会团体，是具有服务职能和一定管理职能的全国性、综合性的行业组织。主要任务是以行业发展为宗旨，对内联合行业力量，对外代表中国石油和化工行业，促进行业技术进步和产业升级，加强国际经济合作与交流，推动石油和化学工业更快发展；反映企业呼声，维护企业权益，为会员单位以及石油和化工全行业服务；加强与政府部门沟通，在企业和政府间发挥桥梁纽带作用。

联合会的主要业务包括：承担进口原油使用权资质审核和油品质量升级工作；规范行业行为，加强行业自律，维护行业利益和市场公平竞争；调查研究行业经济发展态势，向政府提出有关产业政策、经济立法和发展战略等方面的建议；开展行业数据统计与分析，定期发布行业信息；参与制定行业规划，对行业的重大投资与开发、技术改造、技术引进项目进行前期论证；开展国内外经济技术交流与合作，组织展览会、技术交流会与学术报告会等；参与相关产品市场建设，开展知识产权保护、反倾销、反补贴、打击走私等咨询服务工作。组织重大科研项目推荐、科技成果的鉴定和推广应用；参与制定、修订国家标准和行业标准，组织贯彻实施并进行监督；开展质量管理，参与质量监督等。

十一　中国对外贸易 500 强企业俱乐部

中国对外贸易 500 强企业俱乐部主管部门为中国对外经济贸易统计学会，学会成立于 1993 年 6 月，是商务部领导和管理下的全国性非营利社团组织。主要负责开展对我国商务统计工作的调查、搜集、汇总、分析工作，为企业会员"走出去"拓展国际市场提供统计数据和调研支持。

俱乐部与亚洲区、亚欧区、拉美区、非洲区的 80 多个驻华使馆建立了合作关系，为俱乐部会员企业提供国别投资环境政策咨询。在 500 强企业中选择在相关区域和国别有丰富投资及运营经验的企业负责人，作为俱乐部的企业顾问，从企业的实际需求出发，与会员企业分享国别投资贸易经验，提示风险。

俱乐部与各国的主要银行有广泛的合作，邀请尼日利亚第一银行、智利银行、马来西亚银行、秘鲁国际银行等国别金融机构为金融顾问，为会员企业了解国别金融环境与风险提供顾问服务。

俱乐部的主管部门中国对外经济贸易统计学会作为商务部数据统计、调研的学术机构，可以根据会员企业拓展国别市场的需要，俱乐部整合政策、金融、法律、管理等顾问资源，定制国别市场研究报告。目前正在开展的专项研究有《"一带一路"沿线国家投资经商环境报告巴基斯坦篇》《中国企业"走出去"调研报告》《商务指标简要统计》等。

十二　中国民营经济国际合作商会

中国民营经济国际合作商会是民政部批准的专门服务民营企业进行海外投资和国际经济合作交流的全国性国际商会，全国工商联为主管部门，国家发改委、商务部为业务指导单位。

现有核心会员企业 500 家，服务各级工商联会员企业 420 万家。在核心会员企业中，既有各行业中民营经济的领军企业，包括世界 500 强，中国 500 强中的多家民营企业以及部分中国民营 500 强企业；也有实力较强，已经"走出去"或正在"走出去"的民营企业。会员企业覆盖了 20 多个细分产业，投资项目遍及国内各省区、行业以及全球 100 多个国家和地区。2015 年会员企业入选财富世界 500 强 4 家，入选福布斯全球企业 2000 强 8 家，入选中国企业 500 强 26 家，入选新财富 500 强富人榜 58 名，显示了中国民营经济国际合作商会会员企业雄厚的经济实力、良好的综合素质和较强的国内外影响力。除此之外，尚有 200 余家机构会员，国内的会员多为全国性或省级以及异地商会等社会组织，另有 70 多家国外商会的合作会员。

商会设有秘书处、6 个服务中心和国际产能合作研究院、军民融合创新科技研究院承担专业服务和智库功能。

商会通过合作共建，先后建立起了金融支持、科技创新、人才培养、国际合作、政府联络、法律维权、信息舆情、国际安保、媒体宣传、健康保障、商会智库、大型活动服务平台，并设有金融服务中心、国际技术转移中心、教育培训中心、"一带一路"发展中心、媒体宣传中心、健康服务保障中心、国际产能合作研究院、军民融合创新科技研究院。此外，商会还在十多个国家和地区设有国别事务高级顾问，并在"一带一路"沿线国家建立商会服务民营企业海外发展。

◇◇第十五节 教育培训

一 商务部国际商务官员研修学院

商务部国际商务官员研修学院是商务部直属的唯一的教育培训机构，由原外经贸部管理干部学院、亚太地区国际贸易培训中心合并而成。学院的主要职责是负责全国援外培训协调管理、援外培训执行、商务领域业务培训、党校培训和会议服务。

研修学院以服务商务发展为大局，以高度的政治责任感，认真做好全国援外培训项目管理和执行工作。根据商务部赋予职责，自 1998 年以来，学院承担对全国援外培训项目承办单位有关培训项目立项之后的管理、协调、监督与评估工作，均圆满完成工作任务。

自 1998 年以来，学院重点工作是开展对外援助项目下的援外培训，承办了数百期发展中国家官员研修班，培训了来自世界 160 多个国家和地区的近 2 万名官员，其中包括部分部级及以上官员，工作语言涉及英语、法语、葡语、阿拉伯语、老挝语、俄语、西语、朝鲜语等 8 种。

商务领域业务培训方面，学院紧紧围绕商务中心工作和热点问题，积极为商务部机关司局和地方政府量身定制多层次、多领域的干部人才培训，高质量地完成驻外人员培训、任职培训等培训班和专题特色培训班。另外，积极开展国际合作，与国外知名培训机构探讨合作开展国际培训事宜，为学院进一步迈向国际化奠定基础。

与此同时，研修学院还承担着中共商务部党校培训的具体任务。在部党组及部直属机关党委等有关部门的领导下，党校积极探索新时期工作新举措，创新教学模式，凸显商务特色，增强教学效果。自 2008 年起连续被评为中央党校和中央国家机关分校教学管理先进单位,荣获2006—2010 年"优秀办学单位"称号,并获中央党校中央国家机关分校教学 ISO 9000 质量管理体系认证,教学科学化管理水平大幅提升。

学院拥有规范的会务服务功能,已通过质量管理体系认证(ISO 9001)和环境管理体系认证(ISO 14001),是中央党政机关和北京市党政机关会议定点单位。拥有 19 个不同规格的会议室、研讨室,可同时容纳 400—600 人的会议或培训。

学院自成立以来,锐意进取、改革创新、扎实奋斗,坚持"一切为推进我国商务事业的发展,一切为商务教育培训事业服务的主导思想",培养了大批的优秀人才,为我国商务事业发展做出了积极的贡献。

二 国家卫生计生委干部培训中心

国家卫生计生委干部培训中心在原卫生部干部培训中心和原国家人口计生委培训交流中心基础上组建,是国家卫生计生委的直属事业单位。

中心组建以来,积极参与拟订并组织实施了国家卫生计生委直属机关管理干部教育培训工作规划和年度计划,并在开展国家卫生计生委、国家中医药管理局直属机关各单位党员干部教育培训方面开展了大量的工作。中心还承担了卫计委干部教育培训的教学研究、教材开发、教学基地建设和师资队伍建设,协助实施了卫生计生系统管理干部岗位的培训工作和卫生计生系统管理干部远程教育培训系统的研发与实施,并积极参与实施婴幼儿早期发展国家项目等。

中心同时也负责国(境)内外有关机构委托的卫生计生领域干部教育培训,在对外培训方面具有丰富的经验。

三 巨人教育集团

巨人教育集团始于1994年7月18日，是由一所培训机构发展成的大型综合教育集团机构，涉及的领域有教育培训、全日制教育、出版、加盟等。其培训覆盖幼儿、青少年、成人教育领域。集团结构完善、部门设置科学。拥有杰出的管理团队和优秀的师资队伍，同时拥有最具核心竞争力的教学研发队伍。目前开设科目涉及英语、中小学、文体艺术、计算机、职业认证、家教等各个领域，科目多达100余种，遍布范围之广，科目设置之多，在我国民办培训教育领域中，独占鳌头，堪称典范。

巨人教育总部在北京，其教学点遍布京城，先后开设海淀总校、朝阳校区、西城校区、东城校区、昌平校区、石景山校区、宣武校区、顺义校区、崇文校区、丰台校区、通州校区等100多处教学区。近年来，巨人教育在上海、武汉、南昌、郑州、石家庄、西安、九江、黄石、吉安、贵阳、南宁、汕头、海口、赣州、包头等地先后成立分校并发展壮大。同时还并购地方大型综合教育培训机构，在全国形成了庞大体系。国际语言培训中心、中小学培训中心、文体潜能中心、冬夏令营中心、幼教中心、家教中心等内部机构日益完善。巨人教育旗下的巨人网下设12大子网站，构建了巨人庞大的网络体系。图书连锁、产品销售等事业拓展风起云涌，发展势头强劲。

四 北京传智播客教育科技有限公司

北京传智播客教育科技有限公司是一家专门致力于高素质软件开发人才培养的高科技公司。传智播客致力于为企业培养人才的培训理念，以"学员自学入门教程，通过基础考核后进行强化培训"为招生原则，以"针对企业需求，重视基础理论建设，强化高端应用技能"为教学目标，以"高薪保证强大的资深教育团队"为教学后盾，解决所有培训学员的后顾之忧，并解决用人企业难以招聘到合格人才的困扰。

北京传智播客教育科技有限公司简称传智播客，其旗舰学校为北京传智播客教育科技有限公司。在成都、广州设有教学中心，同时在山东、河南等地提供教学。

传智播客汇聚了张孝祥、黎活明、方立勋等名家名师，它依托程序员平台 CSDN，整合了国内众多知名软件企业的资源，并邀请到在跨国公司和国内大中型企业任职的架构师、系统分析师、企业培训师组成自己的精英团队。

传智播客专注于 Java、.Net、PHP、网页设计和平面设计、IOS、C++、网络营销、游戏开发工程师的培养，提供免费视频教程。2007年，传智播客入选最受网友推崇的 IT 培训品牌名单。

五　大连海事大学

大连海事大学（原大连海运学院）是交通运输部所属的全国重点大学，是中国著名的高等航海学府，是被国际海事组织认定的世界上少数几所"享有国际盛誉"的海事院校之一。

大连海事大学位于中国北方海滨名城大连市西南部。学校占地面积 136.6 万平方米，校舍建筑面积 87.0 万平方米。学校拥有设施和功能齐全的航海类专业教学实验楼群、航海训练与研究中心、水上求生训练馆、教学港池、图书馆、游泳馆、天象馆等；拥有航海模拟实验室、轮机模拟实验室等 100 余个教学科研实验室；拥有 2 艘远洋教学实习船。

大连海事大学设有 19 个教学科研机构。在校本科生、研究生共计

20000 余人，同时招收攻读学士、硕士、博士学位的外国留学生。并校 60 多年来，学校为国家培养了各类高级专业技术人才 9 万余名，其中大多数已成为我国航运事业的骨干力量。

大连海事大学拥有一支整体素质好、层次结构较合理、相对稳定的师资队伍，现有专任教师 1309 名，其中教授 330 名，专职博士生导师 162 名，聘任二级教授 34 名，三级教授 69 名，并涌现了大批优秀中青年教师。在海上交通工程、航海信息工程、船舶智能化、船舶动力系统及节能技术、船机修造工程、通信与信息系统、海洋环境保护、海事法规体系等领域，集中了一批专业理论深厚、科研能力较强的知名专家、教授和学术思想活跃、富有创新精神的青年骨干。学校还聘请共享院士 7 名、"千人计划"教授 2 名、"长江学者" 5 名、讲座教授 85 名、客座教授 491 名，通过聘请国内外知名专家学者来校开展实质性工作与交流，使大连海事大学师生能够近距离接触各学科前沿理论，进一步开阔了视野，活跃了学术气氛。

大连海事大学十分注重对外交往和校际交流。改革开放以来，先后与俄罗斯、美国、加拿大、日本、英国、韩国、澳大利亚、瑞典、埃及、越南、斯里兰卡等 33 个国家和地区的 114 所国际著名院校、单位正式建立合作关系，在合作办学、师生交流、合作科研等方面一直保持着实质性联系，合作的领域正在不断拓宽。2005 年 3 月，学校与世界海事大学合作举办的"海上安全与环境管理硕士班"首次招生，进一步提升了学校国际合作办学层次。学校在斯里兰卡科伦坡国际航海工程学院建立了海外校区，并于 2007 年开始在斯里兰卡招生，实现了我国高等航海教育的首次输出。学校还与多个国际组织和机构保持了长期合作关系，不断拓宽合作渠道，引进相关资源。

六 山东师范大学

山东师范大学坐落在历史文化名城济南。建校 67 年来，学校自觉传承创新齐鲁文化，努力彰显教师教育特色，目前已发展成为一所学科专业齐全、学位体系完备、师资人才充沛、社会声誉优良的综合性高等师范院校。

学校现有 25 个学院、84 个本科专业、9 个博士后科研流动站、10 个博士学位授权一级学科、29 个硕士学位授权一级学科、15 个专业学位授权类别，覆盖十大学科门类，学科、专业学位数量居省属高校前列。有 1 个国家重点学科、1 个国家重点培育学科。目前，有全日制学生 36456 人，其中研究生 5309 人、留学生 211 人，另有成人教育学生 19390 人。

建校以来，培养近 40 万名合格人才，其中包括一大批爱岗敬业的优秀人民教师和教育管理者，以及许多严谨求实的科学家、德艺双馨的艺术家、远见卓识的政治家和搏击商海的企业家。人才培养质量受到上级主管部门、社会各界充分肯定和高度评价。

学校是教育部批准的首批外国留学生定点招生单位，联合招收华侨、港澳台地区学生单位，与 22 个国家和地区的 108 所院校建立校际交流合作关系。有本专科中外合作办学项目 11 个。在韩国、肯尼亚、美国、巴西合作建设 4 所孔子学院和 1 所孔子学堂，是全国省属高校和师范院校合建孔子学院最多的高校之一。

七 浙江大学中国西部发展研究院

浙江大学中国西部发展研究院是国务院西部开发领导小组办公室和浙江大学共建的一个独立研究院，于 2006 年 10 月 29 日成立。

浙江大学中国西部发展研究院坚持高层次、开放式、前瞻性的发展方向，整合各种优势，凝聚优秀人才，围绕西部大开发的全局性、综合性、战略性的重大问题开展理论和应用研究、政策咨询、科技服务、人才培训、国际交流与合作等活动，成为一个促进东西部地区互动合作、共同发展的重要研究交流和人才培养基地。

浙江大学中国西部发展研究院将努力建设成为支持西部大开发的科学研究基地、科技服务基地、人才培养和培训基地、国际合作与交流基地，成为沟通东中西学术思想的桥梁，各级政府决策的智囊，具有国内外重要影响的研究机构。